本书是国家社科基金重点项目"稳增长、调结构的政策工具选择与方法创新研究 (15AZD006)"的研究成果。该项目自 2015 年立项，2020 年结项，结项成绩为"良好"。

本书出版得到了"河北大学燕赵文化高等研究院"学科建设的经费支持。

资产收益率宽幅度：
宏观经济政策选择的微观方法

The spreads between asset returns:
a methodology of studying macroeconomics
policy through microeconomics tools.

赵立三 等 著

人民出版社

内容简介

中国经济在高速度增长过程中，实体经济因何脱实向虚、金融化程度不断加深？实体经济与虚拟经济为什么会结构失衡？杠杆率攀升与资产泡沫如何导致金融风险凸显？我们又如何稳增长、调结构、防风险呢？本项目从会计学收益的微观视角，研究宏观经济政策与微观企业资产收益率的关系时发现：在高速度经济增长过程中，出现了虽然是等量资产却由于资产的形态不同而资产收益率差距持续拉大的经济现象，就此提出和界定了"资产收益率宽幅度"的基本概念，运用这一概念解读了实体经济为什么会脱实向虚、经济结构失衡、金融化程度不断加深；证实了资产收益率宽幅度是实体企业金融化、杠杆化、僵尸化的成因；揭示了资产收益率宽幅度对实体企业创新的抑制效应；研究了资产收益率宽幅度与经济结构失衡、宏观经济运行波动以及金融风险演化的传导机制；分析了资产收益率宽幅度的成因和影响因素，构建了"资产收益率宽幅度的风险边界测度与预警模型"，为稳增长、调结构、防风险的政策工具选择提供了微观基础的靶向性新工具、新方法。

本书研究的重要贡献还在于资产收益率宽幅度概念的提出和形成的逻辑分析框架，为评价宏观经济政策落地运行的实际效果提供了微观方法，丰富了会计学的研究内容，拓展了会计学研究经济学的新领域，"揭开了经学家多年来有意无意间为价值规律所编织的那层神秘而又厚厚的面纱"，为人们观察和分析经济现象提供了新思路、新视角。

本书编写组

负责人 赵立三，河北大学管理学院教授、博士生导师

成　员 刘立军，河北地质大学经济学院博士、副教授

周雯珺，河北地质大学管理学院博士、副教授

李博文，河北省财政厅会计师、博士

索吾林，加拿大女皇大学教授、博士生导师

王嘉葳，河北大学管理学院在读博士研究生

序：传承与创新的典范

　　说起来，赵立三是我的学生，是上世纪90年代我协助厦门大学陈守文教授指导的硕士生，后来他获得中国农业大学管理学博士学位，在河北大学担任教授至今。难能可贵的是，他从我国经济现实中捕捉到既有趣又特别重要的经济现象，组成团队，持之以恒地钻研多年，创立"资产收益率宽幅度理论"，并辑成学术专著《资产收益率宽幅度：宏观经济政策选择的微观方法》（下文简称《微观方法》），将宏观经济政策制定与微观经济决策结合在一起，学术价值全然不菲，也为政府宏观经济管理部门、为企业乃至投资者个人的经济决策提供了崭新的思路和工具。

　　我国近代是半殖民地半封建社会，包含商品经济的因素但不发达。1949年新中国成立，我国逐步实行计划经济，同时逐渐排斥了商品经济。1978年党的十届三中全会决定实行改革开放政策，开始利用价值规律，发展商品经济。1992年党的十四大决定建立社会主义市场经济体制，主要是在国家宏观调控下，利用价值规律，发展股份制企业以及产品、技术、资本、外汇、房地产等各类市场。实际上，自亚当.斯密以来的大多数经济学家都信奉价值规律，认为供求关系决定价格，而价格又改变供求关系：价格上涨，抑制消费，刺激生产；而价格下跌，又刺激消费，抑制生产。正常情况下，价格最高的产品（或服务）正是消费者最需要的产品，以高价销售产品不仅满足了客户的最迫切需要，而且通过价格机制使得更多的经济资源被配置到该产品所属的行业，进而产能扩大、供给增加，价格下跌，更多经济资源又向客户所在行业转移等等。但从会计的角度看，这并非价格的作用，而是价格所包含的利润使然。利润可用绝对数或相对数表示。以我的看法，以相对数表示的利润就是"资产收益率宽幅度"的表现形式，其伸缩变化驱使着价格变化，解释能力和用途与价值规律几乎完全相同。赵立三用会计的语言重新解说了价值规律，揭开了经学家多年来有意无意间为价值规律所编织的那层神秘而又厚厚的面纱，可喜可贺！

市场不是万能的，其本身还存在着周期性波动，且有可能导致市场失灵，演化成经济灾难。因此，我国社会主义市场经济是国家宏观调控下的市场经济。宏观调控主要是防范和化解市场失灵，按方式可分为直接、间接、混合三种类型。直接调控与计划经济时期相同，就是行政命令；间接调控是利用财政金融政策以及税收、利率、汇率等杠杆干预经济；混合调控为直接和间接混搭。我国采用混合调控，但以间接为主。需要指出的是，国家宏观调控无论采用哪种类型都会改变或者伸缩企业、投资者的资产收益率宽幅度，每次有效的调控都是对经济资源的重新配置，如果按照资产收益率宽幅从"宽"到"窄"地配置资源，不仅有可能达到最优的资产收益率，实现资源配置的高效率，而且在决策和运营层面上将宏观与微观统一起来，也在学科上将会计学、理财学与经济学相互打通。

几年前，林毅夫与张维迎两位教授曾就国家产业政策公开辩论。林教授认为，高质量的市场经济需要一个强有力的政府，没有政府的产业政策，就没有经济发展。张教授则认为，市场和企业家精神足以解决问题，没有政府的产业政策，经济发展会更好。

如果将产业政策界定为政府对经济资源在各产业之间配置过程的影响，那么，几乎所有的政府活动都归属于产业政策的范畴，但效果明显而又受人关注较多的是财政、金融和房地产政策所体现的产业政策。例如财政政策中的税收政策、政府投资、政府补贴、经济刺激方案，金融政策中货币松或紧的政策、信贷政策、上市公司审批政策等。兹以政府投资为例讨论林、张二位教授的观点。从过程上看，政府投资首先是政府主管部门决定将可投放的资金投放到某个或某几个产业以及每个产业投放多少；其次，被投放资金的产业中必须由一家或几家企业承接投资，来完成投资；最后，企业形成产能，以产品或服务满足市场需求，并获得投资回报。很明显，如果承接投资的企业是一家"烂"企业，即使有一个强有力的政府做出一个精准的产业投资决策，也难以改变其结果，任何投资和产业政策都难逃失败的命运。在这个视角下，林教授的观点并不完全成立，他忽略了企业质量。因为无论多么"朝阳的"产业中都有"烂"企业，更何况政府投资决策由政府官员做出，由于人的理性限制，获取信息的成本、时间和手段的约束以及人为因素的干扰，政府官员作为决策者拥有或大或小的自由裁量权，很难做出精准的投资决策，甚至将这种自由裁量权变成寻租空间。窃以为，这至少是张教授"不信任"产业政策的部分原因。但即便如此，如果承接投资的企业是一家"好"企业，那些不精准的政府投资和产业政策也可能获得成功。因为无论多么"夕阳的"产业中都有"好"企业。在这个视角下，张教授的观点也不完全准确，他同样忽略了企业质量以及企业那种"上有政策，下有对策"的正面效应。

简而言之，政府和市场、宏观调控与企业决策或者宏观经济与微观经济，在理论和实践上都是相互融合的，不能相互分离。相互融合并不一定取得积极的经济成果，如上所述，这还取决于国家产业政策的好坏与企业质量的高低之间如何搭配，用什么标准进行搭配？赵立三的"资产收益率宽幅度理论"就是从根本上解决这些问题。因为一家自主经营、自负盈亏的企业追求越大越好的资产收益率是本份。一家以销售收入排列出来的世界500强企业，如果长期处于亏损状态而无资产收益，破产是必然事件，除非有"外援托底"。所谓企业家精神，最终要转化为物质成果，转化为用资产收益率宽幅度表示的财务成果。更重要的是另一方面，政府宏观调控改变各产业经济资源配置的同时也改变了各产业企业预期的资产收益率，进而激发企业行动。企业行动的取向是否与政府宏观调控的目标一致，取决于政府产业政策在多大程度上考虑到了企业资产收益率宽幅度及其变化。对于政府产业政策来说，资产收益率当然不是充分条件，但一定是必要条件。让企业不赚钱或者少赚钱的产业政策，既伤害企业，又伤害宏观经济，不可持续。原因是企业赚钱就是创造新价值，就是增加社会财富，才有可能为经济繁荣和社会长治久安奠定稳固的基础。其中关键的是政府和企业都将资产收益宽幅度作为决策的基础。

政府与市场的关系可解释为政府与企业对经济资源支配权之间的关系。在传统意义上，政府权力就是指令，企业权力就是自主。在我国经济发展历史上，政府曾多次下放和上收企业权力，实际情况则是陷入"一放就乱，一乱就收，一收就死，一死又放，一放又乱……"这一恶性循环，也是一种"放就放全部，收就也收全部"的极端做法。我国已经实行社会主义市场经济体制，国家以间接的宏观调控为主，政府与企业在资源支配权方面的关系已经不再是这样的"套路"，而是既分离又共享、既互相制约又自由选择。比如政府将一定数额的财政资金通过银行以无息或低息贷款的形式向某个行业的企业进行投资，以扩大该行业的产能，但要按规定年限收回本息，这是政府的权力。但为了达到扩大产能的目的，政府必须将利率水平限定在低于投资项目的资产收益率宽幅度，企业才能接受贷款。由于该行业中各企业具体情况不同，当前和预期接受投资后的资产收益率宽幅度也不同，就会致使有些企业可能接受贷款，有些企业则不会接受。接受与否的选择都是自由的，不过是在银行贷款利率基础上以自身的利害得失为标准来权衡的结果。进而言之，如果贷款总量未能全部贷出，这时政府应考虑降低率或者收回资金；如果贷款总量全部贷出，这时政府应考虑是否以更高的利率追加资金等等。

由此，可总结出三点：一是宏观调控与微观决策可以融合，关键点在于双方共享以资产收益率为基础的利益机制，价值规律中所谓价格波动实际上是价格中利润的波动；二是政府或者间接宏观调控并不排斥市场和企业家精神，理想状态下甚至是发挥市场积极作用和发扬企业家精神的重要保障，这也符合我国及其他发达国家的现实；三是为了保障高质量的市场经济，一个"聪明而又专业的"政府比一个"强有力的"政府可能会更好。

"资产收益率宽幅度理论"的核心是资产收益率或者投资报酬率（ROI），它是一项重要的财务指标，是企业在经济上追求的首要目标，上世纪初由美国杜邦化学公司首创，俗称"杜邦模型"，一方面它按照会计要素连接和反映整个企业的经营活动，另一方面它是资本市场中重要的信息投入，能够影响股价，与资本市场相通。因为股价等于市盈率与每股收益之乘积，在基本面分析时，由资产收益率可以推导出每股收益，进而推导出股价。按照原理，通过计算资产收益率和权益乘数，可以确定净资产收益率中多少源于权益资本、多少源于债务资本。债务资本的利息在所得税前扣除，并不参与分红。当资产收益率持续走高，而债务成本走低之时，举债带来的利得就越大，为股东赚取收益就得多，但兑付风险也随之增加。在《微观方法》中，按照计价方式将资产分为以历史成本计价的经营性资产和以公允价值计价的金融性资产两类，将收益也相应地分为经营性资产收益率和金融性资产收益两类，以比较两类资产收益率的变化。跟踪研究发现：在长期保持经济高速度增长过程中，由于房地产价格的过快上涨，出现了以历史成本计价的经营性资产收益率持续走低、投资性房地产等金融性资产的收益率持续走高的经济现象，借鉴"股市宽幅震荡"用来衡量股市风险的基本概念，开创性地提出来"资产收益率宽幅"的基本概念，经营性资产收益率与金融性资产收益率宽幅现象改变了实体企业的投资、融资行为和风险偏好，转而投资或持有或配置更多的投资性房地产等金融性资产。因此，经营性资产与金融性资产之间的资产收益率宽幅现象时实体企业行为异化和加剧了实体企业的金融化、杠杆化、僵尸化，抑制了实体企业创新动力的深层次原因。上世纪90年代以来平衡记分卡发展迅速，借助于平衡记分卡，资产收益率既可与企业战略相衔接，又可以将客户（或市场）需求、运营流程、客户管理流程、创新流程、遵守社会法规流程以及人力资源、信息资源和组织资源统统整合起来，开辟了资产收益率研究的新方向。

正如《微观方法》所展示的那样，资产收益率宽幅度理论可以作为大量宏观经济问题的分析工具和政策工具。从对实体经济脱实向虚、金融化提速、经济增长放缓、经济结构失衡、房地产过热、债务违约、资产价格变动、货币政策、系统性金融风险以及经济增长等问题的分析中，可以得到很多新的启示和新的解决方案。比如房地产热，首先是刺激性货币政策导致了货币贬值和实物性资产价格上涨；其次是房地产业的资产收益率高于银行存款利率，使得居民将储蓄转化为房地产投资；再次是房地产行业的资产收益率也高于其他行业，导致其他行业的企业投资房地产；最后是金融性资产收益率高于实体经济企业，造成实体经济企业特别是大型企业兴办银行、信托、投资公司等金融板块，脱实向虚等等。毫无疑问，解决问题的出发点和归属就是资产收益率，就是在政策目标既定的前提下，通过宏观调控来调节和平衡不同行业的资产收益率，但真正解决问题还是要改变那些造成资产收益率不均衡的驱动因素。

《微观方法》无论在理论还是实践上都不乏开拓性与创新性，但突出之处在于创造"资产收益率宽幅度理论"，将会计的资产收益率这个微观经济概念，扩展到研究宏观经济中的货币政策、资产价格与经济增长的关系，为实现多重目标下静态和动态调控发现了新的均衡点，初步形成一套相对完备的宏观经济政策运行效果的评价体系，其中的收益率宽幅度指数、收益率宽幅度的预警区间，为货币政策的"量化稳健"和"保持流动性合理充裕，货币信贷、社会融资规模增长同经济发展相适应"提供了微观依据与微观方法。最重要的在于《微观方法》用逻辑和事实展示了会计学知识在宏观经济管理中发挥作用的机理。宏观管理必须微观化，唯有如此，政策才能落地和生效。令人惋惜的是，即使在经济领域中仍有很多人将会计视为"下里巴人"，并不接受这种观点。但我们坚信，随着《微观方法》的出版，随着我国社会主义市场经济完善和发展，宏观与微观在理论和实践上的融合必将形成一种新的风潮。

感谢赵立三教授及其团队为我们奉献了一部可阅读、可收藏的力作。

清华大学经济管理学院教授、博士生导师

2021年10月7日   于清华园

目　录

第一篇　稳增长、调结构的制度背景与理论基础

第二篇　资产收益率宽幅度与实体经济行为异化研究

第一篇 稳增长、调结构的
制度背景与理论基础

第一章　绪　论

政策是驱动经济增长的核心变量。依据何种方法选择政策工具以及何时选择何种政策工具是精准推动稳增长、调结构、防风险与高质量经济增长的核心问题。

稳增长、调结构是在宏观经济运行波动、经济结构失衡、系统性金融风险凸显与原有经济增长方式不能持续的背景下，中央政府为了转变经济增长动力与推动经济高质量增长而提出的经济发展与调控的总思路。课题组以此为背景，依据马克思"等量资本获得等量收益"的平均收益率理论，基于微观经济是宏观经济的基础、宏观经济政策影响微观经济主体的经济后果、微观经济主体的经济后果可以有效判断宏观经济政策运行效果的逻辑关系，研究宏观经济政策与经济运行波动、结构失衡之间的内在逻辑关系，为宏观经济政策的制定与政策工具选择提供微观依据。

本书从会计收益的微观视角，研究刺激性货币政策与经济高速度增长的关系时发现，刺激性货币政策推动经济高速度增长的同时，货币贬值和资产价格上涨，出现了虽然是等量资本，但是由于资本的形态不同而获得的收益率差距持续拉大的资产收益率宽幅度现象。这种不同类型资产之间的资产收益率宽幅度现象与宏观经济运行波动、经济结构失衡存在何种关系？这种不同类型资产之间的资产收益率宽幅度现象与实体经济脱实向虚、金融化不断加深之间有着怎样的逻辑关系？资产收益率宽幅度现象与杠杆率、资产泡沫之间的相互强化机制是否导致了经济下行压力加大与系统性金融风险凸显？资产收益率宽幅度与运用何种政策工具或政策工具组合推动稳增长、调结构之间的内在逻辑是什么？资产收益率宽幅度能够为选择政策工具与政策工具组合提供依据与方法吗？本书研究的目的是从会计收益的微观视角形成系统的逻辑分析框架与分析方法，为宏观经济政策制定与政策工具选择找到微观基础，为稳增长、调结构提供理论依据与政策工具选择的新方法。

本书在研究不同类型资产之间的资产收益率宽幅度成因基础上，探讨资产收益率宽幅度与微观经济主体的运行效果的逻辑关系；研究资产收益率宽幅度与宏观经济运行效果的内在传导机制，形成"不同类型资产之间的资产收益率宽幅度"，构建"资产收益率宽幅度预警区间"，形成的逻辑分析框架与分析方法。为决策者判断风险隐患，以及何时、选择何种政策工具实现稳增长、调结构、防风险与经济的高质量增长提供新视角、新工具、新方法。

第一节　研究背景与问题的提出

为缓解经济下行压力，守住不发生系统性金融风险的底线，并且在原有的经济增长模式不能持续的背景下，党中央、国务院提出和实施了一系列稳增长、调结构、防风险的政策举措，保持了经济持续向好、稳中有升的基本态势。稳增长是为了给调结构、转方式赢得时间和空间，是经济增长的短期目标，优化经济结构、转变经济增长方式、推动经济的高质量增长是长期目标。

一、研究背景

改革开放以来，我国主要采用逆周期的货币政策和扩张性的财政政策刺激经济增长。当经济衰退时，政府采用提高货币供应量、降低利率、增加政府支出、扩大基础设施建设等措施，刺激经济增长；当通货膨胀抬头时，政府转向紧缩性经济政策，为过快增长的经济和物价"踩刹车"。但是这种逆周期与频繁调控的经济政策，对我国宏观经济和微观企业发展产生了不利的影响。

按照凯恩斯主义经济理论，我国政府采用包括保持经济高速增长、降低失业率、稳定物价、保持国际收支平衡、保持金融稳定和促进经济结构平衡的多元目标制来制定货币政策目标。但是，多元目标制中，稳定物价与促进经济增长之间存在的矛盾，在短期内更为严重。中国人民银行（即央行）采用扩张性货币政策会促进产出增加、改善就业，达到促进经济增长的目的。同时，扩张性货币政策也会导致货币供给量增加、货币市场供大于求、货币贬值、资产价格上涨，从而出现物价上涨、通货膨胀。这就导致我国宏观经济运行在通货膨胀与经济增长之间出现了此消彼长的替代关系，也导致我国制定的经济政策在扩张性货币政策与紧缩性货币政策之间频繁转换。

（一）先"双紧"、后扩张的货币政策与经济运行（1993—2001年）

为有效抑制通货膨胀和经济过热，我国自1993年开始连续4年实施了"紧货币、紧财政"的双紧缩政策，GDP增长率由1994年的30%逐渐下降至1996年的17%；CPI增长率也由1994年的24%下降至8.3%。但是很快，中国经济就出现了所谓"硬着陆"，各城市到处都是烂尾楼。恰逢1997年下半年开始的亚洲金融危机，1998—1999年，我国GDP增长率下降至6%，CPI也出现负增长，经济增速放缓。

基于经济形势的变化，政府又采用了采取取消贷款限额、下调法定存准率和存贷款基准利率等扩张性的货币和财政政策，以引导我国经济脱离通缩阴影。2000年开始，扩张性货币政策调控效果显现，我国GDP增速逐渐回至10%，CPI也回归合理区间。但是受扩张性货币政策的影响，企业贷款成本下降，信贷规模大幅增加，国有企业杠杆率攀升，银行大量贷款无法收回，直到2001年底借势加入世界贸易组织（WTO），经济才逐渐开始复苏。

（二）"稳健偏紧"与经济增长（2003—2004年）

受加入WTO利好影响，2003—2004年，我国经济增长加速，GDP增长率重回两位数区间，甚至在2004年达到近18%的高点；CPI比2003年上升了4个百分点，商品房平均销售价格比2003年上涨了18%。但是信贷增长较快，贸易顺差过大。因此，政府开始了第二轮经济调控和管制。为了抑制经济的过快上涨，政府制定了稳健偏紧缩的经济政策。

此时，公开市场操作工具得到快速发展，成为我国货币政策日常操作的主要工具之一，对调节银行体系流动性水平、引导货币市场利率走势、促进货币供应量合理增长发挥了积极的作用。政府出台了行政管制措施，抑制过剩产能，多次上调存贷款利率和存款准备金率，并且采取减少长期国债发行量、缩减财政支出规模、降低出口退税率等紧缩措施。2005年后，中国GDP增速放缓，增长率稳定在15%左右；物价也基本平稳，CPI增长率控制在1%左右。

（三）"双稳健"与防过热（2006—2008年）

进入21世纪，中国经济持续高速发展，市场体系基本建立。但是，高速增长的背后，经济社会中的结构性问题愈发凸显：随着我国经济增速逐渐减缓，原有发展红利逐步消失，可以预见，在未来10—30年的发展面临着内外双重压力，经济可持续快速发展的难度明显增大。因此，政府采用了一系列结构性改革措施，以改善经济结构，促进经济高质量发展。

　　为应对2003年下半年开始的"经济过热"现象，2006年，国家宏观调控政策从之前的"松财政、稳货币"调整为"双稳健"组合。为保持宏观经济政策的连续性和稳定性，2007年继续实施"双稳健"政策。但是，随着银行资金流动性过剩，信贷、投资规模增长偏快，通胀压力逐渐增大等问题的出现，货币政策逐步从"稳健"调整为"从紧"。2007年全年共开展正回购操作1.27万亿元，先后10次上调存款准备金率，6次上调存贷款基准利率；2008年开展短期正回购操作3.3万亿元，仅上半年就5次上调金融机构存款准备金率，以应对经济和货币流动性过热。

　　财政政策方面，实际经济运行中出现的一些城市房地产价格快速攀升，消费者价格指数高位运行，国家连续出台针对房地产行业的经济政策：增加行业税收，提高首付款比例，提高贷款利率，调整住房供应结构，鼓励经济适用房和廉租房的建设。为减少贸易逆差、缓解流动性过剩问题，分别取消或降低了部分钢材的出口退税率，同时调整了近3000项商品的出口退税政策；针对逐渐升温的证券市场，为抑制过度投机的行为，将证券交易印花税税率从1‰上调至3‰，同时将储蓄存款利率所得个人所得税的使用利率从20%减至5%。

　　（四）"双宽松"与强刺激（2008—2010年）

　　与1997年相同，2006—2008年上半年的紧缩货币政策再次遇上美国次贷危机引起的全球经济衰退，导致2008年下半年经济下滑明显，GDP增速放缓。基于经济形势的转变，2008年9月之后，中国人民银行对货币政策进行了调整，由从紧的货币政策向积极的财政政策和适度扩张的货币政策转变，采取了保增长、扩内需、调结构的政策措施，以促进经济平稳、快速发展。从2008年9月开始4次下调存款准备金率，5次下调金融机构存贷款基准利率，2次下调央行对金融机构的存贷款利率。同时，央行也开始提高向商业银行的借款规模。2009年，央行向商业银行借款占央行总资产的比值达到最低值3.1%之后就开始进入上升通道，在2016年底达到24.7%。与此同时，我国的货币乘数也开始重新上升。

　　财政政策方面，2009年，政府采用了4万亿投资计划，大量增加基础设施建设等财政支出，以促进经济复苏；在调整产业结构方面，提高部分纺织品、服装的出口退税率，降低住房交易税费，全国统一停止征收个体工商户管理费和集贸市场管理费，加大对中小企业信贷支持，加大金融对经济增长支持力度；将证券交易印花税税率从3‰调回至1‰，并将股票交易印花税调整为单边收税，对储蓄存款利率所得暂免征收个人所得税，保证资本市场的流动性；提出并开始实行"结构性减税"，进一步推进税费改革。

银行贷款和政府4万亿投资虽然在短期内拉动了经济的增长，但是对之后相当长时间的经济发展造成了严重的负面影响。大量资金抽离实体经济，流入房地产相关行业。2008年，金融机构投向基础设施行业、房地产业和制造业的中长期贷款分别为1.1万亿元、2426亿元和2407亿元，分别占新增中长期贷款的48.2%、10.9%和10.8%；2009年，投向这3个行业的中长期贷款占比分别为50.0%、12.3%和10.2%。刺激经济增长的相关经济政策，导致房地产相关行业快速发展，房地产价格迅速上升，反映了投资快速增长的拉动作用；同时也导致实体经济低迷，进一步说明了财政和货币政策拉动经济发展的短期对策导致我国经济发展的短视化（吴敬琏，2008）。另外，大量金融机构贷款流入基础设施建设这种回报极低，甚至现金流量为零的项目中，为之后我国的"钱荒"、杠杆率攀升及系统性金融风险上涨埋下了隐患。自此之后，中国就走上了以债务膨胀推动经济发展的道路。

（五）稳增长、调结构、转方式与高质量经济增长（2011—2019年）

2011年作为"十二五规划"的开局之年，经济发展也从刺激性政策之后的高速上升回归常态。经济结构的非均衡发展使得短期宏观政策制定遭遇了"控通胀、去泡沫"和"稳增长、放下滑"的两大难题。一方面要求宏观经济政策的制定要更加注重财政政策与货币政策的协同配合，另一方面更加要求将经济增长目标与民生实际结合起来。此后的宏观经济政策调整为财政政策更加侧重于"调结构"和"稳增长"；货币政策转向"稳健"和"中性"。

积极的财政政策有利于推动结构性调整。通过结构性减税手段深化经济结构调整，促进企业转型升级。具体政策有：从上海试点开始拓展至10个省、自治区及直辖市全面展开"营改增"税制改革；实施增值税转型，增值税税率减至17%、11%和6%三档，将农产品等增值税税率从13%降至11%；扩大企业所得税中因研发活动的扣除范围；对高能耗、高污染的煤炭等产品实行资源税从价计征改革；取消相关行政性收费；降低个人所得税起征点；相机调整相关产品进出口关税等。

推动利率市场化改革在此期间基本完成。2012年央行首次允许上浮存款利率，2013年基本取消管制贷款利率，2015年放开存款利率浮动限制，2016年首次明确"银行间回购利率（DR）"的重要性，2017年推出"银行间回购定盘利率（FDR）"和以"7天银行间回购定盘利率（FDR007）"为参考利率的利率互换产品，同年把Shibor发布时间从上午9:30调整为上午11:00，以提高其反映市场利率变化的基准性。

创新货币政策工具，政府制定了结构性货币政策。2008年全球金融危机之后，为了调整信贷市场结构，应对经济临时性波动，中国人民银行新创设了一系列货币政策工具，在银行体系流动性出现临时性波动时相机使用。新创数量型货币政策工具主要包括公开市场短期流动性调节工具（SLO）、常备借贷便利（SLF）、中期借贷便利（MLF）及抵押补充贷款（PSL）等。公开市场短期流动性调节工具（SLO），作为公开市场常规操作的必要补充，主要用于调节市场短期资金供给，熨平突发性、临时性因素导致的市场资金供求大幅波动，促进金融市场平稳运行，也有助于稳定市场预期和有效防范金融风险；常备借贷便利（SLF）主要功能是满足金融机构期限较长的大额流动性需求，对象主要为政策性银行和全国性商业银行，常备借贷便利以高信用评级的债券类资产及优质信贷资产等作为抵押品进行发放，期限为1—3个月；中期借贷便利（MLF），为金融机构提供长期稳定资金来源，定向支持及扩大对小微企业、民营企业信贷投放；抵押补充贷款（PSL）初创目的是支持棚改建设，后发展为支持国民经济重点领域、薄弱环节和社会事业发展而对金融机构提供的期限较长的大额融资，一般以高等级债券资产和优质信贷资产为抵押品。

加强财政货币政策后，协调配合推动供给侧结构性改革。2014年后，我国经济进入新常态，呈现出增长速度换挡期、结构调整阵痛期和前期刺激消化期的"三期叠加"的新特征。财政货币政策调控的重点也逐步从旧凯恩斯主义所倡导的促进投资、创造需求转向了推动经济结构调整和风险防范。2015年后，财政货币政策积极协调配合推进供给侧结构性改革，努力完成"三去一降一补"目标。

在"去产能"方面，针对行业甚至是具体企业进行税费的减免，对问题严重的如钢铁、煤炭行业提供税收政策上的支持；安排奖补资金，以处置出清僵尸企业为切入点推动相关行业的提质增效；完善绿色信贷机制，妥善处理钢铁、煤炭等行业的企业债务和不良资产，引导资金投向生态保护、清洁能源、循环经济等绿色领域；推动利率市场化机制，灵活运用利率的调节机制；出台资管新规，打破理财产品刚性兑付，控制影子银行，保障金融服务经济实体。

"去库存"主要体现为"地产去库存"。2012年受经济增长缓慢影响，央行又放宽了对房地产市场的管制，将首套房首付比例下调为30%，放开了住房贷款的最低限额，并连续两次下调人民币存贷款基本利率，受上述因素的影响，2012年我国商品房平均销售价格上涨10%，出现了"房市过热"的现象。2013年针对这一现象，国家再次加强政府管制，出台了"新国五条"，规定出售自有住房需要缴纳20%的个人所得税，并针对房价上涨过快的城市，提高了二套住房首付款比例及贷款利率，政策出台后，2014—2015年中国整个房地产市场陷入了普遍萎缩，大量政府拍卖土地流拍。2013年全国土地出让金总收入为4.13万亿，2014年下降到4.04万亿，2015年下降到3.25万亿。于是政府被迫在2015年底提出"地产去库存"运动，要求各地政府出台政策促进商品房销售。同时央行于2015年底开始放松对房地产市场的管控，下调了购房首付款比例，并且增加了央行对商业银行的借款。2015年底，央行对商业银行的借款总额为2.66万亿元，到了2016年底，央行对商业银行的借款规模暴涨到8.47万亿元，增幅高达318%。在获得充足的资金支持后，商业银行放宽了对房地产领域的贷款，覆盖从买地到销售的全链条资金需求。炒楼客户也可以随意申请到金融产品，满足从首付到按揭的全部需要。最终房地产市场"井喷"式发展。2016年全国商品房平均销售价格增幅10.05%，一、二线城市商品房价格普遍上涨50%以上。

"去杠杆"是应对各部门杠杆率快速攀升的举措。面对各部门杠杆率快速攀升、房地产市场过热引发的经济脱实向虚、经济结构失衡等复杂的经济问题，从2017年开始，政府的调控重点又从"去库存"转向"去杠杆"，收紧对房地产市场的资金支持，叫停了大量地方基金项目，减少了对商业银行的借款，使商业银行资金链紧张，银行拆借利率上升，10年期国债利率上升至4%，甚至在2017年6月份出现了1年期和10年期国债收益率的"倒挂"，我国再次出现了"钱荒"状态。

"降成本"方面主要体现为结构性减税降费。在结构性减税、清理行政事业性收费和规范政府性基金多方面发力。2013—2017年，我国累计为企业减税降费超过3万亿元。2016年扩大了18项行政事业性收费免征范围，推动地方清理规范涉企行政事业性收费90项，降低收费标准82项。

在"补短板"方面，充分发挥财政资金的引导作用，激发社会主体活力；利用有增有减的结构性减税降费政策，培育经济新动能；支持小微企业，扩大小微企业享受税收优惠的范围；鼓励科技创新，出台股权激励和技术入股递延纳税政策，完善科技企业孵化器税收政策；提高公司加大设备投资，促进制造业转型升级。于2014年出台新规定，对部分制造业行业新购进的固定资产可以采用加速折旧的方式税前扣除，2015年在原有行业基础上继续扩大适用范围，2019年扩大至全部制造业领域。

二、问题的提出

通过总结梳理我国近30年的政策调控与经济发展，可以发现：第一，我国调整经济政策越来越频繁，政策的沉淀期越来越短。我国经济陷入了"扩张性政策—经济过热—紧缩性政策—经济衰退—再次扩张性政策"的循环中，并且每个周期持续的时间越来越短。频繁地转变经济政策的结果是加剧经济运行波动，经济周期缩短。当把频繁的周期性调控政策作为日常工作，决策部门就会被各种短期指标所吸引，使得制定的经济政策短视化，忽视对结构性矛盾和长期增长动力问题等关键问题的调控。这也直接导致经济政策的有效性较低；第二，我国的宏观调控虽然刺激过经济增长，也平抑过通货膨胀，但是在我国经济政策调控过程中，怎样制定经济政策并进行量化，如何确定经济政策的调控方向和调控空间，又如何选择政策工具等关键性问题并未形成系统性的解决方法。经常造成制定的经济调控政策过犹不及，最终经济运行波动无法被有效熨平反而被阶段性放大；第三，通过上述分析可以看出，我国目前面临金融机构部门、实体经济部门的杠杆率不断攀升，实体经济弱化、经济脱实向虚、经济结构失衡，以及由此引发的经济下行等众多、复杂又相互交织的经济压力等问题。在如此复杂的经济形势下，我国极为需要形成一套制定量化经济政策的系统性逻辑框架，为政府制定经济政策调控方向、调控空间和选择政策工具提出方法和措施，以保证在稳增长、调结构、降杠杆的同时，守住不发生系统性金融风险的底线。

刺激性货币政策推动了我国经济高速增长，使我国经济体量跃居世界第二。然而，在经济高速增长过程中，因何而产生宏观杠杆率攀升、资产泡沫加剧、系统性金融风险凸显，以至于虚拟经济与实体经济结构失衡、宏观经济运行波动、使原有的经济增长模式难以持续等负外部效应？

从微观经济主体来看，为什么我国的实体企业金融化程度加深，空心化严重，经济下行压力较大以及企业创新动力不足？为什么实体企业收益率中现金的含量持续走低与企业僵尸化（Zombie）的程度日益加剧？

从宏观经济运行情况来看，什么是居民部门杠杆率和非金融企业部门杠杆率攀升深层次原因？虚拟经济运用杠杆炒作、对赌等经济活动获得了非正常的超额泡沫收益的动力与根源是什么？

等量资本由于资本形态不同收益率差距持续拉大的资产收益率宽幅度现象，是对马克思"等量资本获得等量收益"平均收益率理论的背离。实体经济净资产的低收益率及房地产市场的高回报率的资产收益率宽幅度现象对社会资本具有虹吸效应，是否是导致实体经济融资难、融资贵，虚拟经济与实体经济之间的收益结构、经济结构失衡，宏观经济运行波动与风险加大的原因？

微观经济组织运用自身控制或拥有的资产通过投资活动、经营活动与理财活动获取的未来经济利益，是微观经济组织的基本目标。资产获取经济利益有两种方式：一是通过运营资产、出售产品、劳务等方式获取经营收益；二是投资或持有该项资产，通过该项资产的价格升值获取收益。当投资或持有该项资产的收益率大于经营性资产收益率时，或者等量资本而因资本的形态不同使得收益率持续拉大时，就会改变微观经济主体的投资与经营行为。因此，为了落实党中央、国务院提出的经济工作要稳中求进，保持经济稳定增长、优化经济结构，守住不发生系统性金融风险的底线是当前经济工作的主要任务。在此背景下，本书以马克思的"等量资本获得等量收益"的平均收益率理论为基础，从会计收益的微观视角，研究不同类型资产之间的资产收益率宽幅度现象是否是宏观经济运行波动与经济结构失衡的原因？是否是经济下行压力加大与系统性金融风险凸显的原因？测算"资产收益率宽幅度"，测度宏观经济政策与"资产收益率宽幅度的预警区间"能否为政策工具选择以及何时选择何种政策工具与政策工具组合推动稳增长、调结构的提供新方法？本书研究的目的就是从微观会计收益的视角，形成系统的逻辑分析框架与分析方法，为稳增长、调结构提供微观理论依据与工具选择的新方法。

三、研究意义

为了应对经济下行压力与防范金融风险，优化经济结构，2019年12月召开的中央经济工作会议指出，"必须科学稳健把握宏观政策逆周期调节力度，增强微观主体活力，把供给侧结构性改革主线贯穿于宏观调控全过程；必须从系统论出发优化经济治理方式，加强全局观念，在多重目标中寻求动态平衡"。会计收益是多重调控目标的动态平衡点，是科学把握宏观政策逆周期调节力度，增强微观主体活力的关键点。研究不同类型资产之间的资产收益率宽幅度与宏观经济政策之间的逻辑关系，形成系统的经济治理方式，为稳增长、调结构提供理论依据与方法是本书的主要意义。

（一）理论意义

会计收益是资本市场中重要的经济信息，是评价微观经济主体活力主要的财务指标，也是引导资本流动的基本动力。从会计收益的微观视角研究实体经济因何增长放缓，因何需要稳增长、调结构、防风险，以及如何推动高质量的经济增长？本书的理论意义如下：延伸研究了4种不同类型资产之间的资产收益率宽幅度对微观经济的影响程度与影响结果，探讨了资产收益率宽幅度与宏观经济运行波动及结构失衡的关系，形成了系统的分析框架，为宏观经济决策提供了微观基础。

（1）首次提出并界定了"资产收益率宽幅度"的基本概念，拓展了会计学研究宏观经济的新领域，丰富了经济学的研究内容，为会计学科建设注入了新的活力。本书从会计收益的视角研究宏观经济政策与经济增长的关系时，发现了刺激经济增长的货币政策导致货币贬值、资产价格上涨，客观上形成了持有货币性资产遭受损失而投资性房地产获取高收益率，出现了货币性资产与投资性房地产等不同类型资产之间的收益率差距持续拉大的经济现象。借鉴"电压宽幅"衡量电压的稳定性与电气设备运营状态，以及"股市震荡宽幅"说明股市风险与资源配置的有效性的基本原理，本书把货币性资产与投资性房地产等不同类型资产之间的收益率差距持续拉大的经济现象称为"资产收益率宽幅度"现象，用于衡量和判断宏观经济运行风险与结构失衡，由此，拓展了会计学研究宏观经济的新领域。资产收益率宽幅度的基本概念是基础性、应用性的会计学概念，是对刺激经济增长过程中产生的负外部性的基本描述，为剖析和研究杠杆率攀升与资产泡沫等经济学相关内容提供了微观层面的理论基础。

（2）不同类型资产之间的资产收益率宽幅度，为理解宏观经济波动与经济结构失衡提供了理论依据。基于微观经济是宏观经济的基础，宏观经济政策影响着微观经济主体的运行效果，微观经济主体的运行效果可以有效评价宏观经济政策的实际效果。"等量资本获得等量收益"是经济社会平稳健康运行的理论基础。本书所定义的不同类型资产之间的资产收益率宽幅度揭示了：虽然是等量资本，但是由于资本的形态不同而收益率持续拉大是宏观经济运行波动与结构失衡的根源。通过比较4种不同类型资产之间的资产收益率宽幅度，从不同角度揭示了资产收益率宽幅度与宏观经济运行波动、经济结构失衡内在的传导机制，为更为全面地解读宏观经济政策波动与经济结构失衡问题提供了新的理论依据。

（3）资产收益率宽幅度基本概念与分析框架为我国多元目标制定货币政策找到了观察点和动态平衡点。以经济周期为目标的货币政策主要是通过向市场提供货币数量实施逆向调节。由此，在经济增长、防止通胀过程中，直接影响扩张性政策与紧缩性政策之间的频繁转换，并且缺乏微观依据。资产收益率宽幅度概念的提出及4种不同类型资产之间的资产收益率宽幅度与预警区间，为政府主导经济增长，实施科学稳健的货币政策，合理匹配社会资源，推动稳增长、调结构、转变经济增长方式和经济社会全面健康发展提供了理论依据。

（4）形成了资产收益率宽幅度逻辑分析框架，构建了一套相对完备的宏观经济政策的微观评价体系，创建了宏观经济政策—资产收益率宽幅度—经济运行的影响路径模型。依据资产收益率宽幅度，构建的资产收益率宽幅度预警区间，恰当地描述宏观经济运行风险和经济结构失衡的状态，丰富了政府在稳增长、调结构、转方式与高质量经济增长中的调控思路；为我国经济持续稳定增长、经济结构战略调整、转变经济增长方式提供系统性的理论与方法支持。

（二）现实意义

不同类型资产之间的资产收益率宽幅度为弥补金融周期性、结构性和体制性的不足，加强逆周期的调控力度和完善监管体制机制提供新工具与新方法，具有现实意义。

（1）资产收益率宽幅度揭示了杠杆率与资产泡沫之间的相互强化的机制效应，为实现稳增长、调结构的宏观经济政策相机调控与决策提供微观依据。高杠杆与资产泡沫是金融风险的主要因素。然而，资产收益率宽幅度是杠杆率攀升与资产泡沫的基础，资产收益率宽幅度越大，杠杆率就越高、资产泡沫就会不断吹大。本书通过研究并比较4种不同的资产收益率宽幅度及测度的资产收益率宽幅度预警区间，为决策者综合利用货币政策、财税政策、政府干预等宏观经济政策，保持经济持续稳定增长，转换经济增长动力，优化经济结构、实现经济的高质量增长提供了精准施策、有效"滴灌"的客观依据。对调控不同省份、不同地区或不同城市的资产收益率宽幅度与预警区间，实施"因省施策、一城一策"提供相机调控与决策的依据。

（2）准确剖析了资产收益率宽幅度是实体经济脱实向虚、金融化程度不断加深、以及抑制企业创新动力的深层次原因。实体经济空心化、僵尸化以及创新动力不足的深层次原因，是由于投资性房地产等金融性资产与经营资产的收益率差距持续拉大，导致实体经济脱离其原有的生产经营模式，转而投资或配置投资性房地产等金融性资产，实体经济脱实向虚，金融化程度不断加深，导致实体经济增长放缓、虚拟经济炒作、对赌性经济活动激烈，以致于宏观经济波动与经济结构失衡。伴随着"双宽松""强刺激"的宏观经济政策的持续实施，不同类型资产之间的收益率差距的持续拉大，直接影响了实体经济的金融化、僵尸化，同时抑制了企业的创新动力。资产收益率宽幅度的持续拉大为宏观杠杆率攀升与资产泡沫加剧提供了"温床"，是导致实体经济与虚拟经济结构失衡、宏观经济运行风险加大的主要原因。

（3）资产收益率宽幅度的预警区间为判断风险隐患提供了新方法。"金融安全是国家安全的重要组成部分，准确判断风险隐患是保障金融安全的前提。"[1]不同类型资产之间的资产收益率宽幅度是杠杆率与资产泡沫产生的基础，资产收益率宽幅度与杠杆率、资产泡沫之间具有相互强化的机制效应。资产收益率宽幅度的持续拉大加剧了投资者对预期收益的判断，推动了杠杆率攀升与资产泡沫的加剧，加剧了风险隐患；如果资产收益率宽幅度突然收窄，杠杆率突然下滑、资产泡沫破灭，风险就有可能转化为危机。依据三者之间相互强化的逻辑关系，构建资产收益率宽幅度的预警区间，为判断宏观经济运行波动与金融风险隐患提供了新方法。从微观视角为解决货币政策的周期性、结构性与体制因素提供新方案，为完善监管体制机制、加强金融监管、守住系统性金融风险底线提供新思路。

（4）资产收益率宽幅度为政府发挥税收杠杆的调节作用，推动稳增长、调结构、实现经济的高质量增长找到了的客观基础。税收体现国家意志，发挥税收杠杆的调节作用，是稳增长、调结构与高质量经济增长的重要杠杆化工具。依据"公平与效率的原则"，税收杠杆可以有效调控资金流向、收益均衡等等。资产收益率宽幅度与预警区间为运用差别税率、适时税率，以及分别确定征税对象、应税税基，适时调控不同类型资产之间的收益均衡，遏制杠杆率攀升与资产泡沫提供了税收征管与减税降费的客观依据。

（5）本书的资产收益率宽幅度从微观层面建立的宏观经济政策与微观经济主体运行效果的内在逻辑关系，构建了一套相对完备的资产收益率宽幅度对宏

---

①

观经济政策运行效果的评价体系。在资本逐利与资产收益率宽幅度的叠加效应下，微观经济主体改变了其自身的投融资行为；揭示了不同类型资产之间的资产收益率宽幅度推动了企业金融化、僵尸化的进程，是导致企业创新动力不足的深层次原因。同时，虚拟经济净资产高收益率表明虚拟经济运用杠杆获取的非正常的泡沫收益，对实体经济有抑制效应，导致虚拟经济与实体经济结构失衡。因此，不同类型资产之间的资产收益率宽幅度为完善宏观经济政策，遏制资产收益率宽幅度的持续拉大和防止资产收益率宽幅度的突然收窄构建了一套相对完备的微观评价体系。

（6）测算了资产收益率宽幅度，测度了资产收益率宽幅度的临界值与预警区间，为货币政策、财税政策及产业政策等政策工具与政策工具组合提供选择空间。本书主要采用宏观经济模型对资产收益率宽幅度调控政策体系的设计及调控政策效果的模拟进行评价，测算资产收益率宽幅度、测度形成了资产收益率宽幅度的预警区间，为政府主导经济增长、有效干预市场外部性，理顺政府与市场的关系提供新思路，具有较强的实践性和可操作性，为稳增长、调结构、转方式的政策工具选择提供了政策选择空间和选择方法。

第二节　相关研究文献综述

我国正处在转变发展方式、优化经济结构、转换增长动力的攻关期，结构性、体制性、周期性问题相互交织，"三期叠加"影响持续深化。因此，经济下行压力加大与系统性金融风险凸显，是当前经济形势的主要特点。如何保持经济稳增长、实现调结构与转方式，推进高质量的经济增长？如何运用科学稳健的货币政策，完善财税政策体系和有效的政府干预等政策工具，增强宏观政策逆周期调节力度，保持经济增长稳中求进，实现稳增长的基本目标，为调结构、防风险的长期目标做好准备？相关专家学者就稳增长、调结构、转方式进行了大量研究，形成了研究成果，丰富了学术积累和学术思想，为政府科学决策提供了积极的、建设性的咨询建议。

一、实体经济稳增长、调结构的相关研究

中国社科院的研究报告《中国宏观经济运行报告2012》从投资消费结构、产业结构、金融结构、收入分配结构和国际收支结构5个二级指标测算出"经济

结构失衡指数"，发现中国长期推行的政府主导型的需求管理政策在保持经济快速增长的同时，不断加剧了经济结构失衡程度，中国经济结构严重失衡，并建议加快从需求管理向稳定需求与供给激励相结合的总量政策迈进的步伐，积极推进中性货币政策实施，以内生增长代替拉动增长，以结构化升级代替过分依赖消费、出口和投资拉动的增长模式，使得经济结构尽快恢复其均衡状态。具有"刀锋经济学家"之称的许小年认为：中国经济结构失衡是"结构性衰退"，原因是中国经济在高速增长之后出现的产能过剩导致，这种结构失衡如果不能够纠正，衰退将持续较长时间，并且不能自动恢复，必须要推行结构性的改革和结构性的调整。①

从微观经济主体来看，实体经济主要表现为实体经济金融化程度不断加深、实体企业创新动力不足及僵尸化进程加快等。

（一）关于实体企业金融化的研究

关于实体企业金融化的定义，Krippner（2005）认为企业金融化行为可以从企业利润的积累角度描述，更加依靠金融渠道而不是传统的贸易和商品生产是金融化的表现。Stockhammer（2004）则从企业的实际业务开展角度出发，将非金融企业卷入金融市场作为评判标准；而Foster（2009）则以企业经济行为的核心是否从生产部门变为金融部门作为标准。

实体企业金融化其实是金融市场发展到一定程度后普遍存在的现象。例如，美国非金融企业金融化趋势始于20世纪70年代，于80年代中后期达到一个顶峰阶段（Krippner，2005）；20世纪90年代后期，阿根廷、墨西哥和土耳其这3个新兴市场国家出现了明显的企业金融化现象（Demir，2009）；中国自2006年以来也出现了明显的企业金融化特征（张成思、郑宁，2018）。微观企业金融化不仅会导致全社会实物资产的积累大大减慢（Stockhammer，2004），而且可能会造成实业投资率下降，形成资金配置的脱实向虚，在经济下行阶段对经济增长的负向作用显著（Kliman & Williams，2015；朱映惠、王玖令，2017）。

在传统的经济学观点中，企业配置并持有金融性资产出于"预防性储蓄"动机（Keynes，1936），金融性资产等同于企业货币资金的延伸，是企业贮藏流动性的一种重要工具；实体企业会基于流动性管理的目的，将部分闲置的过剩资金投资至不同期限及不同流动性的金融性资产进行资金储备。相较于固定

---

①

资产等长期资产的变现能力差、不可逆性和持有周期长等特点，金融性资产更加灵活、变现能力更强，因而从理论上来讲，企业适度配置金融性资产具有"蓄水池"作用（杜勇等，2017），可以帮助企业应对未来经济的不确定性，一定程度上缓解面临新的投资机会时的融资约束，还可以规避可能出现的流动性短缺问题，减少现金流不足等对企业经营活动的负面冲击。

不同于理论假设，企业在现实经营中会面临不同类型的资产投资选择问题。根据Markowitz（1952）所提出资产选择组合理论，企业出于追求利润最大化的目的，会不断提升金融性资产投资的比重（Orhangazi，2008；Demir，2009；张成思，2019）。当企业主营业务提升遇到"天花板"或是受到宏观经济冲击主营业务收益率疲软时，通过增加金融性资产投资、创造"投资收益"帮助企业扭亏为盈成了企业的理性选择（翟进步等，2014）。

（二）关于实体企业创新动力问题的相关研究

影响企业创新的因素及采取何种措施推动企业创新，是学术界始终关注的话题。在2015年之前，学者们更加关注微观企业自身因素对创新的影响，认为企业规模、企业文化、企业吸收能力、股权结构、融资约束、高管背景、知识共享及企业投资行为等因素均会影响企业创新。近些年来，相关学者们开始关注宏观经济政策及宏观环境对企业创新的影响，研究视角开始从微观向宏观转变。

熊彼特（1999）最早指出，规模越大的企业越有能力承担大规模研发活动，R&D投入越多。张杰（2007）实证检验发现二者存在倒U形关系；Kenny & Reedy（2006）认为强调全员参与的企业创新文化是企业创新的关键因素；Jansen，et.al.（2005）提出不断投资吸收和利用外部新知识的公司更有可能通过生产创新产品和满足新兴市场的需求来适应不断变化的环境条件；徐晓东、陈小悦（2003）认为，大股东持有股份越大越不易流通，导致大股东需要考虑企业长期利益，从而增加创新投资；Hall（1992）提出研发活动的不确定性导致其面临更高的融资约束，从而显著抑制企业创新。国内学者刘胜强等（2015）、余明桂等（2019）也都得到相似结论；部分学者认为管理者预期任期（张兆国等，2014）、高管薪酬粘性（徐悦等，2018）及高管职业经历复杂程度（何瑛等，2019）均会显著促进创新提高；Chang & Gurbaxani（2012）等学者发现知识共享可以保证公司参与多个临时或更长期的合作协议。通过先进的信息和通信技术，集群内企业之间的合作变得普遍，从而有利于技术创新在企业间传播；Orhangazi（2008），认为金融投资的高额收益将导致企业优先选择金融性资产、实体企业逐渐偏离其主业（王红建等，2016）、创新能力下降（谢家智等，2014；杜勇等，2017）。

（三）关于货币政策、财政政策对企业创新的影响

钟凯等（2017）、谢乔昕（2018）均认为紧缩货币政策将抑制企业创新投资，宽松货币政策可以降低企业的融资约束，从而促进企业创新能力（Innovation，INN）的提高；但是王少华、上官泽明（2019）研究发现，宽松的货币政策将加重企业金融化的主动性，从而加剧企业过度金融化程度，导致对创新资源的抑制效应。王彦超等（2019）以我国上市公司为样本，验证发现税收优惠和财政补贴可以有效促进企业创新投入，但激励效果在不同行业、不同产权性质的企业中存在差异。谭劲松等（2017）以"十二五规划"期间A股上市公司为样本，检验发现产业政策可以有效推动企业研发投入。但是部分学者认为虽然产业政策导向容易引发企业出于"寻扶持"（黎文靖、郑曼妮，2016）及政治晋升目的（周铭山、张倩倩，2016），大力提高科研成果数量。但是产业政策并未有效激励企业自主创新投资（李万福等，2017），大部分科技成果无法有效转化，创新效果下降（雷鸣，2017）。

张杰在2019年中国发展经济学学者论坛中提出，增强我国企业技术创新需要加强金融体系建设。目前以银行为主体的金融体系无法满足实体企业技术创新的资金需求，存在典型的资金错配。因此，需要金融制度的创新和调整。以股票市场为主导的市场型金融机构有利于经济更高速的增长（Yeh，et.al.，2013；张成思、刘贯春，2016），能够更有效地促进资源配置优化（刘晓光等，2019）。因此，我国应推动股市等直接融资市场的发展，同时提高银行体系的竞争力。Hsu P-H & Tian,X.（2014）通过比较32个国家和地区的数据发现，股票市场的发展能促进企业创新水平的提高；Cornaggia，et.al.（2015）、Yuqi，et.al.（2017）提出并验证银行竞争越激烈，企业创新投入越低；Tian（2014）提出对于失败容忍度较高的风险投资是未来企业获取创新资金的最重要支持手段。

孟庆斌、师倩（2017）研究了经济政策不确定性对企业创新的影响，构建随机动态优化模型，衡量宏观经济政策不确定性，并利用中国上市公司的创新数据，检验发现经济政策不确定性可以敦促企业通过研发活动谋求自我发展，从而激励和促进企业创新；顾夏铭（2018）基于Baker，et.al.构建的中国经济政策不确定性指数和我国上市公司的创新数据，也得出相同结论。

（四）关于企业僵尸化的相关研究

林毅夫在新结构经济学的微观分析框架中提出了企业的"自生能力"的概念：在开放、自由、竞争的市场环境中，具有正常管理水平的企业，无须依靠政府或外部补助就可以预期获得一个社会可接受的正常利润的能力（Lin，2009）。没有自生能力的企业，会因为没有利润而被市场淘汰，最终退出市场，但如果能够得到政府和银行的救助、支持，其便会成为僵尸企业。

谢德仁（2018）在论述微观视角下的经济高质量发展中提出"高质量发展的企业应当具有持续现金增加值创造力，这就要求企业应当具有持续自由现金流量创造力，高质量发展的企业应当及时、充分地把自由现金分配给股东"。如果一家企业长期处于自由现金流量为负的状态（即经营活动净现金流量+投资活动净现金流量-利息支出<0），那么这家企业一定就是"自己赚的钱是不够自己花的，连支付的利息都是靠筹资活动融来的现金"的僵尸企业。

虽然财务困境是僵尸企业由于自身管理经营不善、投资决策失误等诸多原因导致的，但其背后的经济实质就是企业缺乏自生能力、缺乏创造现金增加值的持续性。僵尸企业想要"脱僵"成功，无论是外界的暂时救援还是企业自身的"断腕求生"都不能从根本上解决问题。企业只有积极自救，努力提升自生能力和创造现金增加值的持续性，才能真正走出困境，获得新生。

从银行角度看，僵尸企业挤占了大量信贷资源，扭曲了信用定价体系，积累了金融风险（Kane，1987）。从日本僵尸企业的研究来看，Caballero, et.al.（2008）认为导致20世纪90年代日本经济危机的原因之一正是金融机构长期扶持大量资不抵债的僵尸企业。其研究中提出的"CHK法"是将企业实际支付利息大于其可能获得的最优利息支出的企业认定为僵尸企业。这种方法现在仍然是僵尸企业研究中的主流认定方法。虽然Hoshi（2006）[1]指出CHK法仅仅将企业获得的资金成本作为判断标准可能存在以下两点不足：一是将可以获得银行低息贷款的优秀企业识别为僵尸企业；二是银行补贴企业的行为还可能以宽松的贷款资格审查、不断续贷等方式进行，只考察资金成本可能会遗漏真正的僵尸企业。但是，这也恰恰说明了银行在僵尸企业的形成和处置出清过程中的重要地位。

不同于短期陷入经营困境的问题企业，僵尸企业往往还会长期依赖于地

---

[1] Caballero, Hoshi & Kashyap等人的研究最初于2005年10月公布。

方政府的保护照顾，免于倒闭却难以很快起死回生。在中国，僵尸企业的形成更是一个复杂的过程，是政府、银行、企业三方互相博弈的结果。何帆、朱鹤（2016）的研究认为，与日本、美国由银行主导而产生的僵尸企业问题不同，中国的僵尸企业问题中政府"有形之手"的作用更为重要：一方面，只要救助企业的成本低于潜在的税收收入，地方政府都有动力伸出"有形之手"救援即将破产的企业，以维护经济发展秩序、保障地区就业。另一方面，存贷利差的长期高企和信贷配给使银行只要源源不断地提供贷款就可以掩盖不良贷款，避免抽款断贷产生连锁反应，造成更大的金融风险。

由于金融抑制的长期存在，我国企业融资形式缺乏多样性，资本市场主要以银行等间接融资为主，信贷配给现象严重，企业所享受的优惠利息和是否能够续贷在一定程度上受到地方政府直接或者间接的影响。钱先航和曹廷求（2011）研究表明，地方产业政策及政府优惠补贴通常与享受当地银行优惠利息的企业群体一致。纪志宏、周黎安（2014）研究指出地方政府可能会迫于晋升机制的压力，帮助遭遇困境的政府关联企业和保障大量就业的地方大型企业从银行取得低成本贷款，以维持地方政绩和税收的稳定。因此，我国的僵尸企业问题除了银行信贷支持之外，还要综合考虑财政补贴和税收优惠的影响。

二、结构失衡及其治理的研究综述

在经济快速增长的同时，我国经济结构失衡表现在产业结构、居民收入结构、地区经济发展等多个方面（袁志刚，2008）。经济结构失衡现象显著影响我国经济发展，会引起金融风险上升，也引起我国学者的广泛关注。学者们主要从宏观视角，从失衡度量、形成原因及治理措施等多个方面对经济结构失衡进行研究，取得了较多的学术成果。

（一）关于经济结构失衡的度量

李宝瑜（2009）依据宏观经济数据，从实体经济失衡、居民收入与价格失衡、货币金融失衡、国际收支失衡及资源环境失衡5个方面构建了宏观经济失衡指数，结果显示，我国宏观经济失衡度由2001年的15.53上升至2007年的23.34；李永友（2012）通过模拟居民消费率变化趋势对我国需求结构失衡情况进行了评估，结果表明：尽管我国需求结构存在失衡，但如果剔除水平因素，失衡程度总体上在经济增长可以承受范围之内，其中，居民消费率只是在2010年以后才表现出偏离一般水平的变化模式。大量文献表明中国经济失衡这一客观事实的存在。

（二）关于经济结构失衡的形成原因

吴敬链（2013）提出对传统经济增长方式的过度依赖是经济结构非均衡的重要原因。吴敬琏认为旧增长模式作用在宏观经济层面，导致了过高的储蓄率、过低的消费率的内部失衡。转变经济发展方式要摒弃靠自然资源和资本投入支撑的传统经济增长模式，而在推进创新时既要发挥好小企业在创新中的关键作用，还要发挥好政府的激励、引导作用；史晋川、黄良浩（2011）从结构主义视角，参照1970—2008年国际需求结构演变的一般形式，对中国转型发展中的总需求结构失衡且调整缓慢的内在激励进行剖析。调整总需求结构要确立以扩大内需为支撑的内生发展战略，还要着力构建劳动偏向型的收入分配制度；刘尧成、刘伟（2019）分析了金融周期影响对中国经济结构失衡的"冲击—传导"机制，提出在金融周期冲击的影响下，我国经济失衡程度和中长期资本流动会呈现顺金融周期的波动，而经常账户和短期资本流动会呈现逆金融周期的波动。

（三）关于经济结构失衡的治理措施

张同斌、高铁梅（2012）构建了针对高新技术产业的一般均衡模型，对比了财政支出政策和税收优惠政策对改善产业结构失衡的影响，发现财政支出政策比税收优惠政策更加有效地促进了高新技术产业增加值的提高和内部结构的优化；刘晓萍（2014）归纳了在经济结构转型的关键时期，我国经济结构失衡的突出表现。具体包括需求结构失衡、供给结构失衡、要素投入结构失衡、空间结构失衡和分配结构失衡等多种形式。加快推动经济结构转型，要从需求管理和供给管理入手，从内需驱动、创新驱动、均衡驱动三方面发力。陈斌开、陆铭（2016）指出中国经济呈现多重失衡特征，并从收入分配结构、需求结构、产业结构和城乡结构几方面分析利率管制对结构失衡的作用；彭俞超、方意（2016）通过建立动态随机一般均衡模型，验证了央行新创的结构性货币政策有利于调整信贷结构，促进产业结构升级；韩永辉等（2017）通过梳理各地区产业政策，结合各省区面板数据，验证了产业政策对地区产业结构合理化和高度化的促进作用。但是，产业政策对产业结构优化升级的激励效应还取决于地方的市场化程度；刘穷志（2017）在非合作开发经济框架下构建模型，发现税收负担越低的地区越容易吸引资本流入，促进地区经济增长。因此，地方政府可以通过改善投资环境调节各地区之间的经济结构差异；陈彦斌、刘哲希

（2017）将资产泡沫和融资约束加入DSGE模型中，发现推动资产价格上涨，会导致市场减少对实体经济的投资，加剧资金脱实向虚。并且加剧资产泡沫破裂，经济下滑。因此，我国不应该继续采用推动价格上涨的方式以促进经济增长；纪明、许春慧（2017）从供需总量和结构角度理解经济均衡，认为经济均衡增长需要供需总量均衡和供需各自内部的结构均衡，指出需求包括消费需求、投资需求和净出口需求，供给包括消费性产品供给和生产性产品供给；刘晓光等（2019）以OECD国家1970—2010年面板数据为样本，研究发现市场主导型金融结构比银行主导型金融结构更加有效地促进资源配置最优，从而有利于促进产业结构调整。

申广军等（2016）基于企业微观数据，研究增值税税率变化对企业的影响。检验结果发现，降低增值税税率会在短期内刺激企业的固定资产投资增加，并且提高企业生产效率，从而有利于经济稳定增长。

（四）去杠杆与防风险的研究

去杠杆是我国当前重要的经济政策，也是保证我国经济平稳运行的关键。学者们主要从两个视角研究去杠杆的途径和措施。一是从宏观经济政策和宏观环境等宏观视角，探讨降低总杠杆率的措施和方法；二是从微观主体视角，探讨针对某一个部门杠杆率的调控措施。

胡志鹏（2014）通过构建DSGE模型，分析"稳增长"和"去杠杆"双重目标下最优货币政策的设定。研究发现：由于多方面因素会影响最优货币供应量，因此，仅依靠货币政策工具无法有效降低我国的杠杆率。政府应该减轻货币当局去杠杆的压力，而通过结构性改革等多种措施降低我国的高杠杆率。马勇、陈雨露（2017）基于68个国家1981—2012年的动态面板数据，研究了金融杠杆波动对经济增长的影响。研究发现：金融杠杆与经济增长之间保持"倒U形"关系；而金融杠杆波动和经济增长之间存在负相关关系。因此，我国在加快经济转型升级的同时，应该采取稳健的去杠杆策略，以平衡经济增长和金融稳定之间的关系。郭玉清等（2017）根据空间滞后Tobit和非线性动态门槛模型，从时间和空间两个维度检验了地方财政杠杆的激励作用。研究发现：地方政府传统融资模式具有隐性担保和期限错配的缺陷，导致地方政府出现无法偿还债务、相互推卸责任的情况；政府相关机构权责设置不合理、宽松的显性融资约束及政府与金融机构关系是地方政府卸责融资行为的主要宏观原因；另外，地方政府过于关注经济增长、忽略福利配置，以市政建设和公共资产积累为导向，导致地方政府杠杆率的提高。陈创练、戴明晓（2018）构建了包含房价和银行信贷的局部均衡模型，并设计了时变参数结构式模型，比较数量型货币政策和价格型货币政策对杠杆率的调控效果。研究发现次贷危机后两种类型的货币政策均具有盯住房价的特点；但是，数量型货币政策能够更有效地管控房价和去杠杆。因此，我国应该加强数量型工具的使用及调控效果。陈彦斌等（2018）构建了包含资产泡沫的DSGE模型，对我国经济增速放缓与资产泡沫加剧并存的现状进行研究。研究发现：高债务模式下僵尸企业增加，债务人过度依赖以新债还旧债的方式，导致实体经济低迷与金融行业繁荣的结构性失衡。因此，治理我国衰退式资产泡沫的关键是推动实体经济去杠杆，降低实体企业对"借新还旧"模式的依赖。朱太辉等（2018）将行业企业、银行及投融资环境相结合，构建了"三角理论框架"进行实证检验。研究结果表明，政府的差异性政策、不同行业企业持有资产的规模及抵押属性、银行发展模式和偏好等多重因素共同作用，扭曲了银行信贷资金配置，导致更多的银行信贷资金流向了基础设施、房地产行业及国有大型企业等产出效率相对较低的部门。这些部门也是我国去杠杆的重点对象。张晓晶等（2019）构建了BGG模型，研究发现国有企业的税收优惠、地方政府的软约束、金融机构的体制性偏好等体制因素是宏观杠杆率攀升的原因，尤其在高收入阶段，公共部门杠杆率是宏观杠杆率上升的主要原因。从而，提出应该建立服务型的政策。钟宁桦（2016）以1998—2013年我国400万个规模以上工业企业为样本，研究了企业杠杆率的变化。研究发现：企业负债率整体呈下降趋势，但是其中大型国有企业及上市公司却出现加杠杆情况；伴随着负债率下降，样本企业经营性风险上升、固定资产比例下降、盈利能力提高；另外，金融机构资金向国有企业及僵尸企业倾斜的现象更加明显。张一林、蒲明（2018）以微观企业资金流动和企业杠杆为基础进行研究，发现经济不确定性会扭曲银行债务展期选择，从而导致僵尸企业出现，正常企业被动去杠杆。当经济不确定性过高时，银行会以债务展期的方式为资不抵债的企业"输血"，导致僵尸企业出现；同时，银行会收紧对具备偿债能力的企业的信贷，导致企业资金断裂。因此，去杠杆需要保持经济政策的稳定。王竹泉等（2019）以2008—2017年非金融类上市公司为样本，采用"双重"杠杆率的测度体系，重新界定了各地区非金融企业的杠杆率阈值。研究发现：各地区非金融企业部门杠杆率存在较大差距，因此各地区结构性去杠杆的方向和力度也应该差异化。其中，青海、云南等10个省、自治区及直辖市要逐步降杠杆；吉林、北京等7个省、自治区及直辖市要"稳杠杆"；西藏、上海、广东等14个省、自治区及直辖市需要适度"加杠杆"。黄俊威、龚光明（2019）以我国上市公司为研究样本，采用DID模型研究了融资融券制度对企业资本结构的影响进行研究，发现融资融券制度有利于促进企业资本结构调整速度的提高，尤其当企业资本结构高于目标，即企业杠杆率过高时，融资融券制度的"卖空压力"效应具有明显的调节作用，为我国应对企业去杠杆的金融制度改革提供了微观依据。

三、金融风险与货币政策的研究综述

我国目前处于"三期叠加"的关键时期，系统性金融风险上升。因此，制订防范系统性风险的治理措施，也是学者们始终关注的重要话题，形成了大量的学术观点。

（一）关于风险的量化

宫晓琳（2012a）采用未定权益分析法，建立各部门层面的风险财务报表，对我国宏观金融风险进行测度；陶玲、朱迎（2016）构建了包含7个维度的系统性金融风险指数，采用马尔可夫状态转换方法识别和判断现有风险所在阶段；宫晓琳等（2019）采用概率统计方法，对金融风险中的不确定性进行量化分析，将量化后的指标引入风险管理模型中，构建了兼容不确定性分布的风险谨慎管理模型GE-Var和GE-ES，进一步与其他方法比较，验证了模型可有效适应我国现阶段高波动、高风险的市场特征。

（二）关于系统性风险的影响因素及传染机制

宫晓琳（2012b）多步骤、多层性地分析了我国宏观金融风险的风险联动综合传染机制，模拟了宏观经济的演变机制及局部性冲击转化为系统性危机的轨迹和速度；唐文进、苏帆（2017）将风险激增的非线性机制纳入系统中，提出了跳跃未定权益分析模型，刻画了极端金融事件的特征，模型可以有效预警系统性风险，为防范系统性风险提供政策反应时间；杨子晖等（2019）采用预期损失指标衡量我国的极端金融风险，并分析了各部门极端风险的非线性特征与传染效应，发现房地产部门是我国金融风险的重要来源。将政策不确定性纳入系统后，发现股市整体金融风险与经济不确定性之间存在双向因果关系；杨子晖等（2020）以19个主要国家、地区为样本，研究了经济政策不确定性与系统性金融风险的传染关系发现，风险主要来源于股票市场，并传导至外汇市场，对外汇和不确定性具有较强的溢出效应；经济政策不确定性是风险传染路径的中介。

（三）关于降低系统性风险的措施和政策选择

邓可斌等（2018）构建了包含宏观经济政策的动态股市系统性风险估算模型，验证了宽松货币政策和财政政策均能有效降低我国股市的系统性风险；徐忠、贾彦东（2019）建立了以自然利率为基础的宏观经济分析和政策决策框架。两位学者采用多种模型估算了中国的自然利率，并得出如下结论：我国实际市场利率过高；潜在产出增速、TFP增长及人口结构变化等因素会长期影响自然利率。在短期内，政策不确定性会显著影响自然利率。此外，对技术创新的投资、政府财政支出及去杠杆政策等因素均会影响自然利率。并提出我国政策制定宏观经济政策时，应该在短期需求和中长期改革目标之间进行平衡；采用以结构性改革为导向，以提升自然利率为目标的实际扩张政策等多项措施；方意、黄丽灵（2019）根据遭遇负向冲击时，银行抛售资产的选择，分析系统性风险的风险传染。通过构建博弈模型，测度"窗口指导"和"流动性注入"等宏观审慎政策发生变化时的成本与收益，发现"窗口指导"政策对系统性风险的防范效果优于"流动性注入"政策。

（四）关于银行与系统性风险的相关研究

方意（2016）通过将银行破产和去杠杆机制引入资产负债表直接关联网络模型，检验发现：去杠杆和降低银行负债违约是防范系统性风险的关键；银行破产会显著增加系统性风险，尤其银行破产发生时间越集中对系统性风险的影响越大。杨子晖、李东承（2018）采用"去一"分析法，分析了不同种类风险对整体银行系统性金融风险的影响程度，研究发现：传染性风险对整体风险的影响逐年增加；股份制商业银行金融风险上升将触发银行系统性金融风险的发生；另外，银行资本增加、银行间负债规模及杠杆率下降是降低银行业整体系统性风险的关键。彭俞超等（2018）以沪深两市A股上市公司为样本，将市场、公司和经理人纳入三期博弈模型，基于企业金融投资对股价崩盘风险影响的视角，研究企业脱实向虚对金融市场稳定的影响，发现：企业每投资金融性资产1个标准差，将导致下期股价崩盘风险上升5.5%个标准差，从而揭示了经济脱实向虚与系统性金融风险之间的传导机制。陈湘鹏等（2019）从多个方面比较了不同系统性金融风险指标对我国微观层面系统性风险的测度，发现诺贝尔经济学奖获得者罗伯特·恩格尔教授团队提出的SRISK测度方法更适合我国金融体系，而LRMES的测度方法不适合。

四、政策工具选择与稳增长、调结构的研究综述

面对经济下行压力加大与系统性金融风险凸显，党中央、国务院出台了一系列的稳增长、调结构、防风险、推动高质量经济增长的政策措施，保持了我国经济的持续向好和稳中有升的基本态势。货币政策、财税政策与政府干预等行政政策及政策组合是如何推进稳增长、调结构的呢？

（一）关于货币政策工具的选择与稳增长、调结构的研究

大部分学者（Peersman & Smets，2005；戴金平等，2005；Hayo，2011）都肯定了货币政策对经济增长和改善经济结构的调控作用，但是如何选择货币政策工具，学者们并没有达成统一意见。胡志鹏（2014）认为单靠货币政策工具无法有效去杠杆；王君斌、郭新强（2011）构建了粘性价格模型，发现数量型扩张货币政策可以在短期内调整产业投资结构；郭晔、赖章福（2011）以我国各省面板数据为样本，验证发现货币政策是不同区域产业结构失衡的原因。因此，应该加快结构性改革，实施区域化差异化的货币政策；金中夏等（2013）构建了DSGE模型，预测利率完全放开后，名义存款利率上升可有效促进经济结构改善，因此，我国应该持续推进市场利率改革；王擎等（2019）通过绘制ROC曲线，发现房地产价格趋势缺口、房地产贷款趋势缺口、个人住房抵押贷款趋势缺口及消费贷款趋势缺口等指标可作为逆周期资本监管的锚定指标，并且组合指标的预警能力优于单一指标。

（二）关于财政政策工具的选择与稳增长、调结构

部分学者认为财政政策在产业间的差异性配置，会影响微观企业及地方政府的利益分配机制（姚金武，2010），进而有效改善产业结构，促进经济高质量增长（国建业、唐龙生，2001；安苑、宋凌云，2016；刘穷志，2017；陈创练等，2019）；但是，部分学者持相反态度，认为财政政策的不完善将导致产业结构失衡程度加重，市场比财政更有利于产业发展（Binh，et.al，2008；Barakat，2014）。关于选择哪种财政政策工具，学者们也没有达成一致意见。张同斌、高铁梅（2012），杨汝岱（2015），申广军等（2016）等学者认为税收优惠政策更有效；但是王倩（2015），张睿等（2018），张国庆、李卉（2019）等学者肯定了财政支出政策的有效性。

（三）关于国债收益率曲线与货币政策的研究

国债收益率曲线是表示每种国债收益率与到期年限之间关系的曲线，是

制定货币政策时需要考虑的重要指标。首先，收益率曲线的变动可以有效预测未来经济形势。收益率曲线斜率的变化、长短期债券收益率差异可以反映市场对未来通货膨胀程度、经济发展、货币政策等因素的预期（Mishkin，1990；Fama，1990；Haubrich & Dombrosky，1996），并据此预测未来经济形势。当收益率曲线变平坦时，预测宏观经济会出现衰退；其次，国债收益率曲线受货币政策影响，央行可以根据长短期国债收益率变动评估货币政策的执行效果；最后，国债收益率曲线为央行采取前瞻性的政策措施提供了参考，帮助央行优化下一步的货币政策措施（曹凤岐，2014）。因此，将国债收益率曲线引入货币政策分析框架能够识别中国宏观经济运行状况并显著提高宏观经济分析的时效性（尚玉皇、郑挺国，2018）。

张晓晶等（2018）分析了政策在配置资源方面的扭曲现象，并基于此提出相应的解决措施，认为政策引致型扭曲的早期可以促进要素生产率的提高，但是进入中高收入阶段后，将导致"中等收入陷阱"的出现。因此，减少和消除扭曲是经济可持续增长的关键。而减少和消除扭曲实际是对政府和市场边界的重新定义，寻求政府与市场之间的平衡。

钱雪松等（2015）以2007—2013年我国上市公司披露的委托贷款数据为样本，研究了中国利率传导的有效性。研究发现：货币政策可以有效调控企业的借款利率，并以Shibor为中介变量。并且，我国存在融资歧视现象，体制内外的企业受到的利率传导存在极大差异。国有企业由于能够享受融资优待，借款利率对货币政策变化非常敏感；而民营企业由于借款利率始终较高，无法享受宽松货币政策带来的好处。因此，钱雪松等（2015）提出我国需要继续深化金融体制改革，推动利率市场化，增强对中小民营企业的融资支持，以提高利率调控的有效性。中国人民银行营业管理部课题组（2017）以企业预算软约束所带来的价格扭曲、资源配置问题为基础，构建一般动态均衡模型，验证了供给侧结构性改革及"三去一降一补"政策对经济的影响。研究发现：供给侧结构性改革有效抑制了企业预算软约束程度，增强了宏观调控政策有效性，有利于经济长期稳定发展。王永钦、吴娴（2019）基于2018年6月1日央行扩大中期借款便利担保品范围的政策及债务市场的微观数据，采用三重差异法检验了央行创新型货币政策的作用和效果。研究发现：提高债券的抵押率将降低债券的平均利差。央行可以运用基于抵押品的货币政策降低企业融资成本，改善金融结构和经济结构失衡的现状。陈创练等（2019）基于约束的VAR模型构建了具有微观基础的财政政策时变乘数指标，验证我国财政政策效果。研究发现：管控政府投资规模条件下，刺激消费性支出的财政政策依然可以促进经济增长；由于税收并未大规模挤占企业和社会资源，因此我国目前税收政策相对合理；但是，我国财政部门应该重点关注和管控债务规模。刘莉亚等（2019）研究了僵尸企业对货币政策传导的影响。研究发现：僵尸企业以较低成本从银行获得贷款会导致银行提高其他正常企业的贷款成本，从而降低正常企业的融资规模。当央行采取紧缩货币政策时，僵尸企业的存在对正常企业贷款存在转嫁效应，提高正常企业的融资成本。因此，我国制定经济政策时需要注重僵尸企业的处置。

五、文献述评与问题的提出

学者们对于货币政策、财政政策与政府管制等宏观经济政策对经济运行和微观企业的影响，以及政策工具选择展开了广泛的研究，取得了丰富的学术成果，对选择政策工具实现稳增长、调结构具有积极的现实意义和历史意义。然而，相关的研究主要基于宏观经济政策与宏观经济运行、宏观经济政策与结构失衡及微观企业的资产结构、股权结构、企业性质等方面作出的研究，缺乏对宏观经济政策与微观经济主体经济后果之间的内在关联的研究，没有系统性解释清楚宏观经济政策如何影响微观经济主体的经济后果。而本书深入探讨了运用微观经济主体的经济后果能否评价宏观经济政策的实际运行效果？微观经济主体的经济后果能否为宏观经济政策的选择与实施提供微观支撑等重要问题。

在众多的学术成果中，从微观现象研究宏观经济波动的成果较少，有代表性的学术成果主要有：如何让会计更直观、更生动地为经济活动提供信息支持，及时有效地反映宏观经济运行情况。如人民大学的王化成教授牵头正在研究中的"会计宏观价值指数"及中国银行、复旦大学、社科院等单位正在研究中的"国家资产负债表"，目的是完善资源配置，为宏观调控与管理、制定国民经济中长期规划和产业政策调整提供基本信息。

回顾我国的制度背景与经济发展的历程，经济增长与政府的宏观经济政策密切相关。相关的理论与方法研究主要集中在如何运用货币政策、财税政策等实现稳增长、调结构、防风险的目标，取得了相当数量的研究成果，丰富了学术研究的内容，从而使得提出的建议咨询、研究成果对推动我国经济增长、防范金融风险起到了积极作用。

在借鉴相关学者研究的基础上，本书依据马克思"等量资本获得等量收益"的平均收益率理论和市场竞争中的厂商理论，基于微观经济是宏观经济的基础，探讨宏观经济政策如何影响微观经济主体运行的经济后果；微观经济主体的经济后果是否可以评价宏观经济政策运行的实际效果；以及破解宏观经济政策的制定与政策工具的选择缺乏微观基础的难题。本书从微观经济主体的会计收益视角出发，研究宏观经济政策与微观经济主体之间的关系，发现会计收益是宏观经济政策与微观经济主体之间的平衡点，是宏观经济政策调控多种动态平衡的均衡点。

会计收益是微观经济主体的经营活动、投资活动与筹资活动的经济后果，分期报告的会计收益是资本市场重要的经济信息，影响着资本流动。但是，单一经济主体的会计收益不能说明宏观经济政策的影响结果，然而，通过比较不同资产之间、不同行业之间、不同领域之间的收益率差距及收益率差距的变化趋势，能否解读为宏观经济政策的影响呢？如果是宏观经济政策影响的，那么，能否依据不同资产之间、不同行业之间、不同领域之间的收益率差距及收益率差距的变化趋势评价宏观经济政策呢？能否依据收益率差距及变化趋势为宏观经济政策的制定与工具选择提供依据呢？

本书针对企业的资产负债表、利润表、现金流量表等财务数据进行分析，将实体企业的资产分为投资性房地产等金融性资产与经营性资产，投资性房地产等金融性资产以公允价值计价，公允价值计价的资产价格变动计入资产价格变动损益，在资产价格上涨的过程中，投资性房地产等金融性资产均获取资产价格上涨带来的收益，列入公允价值变动收益，在未出售该项资产前，计为收益不用缴纳税费。而经营性资产以历史成本计价，历史成本计价的经营性资产账面价值严重低于其重置成本，按照历史成本计价的经营性资产在每个会计期间需要按照历史成本计提折旧费用，计入利润表，按照历史成本逐年收回垫付在经营性资产上的成本，收回的历史成本难以维持再生产的生产规模，实体企业转型升级就难以实现。经营性资产以历史成本计价，低估了成本与费用，高估了收益，导致税收实际上是征收在资本上而非收益上，更多的税款流出企业，如此循环，企业可能会陷入经营困难之中。正是实体企业的投资性房地产等金融性资产与经营性资产之间的收益率持续拉大的宽幅现象，导致实体企业不再投资主营业务，转而不断配置投资性房地产等金融性资产；实体企业增长放缓，创新投入不足，稳增长、调结构、转方式与创新驱动、实现高质量经济增长面临挑战。

实体企业的投资性房地产等金融性资产与经营性资产之间的资产收益率宽

幅度，改变了企业的投资行为：不断加大投资或配置投资性房地产等金融性资产的力度，实体企业金融化程度不断加深，实体经济脱实向虚，实体企业空心化。公允价值计价的投资性房地产等金融性资产和公允价值变动收益显著改善了实体企业的资产负债表，为进一步融资提供了空间，由于公允价值计价的投资性房地产等金融性资产带来的收益并非现金收益，实体企业收益中的现金含量走低，实体企业面临着再次"输血救援"的现实问题，如此往复，实体企业逐渐陷入僵尸化。

按照资产收益率宽幅度的逻辑分析框架，对投资性房地产行业的资产收益率与实体经济行业的资产收益率进行分析发现：受"双宽松""强刺激"政策的影响，房地产的高收益率对资本市场产生了虹吸效应，对实体经济产生抑制效应。

进一步将所有行业分为实体经济行业与虚拟经济行业，比较实体经济行业的净资产收益率与虚拟经济行业的净资产收益率，发现两者的收益率差距持续拉大。净资产收益率是股东收益，直接影响着股东的投资热情和创新动力；虚拟经济行业的净资产收益率持续走高，造成虚拟经济虚假繁荣与实体经济增长放缓、下行压力加大，以至于宏观经济结构失衡，宏观经济运行波动加大。

因此，本书首次提出并定义了"资产收益率宽幅度"；比较了不同资产之间的资产收益率宽幅度。运用资产收益率宽幅度分析微观经济主体经济后果，评价了宏观经济政策运行的实际效果；形成了资产收益率宽幅度的逻辑分析框架；界定了4种不同类型资产之间的资产收益率宽幅度指标的核算方法；测算了4种不同类型资产之间的资产收益率宽幅度。检验了资产收益率宽幅度是否是导致微观经济主体金融化、僵尸化及创新动力不足的原因；以及资产收益率宽幅度与宏观杠杆率、经济结构失衡的因果关系。探讨了货币政策、财税政策及产业政策与资产收益率宽幅度的形成机制，测度了资产收益率宽幅度与预警区间，据此搭建了一套相对完备的宏观经济政策的微观评价体系，依据这个评价体系为稳增长、调结构、转方式提供微观支撑。

在后续的章节中，首先界定了4种资产收益率宽幅度，测算了4种资产收益率宽幅度。在宏观经济政策的微观经济后果方面，重点分析了资产收益率宽幅度对微观企业金融化、僵尸化及创新不足等问题产生的影响，以及影响路径和作用机制；并从资产收益率宽幅度对居民收入结构失衡、宏观经济脱实向虚与宏观经济运行风险的视角，分析了资产收益率宽幅度对宏观经济运行的影响。

然后，利用结构方程模型（SEM）构建了宏观经济政策—资产收益率宽幅度—经济运行的影响路径模型，检验宏观经济政策与资产收益率宽幅度，资产收益率宽幅度与微观经济运行之间的影响路径。最后，构建了资产收益率宽幅度的预警区间，并基于此提出了与资产收益率宽幅度预警区间相对应的政策工具，为稳增长、调结构与推动高质量经济增长的政策工具选择或政策工具组合选择提供了新方法。

第三节　研究思路与研究方法

经济增长因何放缓、经济结构失衡与系统性金融风险凸显的深层次原因是什么？如何评价宏观经济政策的运行效果，如何为推动稳增长、调结构与经济的高质量增长找到政策工具选择的方法？会计收益是微观经济主体活力的综合性财务指标，也是宏观经济政策多重调控目标的动态平衡点；本书依据马克思"等量资本获得等量收益"的平均收益率理论，比较不同类型资产之间的收益率差距之后，所得出的结论揭示了资产收益率宽幅度与微观经济主体的金融化、僵尸化与创新动力不足的逻辑关系、资产收益率宽幅度与宏观经济运行波动、经济结构失衡的内在机制，形成收益率宽幅系统性的逻辑分析框架与分析方法，评价和验证宏观经济政策对微观经济主体、宏观经济运行效果，为决策者选择政策工具推动稳增长、调结构提供微观依据是本书的基本思路。

一、研究思路

上市公司分期报告的会计收益是资本市场中重要的经济信息。会计收益是由企业的资产经营活动、投资活动与理财活动的结果。企业的资产是获取未来经济收益的经济资源。资产获取未来收益有两种途径：一是通过资产的经营活动带来的收益；二是利用持有资产的价格上涨获取持有收益。当资产的经营活动为企业带来的收益率走低，而持有或配置投资性房地产等金融性资产的价格上涨带来的持有收益率持续走高时，抑或出现经营性资产与投资性房地产等金融性资产之间收益率差距持续拉大时，投资人或企业就会改变了自身的投资、经营方向与投融资行为，从而对微观经济主体和宏观经济运行带来重大影响。

那么，是什么原因影响资产价格导致不同类型资产之间的资产收益率宽幅度呢？本书研究货币政策与经济增长时发现：影响微观主体会计收益的不仅是微观经济主体的经营战略和经营能力，其影响因素主要来源于宏观经济政策。刺激性货币政策运用低利率与流动充裕的政策工具，在推动经济高速增长时，导致持有货币性资产收益率走低，而房地产价格持续过快上涨，风险偏好者运用杠杆投资或持有房地产能够获得资产价格上涨带来的高收益率。等量资本因资产类型不同而造成收益率持续拉大的资产收益率宽幅度现象。受到低利率与流动性充裕的货币政策的影响，房地产价格过快上涨。再加上利率打折与降低首付比率的刺激性政策，推动了房地产获取资产价格的进一步上涨，房地产市场对资本市场的虹吸效应，导致社会资本以不断加杠杆的方式纷纷涌入房地产市场，形成了虽然是等量资本，但是由于资产类型的不同而收益率持续拉大的资产收益率宽幅度现象。

本书提出并界定了"资产收益率宽幅度"的基本概念；以资产收益率宽幅度的基本概念为起点，分别研究了资产收益率宽幅度与实体经济之间的相关关系；资产收益率宽幅度与宏观经济政策与宏观经济运行风险、经济结构失衡之间的关系。实证检验了资产收益率宽幅度是实体经济金融化、僵尸化与创新动力不足的主要原因，实证检验了资产收益率宽幅度是宏观经济运行波动与经济结构失衡的中介传导因素。

不同类型资产之间的资产收益率宽幅度作为多种调控目标的平衡点，能否为宏观经济政策的制定与政策工具选择提供微观支撑？本书进一步构建了宏观经济政策与资产收益率宽幅度，资产收益率宽幅度与宏观经济运行、微观经济主体实际效果的路径模型，探讨资产收益率宽幅度与宏观经济政策与政策工具之间的逻辑关系，拟合了政策工具与资产收益率宽幅度的相关关系，并进行了资产收益率宽幅度与宏观经济运行预警机制的测度分析，为稳增长、调结构的政策工具选择提供微观依据与方法。

在借鉴他人研究成果的基础上，本着问题导向的原则，本书首先从全新的资产收益率宽幅度概念入手，运用理论推动、实证研究与预警研究的基本思路与相关的研究方法，形成了资产收益率宽幅度系统的逻辑分析框架与分析方法，创建了一套相对完整的微观收益视角的宏观经济政策评价体系，为稳增长、调结构与高质量的经济增长提供了政策工具选择的空间。

具体研究思路与研究方法见图1-1。

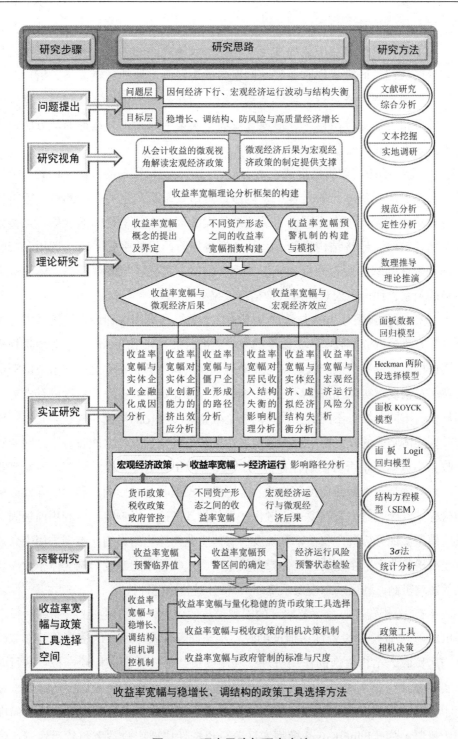

图 1-1　研究思路与研究方法

二、研究方法

为了解读资产收益率宽幅度与宏观经济政策之间的关系，分析资产收益率宽幅度的成因，研究资产收益率宽幅度与微观经济主体的逻辑关系，资产收益率宽幅度与宏观经济运行、经济结构失衡的内在机制，构建资产收益率宽幅度系统的分析方法与分析框架，形成宏观经济决策与政策工具选择的新方法，本书采用了以下的研究方法：

（1）归纳法与逻辑推理法。本书运用归纳与逻辑推理的方法，回顾与分析了在长期刺激经济增长的过程中，刺激性货币政策所产生的负外部性，即虽然是等量资本却因为形态不同而收益持续拉大的资产收益率宽幅度现象，是实体经济增长放缓、经济结构失衡、系统性金融风险凸显的主要原因。运用资产收益率宽幅度的基本概念分析和梳理了资产收益率宽幅度与微观经济主体的经济后果的关系；评价了宏观经济政策运行效果。

（2）计量经济学方法与统计学方法。本书综合运用多种计量经济学方法和统计学方法分析资产收益率宽幅度的微观经济后果。利用Heckman两阶段选择模型实证检验投资性房地产收益率与非金融企业主营业务收益率之间所形成的资产收益率宽幅度对实体经济金融化的影响，重点分析资产收益率宽幅度的存在对不同规模、不同业绩、不同财务风险的非金融企业金融化的影响；构建多元回归模型验证实体企业的投资性房地产等金融性资产与经营性资产之间收益率之间的资产收益率宽幅度是否对创新存在抑制效应，利用PVAR模型检验该资产收益率宽幅度对实体企业创新活动预期收益、金融投资预期收益的影响，利用中介效应模型检验"资产收益率宽幅度—金融化—创新投入"这一影响路径；利用面板固定效应模型实证分析资产收益率宽幅度与实体企业僵尸化的影响，本书采用中介效应模型检验非金融企业的经营性投资效率是资产收益率宽幅度影响实体企业僵尸化的影响机制，利用动态模型系统GMM估计进行稳健性检验。

（3）分析资产收益率宽幅度的宏观经济效应时，利用多项式分布滞后模型（PDLs）实证检验投资性房地产的收益率与储蓄收益率之间的资产收益率宽幅度与居民收入结构失衡的作用机理；利用面板数据模型实证检验虚拟经济行业与实体经济行业之间的资产收益率宽幅度对宏观经济脱实向虚程度的影响，利用中介效应模型资产收益率宽幅度—金融机构部门杠杆率—宏观经济脱实向虚作用机制；构建PanelKoyck模型实证分析投资性房地产收益率与货币性资产收益率之间的资产收益率宽幅度与政府部门杠杆率、居民部门杠杆率、非金融企业杠杆率、实体经济杠杆率相关关系。

（4）对于资产收益率宽幅度的测算和资产收益率宽幅度波动临界值及预警区间的确定，主要采用运筹学和统计分析相结合的方法。首先，采用3σ法等运筹学方法确定不同行业、不同领域、不同资产形态资产收益率宽幅度在其中的权重；其次，统计分析方法形成资产收益率宽幅度；运用参数估计的方差估计或阈值法确定资产收益率宽幅度变动的临界值和预警区间，进一步衡量宏观经济波动的区间和经济结构失衡的程度。

（5）利用结构方程模型实证分析宏观经济政策、资产收益率宽幅度、微观经济后果及宏观经济效应的影响路径。实证分析货币政策、财政政策、产业政策与资产收益率宽幅度的影响路径，分析资产收益率宽幅度企业创新动力的抑制效应。研究实体企业金融化、僵尸化、创新动力不足及居民收入结构失衡、宏观经济运行风险加大、实体经济与虚拟经济结构失衡之间的传导机制。

（6）在各政策工具对调控资产收益率宽幅度作用机理的研究中，主要采用宏观经济模型对资产收益率宽幅度调控政策体系的设计及调控政策效果的模拟进行评价；为稳增长、调结构、转方式提供政策选择空间。

第四节　研究内容

本书在界定资产收益率宽幅度基本概念的基础上，延伸研究了4种不同类型资产之间的资产收益率宽幅度，分层次研究资产收益率宽幅度与实体经济、资产收益率宽幅度与宏观经济运行波动之间的逻辑关系，形成系统性的逻辑分析框架，形成的主要结论对推动稳增长、调结构的政策工具选择有建设性意义。

运用资产收益率宽幅度的逻辑分析框架和面板数据，研究了不同类型资产之间的资产收益率宽幅度与实体经济金融化、僵尸化以及创新动力不足之间的关系；验证或检验了资产收益率宽幅度与宏观经济政策、宏观经济运行、经济结构失衡的内在机制，测算资产收益率宽幅度，测度资产收益率宽幅度的预警区间，模拟了政策工具与资产收益率宽幅度的相关关系。为稳增长、调结构、防风险与高质量的经济增长提供了政策工具选择体系与选择空间。本书研究的主要内容如下：

一、在界定资产收益率宽幅度概念的基础上，研究了4种不同类型资产之间的资产收益率宽幅度

4种不同类型资产之间的资产收益率宽幅度分别是：投资性房地产与货币性资产之间的资产收益率宽幅度、虚拟经济行业与实体经济行业净资产之间的资产收益率宽幅度、投资性房地产与实体企业经营性资产之间的资产收益率宽幅度、实体企业投资性房地产等金融性资产与经营性资产之间的资产收益率宽幅度。运用这4种不同资产之间的资产收益率宽幅度，分别剖析了资产收益率宽幅度对微观经济主体的影响机理；资产收益率宽幅度与宏观经济运行风险、结构失衡的内在逻辑关系。

二、资产收益率宽幅度对微观经济主体的影响程度与影响后果的相关分析

在资产收益率宽幅度不断拉大的背景下，资产收益率宽幅度改变了微观经济主体的投融资决策与经营方向，影响了微观经济主体的投资活动、筹资活动、经营活动。本节重点研究资产收益率宽幅度不断拉大对实体企业金融化、僵尸化的影响程度，以及资产收益率宽幅度对创新动力的抑制效应。

（一）资产收益率宽幅度与实体企业金融化的成因分析

近年来，我国实体经济脱实向虚趋势明显，金融化的程度不断加深，影响宏观经济运行波动、金融风险凸显。本书运用投资性房地产与非金融企业经营性资产之间资产收益率宽幅度，实证检验了资产收益率宽幅度对实体经济金融化的影响程度与后果。重点分析资产收益率宽幅度的存在对不同规模、不同业绩、不同财务风险的非金融企业金融化的影响，并以2007—2017年沪深两市上市公司的非金融企业数据为样本，利用Heckman两阶段选择模型进行实证检验。

（二）资产收益率宽幅度对实体企业创新动力的抑制效应分析

对企业R＆D投入影响因素的研究是学术界始终关注的课题。推动企业增加R＆D投入、提高科技创新能力，是我国稳增长、调结构，促进经济由高速增长向高质量增长的核心动力。然而，在政府采用了财政补贴、产业政策扶持及税收优惠等积极措施的背景下，我国企业研发投入始终偏低。本书运用投资性房地产等金融性资产与经营性资产之间的资产收益率宽幅度，采用2010—2017年沪深两市上市公司为样本，构建面板数据模型，实证检验发现，资产收益率宽幅度是抑制企业创新动力的深层次原因。

（三）资产收益率宽幅度与实体企业僵尸化进程的路径分析。

僵尸企业不但生产效率低下而且侵占和浪费了大量金融资源，积聚了系

统性金融风险。因此，党的十九大后，妥善处置出清僵尸企业成了供给侧结构性改革的重点工作之一。遏制企业僵尸化进程是减少僵尸企业的重要途径。本书运用实体企业投资性房地产等金融性资产与经营性资产之间资产收益率宽幅度，选取2007—2018年中国沪深两市A股上市公司的年度数据作为研究样本，利用面板数据模型进行实证检验，结果发现，资产收益率宽幅度是实体企业僵尸化加剧的重要动因。

三、资产收益率宽幅度与宏观经济运行波动、经济结构失衡的内在机制分析

由于低利率与流动性充裕的货币政策产生的不同资产之间的资产收益率宽幅度，举借债务的成本较低，投资房地产带来的资产价格上涨收益较高，流动性充裕使得举借债务更为容易；债务比率上升过快就是杠杆率攀升过快，资产泡沫就越大。因此，伴随资产收益率宽幅度的持续拉大，投资者的乐观情绪不断加强，导致资产收益率宽幅度的财富效应对经济增长的影响大于货币政策。以经济增长和控制通胀率为目标的货币政策，没有关注到资产价格变动形成的资产收益率宽幅度的变化，使得此时的货币政策、资产价格与资产收益率宽幅度相互增强机制形成财富效应，这也是高杠杆、高风险与经济结构失衡、宏观经济运行波动的原因。

（一）资产收益率宽幅度与居民杠杆率及居民收入结构失衡的逻辑关系

刺激性货币政策是投资性房地产与储蓄性货币资产之间的资产收益率宽幅度现象的成因。当投资性房地产与储蓄性货币资产之间的资产收益率宽幅度不断扩大时，强烈的"造富效应"使得居民放弃储蓄而投资房地产，获取财产性收入远远大于工薪收入，刺激更多的居民投资者进入房地产行业。本书从理论上分析了资产收益率宽幅度对居民收入结构失衡的影响机理，并进一步利用阿尔蒙多项式分布滞后模型实证分析了资产收益率宽幅度对我国居民财产收入与工薪收入之间结构失衡的影响机理。

（二）资产收益率宽幅度对实体经济与虚拟经济结构失衡的影响机理

实体经济是虚拟经济的基础，虚拟经济分享实体经济创造的收益，虚拟经济对实体经济的发展有润滑剂的作用。实体经济与虚拟经济之间的结构是关系到我国经济社会的持续稳定健康发展的关键。近年来，实体经济与虚拟经济之间的净资产收益率持续拉大，改变了实体经济的发展方向，实体经济脱实向虚、金融化程度不断加深；虚拟经济净资产收益率持续走高说明虚拟经济运用

杠杆炒作、对赌获取非正常超额泡沫收益，虚拟经济在分享实体经济收益时，自我膨胀与空转带来的虚假繁荣，导致宏观经济运行波动与结构失衡。本书从虚拟经济与实体经济净资产之间资产收益率宽幅度的角度。选取1993—2017年中国沪深两市A股上市公司的年度数据作为研究样本，构建面板数据模型，实证检验虚拟经济行业与实体经济行业之间的净资产收益率宽幅度对宏观经济运行风险的内在机理与影响程度。

（三）资产收益率宽幅度与宏观经济运行风险的形成机制

货币性资产的低利率收益率与房地产价格过快上涨带来的高投资收益率之间的资产收益率宽幅度，引诱居民投资者、实体企业和政府不断地通过加杠杆的方式，举债债务投资或配置投资性房地产，其结果便是宏观杠杆率攀升，金融风险加大。本书选取我国2000—2018年的年度数据，构建Koyck模型，实证检验资产收益率宽幅度与政府部门杠杆率、居民部门杠杆率、非金融企业杠杆率、实体经济杠杆率的相关关系，证明了资产收益率宽幅度越大，杠杆率攀升就越快，资产泡沫就越大，这一现象导致了宏观经济运行风险凸显。

四、资产收益率宽幅度与预警区间对宏观经济运行预警状态的检验

投资性房地产与货币性资产之间的资产收益率宽幅度主要影响的是居民收入结构和居民部门杠杆率；虚拟经济行业与实体经济行业之间的净资产收益率宽幅度主要影响的是实体经济与虚拟经济结构间的结构失衡；投资性房地产与实体企业经营性资产之间的资产收益率宽幅度，以及实体企业投资性房地产等金融性资产与投资经营性资产之间的资产收益率宽幅度主要影响的是实体企业金融化、创新动力不足、僵尸化等等。本书依据不同资产间的资产收益率宽幅度，测算资产收益率宽幅度，并在综合评价分析的基础上，结合我国的历史数据，运用资产收益率宽幅度的变化测算资产收益率宽幅度预警区间的临界值，为判断风险隐患与宏观经济运行状态进行了预警研究。

五、资产收益率宽幅度扰动宏观经济运行的路径与内在机制

运用结构方程模型，研究货币政策、财税政策、产业政策等政策工具变动对资产收益率宽幅度的影响机制，以及资产收益率宽幅度变动对最优经济增长路径、资本积累路径、消费路径的影响机制，分析资产收益率宽幅度与宏观经济运行风险、结构失衡影响的内在机理。

六、资产收益率宽幅度与稳增长、调结构的政策工具选择

分析各政策变量变动对一般均衡系统的影响，进行政策效果模拟分析；对调节资产收益率宽幅度的政策工具进行进一步的评估和筛选。测度的资产收益率宽幅度与预警区间，为何时运用何种政策工具调控资产收益率宽幅度，实现稳增长、调结构提供政策工具选择的新方法。

第五节　主要创新点

本书在借鉴国内外学者研究成果的基础上，为了破解宏观经济政策决策缺乏微观基础，微观经济主体的运行效果不能为宏观经济政策提供支撑的难题，从会计收益的微观视角，研究刺激性货币政策与经济增长的关系时发现：等量资本因资本形态不同导致其收益率差距拉大的经济现象，提出并界定了资产收益率宽幅度的基本概念，延伸研究了4种不同类型资产之间的资产收益率宽幅度，评价了宏观经济政策的运行效果，形成了资产收益率宽幅度的分析方法与逻辑分析框架，运用不同类型资产间的资产收益率宽幅度，有效验证了宏观经济政策对微观经济主体的影响后果；揭示了资源错配、经济结构失衡、宏观经济运行风险的深层次原因；测算的资产收益率宽幅度与预警区间，形成了一套相对完备的从宏观到微观，再从微观到宏观的决策与评价体系；为决策者提供了更为准确、及时和具有靶向性的政策工具选择新方法。

本书在提出资产收益率宽幅度概念的基础上，运用了理论推导、逻辑分析及大量数据和计量模型，达到了预期的研究目的，完成了预期的研究任务，拥有5个创新点：

一是依据不同类型资产之间的资产收益率差距持续拉大的经济现象，首次提出并界定了"资产收益率宽幅度"的基本概念，为剖析宏观经济波动与经济结构失衡的原因提供了新视角、新方法。借鉴"电压宽幅"衡量电压的稳定性与电气设备运营状态的关系，以及"股市震荡宽幅"说明股市风险与资源配置有效性的基本原理，把不同类型资产之间的收益率差距持续拉大的经济现象，界定为资产收益率宽幅度现象。为解读宏观经济政策与宏观经济运行风险、经济结构失衡的原因、评价宏观经济政策对微观经济主体的影响效果提供了新视角、新路径。资产收益率宽幅度意味着资产收益率宽幅度越大宏观经济运行风险就越大，实体经济与虚拟经济结构失衡，经济增长放缓与系统性金融风险凸显。

二是延伸研究发现4类不同类型资产之间的资产收益率宽幅度现象，为全面理解为什么实体经济的金融化、僵尸化与创新动力不足的原因以及在微观层面解读宏观经济运行波动与经济结构失衡提供了新的理论依据。投资性房地产与货币性资产之间资产收益率宽幅度、投资性房地产行业与实体经济行业总资产之间的资产收益率宽幅度、实体企业中的投资性房地产等金融性资产与经营性资产之间的资产收益率宽幅度，以及实体经济行业与虚拟经济行业净资产之间的资产收益率宽幅度等4种不同类型资产之间的资产收益率宽幅度，从微观到宏观分别模拟了资产收益率宽幅度对实体经济金融化、僵尸化与创新动力的抑制效应，揭示了资产收益率宽幅度对宏观经济政策与经济运行的内在传导机制，为进一步解读资产收益率宽幅度对微观经济主体的影响程度与后果；资产收益率宽幅度与宏观经济运行风险、结构失衡等经济现象找到了新概念，提供了新的理论基础。

三是验证了资产收益率宽幅度与杠杆率、资产泡沫之间存在着相互强化效应机制。杠杆率攀升与资产泡沫是金融风险的主要因素，资产收益率宽幅度是杠杆率攀升与资产泡沫的基础。即虽然是等量资本，但是由于资本的形态不同而获得了持续拉大收益的经济现象，为杠杆率攀升与资产泡沫加剧提供了空间。资产收益率宽幅度越大，市场炒作与对赌活动越激烈，紧接着就是杠杆率攀升与资产泡沫加剧；如资产收益率宽幅度突然收窄，杠杆率突然下滑，资产泡沫破灭，金融危机就可能到来。因此，资产收益率宽幅度的持续拉大导致宏观经济运行波动与经济结构失衡，致使系统性金融风险凸显。稳增长、调结构，推动高质量的经济增长，必须有效管控收益率宽幅，实现"等量资本等量收益"，这是经济社会平稳健康发展的前提。

四是创建了资产收益率宽幅度与宏观经济运行的预警模型，形成了一套相对完备的宏观经济政策运行效果的评价体系。在界定不同类型资产之间的资产收益率宽幅度概念的基础上，测度出4种不同类型资产之间的资产收益率宽幅度，依据资产收益率宽幅度的分析逻辑与评价体系，创建了资产收益率宽幅度与预警区间与宏观经济运行预警模型，为定向和相机调控宏观经济政策与宏观经济运行提供了微观支撑。依据这套微观收益的评价体系，为进一步稳增长、调结构与高质量经济增长政策工具选择提供了靶向性新工具。

五是本书创建的资产收益率宽幅度与预警区间，为货币政策的量化稳健与税收政策的相机调控提供了微观依据。刺激性货币政策是资产收益率宽幅度的成因，资产收益率宽幅度现象的出现，表明以经济周期为目标的货币政策在逆周期调整时缺乏微观基础。本书利用我国的经验数据，测算的资产收益率宽幅度与测算的资产收益率宽幅度预警区间，为综合运用货币政策中的杠杆化工具和数量化工具，实施逆周期调节，加大逆周期调节力度与精准度，为量化稳健的货币政策提供了微观依据。本书针对不同类型资产之间的资产收益率宽幅度，依据"效率与公平"的原则，提出了发挥税收杠杆的调节作用，分类确定了征税对象、征税税基、征税税率，实现了税赋公平，引导社会资本合理流动；探讨征收投资方向调节税、资本利得税或财产收益税等税收政策，为推动稳增长、调结构与经济的高质量增长，鼓励新型战略产业合理布局，破解区域经济发展不平衡提供相机调控微观依据。

第二章　稳增长、调结构的理论基础

理论基础是稳增长、调结构的基本依据，政策工具是驱动经济增长的核心变量，本书回顾了经典经济增长理论对我国经济增长的启示，为稳增长、调结构的政策工具选择提供理论依据。

第一节　马克思的一般均衡理论

瓦尔拉斯于1874年提出和构建的一般均衡理论仍然是目前流行的衡量均衡点的方法。瓦尔拉斯运用边际效用分析法，建立供给和需求函数，并且将研究对象扩大到全部商品的交换比例，根据市场的供需均衡确定商品价格。但是，瓦尔拉斯一般均衡理论仍然存在两大缺陷：一是瓦尔拉斯一般均衡只是短期均衡而非长期均衡（王璐、杨庆丰，2006）；二是瓦尔拉斯一般均衡不具有唯一性（冯金华，2012）。马克思在《资本论》中阐述的基于资本流动和统一收益率的一般均衡理论能很好地解决上述两个问题，更具有先进性（严金强，2015）。

一、马克思一般均衡理论的基本原理

马克思一般均衡指的是"资本追求更高利润率导致以平均利润率为重心的社会支配秩序均衡"（蔡超，2017）。该理论成立主要依据两个基本原理："等量劳动创造等量价值"的劳动价值论，与"等量资本获得等量收益"的资本竞争关系。马克思的劳动价值论中将商品价值分为绝对价值和相对价值。绝对价值是商品中凝结的无差别人类劳动，取决于社会必要劳动时间；相对价值是商品交换价值。"等量劳动创造等量价值"是指不论商品之间的相对价值量如何变化，商品中包含的无差别人类劳动的绝对价值总量始终保持不变。马克思指出商品中凝结的无差别人类劳动是商品交换的基础，也是商品具有价值的源泉。

"等量资本获得等量收益"是指在竞争经济中，不论哪个部门资本收益率均应该是相等的，即获得的收益占资本的比例保持一致。这一原理是资本之间充分竞争的必然结果。在竞争关系中，资本具有相同的增值效果。交换商品时，每个等额资本有"社会权力"获取等量收益。因此，生产价格规律成为调节产品生产和经济运行的主要规律。

二、一般均衡状态的实现条件

马克思提出在市场经济条件下，资本总是追逐利润最大化，从而达到各部门收益率的平均化，即一般均衡状态。按马克思所述，"资本会从收益率较低的部门抽走，投入收益率较高的其他部门"。资本根据收益率的高低在不同部门之间重新分配，使不同部门的平均收益率达到平衡。一旦这种均衡状态被打破，将导致资本的重新流动。按照《资本论》第1卷中描述："一旦有适当的利润，资本就大胆起来。……有50%的利润，它就铤而走险；为了100%的利润，它就敢践踏一切人间法律；有300%的利润，它就敢犯任何罪行，甚至冒绞首的危险。"

一般均衡的实现过程为：受资本逐利性驱动，资本从收益率较低的部门流入收益率较高的部门，引导资源在各部门重新配置，促使高收益率部门产量增加、低收益率部门产量下降；供给量的变化改变了市场供求关系，拉低了高收益率商品的价格，推动低收益率商品的价格上升；商品价格的变化同样改变了部门收益率。价格上升促进低收益率部门的效益提高，而商品价格下降会导致高收益率部门的效益减少。这一过程会持续至各部门收益率相等。此时，资本停止追逐利润，即资本获得最大收益、不再流动，市场达到均衡状态。各部门收益率实现了平均化。王艺明、刘一鸣（2018）根据马克思的劳动价值论、利润均衡等理论，以中国宏观经济数据为样本，构建了马克思两大部类经济增长模型，研究发现：用市场价格计算的一般利润率基本保持相对稳定。

由此可见，马克思一般均衡理论是包括商品市场供求机制及资本市场流动的完整体系。在商品流通领域，受价值规律和供求机制影响，商品交换价值偏离生产价值，达到商品市场的供求均衡状态；在资本流通领域，受资本逐利性驱动，导致资本在不同收益率的部门之间重新分配，达到资本市场"等量资本获得等量收益"的资本均衡状态。

三、马克思一般均衡理论对我国制定经济政策的启示

不同资产之间、不同行业之间、不同领域之间出现收益率差距逐渐拉大的资产收益率宽幅度现象时，将导致社会资源在各部门重新配置，引导资本从收益率较低的资产、行业和领域流入收益率较高的资产、行业和领域，导致低收益率部门遇冷、高收益率部门过热，最终这种收益非均衡现象将导致经济结构失衡状况的出现。我国目前出现的实体经济脱实向虚，虚拟经济行业与实体经济行业结构失衡的现状，就是资产收益率宽幅度引发的经济后果。因此，马克思一般均衡理论为我国制定经济政策提供了重要理论依据。

第二节　凯恩斯主义与经济增长

20世纪30年代，第二次科技革命为西方国家带来的福利消失，西方国家出现了经济"大萧条"，经济大规模衰退。研究者对"看不见的手"与政府不干预的经济政策提出质疑，促使了提倡积极采用货币政策等宏观手段调控经济运行的凯恩斯主义理论的形成。各国政府也纷纷按照凯恩斯货币理论制定相关政策，促进西方国家经济的快速恢复，推动各国逐渐走出大萧条的阴影（Miller，1955；顾书华，2016）。

一、凯恩斯主义货币理论的基本观点

1936年，凯恩斯的经典之作《就业、利息和货币通论》面世，受到世人的瞩目。在书中，凯恩斯提出市场是不完善的，"非均衡"是经济的常态。市场中的价格不能瞬时调整，也无法及时调整供需平衡。因此，政府应该干预经济，否则经济会长期处于非均衡状态。经过其他学者的逐步完善后，凯恩斯主义货币理论主要形成了以下几个基本观点：

（1）货币需求理论。凯恩斯强调了流动性偏好的货币需求理论，将货币需求的动机分为：交易动机、预防动机及投机动机。他认为市场的货币需求量是可以预测的，政府可以通过调整经济政策影响货币需求水平，进而调节经济增长速度。当经济衰退时，可以通过增加政府购买和扩大基础设施建设等措施提高政府开支，实行赤字财政，从而增加需求，促进经济增长。

（2）利率决定理论。货币流动性带来的效用及时间价值决定了货币的价格，即"利率"。均衡利率是公众的货币需求恰好等于货币供给时的货币价格。当公众的流动性偏好增强，货币需求大于供给量时，利率上升；反之，流动性偏好减弱，货币需要小于供给量，利率则下降。这也是2015年我国放开金融机构利率上限后，对市场利率进行干预的主要手段和依据。

（3）凯恩斯的经济周期理论。当宏观经济环境改善时，市场需求旺盛，投资机会增多，推动经济进入上升和繁荣阶段。随之产生了经济的快速扩张与各行业产能过剩，企业能获得的超额利润逐渐下降直至消失，导致投资和增长放缓，居民收入减少，经济进入衰退期；随着经济进一步恶化，大量企业倒闭，失业率上升，标志着经济进入萧条期；由于大量企业倒闭，产品供给下降，市场逐渐达到供需均衡，居民收入稳定，投资和市场销售开始回升，经济进入复苏期，并开始过渡到下一个周期，如此往复。凯恩斯分析了经济周期周而复始的原因，强调利润对经济运行的作用，认为期望收益下降是"大萧条"产生的原因。他认为在经济快速发展阶段，生产商不断扩大生产规模而导致产能过剩，边际收益递减，并最终引起预期收益下降。而预期收益降低引导投资减少，经济随之下行。受生产收益的影响，经济保持周而复始的周期性运动过程。因此，收益是引导资本流动的核心动力。

二、凯恩斯主义的逆周期理论与相机抉择

相机抉择理论强调政府可以制定有效的货币政策以调节市场运行和宏观经济。相机抉择理论强调"逆风"行事的货币政策，以保证经济稳定。即当经济萧条时，政府应该采用扩张性货币政策，增发货币、降低利率以保证市场流动性充裕，提高投资者对未来收益的预期，引导投资增加和刺激需求，推动经济的恢复和增长。另外，凯恩斯主义者主张扩大投资以应对危机，最主要的措施是加大国家基础设施投入，以提高有效需求并降低失业率；反之，当经济繁荣时，政府应该采用抑制性货币政策。通过降低货币供应、提高基准利率，以降低需求，并且引导投资者降低对未来利润的预期，减少投资，以免经济过度膨胀。

20世纪40年代后，凯恩斯提出的相机抉择理论成为当时西方国家制定货币政策时常用的理论依据。然而， 年代，西方国家出现的经济衰退与通货膨胀并存的"滞胀"现象，对凯恩斯的货币理论提出严峻挑战，也导致了凯恩斯相机抉择论的失效。很多学者提出当货币政策发挥调控作用时，宏观经济环境可能已经发生变化，从而导致货币政策的失效，甚至可能加剧经济环境的恶化（Woodford，1999）。因此，凯恩斯提出的相机抉择理论只能在短期内调节宏观经济，但是不能从长期上改变产出和就业水平（Friedman，1963），是经济出现"滞胀"现象的主要原因。

三、凯恩斯主义对我国经济的影响

20世纪90年代，我国放弃了计划经济，开始遵循凯恩斯主义制定经济政策。频繁采用逆周期的相机抉择模式，根据GDP增长率、货币市场热度、物价水平等因素的变化情况，调整货币政策和财政政策。为了刺激经济增长和增加就业，国家频繁采用扩张性的经济政策，提高货币供应量、降低利率、扩大政府开支、降低税务收入，以维持经济繁荣；当经济过度繁荣、流动性过热时，又频繁降低货币供应量，提高利率。这些经济政策阶段性、周期性地维护了我国经济的稳定，推动了我国经济高速增长，但是每次采用刺激性经济政策之后，都会遗留下大批的过剩产能、银行不良资产和地方政府债务；每次采用紧缩性经济政策之后，都造成我国高利贷泛滥、中小企业大批倒闭、股市暴跌（滕泰等，2016）。尤其目前，我国宏观经济中存在杠杆率攀升、资产泡沫加剧、经济结构失衡的现象，同时还面临经济的下行，系统性金融风险上升，这一系列严峻形势正是我国在刺激性经济政策与紧缩性经济政策之间频繁转换的结果。刺激性经济政策可以增加货币供给量，促进产出和需求的增加；但同时也导致货币贬值，资产价格上涨，资产泡沫凸显。一旦政府根据逆周期的相机抉择模式，转变经济政策导向，采用紧缩性经济政策，容易捅破已经吹大的资产泡沫，导致系统性金融风险的发生。

第三节　厂商的一般均衡理论与收益最大化

厂商理论研究微观经济主体在充分竞争的条件下收益最大化。张伯伦于1933年出版的《垄断竞争理论》一书是厂商理论的代表作，发展和完善了均衡价格理论。厂商理论将均衡价格与不同的市场竞争结合起来，分析不同竞争厂商的价格、收益和产量，使微观经济学的理论得到具体地运用。

一、厂商一般均衡理论的基本观点

厂商的新古典理论学者认为收益最大化是厂商的目标，在厂商的一般均衡模型中，首先以某一个具有代表性的独立企业的生产函数为基础，研究在利润最大化条件下，该厂商对投入和产出的选择；该理论认为，在市场达到均衡状态之前，价格会及时改变，直到经济中所有市场的产品均成功出售，总供给量等于总需求量（Arrow & Hahn，1996）。此时，价格达到稳定，停止改变，整个经济市场也达到了一般均衡状态。通过构建加入税收政策因素的具有代表性厂商的生产函数，模拟该单一企业的产出决策，并将市场上所有厂商的产品供给汇总，确定市场的一般均衡及厂商的生产数量。从而，根据一般均衡框架可以预测出税收政策变动对经济全局的影响。

二、厂商一般均衡理论与我国政策工具选择

厂商的一般均衡理论，将微观经济主体看作经济整体中的原子（Spulber，2002）。根据微观企业的财务数据汇总，得到整体市场的宏观经济变动趋势，并以此为基础预测宏观经济政策的调控结果。微观企业是宏观经济的基础，宏观经济政策调控需要考虑微观企业的反应。因此，对于我国制定或选择稳增长、调结构与高质量经济增长中的政策工具时，将微观主体行为和运行结果的预期变化纳入决策框架，应当依据微观经济主体收益率的变化，以及不同资产之间的收益率变化趋势，提高宏观经济政策的精准性、及时性和客观性。依据微观主体预期收益的变化，量化宏观经济政策的调控方向和调控力度，将宏观经济政策相机调控与靶向性相结合，有效推动稳增长、调结构与高质量的经济增长。

第四节　货币政策与资产价格关系的相关理论

主要经济体的中央银行在盯住价格稳定的同时，往往忽视了金融稳定，这也是国际金融危机出现的重要原因（易纲，2019）。因此，很多学者开始关注货币政策对金融性资产价格的影响，认为扩张性货币政策会增加市场自由流动的货币供应量，推动股票和房地产价格上涨。其中托宾Q理论和储蓄生命周期理论分别详细阐述了货币政策对股价和房地产价格的影响。

一、托宾Q理论的基本观点

以企业市场价值与企业持有资产的重置成本之比设置托宾Q指标，托宾Q越大，说明企业价值被市场高估，企业未来发展前景较好，扩大投资的意愿较强烈。该理论认为当央行采用扩张性货币政策时，货币供应量增加，投资者更容易获得银行贷款，资金充裕，对外投资增加，对股票的需求提高，从而推升股票价格上涨；同时，利率下降也拉低了货币资金最低报酬率要求，增加了企业投资规模和股票投资需求，促进股票价格上涨。因此，按照托宾Q理论，扩张性货币政策的实施会导致股票等金融资金价格快速上涨。

二、储蓄生命周期理论的基本观点

货币政策除了影响股票价格外，还会对房地产价格产生影响（Bernanke & Gertler，1995；Lastrapes，2002）。其中，金融加速器是货币政策推动房地产价格上涨的重要原因（Kannan，et.al.，2009；马文鹏，2016）。根据诺贝尔经济学奖获得者莫迪利安尼提出的储蓄生命周期理论，家庭收入决定消费支出。央行采用扩张性货币政策时，将刺激股票价格上涨，同时会提高持有股票家庭的财富。而财富的增加会促进家庭消费的提高，家庭购买房地产的意愿增强，房地产价格上涨。而住房价格往往对利率较为敏感，受扩张性货币政策影响，房价上涨幅度较高，从而，为持有房地产的家庭带来财富的增加，刺激家庭消费支出上升，以至于最终产出提高，经济增长。财富效应同样说明房地产价格与经济增长往往同时出现。因此，当央行采用扩张性货币政策、降低利率、增加货币供应量时，将推动房地产价格快速上涨。

三、托宾Q理论与储蓄生命周期理论对我国的货币政策制定的启示

按照托宾Q理论以及储蓄生命周期理论，扩张性货币政策的实施在促进经济高速发展的同时，也会导致股票等金融性资产以及房地产价格的快速上涨。2000年—2018年来，受积极财政政策及稳健偏扩张货币政策的影响，我国每年经济快速增长，GDP年均增速达到8.8%左右，但是同时每年CPI平均比上年增长3%，资产价格上涨迅速。尤其房地产价格增长最为迅速，每年平均增长率高达8.23%。可以看出，我国以货币政策为代表的宏观经济政策推动经济高速发展的同时，也导致货币贬值、资产价格上涨，特别是房地产价格过快上涨。这一经济结果也完全符合托宾Q理论以及储蓄生命周期理论。进一步按照马克思一般均衡理论，这种不同资产、不同行业和不同领域之间的收益率差异也会引起资金流向高收益率部门，出现经济结构失衡的状况，并最终导致杠杆率攀升与资产泡沫等金融风险凸显。因此，在我国制定货币政策过程中，需要在经济增长和通货膨胀之间进行平衡。

第五节　货币政策工具选择的相关理论

货币政策工具是央行为了实现货币政策调控目标而采取的措施和手段，主要包括通过调控货币供应量以达到货币政策目标的数量型工具和以利率为代表

的杠杆型工具两种类型。关于政府应该选择哪类货币政策工具问题的探讨，形成了货币学派和凯恩斯主义两种不同的理论观点，对我国货币政策工具选择具有指导意义。

一、货币学派关于货币政策工具选择的基本观点

以Friedman为代表的货币学派认为，由于货币供给量能够直接传递货币政策的调节意图，因此货币供应量工具能够比利率更有效地调节宏观经济运行。货币学派假设货币需求量是稳定的，所以当货币供给量增加时，将导致支出增加，投资增长。从而促进产出和收入上升，刺激经济增长。因此，货币学派认为通过调节货币市场中流通的货币供应量，以达到货币政策目标的数量型货币政策工具应该是央行进行货币政策调控时的重要手段。常用的数量型货币政策工具主要有法定存款准备金率、再贴现率及公开市场操作三种方式。

法定存款准备金率是央行规定的商业银行需要缴纳到央行的准备金占商业银行吸收存款量的比例。当央行降低法定存款准备金率时，商业银行向央行缴纳的准备金比例下降，促使社会信贷规模增加，货币供应量上升，从而保证微观企业能够以较低的融资成本获得更多的资金支持，促进企业扩大生产规模、提高盈利能力，刺激经济增长；反之，央行提高法定存款准备金率将导致商业银行信贷规模下降，货币供应量减少，从而增加微观企业融资成本，减少企业贷款规模，导致企业生产规模下降，盈利水平降低，抑制经济增长。

再贴现率是商业银行缺乏资金时，将持有的未到期的商业票据提前向央行贴现的行为，以此增加商业银行的资金流动性，缓解企业的资金压力。中央银行通过适时调整再贴现总量及利率，明确再贴现票据选择，可以达到吞吐基础货币和实施金融宏观调控的目的，同时可以发挥调整信贷结构的功能。央行降低再贴现率将提高企业的贷款规模和资金市场货币供应量，促进经济增长；反之，央行提高再贴现率将减少企业的贷款规模和资金市场的货币供给，抑制经济增长。

公开市场操作是央行通过在公开市场买卖有价证券以吞吐基础货币，调节市场货币供应量的方法和手段。当经济衰退时，央行会采用逆回购、正回购到期及买进中央银行票据等措施，向市场投放基础货币，增加货币供应量，促进经济回暖；反之，当经济过度繁荣时，央行会采用正回购、逆回购到期及发行中央银行票据等措施，吸引资金回笼，减少货币供应量，降低经济过热程度。

二、凯恩斯主义关于货币政策的基本观点

与货币学派不同，凯恩斯主义经济理论强调利率这一杠杆型货币政策工具对经济调控的作用。提出利率作为杠杆型货币政策工具，可以有效调节经济运行。当央行采用扩张性货币政策导致市场利率下降时，由于融资成本下降、盈利空间上升，刺激微观企业扩大投资；同时，利率下降也会刺激居民减少储蓄，增加消费和住房等资产投资。两个方面共同作用，引起总需求和产出的共同上升，刺激经济增长。相反，当央行采用紧缩性货币政策、上调存贷款基准利率导致市场利率上升时，会导致微观企业融资成本增加，盈利空间减少，投资规模缩减；同时，利率上升也会吸引居民增加储蓄，减少消费和住房等资产投资，从而引起总需求和产出的下降，抑制经济增长。因此，利率的变动将显著影响宏观经济的发展，是有效的货币政策调控工具。

杠杆型货币政策工具与数量型货币政策工具存在很大的区别：数量型货币政策工具可以预测和量化政策变动对流动性的影响。以存款准备金率为例，央行可以明确存款准备金率每降低0.5个百分点，将引起市场中自由流动货币增加的数量。因此，数量型货币政策工具的调控效果更容易预测，政策调控方向及调控力度也更容易确定。而杠杆型货币政策工具对货币流动性以及宏、微观经济运行的影响无法预测和量化。央行无法明确当存贷款基准利率下降0.5个百分点时，能撬动的市场中自由流动的货币数量。主要原因在于利率的杠杆化特征会从三个方面影响宏观经济发展和微观主体行为，导致难以预测和量化利率变动对经济的影响。第一，运用降息可以撬动社会资本的流量增加，刺激经济增长，但是，引起的社会资本流量变动难以预计；第二，随着利率的降低，人们对未来资产价格和预期收益普遍看涨。低利率与流动性充裕的货币政策，会产生积极的财富效应。因为，货币贬值、资产价格上涨，持有实物资产，特别是有投资属性的房地产能够因为资产价格上涨为企业带来高收益率，促进经济繁荣与充分就业；第三，降息还可以降低贷款人的资本成本，减轻债务人的负担，分期付款更会进一步增加信贷额度，刺激购物的欲望。反之，升息将增加微观主体成本，抑制经济增长。利率会从多个方面发挥杠杆作用，影响市场流动性和宏、微观经济运行，导致利率的调节效果难以量化。因此，杠杆型货币政策工具能最大限度地发挥货币杠杆作用，但是也导致央行对杠杆型货币政策工具制定和调控力度的把握更加困难。

三、货币学派和凯恩斯主义对我国货币政策的影响

中国人民银行吸取了两个学派的观点，经常同时采用数量型和杠杆型两种货币政策工具进行经济调控，其中最常采用公开市场操作和法定存款准备金率政策两种数量型货币政策工具及存贷款基准利率这一杠杆型工具。2015年10月，我国取消了金融机构存款利率上限，利率管制已基本放开，但仍然保留了对存贷款基准利率的调控。利率市场化的基本完成增强了利率的价格杠杆功能，对宏观经济和微观主体行为产生了深远影响。

第二篇　资产收益率宽幅度与实体经济行为异化研究

第三章　资产收益率宽幅度的界定及测度

刺激经济增长的货币政策，推动我国经济保持长期的高速增长，使我国经济体量跃居世界第二。然而，刺激经济高速增长的货币政策也产生了负外部效应：低利率与流动性充裕导致货币贬值，资产价格上涨，改变了会计的计量属性与计量单位的稳定性，客观上"流动越好收益性越差"，形成了持有货币性资产收益率持续走低、投资或配置投资性房地产等实物资产的收益率持续走高的局面，出现了"货币性资产低收益率与投资性房地产高收益率之间收益率差距持续拉大的经济现象"。这种"不同类型资产之间的资产收益率宽幅度"现象（简称"资产收益率宽幅度"现象）是刺激性货币政策的负外部效应。本书通过分析不同类型资产之间的收益率差距持续拉大的经济现象，界定并测算了不同类型资产之间的资产收益率宽幅度。

第一节　收益与资产收益率宽幅度现象的出现

资产收益率是会计学中重要的财务指标，也是资本市场上重要的经济信息，资产收益率的高低是引导资本流动的核心动力。"等量资本获得等量收益"是马克思的平均收益率理论。当等量资本不能获得等量收益时，伴随着收益率差距的持续拉大，杠杆率攀升与资产泡沫加剧，在市场上表现出炒作或对赌性质的经济活动，导致经济运行波动与经济结构失衡。

一、会计学收益与经济学收益

收益是经济组织运用资产通过经营活动、投资活动、理财活动获取的一种好处或经济利益，是经济组织的基本目标。收益分为经济学收益与会计学收益。亚当·斯密在《国民财富的性质和原因的研究》一书中指出，收益是不侵蚀资本（包括流动资本和固定资本）的可消费额。这一真实经济收益理论是会计学中资本保持理论的基础，即收益是在保持原有资本具有同样购买力的条件下实现的收入扣减垫付资本后的盈余。会计学收益是微观经济主体或者是会计主体在一定期间内获取的属于当期的收入扣除属于当期成本和费用之间的余额。依据应计制会计与配比原则，将属于当期的收入扣除属于当期的成本费用的余额。

在市场经济条件下，物价波动是不可避免的，适度的物价上涨还能刺激经济增长。然而，持续剧烈的通货膨胀会对会计计量造成严重影响：一是影响会计计量单位的稳定性，二是影响会计计量基础的客观性。低利率与流动性充裕的货币政策导致货币的购买力损失，用俗话说就是"钱毛了"。因此，对资产的计价采用历史成本计价或现行成本计价或者两种计量模式共存的计价模式，影响了不同类型的资产收益。

以历史成本计价或以现行成本计价对会计收益的影响较大。现行成本计量模式中的公允价值计价、重置成本计价与可变现净值影响着微观经济主体的会计收益。把微观经济主体的会计收益分为经营收益、持有资产收益与资产价格变动带来的收益，把微观经济主体的资产分为以公允价值计价的投资性房地产等金融性资产和以历史成本计价的经营性资产；还可以把资产分为货币性资产、非货币性资产等，探讨货币贬值对不同类型资产收益率的影响程度，提高财务报告的可比性和可理解性。

公允价值计价是指熟悉市场情况的买卖双方在公平交易和自愿情况下的一项资产的成交价格，一般适用于在市场上有大量交易的资产；重置成本一般指固定资产或无形资产按照当前市场条件重新取得所需要支付的现金或现金等价物；可变现净值是在存货处置过程中，存货以预计售价减去进一步加工成本、预计销售费用和相关税费后的净值进行计价。历史成本计价是以取得资产时实际发生的成本作为资产的入账价值；如果货币贬值，两种计价模式对收益产生相反的影响。

上市公司分期报告的会计收益是资本市场中的重要经济信息。公允价值计价的顺周期效应把资产价格上涨的部分计为收益，向市场报告了资产价格总是上涨的乐观经济信息，推动了资产价格的进一步上涨；如果加息或流动性紧缩之时，会导致资产价格下跌，公允价值计价把资产价格下跌的部分计为损失，向市场报告了资产价格总是下跌的悲观经济信息，助推资产价格下跌或资产甩卖，可能导致金融风险凸显。

在物价上涨、货币贬值的背景下，以历史成本计价的资产由于严重低于其重置成本，在计算成本费用时按照历史成本提取折旧与摊销费用，由于历史成本低估资产的重置成本，就会少计了成本与费用，高估了收益，导致税收课征在资本上而非收益上，纳税人在缴纳所得税时遭受所得税纳税损失。由此，微观经济主体降低了配置或持有以历史成本计价的经营性资产的意愿，转而投资或配置更多的以公允价值计价的投资性房地产等金融性资产。

资产是获取未来收益的经济资源，以公允价值计价的投资性房地产等金融性资产与以历史成本计价的经营性资产之间的收益率差距持续拉大，资产获取收益的方式就会转变，由生产经营活动改为投资套利活动。在刺激经济增长的过程中，产生的负外部效应就是等量资本由于资本的形态不同产生了收益率差距，改变了微观经济主体的经营行为，诱导微观经济主体不断金融化、僵尸化与抑制其创新动力，导致宏观经济运行波动与经济结构失衡。

二、货币政策与资产收益率宽幅度的形成机制

微观经济是宏观经济的基础，宏观经济政策影响着微观经济的运行效果。会计学收益是微观经济运行效果最为综合性的财务指标，是多重调控目标中的动态平衡点。因此，本书依据马克思"等量资本获得等量收益"的平均利润率理论，从会计收益的微观视角，研究货币政策与经济增长的关系时发现：货币政策对平均收益率的溢出效应产生了资产收益率宽幅度；宽松货币政策，导致货币贬值、资产价格上涨，特别是房地产价格过快上涨，会计公允价值计价把资产价格上涨的部分计为收益，形成了货币性资产与投资或炒作房地产之间收益率差距持续拉大的经济现象，借鉴"电压宽幅"衡量电压的稳定性与电器运行状态，以及"股市震荡宽幅"说明股市风险与资源配置有效性的逻辑关系，本书把不同类型资产之间的收益率差距持续拉大的经济现象称为"资产收益率宽幅度"。用于解读宏观经济政策与微观经济运行效果，以及宏观经济运行波动与结构失衡。

宏观经济政策总是影响着微观经济主体的经营活动、投资活动与融资活动。影响的最终结果反映在微观经济主体的收益上。一个单体企业、个人或经济组织的收益好坏不能说明宏观经济政策的影响结果，但是，如果不同类型的资产、不同的行业、不同的领域之间的收益率持续、非正常拉大说明宏观经济政策产生了负外部性。

本书通过对我国经济高速增长的历程的回顾发现：由于对GDP高速增长

的过度依赖，实施扩张性货币政策，运用了降息、降准、扩大信贷规模、增加M2等政策工具，导致低利率与市场流动性充裕，在推动和保持经济高速增长的同时，储蓄性货币资产收益率持续走低，再加上CPI持续走高的影响，甚至货币性资产的收益会出现负收益率；客观上形成了：储蓄性货币资产的低收益率与投资、炒作房地产获得高收益率之间收益率差距持续、非正常拉大的资产收益率宽幅度现象。资产是获取未来收益的经济资源，然而，由于资产类型不同导致其收益率差距拉大，背离了"等量资本获得等量收益"的平均收益率理论。即当资产价格上涨时，举借债务能够获取收益，持有货币却会遭受损失，正所谓"流动性越好损失越大"。因此，举借债务按历史成本计价，举借债务购买的资产按公允价值计价，资产价格上涨的部分计为会计收益，向市场报告了乐观的经济信息。举借债务投资获取的收益大于债务成本造成不同资产之间的资产收益率宽幅度。因此，资产收益率宽幅度是高杠杆与杠杆率攀升的基础，没有资产收益率宽幅度就没有杠杆率攀升与资产泡沫。伴随着资产收益率宽幅度的持续、非正常拉大，杠杆率就会不断攀升，市场炒作、对赌性经济活动凸显，因此，宏观货币政策导致的微观效应就催生了资产收益率宽幅度，资产收益率宽幅度致使杠杆率攀升、金融风险凸显、宏观经济运行波动与经济结构失衡。

三、资产收益率宽幅度的主要类型

在界定资产收益率宽幅度基本概念的基础上，本书研究了以下4种资产收益率宽幅度，用于解读宏观经济政策与微观经济主体、宏观经济政策与宏观经济运行之间的逻辑关系和内在机制。一是货币性资产与投资性房地产之间的资产收益率宽幅度是杠杆率攀升与资产泡沫的基础；二是投资性房地产收益率与实体企业经营性资产收益率之间的资产收益率宽幅度是实体经济脱实向虚、金融化不断加深的深层次原因；三是实体企业中的投资性房地产等金融性资产的收益率与经营性资产收益率之间的资产收益率宽幅度导致实体企业金融化、僵尸化进程加快，抑制了企业的创新动力；四是虚拟经济行业与实体经济行业之间的净资产收益率宽幅度，表明虚拟经济运用杠杆获取的非正常泡沫收益，导致实体经济脱实向虚，是宏观经济运行波动与经济结构失衡的重要原因。

第二节 投资性房地产与货币性资产的资产收益率宽幅度

我国在长期刺激经济增长中形成了房地产价格过快上涨带来的高投资收益率与储蓄性货币资产的低收益率与之间的资产收益率宽幅度。低利率的货币政策，导致货币贬值、资产价格上涨，特别是房地产价格过快上涨，公允价值计价把资产价格上涨的部分计为收益，形成了投资性房地产与货币性资产之间的资产收益率宽幅度。

一、投资性房地产与货币性资产之间资产收益率宽幅度的界定

刺激经济的货币政策通常是降低储蓄利率、放大信贷规模、增加货币供给，结果是市场上流动性过分充裕，催生了房地产价格的过快上涨，形成了储蓄的低利率收益与房地产价格过快上涨带来的投资收益差距或宽幅被不断拉大的经济现象。借鉴"电压宽幅"致使电气设备不能启动或损坏、"股市震荡宽幅"说明股市风险加大的原理，2009年，笔者在财政部"会计改革与经济发展"论坛上发表《会计小问题也能诱发经济大问题》的演讲，从资产价格上涨与会计收益的关系上，首次提出了资产收益率宽幅度的基本概念，认为"历史成本计价与公允价值计价"在物价持续上涨时期，向市场传递了乐观的经济信息，公允价值计价的顺周期效应助推了资产价格上涨、财务杠杆和高利贷的出现，可能诱发宏观经济波动与结构失衡等经济大问题。

一般地，凡是可比较的两者之间的好处（收益率）相差过大的经济现象即"资产收益率宽幅度"。投资性房地产与货币性资产之间资产收益率宽幅度定义为资产价格（尤其是房地产价格）过快上涨带来的投资收益率与货币性资产收益率之间的宽幅，计算公式如下（3-1）（3-2）：

$$RS = \frac{HP_t - HP_{t-1}}{HP_{t-1}} - IR \qquad (3-1)$$

或者

$$RS = \frac{HP_t - HP_0}{HP_0} - IR \qquad (3-2)$$

公式中，为投资性房地产与货币性资产之间资产收益率宽幅度，HP（House Price）为房地产投资的价格，（$HP_t - HP_{t-1}$）/HP_{t-1}为房地产投资1年的同比变化收益率，（$HP_{t-1} - HP_0$）/HP_0为定基计算的投资房地产收益率，IR为储蓄利率（InterestRate）。

二、投资性房地产与货币性资产之间资产收益率宽幅度的测度

通过构建投资性房地产与货币性资产之间的资产收益率宽幅度，观察其不同时期的总体趋势和变动，可以为进一步测算预警区间从而确定预警状态提供基础。根据前文的分析，将房地产价格的变动所带来的收益率作为投资性房地产的收益率的代理变量，利用活期储蓄的收益率作为货币性资产收益率的代理变量，从而计算资产收益率宽幅度，得到资产收益率宽幅度。根据数据的可得性，可以分别构建全国年度投资性房地产与货币性资产之间的资产收益率宽幅度、全国月度投资性房地产与货币性资产之间的资产收益率宽幅度、我国31省、自治区及直辖市年度投资性房地产与货币性资产之间的资产收益率宽幅度。

（一）全国年度投资性房地产与货币性资产的资产收益率宽幅度

根据我国国家统计局公布的数据，可以获得我国1999—2018年住宅商品房平均销售价格，从而计算投资性房地产的年度收益率；利用中国人民银行所公布的人民币存款利率的1年定期存款利率计算货币性资产的收益率，可以计算2000—2018年度我国投资性房地产与货币性资产之间的资产收益率宽幅度。

表3-1和图3-1报告了2000—2018年度我国投资性房地产与货币性资产之间的资产收益率宽幅度。可以看出，2000—2018年我国的投资性房地产与货币性资产之间的资产收益率宽幅度呈波动性趋势。其中出现了两次较为明显的下降趋势和一次峰值。两次明显的下降趋势分别出现于2008年和2014年，第一次是美国次贷危机爆发期间的2008年，当年的资产收益率宽幅度为-5.698，第二次发生于2014年，当年资产收益率宽幅度为-1.541，相比较次贷危机期间资产收益率宽幅度的下降，这次下降的幅度较小，趋势也更为缓和；一次峰值出现于2009年，当年的资产收益率宽幅度为22.442，明显高于其他各年度的资产收益率宽幅度。

表3-1　2000—2018年度我国投资性房地产与货币性资产收益率宽幅度

年份	RS	年份	RS
2000	2.650	2010	3.635
2001	1.292	2011	2.386
2002	1.716	2012	5.517
2003	3.039	2013	4.736
2004	13.957	2014	−1.541
2005	12.988	2015	7.031
2006	3.957	2016	9.789
2007	13.571	2017	4.206
2008	−5.698	2018	10.714
2009	22.442		

注：数据为笔者计算所得，原始数据来源于 Wind 数据库。

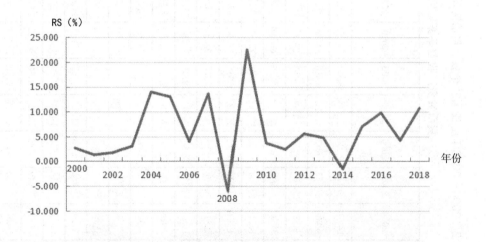

图 3-1　2000—2018 年度我国投资性房地产与货币性资产收益率宽幅度

注：数据为笔者计算所得，原始数据来源于 Wind 数据库。

表3-2 2000—2018年度我国31个省、自治区及直辖市投资性房地产与货币性资产收益率宽幅度

省、自治区及直辖市 \ 年份	2000	2001	2002	2003	2004	2005	2006	2007	2008	2009	2010	2011	2012	2013	2014	2015	2016	2017	2018
安徽	-6.740	-4.894	15.905	12.866	14.674	29.166	2.019	13.061	8.306	12.957	18.196	8.822	-0.396	3.249	2.086	-1.063	9.749	7.370	11.536
北京	-7.055	1.239	-7.282	-2.226	4.486	27.557	17.439	41.261	5.456	11.280	27.366	-12.812	3.443	4.856	0.653	18.487	26.253	18.255	8.181
福建	-4.680	-0.892	-4.515	15.603	9.823	19.701	28.272	19.146	-3.307	17.047	10.920	19.335	9.035	0.013	-0.349	-5.204	5.622	-0.312	12.815
甘肃	10.121	-2.750	-1.667	-3.818	34.206	6.375	-4.319	22.718	-17.548	27.194	20.291	3.246	4.631	6.121	11.969	6.891	2.922	9.067	-0.355
广东	-0.120	2.089	-4.581	-2.907	8.116	23.550	8.339	20.541	-3.081	8.881	7.796	4.660	-1.814	7.408	-2.251	9.305	13.676	2.889	11.631
广西	6.827	15.550	-1.020	1.365	8.970	-5.520	5.881	17.627	6.616	16.695	5.618	1.795	6.783	4.908	2.326	1.204	8.419	10.023	4.475
贵州	-3.600	-8.637	2.091	5.042	1.315	8.426	18.855	16.655	7.922	22.255	16.595	7.777	2.663	-1.927	-4.058	-3.820	0.567	10.946	21.645
海南	13.627	-4.908	-7.622	10.263	15.958	17.710	28.549	6.347	29.083	13.372	37.552	-0.073	-17.233	7.520	4.326	-2.449	4.451	14.930	22.435
河北	0.882	-3.731	-2.228	-0.774	8.635	17.327	11.867	20.206	5.701	14.775	4.897	6.145	6.731	9.024	4.540	8.806	12.243	10.408	6.001
河南	17.875	-0.427	8.057	-2.135	9.924	12.672	8.840	9.659	-1.072	14.728	11.864	6.064	9.197	6.220	-1.030	8.377	9.086	4.030	8.286
黑龙江	8.877	1.109	-3.964	-0.542	2.300	8.402	6.420	12.388	8.423	13.836	11.527	2.173	-2.070	16.044	-1.111	4.604	2.879	19.260	8.462
湖北	1.469	0.166	5.532	0.780	8.085	33.052	9.697	17.985	-5.143	15.521	0.395	14.854	9.466	0.835	1.950	9.307	12.521	11.664	9.845
湖南	0.885	11.529	0.402	1.324	3.028	10.271	15.588	21.651	-1.622	17.580	16.706	13.619	0.913	3.496	-4.956	1.700	7.458	10.417	11.439
吉林	3.090	9.501	1.228	-5.642	19.477	-2.415	3.610	14.647	5.655	13.965	23.029	15.771	-10.105	6.107	10.805	6.318	-6.622	14.715	16.819
江苏	2.336	6.847	6.456	9.580	17.826	27.849	5.049	10.310	-4.640	24.131	14.049	6.603	1.288	0.537	-0.960	3.749	20.194	2.347	14.729
江西	14.897	-1.079	2.974	4.304	18.077	13.102	16.827	22.340	-2.612	22.231	15.231	25.875	11.401	8.956	-1.614	0.676	2.886	7.298	11.259

（续表）

省、自治区及直辖市	2000	2001	2002	2003	2004	2005	2006	2007	2008	2009	2010	2011	2012	2013	2014	2015	2016	2017	2018
辽宁	4.913	4.010	-2.602	5.052	6.617	12.263	6.496	13.043	2.769	6.058	8.801	2.285	0.607	1.257	0.883	5.361	5.609	8.405	12.436
内蒙古	-1.739	1.713	-0.243	1.478	11.680	12.178	13.820	20.544	8.633	14.704	10.279	8.700	6.221	2.650	-3.737	0.705	1.115	3.374	24.473
宁夏	-6.992	12.160	19.906	-7.115	7.879	3.707	3.682	1.441	9.342	25.244	7.691	5.801	3.594	5.181	-7.300	4.959	-3.620	6.602	10.143
青海	-12.131	-3.390	1.547	13.016	3.420	16.520	7.236	16.556	4.281	0.183	16.179	3.483	16.259	4.172	5.557	-3.294	7.248	13.374	10.561
山东	4.677	-0.910	10.782	3.818	14.078	19.425	2.339	13.349	-1.951	16.656	10.030	9.568	2.768	2.275	1.876	3.130	6.780	5.920	18.539
山西	-2.047	24.552	-1.682	-1.182	22.571	16.964	-6.024	10.384	5.973	11.021	28.469	-6.482	10.988	11.092	3.001	4.215	-0.530	12.472	20.344
陕西	19.581	13.440	3.850	-8.251	12.892	18.573	16.749	4.995	9.613	8.101	15.498	24.989	-1.152	0.913	-6.326	3.310	2.081	21.543	20.810
上海	4.971	7.732	7.538	22.527	13.431	14.010	2.841	13.957	-5.472	50.110	13.247	-8.358	-0.989	13.742	-1.583	28.924	19.006	-5.529	15.049
四川	-4.658	0.922	-0.380	1.297	7.915	22.645	23.504	26.403	7.613	9.716	13.715	12.021	4.693	-0.443	-2.842	-3.199	6.744	6.557	12.138
天津	3.174	-0.755	2.590	-2.850	21.243	32.894	14.354	16.637	-3.400	15.739	17.882	4.363	-9.525	1.750	2.261	10.434	28.094	16.130	3.685
西藏	41.275	34.122	3.182	11.185	55.407	-47.435	9.753	54.537	12.753	-25.163	13.096	16.650	-13.176	27.206	34.125	-34.335	33.757	13.430	21.894
新疆	-1.185	3.849	0.482	0.998	-12.949	11.647	9.350	13.095	3.343	15.179	14.134	11.158	6.106	6.883	-0.225	0.873	-0.830	6.445	18.090
云南	2.775	9.985	-5.726	-2.484	2.761	5.301	7.237	1.507	2.527	9.303	3.913	13.834	10.718	5.158	3.625	5.781	-1.250	16.206	28.867
浙江	0.798	1.334	14.856	13.199	11.607	40.374	11.268	21.391	5.460	26.168	15.946	1.737	5.734	0.149	-6.863	-0.464	4.934	15.823	11.992
重庆	-2.528	2.950	10.707	1.701	16.726	18.614	7.255	21.065	-1.799	21.462	21.369	7.906	3.726	6.037	-5.728	-3.670	1.493	26.454	22.497

注：数据为笔者计算所得，原始数据来源于 Wind 数据库。

（二）我国31个省、自治区及直辖市年度投资性房地产与货币性资产的
资产收益率宽幅度

根据我国国家统计局公布2000—2018我国31省、自治区及直辖市的住宅商
品房平均销售价格数据计算投资性房地产的年度收益率；利用中国人民银行所
公布的人民币存款利率的1年定期存款利率计算货币性资产的收益率，可以计算
我国2000—2018年度31省、自治区及直辖市投资性房地产与货币性资产之间的
资产收益率宽幅度。

表3-2报告了我国2000—2018年度31省、自治区及直辖市投资性房地产与货币
性资产之间的资产收益率宽幅度，图3-2为堆积面积图。整体来看，2000—2018年
我国各年度31省、自治区及直辖市的投资性房地产与货币性资产之间的资产收益率
宽幅度数存在着较大差异。2000年，我国31省、自治区及直辖市中西藏自治区（简
称西藏）的资产收益率宽幅度最高，为41.275，青海的最低，为−12.131，最高值和
最低值相差53.406；2018年，我国31省、自治区及直辖市的资产收益率宽幅度中，
云南的最高，为28.867，甘肃的最低，为−0.355，最高值和最低值相差29.222。单独
看各省份资产收益率宽幅度的变动趋势并不趋于一致性，但是当把所有31省、自治
区及直辖市的资产收益率宽幅度利用堆积面积图表示时，发现31省、自治区及直辖
市整体上同全国的投资性房地产与货币性资产之间的资产收益率宽幅度的变动趋势
是基本趋同的，整体上呈波动性趋势，并于2008年和2014年出现明显的极低值。

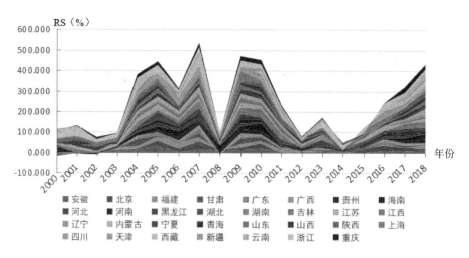

图 3-2　2000—2018 年度我国 31 省、自治区及直辖市投资性房地产与
货币性资产收益率宽幅度

注：数据为笔者计算所得，原始数据来源于 Wind 数据库。

（三）全国月度投资性房地产与货币性资产的资产收益率宽幅度

根据中国国家统计局公布的2005年7月—2017年12月的70大中城市新建住宅价格的环比数据计算投资性房地产的年度收益率；利用中国人民银行所公布的人民币存款利率的活期存款利率计算货币性资产的收益率，可以计算出2005年7月—2017年12月我国月度投资性房地产与货币性资产之间的资产收益率宽幅度。

表3-3和图3-3报告了2005年7月—2017年12月我国月度投资性房地产与货币性资产之间的资产收益率宽幅度。可以看出，2000—2018年我国的投资性房地产与货币性资产之间的资产收益率宽幅度呈波动趋势。月度投资性房地产与货币性资产之间的资产收益率宽幅度将两次较为明显的下降趋势可以精确到月份，第一次的极低值出现在2008年12月，当月的资产收益率宽幅度为-0.730，第二次的极低值出现在2014年8月，当月的资产收益率宽幅度为-1.129。

表3-3　2005年7月—2017年12月我国月度投资性房地产与货币性资产收益率宽幅度

时间	RS	时间	RS	时间	RS	时间	RS	时间	RS
2005-07	0.540	2008-01	0.240	2010-07	-0.030	2013-01	0.471	2015-07	0.171
2005-08	0.740	2008-02	0.140	2010-08	-0.030	2013-02	0.971	2015-08	0.171
2005-09	0.440	2008-03	0.240	2010-09	0.470	2013-03	0.971	2015-09	0.171
2005-10	0.540	2008-04	0.040	2010-10	0.270	2013-04	0.871	2015-10	0.071
2005-11	0.540	2008-05	0.140	2010-11	0.370	2013-05	0.871	2015-11	0.171
2005-12	0.640	2008-06	0.040	2010-12	0.270	2013-06	0.771	2015-12	0.171
2006-01	0.840	2008-07	0.040	2011-01	0.770	2013-07	0.671	2016-01	0.271
2006-02	0.640	2008-08	-0.160	2011-02	0.367	2013-08	0.771	2016-02	0.371
2006-03	0.440	2008-09	-0.360	2011-03	0.267	2013-09	0.671	2016-03	0.771
2006-04	0.640	2008-10	-0.360	2011-04	0.258	2013-10	0.671	2016-04	0.971
2006-05	0.740	2008-11	-0.630	2011-05	0.158	2013-11	0.471	2016-05	0.771
2006-06	0.940	2008-12	-0.730	2011-06	0.058	2013-12	0.371	2016-06	0.671
2006-07	0.540	2009-01	-0.330	2011-07	0.058	2014-01	0.371	2016-07	0.671
2006-08	0.340	2009-02	-0.230	2011-08	-0.042	2014-02	0.271	2016-08	1.171
2006-09	0.440	2009-03	0.070	2011-09	-0.042	2014-03	0.171	2016-09	1.771
2006-10	0.440	2009-04	0.270	2011-10	-0.142	2014-04	0.071	2016-10	0.971
2006-11	0.540	2009-05	0.670	2011-11	-0.242	2014-05	-0.129	2016-11	0.571
2006-12	0.540	2009-06	0.770	2011-12	-0.242	2014-06	-0.529	2016-12	0.271

（续表）

时间	RS	时间	RS	时间	RS	时间	RS	时间	RS
2007-01	0.640	2009-07	1.070	2012-01	-0.142	2014-07	-0.929	2017-01	0.171
2007-02	0.540	2009-08	1.070	2012-02	-0.142	2014-08	-1.129	2017-02	0.271
2007-03	0.440	2009-09	0.770	2012-03	-0.342	2014-09	-1.029	2017-03	0.671
2007-04	0.640	2009-10	0.870	2012-04	-0.242	2014-10	-0.829	2017-04	0.671
2007-05	0.740	2009-11	1.470	2012-05	-0.142	2014-11	-0.629	2017-05	0.671
2007-06	0.940	2009-12	1.870	2012-06	-0.033	2014-12	-0.429	2017-06	0.671
2007-07	1.233	2010-01	1.670	2012-07	0.071	2015-01	-0.429	2017-07	0.471
2007-08	1.433	2010-02	1.270	2012-08	0.071	2015-02	-0.429	2017-08	0.171
2007-09	1.833	2010-03	1.170	2012-09	-0.029	2015-03	-0.229	2017-09	0.171
2007-10	1.833	2010-04	1.370	2012-10	0.071	2015-04	-0.129	2017-10	0.271
2007-11	0.933	2010-05	0.370	2012-11	0.171	2015-05	0.071	2017-11	0.371
2007-12	0.240	2010-06	-0.030	2012-12	0.271	2015-06	0.171	2017-12	0.471

注：数据为笔者计算所得，原始数据来源于 Wind 数据库。

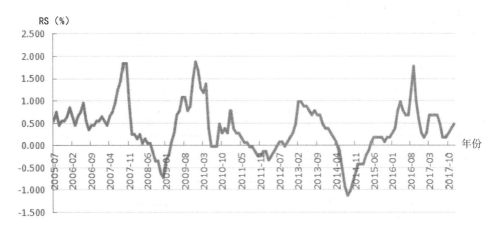

图3-3 2005年7月—2017年12月我国月度投资性房地产与货币性资产收益率宽幅度

注：数据为笔者计算所得，原始数据来源于 Wind 数据库。

第三节 投资性房地产与实体企业经营性资产的
资产收益率宽幅度

投资性房地产与实体企业经营性资产之间的资产收益率宽幅度的不断拉大，是实体企业金融化，非金融企业杠杆率不断攀升的原因。

一、投资性房地产与实体企业经营性资产间的资产收益率宽幅度的界定

投资性房地产与实体经济行业经营性资产之间的资产收益率宽幅度的具体计算见公式（3-3）：

$$RS=HRR-PORR \tag{3-3}$$

其中，RS为资产收益率宽幅度；HRR为房地产投资收益率，$PORR$为非金融企业经营性资产的收益率。

二、投资性房地产与实体企业经营性资产间的资产收益率宽幅度的测度

通过构建投资性房地产与实体企业经营性资产的资产收益率宽幅度，观察其不同时期的总体趋势和变动，可以为进一步预警区间分析提供基础。根据前文的分析，将房地产价格的变动所带来的收益率作为投资性房地产的收益率的代理变量，利用我国沪深两市上市公司的实体企业的经营性资产的收益率作为实体企业经营性资产收益率的代理变量，从而计算资产收益率宽幅度。根据数据的可得性，可以分别构建全国年度投资性房地产与实体企业经营性资产的资产收益率宽幅度、我国31省、自治区及直辖市年度投资性房地产与实体企业经营性资产之间的资产收益率宽幅度。

利用不同公式计算实体企业经营性资产收益率，可以分别得到不同投资性房地产与实体企业经营性资产的资产收益率宽幅度，资产收益率宽幅度的两个替代变量的具体计算公式：（3-4）（3-5）

$$RS1=HRR-(OP-IR-FVR+JVIR)/OA \tag{3-4}$$

$$RS2=HRR-(TP-IR-FVR+JVIR)/OA \tag{3-5}$$

其中，HRR是房地产投资收益率，OP是营业利润，TP是利润总额，IR是投资收益，FVR是公允价值变动收益，$JVIR$是对联营企业和合营企业的投资收益，OA是经营性资产。

（一）全国年度投资性房地产与实体企业经营性资产的资产收益率宽幅度

利用中国国家统计局公布的2007—2017年度我国31省、自治区及直辖市住宅商品房平均销售价格数据计算投资性房地产的年度收益率。利用2007—2017年中国沪深两市A股上市公司的年度数据作为研究样本计算样本的年度平均经营性资产收益率（样本数据来源于国泰安数据库，China Stock Market Accounting Research，简称"CSMAR"），并对原始样本做如下数据处理：①剔除ST类上市公司；②按照证监会2001版行业分类剔除金融、保险业和房地产业的上市公司；③剔除2007—2017年期间退市的上市公司；④剔除相关数据缺失的样本。利用所获得的各实体企业的投资性房地产与经营性资产之间的资产收益率宽幅度均值计算2007—2017年度投资性房地产与实体企业经营性资产的资产收益率宽幅度。

表3-4和图3-4报告了2007—2017年度我国投资性房地产与实体企业经营性资产的资产收益率宽幅度及其变化趋势。2007—2017年度我国投资性房地产与实体企业经营性资产的资产收益率宽幅度RS1于2007年达到峰值17.693，2008年大幅度下跌至3.046，于2009年再度回升至16.636；资产收益率宽幅度RS2与RS1的变动趋势趋同，在2007年为15.128，2008年大幅度下跌至1.678，于2009年再度回升至峰值15.681。资产收益率宽幅度RS1于2014年达到最小值-1.068，RS2于2013年达到最小值-2.450。

表3-4　2007—2017年度我国投资性房地产与实体企业经营性资产的资产收益率宽幅度

年份	RS1	RS2
2007	17.693	15.128
2008	3.046	1.678
2009	16.636	15.681
2010	12.354	10.843
2011	4.218	1.773
2012	2.325	1.138
2013	4.159	−2.450
2014	−1.068	−1.820
2015	5.937	5.073
2016	9.169	8.406
2017	4.602	4.477

注：数据为笔者计算所得，原始数据来源于Wind数据库。

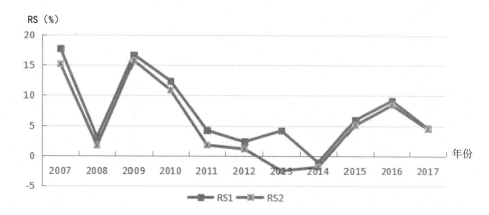

图 3-4　2007—2017 年度我国投资性房地产与实体企业经营性资产的资产收益率宽幅度

注：数据为笔者计算所得，原始数据来源于 Wind 数据库。

（二）31省、自治区及直辖市年度投资性房地产与实体企业经营性资产
间的资产收益率宽幅度

利用所获得的各实体企业的投资性房地产与经营性资产之间的资产收益率
宽幅度的31省、自治区及直辖市的均值计算2007—2017年度我国31省、自治区
及直辖市投资性房地产与实体企业经营性资产的资产收益率宽幅度。表3-5、表
3-6和图3-5、图3-6报告了2007—2017年度我国31省、自治区及直辖市投资性
房地产与实体企业经营性资产的资产收益率宽幅度及其变化趋势。观察我国31
省、自治区及直辖市投资性房地产与实体企业经营性资产的资产收益率宽幅度
及其变化趋势可以发现虽然各省、自治区及直辖市与全国的资产收益率宽幅度
的变化趋势并不完全一致，但是图3-6、图3-7的堆积面积图所显示的变动趋势
则和全国趋于一致。

表3-5　2007—2017年度我国31省、自治区及直辖市投资性房地产与

实体企业经营性资产间的资产收益率宽幅度（RS1）

省、自治区及直辖市 \ 年份	2007	2008	2009	2010	2011	2012	2013	2014	2015	2016	2017
安徽	12.211	9.938	10.651	14.246	6.562	−1.206	2.730	4.219	−1.204	7.341	3.383
北京	34.843	4.944	8.381	23.675	−10.865	1.355	3.060	−1.501	16.496	23.558	15.589
福建	18.397	−2.832	16.597	7.334	16.459	8.574	−0.417	−0.928	−5.920	2.796	−4.822
甘肃	25.811	−10.865	28.810	19.992	3.950	5.376	5.867	11.788	8.483	3.003	6.084

（续表）

省、自治区及直辖市 ＼ 年份	2007	2008	2009	2010	2011	2012	2013	2014	2015	2016	2017
广东	20.641	−0.532	7.566	4.439	3.223	−2.527	6.418	−3.092	7.837	10.542	−0.743
广西	17.709	9.829	17.014	5.535	3.175	9.171	6.356	3.880	1.264	7.361	8.074
贵州	13.202	4.295	17.759	12.557	2.483	−0.893	−4.239	−5.290	−4.569	−1.945	6.306
海南	12.341	34.843	14.700	34.843	−0.175	−10.865	9.932	7.420	1.919	8.499	16.180
河北	20.253	9.581	17.324	3.462	6.187	7.140	9.845	4.201	8.411	9.354	6.097
河南	5.860	−0.727	13.888	8.547	4.547	9.052	6.520	0.173	9.368	7.507	1.281
黑龙江	13.395	15.849	14.985	13.394	3.549	−2.253	17.126	−0.157	4.217	0.967	16.128
湖北	23.351	−2.113	17.731	18.951	15.312	11.885	6.739	1.778	8.702	9.837	9.523
湖南	23.559	1.490	17.965	17.150	12.958	0.419	4.549	−4.429	2.194	5.792	8.054
吉林	20.370	14.983	17.068	24.891	18.880	−7.972	7.151	10.246	5.981	−9.054	10.886
江苏	10.534	−2.725	22.631	10.625	5.073	0.635	−0.061	−1.891	2.218	17.183	−1.505
江西	19.267	−3.209	19.362	11.968	23.580	10.356	7.775	−2.398	−0.938	−0.197	2.037
辽宁	11.580	3.924	5.967	8.472	1.853	2.495	1.769	1.964	6.607	3.983	6.538
内蒙古	21.052	10.841	10.477	4.288	−1.815	−8.341	−2.361	12.205	3.767	9.129	−0.972
宁夏	2.852	11.072	27.678	9.444	9.333	7.624	13.980	1.783	14.362	2.369	8.707
青海	18.460	12.539	5.462	16.471	4.874	22.511	8.405	10.131	−0.074	6.482	12.305
山东	13.314	−1.049	14.723	6.928	7.588	2.723	1.685	0.884	2.540	3.877	2.107
山西	7.494	7.323	20.023	29.229	−3.492	26.693	10.892	3.684	6.286	0.182	9.275
陕西	4.767	11.914	13.962	18.933	29.593	0.487	2.152	−3.773	5.026	1.850	20.522
上海	13.938	−3.321	34.843	10.367	−9.704	−2.075	12.599	−2.750	27.801	17.003	−9.062
四川	32.030	10.002	10.559	12.523	11.581	5.851	0.637	0.518	−1.797	5.429	3.061
天津	17.840	−0.596	18.627	16.965	4.904	−10.865	2.717	2.535	11.399	28.801	15.261
西藏	34.843	13.920	−10.865	11.422	15.882	−10.865	27.032	34.843	−10.865	24.912	2.665
新疆	13.325	5.851	15.121	13.457	12.322	8.723	7.737	1.822	4.097	−0.718	4.824
云南	−2.735	4.902	10.043	3.662	13.387	11.614	6.662	3.982	6.918	−2.372	14.556
浙江	19.829	5.886	23.902	12.170	−1.145	4.651	−1.604	−9.019	−2.976	0.803	10.909
重庆	20.831	−1.228	19.839	20.438	8.427	2.768	4.696	−6.456	−3.352	0.526	23.110

注：数据为笔者计算所得，原始数据来源于 Wind 数据库。

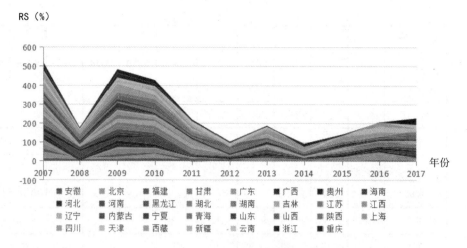

图 3-5　2007—2017 年度我国 31 省、自治区及直辖市投资性房地产与实体企业经营性资产间的资产收益率宽幅度（RS1）

注：数据为笔者计算所得，原始数据来源于 Wind 数据库。

表3-6 2007—2017年度我国31省、自治区及直辖市投资性房地产与
实体企业经营性资产间的资产收益率宽幅度（RS2）

省、自治区及直辖市 ＼ 年份	2007	2008	2009	2010	2011	2012	2013	2014	2015	2016	2017
安徽	11.598	9.019	10.081	13.365	5.702	−2.182	1.730	3.592	−2.303	6.055	3.180
北京	38.963	4.383	7.747	22.876	−16.474	0.412	2.122	−2.474	15.689	22.826	15.525
福建	11.633	−3.606	11.219	6.194	15.662	7.413	−1.134	−1.719	−6.535	2.161	−4.829
甘肃	22.250	−14.683	27.365	17.830	3.109	3.714	5.469	10.893	7.674	2.267	5.899
广东	18.908	−3.036	6.655	2.045	2.210	−3.413	2.323	−3.937	7.016	9.758	−0.921
广西	16.680	10.093	16.810	4.555	2.396	8.699	5.356	3.367	0.691	6.766	8.009
贵州	12.590	4.032	17.158	11.833	1.517	−1.647	−4.845	−6.322	−4.928	−2.546	6.252
海南	1.905	33.503	13.403	34.681	−0.746	−16.292	9.254	6.200	1.148	7.797	15.945
河北	17.763	10.051	16.449	1.066	5.638	6.409	8.571	3.371	8.002	8.671	5.983
河南	5.151	−1.248	13.123	7.776	3.735	7.983	5.480	−0.801	8.306	6.515	1.080

（续表）

年份 省、自治区及直辖市	2007	2008	2009	2010	2011	2012	2013	2014	2015	2016	2017
黑龙江	10.336	13.793	13.671	13.470	2.001	−4.097	16.588	−0.664	3.675	0.235	16.110
湖北	10.121	−3.891	15.471	2.057	14.212	10.811	−6.140	0.978	8.023	9.069	9.434
湖南	22.631	0.216	17.263	15.862	12.342	−0.327	3.739	−5.280	1.492	4.842	7.707
吉林	19.484	26.625	12.795	38.963	−49.967	−13.454	5.525	9.594	5.359	−9.578	10.918
江苏	9.402	−3.300	21.597	9.857	4.160	0.934	−49.967	−2.612	1.573	16.537	−1.690
江西	18.821	−3.660	19.051	11.509	22.876	9.682	7.271	−3.074	−1.675	−0.807	1.854
辽宁	4.205	2.874	5.650	6.919	0.463	−0.198	−0.976	1.431	5.826	3.304	6.615
内蒙古	14.950	10.677	10.016	4.138	−2.501	−8.800	−2.713	11.955	3.474	8.179	−0.949
宁夏	1.558	9.503	26.494	9.054	8.315	4.898	13.263	0.972	12.133	−2.051	8.071
青海	17.038	1.894	0.633	11.968	−0.009	18.659	6.234	7.637	−0.347	5.982	11.946
山东	12.329	−2.101	13.049	6.228	6.947	1.237	0.611	0.322	1.609	3.335	2.035
山西	4.918	6.826	20.444	24.941	−11.515	25.822	10.158	2.905	5.906	−0.807	9.326
陕西	7.478	1.957	13.339	17.149	28.792	0.032	1.623	−4.212	4.202	1.042	20.318
上海	12.886	−4.455	38.963	9.636	−10.754	−2.940	11.634	−3.676	27.138	16.116	−9.269
四川	17.744	4.415	6.162	12.222	10.621	0.756	−0.292	0.238	−2.693	5.030	3.047
天津	15.816	−4.425	18.423	16.084	4.495	−11.716	1.708	1.538	9.496	27.383	15.078
西藏	38.963	12.710	−28.628	10.068	15.093	−15.697	23.798	34.958	−40.726	24.101	2.441
新疆	10.355	4.985	14.507	12.465	11.615	7.586	6.319	1.139	3.031	−1.352	4.877
云南	−2.804	4.283	10.701	2.922	12.958	11.063	5.943	3.531	6.274	−3.113	14.782
浙江	17.405	4.560	22.883	11.211	−2.008	3.781	−2.335	−9.639	−3.646	0.088	10.874
重庆	19.143	−1.502	18.730	19.557	7.530	1.892	4.034	−7.306	−4.205	0.022	22.338

注：数据为笔者计算所得，原始数据来源于 Wind 数据库。

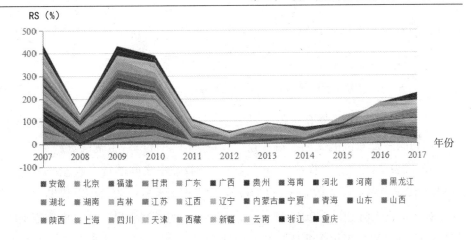

图 3-6　2007—2017 年度我国 31 省、自治区及直辖市投资性房地产与

实体企业经营性资产的资产收益率宽幅度（RS2）

注：数据为笔者计算所得，原始数据来源于 Wind 数据库。

第四节　实体企业中投资性房地产等金融性资产与经营性资产间的资产收益率宽幅度

刺激性货币政策不仅推动了房地产价格的大幅上涨，对其他金融性资产价格也有显著影响，促使金融性资产收益率快速上升，从而在实体企业中形成了金融性资产高收益率与经营性资产低收益率之间的资产收益率宽幅度现象。该种资产收益率宽幅度改变实体企业投资行为，抑制了实体企业的创新动力和创新能力，导致企业财务风险增加，企业僵尸化进程加快。

一、实体企业金融性资产与经营性资产收益率宽幅度的界定

微观企业中存在两种资产计价方式影响不同资产的获利方式及收益率高低。采用公允价值计价的金融性资产需要按当期的市场价格重新计量资产价值，并确认由资产价格变动产生的利得或损失。因此，当资产价格大幅上涨时，金融性资产可以确认可观的公允价值变动收益，获取高额的会计利润；按历史成本法计价的存货、机器设备、生产线、专利权等大量经营性资产按原始采购成本计量资产价值，不会随着资产市场价格的上涨而重新确认资产的账面价值，无法确认资产市场价格上涨带来的收益。并且由于实体经济低迷，实体企业主业盈利能力持续下降，导致其经营性资产收益率较低，从而形成了金融

性资产高收益率和经营性资产低收益率之间的资产收益率宽幅度现象。金融性资产和经营性资产之间的资产收益率宽幅度的计算公式如下：（3-6）

$$RS_{it} = FINPer_{it} - HCVPer_{it} \qquad\qquad (3-6)$$

其中，$FINPer_{it}$（公允价值变动收益＋投资收益）/金融性资产，$HCVPer_{it}$（营业利润－公允价值变动收益－投资收益）/（总资产－金融性资产）。

RS_{it}代表金融性资产收益率与经营性资产收益率之间的资产收益率宽幅度，$FINPer_{it}$代表金融性资产收益率，$HCVPer_{it}$代表经营性资产收益率。借鉴宋军、陆旸（2015），王红建等（2016），杜勇（2017）的研究成果，公允价值变动收益与投资收益之和为当年企业持有的金融性资产获取的收益。借鉴胡谍（2011）、杜勇（2017）的研究，金融性资产包括企业持有的交易性金额资产、衍生金融性资产、发放贷款及垫款净额、可供出售金融性资产、持有至到期投资及投资性房地产6项资产合计反映。因此，以公允价值变动收益与投资收益之和与金融性资产之比衡量金融性资产收益率。借鉴胡聪慧（2015）的研究成果，经营性资产收益以当期营业利润扣除公允价值变动收益和投资收益合计数之和的差额表示。经营性资产以总资产扣除金融性资产总额表示。从而，经营性资产收益率以当期营业利润扣除公允价值变动收益和投资收益合计数之和的差额除以经营性资产总额衡量，其中，经营性资产总额以总资产扣除金融性资产之后的差额衡量。

二、实体企业金融性资产与经营性资产间的资产收益率宽幅度测度

通过构建实体企业金融性资产与经营性资产的资产收益率宽幅度，观察其不同时期的总体趋势和变动，可以为进一步预警区间分析提供基础。根据前文的分析，利用我国沪深两市上市公司的实体企业的金融性资产和经营性资产的收益率计算资产收益率宽幅度。根据数据的可得性，可以分别构建全国年度实体企业金融性资产与经营性资产的资产收益率宽幅度、11个非金融行业年度金融性资产与经营性资产的资产收益率宽幅度。

（一）全国实体企业金融性资产与经营性资产间的资产收益率宽幅度

利用所获得的各实体企业的金融性资产与经营性资产之间的资产收益率宽幅度的年度均值计算2007—2018年度我国实体企业的金融性资产与经营性资产的资产收益率宽幅度。表3-7和图3-7报告了2007—2018年度我国实体企业的金融性资产与经营性资产的资产收益率宽幅度及其变化趋势。2007—2018年度，我国实体企业的金融性资产与经营性资产的资产收益率宽幅度呈波动性上升趋势，于2018年达到峰值4.360。

表3-7　2007—2017年度我国实体企业的金融性资产与经营性资产的资产收益率宽幅度

年份	RS
2007	2.793
2008	3.232
2009	3.137
2010	2.879
2011	2.872
2012	2.836
2013	3.215
2014	4.304
2015	3.893
2016	3.379
2017	4.165
2018	4.360

注：RS（数据为笔者计算所得，原始数据来源于 Wind 数据库。

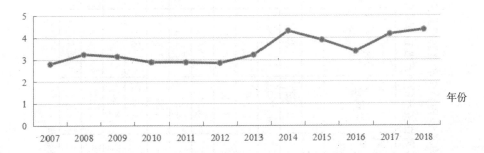

图 3-7　2007—2017 年度我国实体企业的金融性资产与经营性资产的资产收益率宽幅度

注：数据为笔者计算所得，原始数据来源于 Wind 数据库。

（二）我国11个非金融行业金融性资产与经营性资产的资产收益率宽幅度

利用所获得的实体企业的金融性资产与经营性资产之间的资产收益率宽幅度，分别计算11个非金融行业的资产收益率宽幅度的年度均值，从而得到2007—2018年度我国11个非金融行业金融性资产与经营性资产的资产收益率宽幅度。表3-8和图3-8报告了2007—2018年度我国11个非金融行业金融性资产与经营性资产的资产收益率宽幅度及其变化趋势。观察11个非金融行业的资产收益率宽幅度发现由于各行业的特点不同，与全国的实体企业的金融性资产与经营性资产之间的资产收益率宽幅度的趋势并不明显相同。

表3-8 2007—2018年度我国11个非金融行业实体企业的金融性资产与经营性资产的资产收益率宽幅度

年份	农、林、牧、渔业	采掘业	制造业	电力、煤气及水的生产和供应业	建筑业	交通运输、仓储业	信息技术业	批发和零售贸易	社会服务业	传播与文化产业	综合类
2007	0.871	5.271	3.259	4.859	0.372	1.354	0.821	2.911	1.614	1.291	1.587
2008	1.685	5.262	3.333	5.366	0.862	1.023	2.290	2.937	0.605	16.072	6.512
2009	6.176	3.846	2.841	2.019	0.230	2.493	2.378	7.954	1.342	0.323	6.134
2010	0.396	7.190	3.212	2.454	1.145	3.178	1.715	3.684	1.161	0.469	3.417
2011	2.223	6.128	2.850	2.349	3.766	4.182	1.635	4.851	2.580	0.482	5.216
2012	2.644	6.396	2.606	3.682	3.592	3.140	2.140	5.393	1.943	0.696	2.362
2013	1.578	3.934	3.157	7.038	2.299	2.511	2.497	4.533	2.925	0.195	5.381
2014	8.449	5.870	4.231	5.998	0.445	7.141	3.420	7.023	1.592	0.695	2.774
2015	4.326	4.117	4.095	3.726	3.831	6.221	3.072	3.867	2.910	4.365	3.096
2016	2.931	4.558	3.331	7.039	11.997	4.108	2.734	3.614	2.060	2.286	1.402
2017	1.918	4.607	4.647	4.704	4.741	8.166	2.837	4.065	2.136	3.568	0.554
2018	11.565	5.686	4.631	4.941	2.826	4.480	2.633	4.909	4.734	2.339	2.237

注：数据为笔者计算所得，原始数据来源于 Wind 数据库。

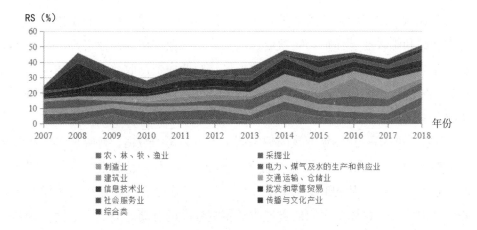

RS（%）

2007 2008 2009 2010 2011 2012 2013 2014 2015 2016 2017 2018　年份

■ 农、林、牧、渔业　　　　　　　　■ 采掘业
▨ 制造业　　　　　　　　　　　　　▨ 电力、煤气及水的生产和供应业
▨ 建筑业　　　　　　　　　　　　　▨ 交通运输、仓储业
■ 信息技术业　　　　　　　　　　　■ 批发和零售贸易
■ 社会服务业　　　　　　　　　　　■ 传播与文化产业
■ 综合类

图 3-8　2007—2018 年度我国 11 个非金融行业实体企业的金融性资产与

经营性资产的资产收益率宽幅度

注：数据为笔者计算所得，原始数据来源于 Wind 数据库。

第五节　虚拟经济行业与实体经济行业净资产间的资产收益率宽幅度

虚拟经济行业与实体经济行业净资产之间的资产收益率宽幅度的不断拉大，是我国近年来实体经济脱实向虚，实体经济与虚拟经济结构失衡的重要原因。

一、虚拟经济行业与实体经济行业净资产之间的资产收益率宽幅度的界定

虚拟经济行业与实体经济行业净资产之间资产收益率宽幅度的计算公式（3-7）：

$$RS = roe_{FE} - roe_{RE} \qquad (3-7)$$

其中，RS 代表虚拟经济行业与实体经济净资产收益率之间的资产收益率宽幅度，roe_{FE} 为虚拟经济行业净资产收益率，roe_{RE} 为实体经济行业净资产收益率。

二、虚拟经济行业与实体经济行业之间净资产收益率宽幅度的测度

通过测算虚拟经济行业与实体经济行业净资产之间的资产收益率宽幅度，观察其不同时期的总体趋势和变动，可以为进一步预警区间的分析提供基础。根据前文的分析，将房地产行业和金融保险业净资产收益率的均值作为虚拟经济行业净资产收益率的代理变量，分别将制造业作为实体经济核心层；农业、建筑业和除制造业以外的其他工业作为实体经济主体层；批发和零售业、交通运输仓储和邮政业、住宿和餐饮业，以及除金融业、房地产业以外的其他所有服务业为实体经济的整体层。利用虚拟经济行业净资产收益率与实体经济核心层、主体层、整体层的净资产收益率的差分别计算资产收益率宽幅度，得到资产收益率宽幅度RS0、RS1、RS2。

根据1993年—2018年度我国沪深两市上市公司的数据，计算所得资产收益率宽幅度。表3-9和图3-9报告了虚拟经济行业与实体经济行业净资产之间的资产收益率宽幅度。从图3-9可以看出虚拟经济行业净资产收益率与实体经济核心层、主体层、整体层之间的资产收益率宽幅度的变动趋势呈一致性，1993—1996年由于金融业快速发展和地产崩盘等因素影响，资产收益率宽幅度呈现出较大的波动性；1997—2007年虚拟经济行业净资产收益率与实体经济核心层、主体层、整体层之间的资产收益率宽幅度维持在一个较低的水平，1997—2007年RS0、RS1、RS2的均值分别为-0.250、-0.135、-0.066；随着房地产行业和金融行业的快速繁荣，2008—2016年虚拟经济行业净资产收益率与实体经济核心层、主体层、整体层之间的资产收益率宽幅度维持在较高水平，2008—2016年RS0、RS1、RS2的均值分别为2.283、2.335、2.317；2017年出现拐点明显回落，2018年的资产收益率宽幅度有了小幅度的回升。

表3-9　1993—2018年度我国虚拟经济行业与实体经济行业之间的净资产收益率宽幅度

年份	RS0	RS1	RS2
1993	−6.692	−6.692	−6.331
1994	0.739	0.629	0.744
1995	3.816	3.782	3.286
1996	1.738	1.712	1.344
1997	0.557	0.526	0.145
1998	−0.328	−0.365	−0.264
1999	−0.203	−0.161	−0.263
2000	0.546	0.611	0.656
2001	−0.140	0.035	−0.134
2002	−0.153	−0.033	0.130
2003	−0.731	−0.568	−0.210
2004	−1.253	−1.027	−0.733

（续表）

年份	RS0	RS1	RS2
2005	−0.376	−0.239	−0.046
2006	−0.721	−0.549	−0.474
2007	0.052	0.284	0.470
2008	2.719	2.816	2.783
2009	1.952	1.958	2.048
2010	2.579	2.685	2.790
2011	2.595	2.626	2.656
2012	2.572	2.605	2.321
2013	1.741	1.721	1.640
2014	1.813	1.852	1.753
2015	1.850	1.860	1.941
2016	2.730	2.803	2.918
2017	0.707	0.750	0.900
2018	0.994	1.035	1.201

注：数据为笔者计算所得，原始数据来源于 Wind 数据库。

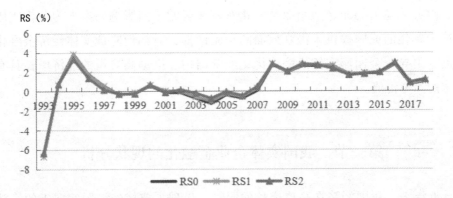

图 3-9 1993—2018 年度我国虚拟经济行业与实体经济行业之间的净资产收益率宽幅度

注：数据为笔者计算所得，原始数据来源于 Wind 数据库。

第四章 资产收益率宽幅度与
实体企业金融化的成因研究

近年来，我国实体经济脱实向虚趋势明显，金融化的程度不断加深，导致宏观经济运行波动、金融风险凸显。本章从会计收益的微观层面，研究投资性房地产收益率与非金融企业主营业务收益率之间所形成的资产收益率宽幅度对实体经济金融化的影响，重点分析资产收益率宽幅度的存在对不同规模、不同业绩、不同财务风险的非金融企业金融化的影响，并利用2007—2017年沪深两市上市公司的非金融企业数据进行了实证检验。研究结果表明：资产收益率宽幅度的不断扩大，诱使非金融企业金融化程度不断加深；分组检验结果显示，资产收益率宽幅度的不断拉大，对规模较大、业绩较好、财务风险高的非金融企业金融化有着显著的正向影响。本书为分析实体经济金融化的成因提供了微观层面的经验证据，对如何降低实体经济金融化程度，引导资金回流实体经济、优化经济结构、推动高质量的经济增长具有一定的参考价值。

第一节 我国实体企业金融化的现状分析

近年来，我国经济在高速增长的同时，出现了实体经济脱实向虚的经济现象，金融化程度不断加深，主要表现为实体经济金融化、空心化，引起宏观经济运行波动、金融风险凸显。为了"守住系统性金融风险的底线"，党的十九大报告提出"建设现代化经济体系，必须把发展经济的着力点放在实体经济上""增强金融机构服务实体经济的能力"，明确了我国经济持续健康发展的基本路径。实体企业金融化的主要表现为不断配置更多的金融性资产。实体业适度金融化，有利于促进实体经济的发展；非金融企业过度金融化，偏离其主营业务生产时，则导致实体经济脱实向虚，实体经济与虚拟经济经济结构失衡。那么，非金融企业为什么逐渐偏离其主营业务生产、配置更多的金融性资产，金融化程度不断加深？通过深入分析引起非金融企业金融化的成因，引导金融资源有效配置于实体经济，可以有效地促进实体经济健康、可持续发展。

关于"金融化"的界定，不同的学者从不同的视角进行了广泛的探讨。Arrighi（1994）定义广义金融化为非金融行业投资收益、公允价值变动损益、净汇兑收益及其他综合收益加总占总营业利润的比例；狭义金融化为剔除合营与联营企业的投资收益与其他综合收益。Krippner（2005）将金融化定义为"利润的获取主要通过金融渠道而不是贸易和商品生产"。Demir（2009）定义金融化为实体企业将资金配置于虚拟程度较高的金融性资产的行为。根据本书研究的目的，本章沿用Demir（2009），刘珺等（2014），谢家智等（2014），宋军、陆旸（2015），杜勇（2017）对实体经济金融化的定义，用非金融企业所配置的金融性资产占总资产的比例作为非金融企业金融化的代理变量（金融性资产包含交易性金融资产、衍生性金融资产、投资性房地产、发放贷款及垫款净额、可供出售金融资产净额和持有至到期投资净额）。金融性资产是指实体资产之外，主要是金融市场提供的票据、债券、股票、各类金融衍生产品合约或产品等（胡奕明等，2017），非金融企业所持有的投资性房地产具有金融性资产属性。根据我国企业会计准则第3号关于对投资性房地产的确认和计量，定义投资性房地产为赚取租金或资本增值，或两者兼有而持有的房地产。从企业持有投资性房地产的动机和投资性房地产的性质来看，投资性房地产都具有金融性资产属性。企业配置"投资性房地产"的根本动机是"投资"，这也说明了投资房地产的"类金融性"，是一种特殊的"金融性资产"（胡奕明等，2017）。黄群慧（2017）所构建的实体经济分层框架中，最广义的实体经济包含了除金融业、房地产业以外的其他所有服务业。成思危（2009）定义虚拟经济为包含金融市场、金融机构、投资性房地产等领域与实体经济相对应的经济活动模式，这同时也佐证了投资性房地产具有同金融性资产一样的典型的虚拟经济的性质。

资产收益率宽幅度是非金融企业金融化的根源。本书从会计收益的微观视角研究发现：中国经济在保持高速增长的过程中，出现了投资性房地产收益率与非金融企业主营业务收益率之间的宽幅逐渐拉大的资产收益率宽幅度现象。资本逐利与资产收益率宽幅度的叠加效应促使非金融企业配置更多的金融性资产。对非金融企业而言，通过配置投资性房地产等金融性资产，除了可以获得比主营业务更高的收益外，还具有以下好处：一是避免了历史成本计价带来的损失。低利率与流动性充裕的货币政策下，货币贬值，房地产价格不断上涨，房地产价格上涨的部分通常计为资本利得或公允价值变动损益，在利润表中列为收益。货币贬值影响会计的计量属性，历史成本计量模式在货币贬值、物价上涨时，以历史成本计价的资产会导致高估收益、低估资产价值，增加企业的税负，久而久之，企业陷入经营困难。公允价值模式反映当前价值，在可以获取房地产价格过快上涨带来的收益的同时还可以高估企业的资产价值。因此，货币贬值、房地产价格持续攀升的背景下，持有以公允价值计价的投资性房地产等金融性资产可以避免因持有货币性资产而遭受损失。二是采用公允价值计价的投资性房地产具有较强的变现能力。从企业的角度来看，投资性房地产大多采用公允价值计价，反映的是当前价值。从我国近年来房地产价格变化的趋势来看，投资性房地产不仅收益高，相比较其他固定资产而言还有着变现能力强的优点，当非金融企业面临着资金周转问题时，其所持有的投资性房地产等金融性资产可以解决燃眉之急。三是优化资产负债结构从而增强融资能力。举借债务形成的资产可以以公允价值计价，而负债总是以历史成本计价。以公允价值计价的资产价格不断上涨，与历史成本计价的负债相比较，公允价值计价能够显著改变资产负债结构，增强企业的融资能力。采用公允价值计价的资产价格的不断上涨，使企业的资产规模不断扩大，非金融企业以资产为抵押从银行等金融机构获取信贷资金的能力增强。负债规模不变的情况下，采用公允价值计量方式所确认企业资产总额不断增大，资产负债率便不断降低。当非金融企业从银行等金融机构获取信贷时，资产负债率是重要的考察指标，通常银行等金融机构不愿向资产负债率过高的企业放贷。资产负债率的降低，增强了企业从银行等金融机构获取信贷的能力，降低融资约束（Theurillat, et.al., 2010; Bhaduri, 2010; Aivazian, et.al., 2005; Bonfiglioli, 2008; Gehringer, 2013）。

　　然而，过度金融化使非金融企业自身和宏观经济都面临着更高风险。公允价值计价的顺周期效应在资产价格上涨时向市场报告资产价格总是上涨的乐观经济信息，推动资产价格进一步上涨；一旦房地产等金融性资产的价格大幅度下跌，公允价值计价的顺周期效应则向市场报告资产价格总是下跌的悲观经济信息，导致资产甩卖、资产泡沫破灭，使非金融企业自身面临较大的经济损失，还有可能进一步引发系统性金融风险。同时，非金融企业金融化本身对其主营业务生产具有抑制效应，降低了企业的创新及实物资本投资，违背了金融服务于实体经济发展初衷的同时也弱化了刺激经济增长的货币政策提振实体经济的效果（杜勇等，2017；胡奕明等，2017；张成思、张步昙，2016；孙晓华、李明珊，2016）。短期内投资金融性资产或许是符合企业追求利润最大化的短期目标，长期来看，非金融企业的竞争力及成长能力等都将受到影响。由于过多配置采用公允价值计价的金融性资产，增强了非金融企业的融资能力，当利用杠杆获取的收益远大于融资成本时，会刺激有风险偏好的企业过度利用杠杆进行融资。当资产价格下跌时，资产泡沫破灭，非金融企业、银行等金融机构都将面临较大的金融风险。非金融企业过度金融化，导致实体经济脱实向虚，虚拟经济炒作、对赌性经济活动明显，结果是实体经济与虚拟经济结构失衡，宏观经济运行风险加大。

　　自1998我国住房制度改革以来，房地产价格持续上涨成为我国金融市场的突出特点（陈创练、戴明晓，2018）。全国商品房平均销售价格由1999年的1857元/平方米上升到2017年的7614元/平方米，增长3.10倍，年均收益率约为8.33%；而我国一线城市的房地产价格上涨远远高于全国平均水平，按照北京和上海1999—2017年的房地产价格计算，年均收益率分别为12.38%和13.02%。[①]利用国泰安数据库所披露的沪深两市全部A股上市公司数据，计算2007—2017年非金融企业的主营业务的年均收益率约为3.60%[②]。计算由全国、2000—2017年北京和上海均房地产投资收益率与非金融企业的主营业务收益率之间所形成的资产收益率宽幅度分别为4.73%、8.78%和9.42%。2007—2017年[③]间，我国非金融上市公司年均配置的投资性房地产为1659.24亿元，金融性资产为5615.55亿元，投资性房地产占金融性资产的比例为29.55%；其中，北京、上海的非金融上市公司年均配置的投资性房地产（金融性资产）分别为444亿元（1320亿元）、327亿元（1310亿元），位列全国31省、自治区及直辖市第

---

① 数据来源：国家统计局；结果由笔者整理并计算所得。
② 主营业务收益率计算公式为：（营业利润-投资收益-公允价值变动收益+对外联营企业和合营企业的投资收益）/经营资产。
③ 由于2007年新会计准则开始单列投资性房地产科目，因此数据起始年份为2007年。

一、二位，投资性房地产占金融性资产的比例分别为33.59%和25.05%。2007—2018年每年平均约有175家非金融企业（剔除金融保险业和房地产业）不同程度的配置金融性资产，年均增长率约为12.60%；其中每年平均约有100家非金融企业涉足投资性房地产，年均增长率约为11.45%（见图4-1）。从涉足金融性资产和投资性房地产的非金融企业的占比，持有金融性资产的非金融企业家数相对非金融企业总数占比由2007年的60.17%上升到2018年的82.86%；持有投资性房地产的非金融企业占比由2007年的37.64%上升到48.54%。从非金融企业持有金融性资产和投资性房地产的数额来看，2007—2018年，我国非金融企业所持有的金融性资产由2007年的1921.78亿元增长至2018年的16689.91亿元，增长了8.68倍；所持有的投资性房地产由2007年的452.02亿元增长至2018年的5368.05亿元，增长了11.88倍，而这期间非金融企业的总资产仅仅增长了5.98倍。通过以上数据可以看出，2007—2018年更多的非金融企业配置了更多的投资性房地产等金融性资产，我国实体经济的金融化程度不断提高。收益引导着资本的流动，资产收益率宽幅度的不断扩大为资本的逐利性提供了可能。从会计收益的微观视角研究所发现的投资性房地产的高收益率与非金融企业主营业务的低收益率所形成的资产收益率宽幅度是否为我国非金融企业金融化的成因，进而导致了实体经济脱实向虚、实体经济空心化？

分析金融化的影响因素可以发现，企业的投资行为与收益率密切相关。决定非金融企业金融化程度高低的主要因素在于配置金融性资产能否获得更高的收益率。在配置金融性资产所获取的高预期回报的驱使下，使得非金融企业更倾向于配置短期金融性资产，而不是长期实物投资，这是目前世界上大多数国家普遍存在的工业停滞经济现象的核心解释（Sen & Dasgupta，2015）。彭俞超等（2018）研究认为我国企业金融化的主要动机是追逐利润，而非预防性储蓄，因此政策的不确定性对企业的金融化具有显著的抑制作用。宋军、陆旸（2015）对我国非金融上市公司进行研究后认为，业绩好和业绩差的企业都倾向于持有更多的金融性资产，从而使得企业所持有非货币性金融性资产和其经营收益率间出现U形关系；不同的是业绩好的企业表现为富余效应，而业绩较差的企业表现为替代效应。

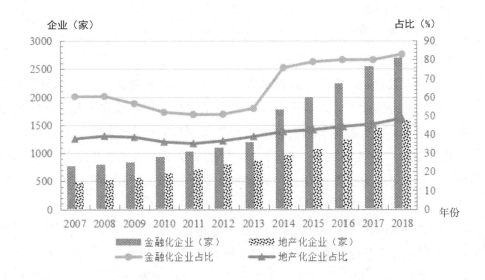

图4-1 2007—2018年中国金融化、地产化企业家数及占比（%）

注：金融化＝融资产／总资产；地产化＝投资性房地产／总资产；数据来源于国泰安数据库。

国内外对实体经济金融化的后果展开了广泛研究，主要分为宏观和微观两个层面。金融化的宏观影响主要是失业率、经济增长及金融危机等。Lazonick（2012）、González, et.al.（2014）研究认为金融化对宏观经济的负面影响主要体现为失业率的上升。Tori & Onaran（2017）研究认为随着金融化的程度不断加深，实体企业降低了实物资产投资的同时，导致了经济增长的停滞和脆弱性。Bhaduri（2010）认为资产价格的持续上涨同时影响着实体经济领域和金融领域，过度金融化有引发债务通缩的风险，进而引发金融危机。王宇伟等（2018）研究认为上市公司金融性资产配置负向影响杠杆率，其金融化行为主要表现为"盈余效应"或"盈余效应"与"替代效应"共存。非金融企业金融化的微观影响主要包含实体企业的投资效率、生产效率、创新能力等。张成思、张步昙（2016）构建了微观企业的投资决策模型，解释了我国近年来量化宽松的货币政策为什么没有有效刺激实体经济的发展，研究结论认为金融化影响了企业的投资决策、降低了企业的实业投资效率。Orhangazi（2008）以美国非金融企业为样本，研究发现金融化对实业投资率的负向影响主要体现为金融化对实业投资的抑制效应，即投资金融性资产的高收益，诱使企业改变实业投资在投资中的优先顺序。Demir

（2009）、Tori & Onaran（2017）分别对阿根廷、墨西哥、土耳其、英国、欧盟为样本进行研究后也支持这一结论。由于金融性资产流动性较强，所以非金融企业通过金融化可以补充在进行实物资本投资时所需的资金。非金融企业通过配置金融性资产，以此获取金融性资产的高收益，这在短期有助于提升企业的经营业绩，改善企业的资产负债结构，但从长期来看，非金融企业金融化套利动机会显著抑制企业进行技术创新的动力（谢家智等，2014；杜勇等，2017；王红建等，2016），抑制非金融企业的主营业务的生产效率。非金融企业过度金融化后，便会利用新的借款来偿还其他债务，由此便产生了本质上是不稳定的明斯基式的庞氏金融模式。

本书根据已有文献对金融化的经济后果进行了广泛的研究，其研究成果对如何抑制过度金融化、推动高质量经济增长提供建设性意见。然而，在中国经济高速增长的过程中，非金融企业为什么选择金融化或者说非金融企业金融化的成因是什么？本书以2007—2017年中国沪深两市A股上市公司的非金融企业为样本，研究发现：投资性房地产收益率和非金融企业主营业务收益率所形成的资产收益率宽幅度与非金融企业的金融化之间存在着显著的正相关关系，资产收益率宽幅度越大，非金融企业的金融化程度越高。

在以往研究的基础上，本书从会计收益的微观视角出发，研究低利率与流动性充裕的货币政策，发现货币贬值、资产价格上涨影响了不同资产之间的收益率，收益率的高低是资本流动的核心动力。当一种资产收益率持续走高，而另一种资产收益率走低时，社会资本流向高收益性资产，从而提出了资产收益率宽幅度的基本概念。运用投资性房地产的高收益率与非金融企业主营业务收益率之间形成了资产收益率宽幅度，探讨资产收益率宽幅度与非金融企业金融化之间的内在逻辑关系和传导机制，解读资产收益率宽幅度对不同规模、不同业绩、不同财务风险的非金融企业金融化的影响程度。资产收益率宽幅度为非金融企业选择高收益率的金融性资产创造了空间和机会。从微观收益层面探讨实体经济脱实向虚、金融化程度不断加深的成因，为推动稳增长、调结构、防风险，促进宏观经济平稳健康发展提供新思路。

第二节　资产收益率宽幅度与实体企业金融化的研究假设

投资性房地产与非金融企业主营业务之间的资产收益率宽幅度持续拉大的经济现象，改变了非金融企业的投资行为。伴随着我国房地产价格不断上涨的是非金融企业的主营业务生产的难以为继，当投资或炒作房地产投资收益率远远高于非金融企业主营业务生产带来的收益率时，便诱导非金融企业纷纷涉足投资性房地产等金融性资产。由于"抑制效应"，非金融企业降低研发投入及实物等投资，逐渐偏离主营业务生产（杜勇等，2017）。以投资性房地产为代表的金融性资产的高收益率对社会资本有虹吸效应，导致实体经济脱实向虚，实体经济空心化。

利用非金融企业的跨期（Intertemporal）投资行为，可以为分析资产收益率宽幅度与非金融企业金融化之间的关系提供理论根据。根据Penman & Nissim（2001）的财务分析框架，将非金融企业的资产分为金融性资产（Financial Asset）和经营性资产（Operating Asset）。运用Markowitz（1952）所提出资产选择组合理论构建模型可以分析非金融企业在配置金融性资产和经营性资产的投资选择。构建模型后，通过将收益函数参数化，利用对非金融企业的风险厌恶程度对其投资行为进行估计，进而揭示非金融企业在配置不同资产的最优投资组合中，在什么情况下会运用资本更多的配置金融性资产。公式（4-1）描述了非金融企业配置金融性资产和经营性资产投资组合的收益：

$$\widetilde{W}_i = x_i \tilde{r}_{FA} + (1 - x_i) r_{OA} = r_{OA} + x_i(\tilde{r}_{FA} - r_{OA}) \tag{4-1}$$

其中，x_i以表示非金融企业将资产i配置金融性资产（Financial Asset）的比例；$\tilde{r}_{FA}$表示非金融企业配置金融性资产所获得的收益率，$\tilde{r}_{OA}$为配置经营性资产所获得的收益率，$\widetilde{W}_i$则为非金融企业的总收益，非金融企业在进行资产配置时选择最优组合策略的目标是使得收益函数$max_{x_i} E(\widetilde{W}_i)$期望值最大，即（4-2（4-3））

$$max_{x_i} E(\widetilde{W}_i) = max_{x_i} E[x_i \tilde{r}_{FA} + (1 - x_i) r_{OA}] = max_{x_i} E[r_{OA} + x_i(\tilde{r}_{FA} - r_{OA})] \tag{4-2}$$

利用泰勒公式展开：

$$E[U_i(\widetilde{W}_i) \approx U_i\left(W_{i0}(1 + r_{FA})\right) + U_i^{'}(W_0(1 + r_{OA})) x_i E(\tilde{r}_{FA} - r_{OA}) +$$

$$\frac{1}{2} U_i^{''}(W_0(1 + r_{OA})) x_i^2 E[(\tilde{r}_{FA} + r_{OA})^2] \tag{4-3}$$

由一阶条件可以得到非金融企业收益最大化的最优的资产配置投资组合为（4-4）：

$$x_i = -U_i'\left(W_{i0}(1+r_{OA})\right)E(\tilde{r}_{FA}-r_{OA})\Big/U_i''\left(W_{i0}(1+r_{OA})\right)E(\tilde{r}_{FA}-r_{OA})^2$$

$$= E(\tilde{r}_{FA}-r_{OA})\Big/ARA_i\sigma_{FA}^2 \qquad\qquad (4-4)$$

其中，$ARA_i = -U''\left(W_{i0}(1+r_{OA})\big/U_i'(W_{i0}(1+r_{OA}))\right)$代表非金融企业对风险的厌恶程度（Absolute Risk Aversion），$\delta_{FA}^2 \equiv E[(\tilde{r}_{FA}-r_{OA})^2]$可以用来衡量配置金融性资产的风险。

由此可见，理性的非金融企业对配置不同资产的选择依赖于资产的收益及风险。当$x \geq 1.0$时，即（4-5）

$$E(\tilde{r}_{FA}-r_{OA}) \geq ARA_i \cdot \delta_{FA}^2 \qquad\qquad (4-5)$$

时非金融企业将会把所有资本配置于金融性资产，此时非金融企业的金融化程度达到极值。

根据对非金融企业收益最大化的分析，当金融性资产中的投资性房地产的收益率远高于非金融企业经营性资产所带来的收益率（主营业务收益率）时，便会诱导非金融企业纷纷配置投资性房地产，在催生房地产泡沫的同时还会导致以金融性资产占总资产比例来衡量的非金融企业金融化程度不断加深。综上，本书预期资产收益率宽幅度与非金融企业金融化之间呈显著的正相关关系，资产收益率宽幅度越大，非金融企业金融化程度越高。

第三节　资产收益率宽幅度与实体企业金融化的实证分析

本章在提出的资产收益率宽幅度与实体企业金融化的研究假设的基础上，利用Heckman两阶段选择模型对资产收益率宽幅度与实体企业金融化进行实证分析，并通过对关键变量重新度量和Panel Koyck模型进行稳健性检验。

一、研究设计

（一）样本选取和数据来源

本章选取2007—2017年中国沪深两市A股上市公司的年度数据作为研究样本（样本数据来源于国泰安数据库），并对原始样本做如下数据处理：①剔除ST类上市公司；②按照证监会2001版行业分类剔除金融、保险业和房地产业的上市公司；③剔除2007—2017年退市的上市公司；④剔除相关数据缺失的样本，最终得到2746个公司的20595个观测值构成非平衡面板数据。2007—2017年，我国31个省、自治区及直辖市的住宅商品房平均销售价格的宏观数据来源于Wind数据库。为了克服极端值的影响，本章对回归模型中所涉及的连续变量进行了1%和99%的缩尾处理。

（二）模型及变量

观察研究样本可以发现：2746个公司的20595个观测值中，从未配置金融性资产、金融化程度为0的非金融股企业有328家、共1353个观测值。本书利用Heckman（1976）所提出的两阶段选择模型克服非金融企业是否配置金融性资产进行金融化的样本选择性问题。资产收益率宽幅度对非金融企业配置金融性资产的投资影响可分为两个阶段：第一阶段是非金融企业资产配置投资决策的Probit模型；第二阶段是非金融企业金融化模型。Heckman第一阶段的非金融企业资产配置投资模型为（4-6）（4-7）：

$$Probit_{it}(findum_{it}=1)=\emptyset(\alpha_0+\alpha_1 RS_{it}+\alpha_2 SIZE_{it}+\alpha_3 ROA_{it}+\alpha_4 AS_{it}+\alpha_5 GROWTH_{it}+$$

$$\alpha_6 EP_{it}+\alpha_7 DPA_{it}+\alpha_8 EM_{it}+Year_t+\mu_{it}) \qquad (4-6)$$

Heckman第二阶段是非金融企业金融化模型为：

$$FIN_{it}=\beta_0+\beta_1 RS_{it}+\beta_2\times X+\beta_3 SIZE_{it}+\beta_4 ROA_{it}+\beta_5 AS_{it}+\beta_6 GROWTH_{it}+$$

$$\beta_7 EP_{it}+\beta_8 DPA_{it}+\beta_9 EM_{it}+Year_t+\mu_{it} \qquad (4-7)$$

公式（4-6）中，$findum_{it}$为被解释变量，表示非金融企业是否选择配置金融性资产进行金融化的虚拟变量{0,1}，若非金融企业2007—2017年从未配置金融性资产，则取值为0，否则取值为1。公式（4-7）中，被解释变量FIN是非金融企业金融化程度。关于金融化，不同的学者从不同的角度进行了界定。本章沿用Demir（2009），刘珺（2014），谢家智等（2014），宋军、陆旸（2015），杜勇（2017）对实体经济金融化的定义，用非金融企业所配置的金融性资产占总资产的比例表示非金融企业金融化程度代理变量。非金融企业金融化变量（FIN）具体计算公式为：

FIN=（交易性金融资产＋衍生性金融资产＋发放贷款及垫款净额＋可供出售金融资产净额＋持有至到期投资净额＋投资性房地产净额）/总资产

RS是主要的解释变量资产收益率宽幅度。本书所研究的资产收益率宽幅度是指房地产投资收益率与非金融企业主营业务收益率的差。前文所述投资性房地产为赚取租金或资本增值，或两者兼有而持有的房地产，无论房地产升值或是赚取租金都能给企业带来很大的经济利益流入。本书主要探讨由于房地产升值给企业带来的投资收益，由全国31省、自治区及直辖市住宅商品房销售价格的年度变化所计算的收益率作为房地产投资收益率HRR（House Return Rate）的替代变量，资产收益率宽幅度的具体计算见公式（4-8）：

$$RS_{it} = HRR_{nt} - PORR_{it} \qquad (4-8)$$

其中，RS为资产收益率宽幅度，HRR为各省、自治区及直辖市房地产投资收益率，$n=1,2,3,\cdots\cdots31$，$PORR_{it}$为非金融企业主营业务收益率。以往研究（Jian & Wong，2010；杜勇等，2017；胡聪慧等，2015）中计算主营业务收益率时，多是采用公式（4-9）计算：

$$PORR = POR / Asset \qquad (4-9)$$

其中，PORR（Prime operating Return Rate）为主营业务收益率，POR（Prime operating Revenue）为主营业务收入，Asset为总资产。利用Penman & Nissim（2001）的财务分析框架，将实体经济的资产分为配置金融性资产（Financial Asset）和经营性资产（Operating Asset），那么在计算非金融企业的主营业务收益率时，分母采用经营性资产（Operating Asset）则更为准确，因此本章中的主营业务收益率的计算公式为（4-10）：

$$PORR = POR / OA，其中 OA = Asset - FA \qquad (4-10)$$

公式（4-10）中，FA（Financial Asset）为金融性资产，OA（Operating Asset）为经营性资产的替代变量，用总资产和金融性资产的差计算。主营业务收入（POR）参考Jian & Wong（2010）、杜勇等（2017）、胡聪慧等（2015）的研究成果选取了两个替代变量：

$$POR1 = OP - IR - FVR + JVIR \qquad (4-11)$$

$$POR2 = TP - IR - FVR + JVIR \qquad (4-12)$$

其中，OP是营业利润，TP是利润总额，IR是投资收益，FVR是公允价值变动收益，JVIR是对联营企业和合营企业的投资收益。综上所述，最终获得资产收益率宽幅度的两个替代变量的具体计算公式（4-13）（4-14）：

$$RS1 = HRR - (OP - IR - FVR + JVIR) / OA \qquad (4-13)$$

$$RS2 = HRR - (TP - IR - FVR + JVIR) / OA \qquad (4-14)$$

控制变量的选择重点考虑不同非金融企业的个体差异会对其金融化程度产生差异性影响。SIZE、ROA、AS、GROWTH、EP、DPA、EM分别是企业规模、企业业绩、资产结构、成长能力、偿债能力、盈利能力和财务杠杆对金融化的影响，分别选取了企业总资产的自然对数值作为企业规模（$SIZE$）的替代变量，总资产收益率作为企业业绩（ROA）的替代变量，流动资产比率作为资产结构（AS）的控制变量，营业收入增长率作为企业成长能力（$GROWTH$）的替代变量，营业毛利率作为盈利能力（DPA）的替代变量，流动比率作为偿债能力（DPA）的替代变量，权益乘数作为企业财务杠杆（EM）的替代变量。最后，$Year_t$为时间效应的年份控制变量，μ_{it}为随机扰动项。模型（4-7）中的X变量代表了3个不同的具体变量：企业规模哑变量（$SIZE$）、企业业绩哑变量（ROA）、企业财务风险哑变量（ALR），在分组回归中加入模型，以考察资产收益率宽幅度对不同规模、不同业绩、不同财务风险的非金融企业的金融化的影响。表4-1报告了各变量的定义和计算。

表4-1　变量定义与计算

变量名称	变量简称	计算方法
金融化（%）	FIN	（交易性金融资产＋衍生性金融资产＋发放贷款及垫款净额＋可供出售金融资产净额＋持有至到期投资净额＋投资性房地产净额）/ 总资产
资产收益率宽幅度	RS	房地产投资收益率-企业主营收益率
非金融企业主营业务收益率1	PORR1	营业利润-投资收益-公允价值变动收益＋对联营企业和合营企业的投资收益
非金融企业主营业务收益率2	PORR2	利润总额-投资收益-公允价值变动收益＋对联营企业和合营企业的投资收益
企业成长能力	GROWTH	当期营业收入 / 上期营业收入－1
偿债能力	DPA	流动比率
盈利能力	EP	营业毛利率
资产结构	AS	流动资产比率
企业规模	SIZE	企业总资产的自然对数值

（续表）

变量名称	变量简称	计算方法
企业财务杠杆	EM	权益乘数
年份控制变量	year	年份虚拟变量
企业业绩	ROA	企业总产收益率
企业财务风险	ALR	负债总额/资产总额

二、实证结果

（一）描述性统计分析

表4-2、表4-3和表4-4分别报告了全样本描述性统计分析结果、金融化样本描述性统计分析结果及金融化样本和非金融化样本的比较描述性统计分析结果。变量的描述性统计结果显示，全样本及剔除了未配置金融性资产样本的非金融企业金融化程度指标FIN的均值和中位数分别为3.02%（3.24%）[1]和0.36%（0.51%），FIN的最大值达到了89.76%（89.76%），表明部分非金融企业所持有的金融性资产接近90%，金融化程度很高。资产收益率宽幅度指标RS1的均值和中位数分别为6.36%（6.41%）和4.82%（4.90%）；RS2的均值和中位数分别为4.69%（4.75%）和3.37%（3.53%）。整体来看，房地产投资收益率和非金融企业的主营业务收益率之间存在着正的宽幅，其余控制变量的结果不再具体说明。

表4-2　主要变量描述性统计分析（全样本）

变量	均值	中值	标准差	最小值	最大值	样本量
FIN	3.024	0.363	7.037	0	89.76	20595
RS1	6.355	4.824	9.280	−40.50	61.86	20595
RS2	4.694	3.371	10.91	−50.08	60.39	20595
SIZE	21.93	21.78	1.260	19.24	25.83	20595
ROA	0.0390	0.0360	0.0550	−0.189	0.199	20595
AS	0.546	0.559	0.205	0.0860	0.942	20595
GROWTH	3.825	3.185	31.77	−143.3	175.8	20595
EP	0.268	0.233	0.172	−0.0260	0.812	20595
DPA	2.299	1.495	2.557	0.226	16.89	20595
EM	2.156	1.758	1.288	1.017	9.095	20595

---

[1] 括号内为剔除了未配置金融性资产的企业样本后的检验结果，本段内下同。

表4-3　主要变量描述性统计分析（金融化样本）

变量	均值	中值	标准差	最小值	最大值	样本量
FIN	3.237	0.511	7.233	0	89.76	19242
RS1	6.409	4.904	9.347	−40.50	61.86	19242
RS2	4.745	3.531	10.94	−50.08	60.39	19242
SIZE	21.98	21.83	1.271	19.24	25.83	19242
ROA	0.0390	0.0350	0.0550	−0.189	0.199	19242
AS	0.543	0.555	0.206	0.0860	0.942	19242
GROWTH	3.802	3.176	31.82	−143.3	175.8	19242
EP	0.266	0.229	0.173	−0.0260	0.812	19242
DPA	2.240	1.466	2.497	0.226	16.89	19242
EM	2.187	1.783	1.312	1.017	9.095	19242

表4-4　金融化和非金融化样本比较描述性统计分析

Summary	statistics	mean								
by	categories	of	financial							
financial	FIN	RS1	RS2	SIZE	ROA	AS	GROWTH	EP	DPA	EM	ALR
0	0	5.585	3.961	21.24	0.0419	0.584	4.163	0.296	3.147	1.717	0.347
1	3.237	6.409	4.745	21.98	0.0386	0.543	3.802	0.266	2.240	2.187	0.448
Total	3.024	6.355	4.694	21.93	0.0388	0.546	3.825	0.268	2.299	2.156	0.442

表4-5和表4-6报告了全样本及金融化样本主要变量的相关系数矩阵。FIN和RS1、RS2之间的相关系数分别为0.035（0.033）和0.042（0.042），均通过了1%水平的统计检验，初步支持了本书的假设。比较未金融化的企业和金融化的企业可以发现，金融化的企业的资产收益率宽幅度、企业规模、权益乘数和资产负债率等指标的均值均高于非金融化的企业；资本结构、成长能力、偿债能力、盈利能力的均值均低于非金融化企业。

表4-5　主要变量相关性分析（全样本）

	FIN	RS1	RS2
FIN	1.0000	0.035***	0.042***
RS1	0.035***	1.0000	
RS2	0.042***		1.0000

注：*、**、*** 分别代表在10%、5%和1%的水平上显著。

表4-6　主要变量相关性分析（金融化样本）

	FIN	RS1	RS2
FIN	1.0000	0.0345***	0.0420***
RS1	0.033***	1.0000	
RS2	0.042***		1.0000

注：*、**、***分别代表在10%、5%和1%的水平上显著。

（二）面板单位根、面板协整及Granger因果关系检验

在对公式（4-6）和公式（4-7）进行估计前，为了防止出现伪回归现象，首先要对模型中的各变量的稳定性进行检验，本书分别利用Levin（2002）提出的LLC检验进行同质单位根检验，利用Fisher（1932）所提出的Fisher-ADF检验和Fisher-PP检验进行异质单位根检验。表4-7报告了面板单位根检验结果。在1%的置信水平上，对变量FIN和RS1、RS2的LLC检验进行同质单位根检验拒绝了原假设，说明各截面单元不存在相同的单位根。Fisher-ADF检验、Fisher-PP检验的异质单位根检验同样拒绝了原假设，表明变量FIN和RS1、RS2的各截面单元序列中不存在不同的单位根，均为平稳序列。

表4-7　面板单位根检验：含有截距项（全样本）

变量	检验方法	截面个数	统计值	稳定性
FIN	Levin, Lin & Chu t*	1955	−416.740***	平稳
	Im, Pesaran and Shin W-stat	1920	−23.2960***	平稳
	Fisher-ADF	1955	4761.74***	平稳
	Fisher-PP	1953	5312.51***	平稳
RS1	Levin, Lin & Chu t*	2164	−110.777***	平稳
	Im, Pesaran and Shin W-stat	2119	−54.9823***	平稳
	Fisher-ADF	2164	11330.9***	平稳
	Fisher-PP	2164	13259.5***	平稳
RS2	Levin, Lin & Chu t*	2164	−100.134***	平稳
	Im, Pesaran and Shin W-stat	2119	−47.8381***	平稳
	Fisher-ADF	2164	10296.2***	平稳
	Fisher-PP	2164	12003.3***	平稳

注：*、**、***分别代表在10%、5%和1%的水平上显著。

表4-8　面板单位根检验：含有截距项（金融化样本）

变量	检验方法	截面个数	统计值	稳定性
FIN	Levin, Lin & Chu t*	1955	−416.740***	平稳
	Im, Pesaran and Shin W-stat	1920	−23.2960***	平稳
	Fisher-ADF	1955	4761.74***	平稳
	Fisher-PP	1953	5312.51***	平稳
RS1	Levin, Lin & Chu t*	2029	−108.406***	平稳
	Im, Pesaran and Shin W-stat	1988	−54.1553***	平稳
	Fisher-ADF	2029	10726.6***	平稳
	Fisher-PP	2029	12484.6***	平稳
RS2	Levin, Lin & Chu t*	2164	−97.8371***	平稳
	Im, Pesaran and Shin W-stat	2119	−47.1535***	平稳
	Fisher-ADF	2164	9749.16***	平稳
	Fisher-PP	2164	11313.0***	平稳

注：*、**、*** 分别代表在 10%、5% 和 1% 的水平上显著。

根据面板单位根的结果，FIN和RS1、RS2均为平稳序列的基础上进行面板协整检验。本书分别采用Kao（1999）所提出的Kao检验和Fisher面板协整检验获取面板数据的检验统计量。表4-9、表4-10、表4-11、表4-12报告了面板协整检验结果。资产收益率宽幅度与非金融企业金融化之间的Kao检验和Fisher面板协整检验的所有统计量均通过了显著性检验。因此，变量FIN和RS1、RS2存在（1，1）阶协整，说明两个变量的面板数据之间存在长期的协整关系。

表4-9　Kao检验结果（全样本）

检验方法	检验假设	统计量名	变量	统计量（ρ值）
Kao检验	H_0: 不存在协整关系	ADF	FIN RS1	16.75118（0.0000）***
			FIN RS2	16.59740（0.0000）***

注：*、**、*** 分别代表在 10%、5% 和 1% 的水平上显著。

表4-10　Fisher面板协整检验（全样本）

原假设	变量	Fisher联合迹统计量（ρ值）	Fisher联合λ-max统计量（ρ值）
0个协整向量	FIN RS1	5871.（0.0000）***	5458.（0.0000）***
至少1个协整向量		2645.（0.0009）***	2645.（0.0009）***
	FIN RS2	5807.（0.0000）***	5356.（0.0000）***
		2736.（0.0000）***	2736.（0.0000）***

注：*、**、*** 分别代表在 10%、5% 和 1% 的水平上显著。

表4-11　Kao检验结果（金融化样本）

检验方法	检验假设	统计量名	变量	统计量（ρ值）
Kao检验	H_0：不存在协整关系	ADF	FIN RS1	16.75118（0.0000）***
			FIN RS2	13.27731（0.0000）***

注：*、**、***分别代表在10%、5%和1%的水平上显著。

表4-12　Fisher面板协整检验（金融化样本）

原假设	变量	Fisher联合迹统计量（ρ值）	Fisher联合$\lambda\text{-}max$统计量（ρ值）
0个协整向量	FIN RS1	5904.（0.0000）***	5483.（0.0000）***
		2670.（0.0003）***	2670.（0.0003）***
至少1个协整向量	FIN RS2	5807.（0.0000）***	5356.（0.0000）***
		2736.（0.0000）***	2736.（0.0000）***

注：*、**、***分别代表在10%、5%和1%的水平上显著。

表4-13和表4-14报告了全样本和金融化样本Granger因果关系检验的结果。Granger因果关系检验均显著地拒绝了资产收益率宽幅度RS1和RS2不是非金融企业金融化的Granger原因的原假设。因此，资产收益率宽幅度RS1和RS2均是非金融企业金融化FIN的Granger原因。

表4-13　Granger因果关系检验（全样本）

原假设	F统计量（ρ值）	样本量
RS1不是FIN的 Granger原因	26.5471（0.0000）***	14571
RS2不是FIN的 Granger原因	26.1544（0.0000）***	

注：*、**、***分别代表在10%、5%和1%的水平上显著。

表4-14　Granger因果关系检验（金融化样本）

原假设	F统计量（ρ值）
RS1 不是FIN的 Granger原因	26.3617（0.0000）***
RS2 不是FIN的 Granger原因	26.7536（0.0000）***

注：*、**、***分别代表在10%、5%和1%的水平上显著。

（三）分组描述

按照非金融企业的金融化程度的高低、企业规模的大小、企业业绩好坏及财务风险的大小分别进行分组差异检验。

1.按金融化程度高低分组差异检验

按照2007—2017年每个企业的金融化程度FIN的均值排序，将位于3/4分为以上的样本作为金融化程度较高的组FIN（H）组，将未配置金融性资产的样本设为FIN（L）组，剩余的样本设为FIN（M）组。表4-15报告了均值差异检验和中位数差异检验。均值差异检验和中位数差异检验结果均显示FIN（L）、FIN2（M）和FIN（H）组变量RS1和RS2的值不断变大，其中均值差异性均显著且分别通过了5%和1%显著水平的检验；中位数差异性显示FIN（L）组与FIN（H）组的变量RS1和RS2均值差异性显著且通过了10%显著水平的检验，FIN（L）组与FIN（M）组及FIN（L）组与FIN（H）组的变量RS1、RS2差异性显著且通过了10%水平的统计性检验，FIN（M）组与FIN（H）组中的变量RS1、RS2的差异性检验均不显著，以上结果基本支持了本章的研究假设。

表4-15　按金融化程度分组差异检验

检验	变量	FIN（L）	FIN（M）	FIN（H）
均值差异检验	RS1	5.585	6.277	6.771
		(L)-(M)：MeanDiff= −0.692***		
		(L)-(H)：MeanDiff= −1.186***		
		(M)-(H)：MeanDiff= −0.494***		
	RS2	3.960	4.598	5.148
		(L)-(M)：MeanDiff= −0.638**		
		(L)-(H)：MeanDiff= −1.187***		
		(M)-(H)：MeanDiff= −0.550***		
中位数差异检验	RS1	4.201	4.824	5.073
		(L)-(M)：MedianDiff =−0.623，chi=4.003**		
		(L)-(H)：MedianDiff =−0.872，chi=5.642**		
		(M)-(H)：MedianDiff =− 2.249，chi=2.003		
	RS2	3.180	3.371	3.714
		(L)-(M)：MedianDiff =−0.191，chi=3.240*		
		(L)-(H)：MedianDiff = −0.534，chi= 5.169**		
		(M)-(H)：MedianDiff =−0.343，chi= 0.912		

注：*、**、***分别代表在10%、5%和1%的水平上显著。

2.按企业规模分组差异检验

计算2007—2017年每家非金融企业的总资产的平均值，然后按照均值大小排序，将较低的50%样本划分为规模小的组SZIE（S），将较高的50%样本划分为规模大的组SZIE（B），表4-16分别报告了全样本及剔除非金融化企业后样本的均值差异检验和中位数差异检验的结果。全样本检验结果显示SZIE（S）和SIZE（B）组中资产收益率宽幅度变量RS1和RS2的均值和中位数随着企业规模的扩大而升高，且均通过了1%和5%水平的统计检验，变量RS1和RS2的SZIE（S）组比SIZE（B）组的均值（中位数）分别低0.551（0.293）和0.537（0.559）；金融化变量FIN的SZIE（S）组比SIZE（B）组的均值高0.004，中位数低0.275，均值组间差异未通过统计检验，中位数差异检验通过了1%水平的显著性检验。剔除了非金融化的样本后检验结果显示SZIE（S）和SIZE（B）组中资产收益率宽幅度变量RS1和RS2的均值和中位数随着企业规模的扩大而升高，且均通过了1%水平的统计检验，变量RS1和RS2的SZIE（S）组比SZIE（B）组的均值（中位数）分别低0.577（0.422）和0.608（0.601）；金融化变量FIN的SIZE（S）组比SIZE（B）组的均值高0.188，中位数低0.116，分别通过了10%和1%水平的显著性检验。均值和中位数差异检验结果初步证明了按企业规模大小进行分组，规模越大的企业，资产收益率宽幅度越大，但是资产收益率宽幅度对金融化的影响还需要加入控制变量进行多元回归；分全样本和剔除非金融化后样本检验结果显示，剔除了非金融化样本后的检验结果更为显著。

表4-16　企业规模（SIZE）下的组间差异检验

检验	变量	SIZE（S）	SZIE（B）
均值差异检验	FIN	3.026(3.331)	3.022(3.143)
		MeanDiff＝ 0.004(0.188*)	
	RS1	6.079(6.121)	6.630(6.697)
		MeanDiff＝ −0.551*** (−0.577***)	
	RS2	4.425(4.441)	4.962(5.049)
		MeanDiff＝ −0.537*** (−0.608***)	
中位数差异检验	FIN	0.225(0.446)	0.561(0.562)
		(L)−(H)：diff＝−0.336(−0.116)，Chi2＝ 114.408*** (11.093***)	
	RS1	4.651 (4.651)	4.944(5.073)
		(L)−(H)：diff＝−0.293(−0.422)，Chi2＝ 5.846**(6.661***)	
	RS2	3.180(3.180)	3.739(3.781)
		(L)−(H)：diff＝−0.559(−0.601)，Chi2＝ 16.731***(16.885***)	

注：（ ）内为剔除未金融化样本后检验结果；*、**、*** 分别代表在10%、5%和1%的水平上显著。

3.按企业业绩分组差异检验

计算每家非金融企业的总资产收益率ROA的2007—2017年的平均值，然后按照均值大小排序，将较低的50%样本划分为业绩差的组ROA（L），将较低的50%样本划分为业绩好的组ROA（H），表4-17报告了按业绩高低分组的均值差异检验和中位数差异检验结果。全样本检验结果显示ROA（L）和ROA（H）组中变量FIN、RS1和RS2的均值不断变小，其中变量FIN的ROA（H）比ROA（L）的均值低0.092，未通过统计检验；变量RS1和RS2的ROA（H）比ROA（L）的均值分别低0.918和0.779，且通过了1%水平的统计检验。中位数差异检验结果显示，变量FIN的ROA（H）比ROA（L）的中位数高0.055，通过了10%水平的统计检验；变量RS1和RS2的ROA（H）比ROA（L）分别低1.023和1.697，且均通过了1%水平的统计检验。剔除非金融化后样本检验结果显示ROA（L）和ROA（H）组中变量FIN、RS1和RS2的均值不断变小，其中变量FIN的ROA（H）比ROA（L）的均值低0.006，未通过统计检验；变量RS1和RS2的ROA（H）比ROA（L）的均值分别低0.856和0.756，且通过了1%水平的统计检验；中位数差异检验结果显示，变量FIN的ROA（H）比ROA（L）的中位数高0.121，变量RS1和RS2的ROA（H）比ROA（L）分别低1.096和1.854，且均通过了1%水平的统计检验。按业绩进行分组，资产收益率宽幅度变量RS1和RS2的差异显著，业绩越差的企业，资产收益率宽幅度越大，但是金融化变量FIN的差异不显著，资产收益率宽幅度对金融化的具体影响还需要加入控制变量进行多元回归。

表4-17　企业业绩（ROA）下的组间差异检验

检验	变量	ROA（L）	ROA（H）
均值差异检验	FIN	3.070(3.240)	2.978 (3.234)
		MeanDiff=0.092 (0.006)	
	RS1	6.814(6.837)	5.896(5.981)
		MeanDiff= 0.918*** (0.856***)	
	RS2	5.083(5.123)	4.304(4.367)
		MeanDiff= 0.779***(0.756***)	
中位数差异检验	FIN	0.339(0.455)	0.394(0.576)
		(L)-(H)：diff=-0.055(-0.121)，Chi2= 3.359* (12.682***)	
	RS1	5.462(5.535)	4.439(4.439)
		(L)-(H)：diff=1.023(1.096)，Chi2= 53.024***(40.063***)	
	RS2	4.138(4.138)	2.441(2.874)
		(L)-(H)：diff=1.697(1.854)，Chi2= 57.583***(48.095***)	

注：（ ）内为剔除未金融化样本后检验结果；*、**、*** 分别代表在10%、5%和1%的水平上显著。

4.按企业财务风险分组差异检验

选取企业的资产负债率ALR作为企业财务风险的替代变量。资产负债率是评价企业长期偿债能力和财务风险大小的重要指标（黄少卿、陈彦，2017）。关于资产负债率国际警戒线的认定标准是70%（王万珺、刘小玄，2018），企业的资产负债率高于70%时，意味着企业将面临较高的财务风险。计算2007—2017年每家非金融企业的资产负债率的平均值，然后按照均值大小排序。观察排序后结果可以发现，将样本分为10组，其中财务风险较低的组的资产负债率基本低于20%，较高的组的资产负债率基本高于70%的警戒线。因此，将较低的1/10样本划分为财务风险低的组ALR（L），将较高的1/3样本划分为财务风险高的组ALR（H）。表4-18报告了全样本和剔除非金融化样本按企业财务风险高低分组的均值差异检验和中位数差异检验结果。全样本的均值和中位数差异检验结果均显示资产收益率宽幅度变量RS1、RS2的ALR（L）组低于ALR（H），均值（中位数）分别低2.186（3.063）和2.216（2.632），且均通过了1%水平的统计检验；变量FIN的均值ALR（L）组比ALR（H）组高0.037，未通过统计检验，中位数低0.333且通过了1%水平的统计检验。剔除给金融化样本检验结果显示变量FIN、RS1和RS2的均值中位数的ALR（L）组均低于ALR（H）组。其中，变量FIN均值低0.392且通过了5%水平的统计检验，中位数低0.043且未通过统计检验。变量RS1、RS2的均值（中位数）分别低2.282（3.063）、2.308（2.716）且通过了1%水平的统计检验。全样本和剔除非金融化样本检验结果均说明财务风险高的企业的资产收益率宽幅度更大；金融化变量FIN的均值随着变量RS1、RS2的升高而降低，中位数随着变量RS1、RS2的升高而升高。但是资产收益率宽幅度的扩大，是对财务风险高的企业金融化程度更高还是财务风险率低的企业金融化程度更高，需要加入控制变量进行回归检验。

表4-18　企业财务风险（ALR）下的组间差异检验

检验	变量	ALR（L）	ALR（H）
均值差异检验	FIN	2.379（2.779）	2.332（2.386）
		MeanDiff= 0.037(0.392**)	
	RS1	5.225(5.163)	7.412(7.445)
		MeanDiff= −2.186***(−2.282***)	
	RS2	3.533(3.471)	5.749(5.779)
		MeanDiff= −2.216***(−2.308***)	

（续表）

检验	变量	ALR（L）	ALR（H）
中位数差异检验	FIN	0.093(0.400)	0.426(0.443)
		(1)-(2)：diff=-0.333(-0.043)，Chi2＝ 44.462*** (0.375)-	
	RS1	3.223(3.223)	6.286(6.286)
		(1)-(2)：diff=-3.063(-3.063)，Chi2＝ 51.807***(56.404***)	
	RS2	2.210(2.161)	4.842(4.877)
		(1)-(2)：diff=-2.632(-2.716)，Chi2＝ 57.329***(62.364***)	

注：（ ）内为剔除未金融化样本后检验结果；*、**、*** 分别代表在 10%、5% 和 1% 的水平上显著。

（四）回归分析

1.基本回归分析

首先利用 LR（Likelihood-ratio）检验是否存在时间效应，经检验用 RS1 和 RS2 作为关键变量回归的 *LR* 值分别为 899.79 和 883.39，均拒绝了不存在时间效应的原假设，因此存在时间效应。利用 Hausman 进行固定效应和随机效应检验，检验结果分别为 134.54 和 121.53，均拒绝了为随机效应的原假设，因此选择固定效应模型进行回归。本章的研究样本为大N小T形式，因此考虑异方差，Wald 检验结果拒绝了同方差的假设，因此采用稳健回归 Robust 进行回归。

表4-19中第（1）—（4）列报告了本书 Heckman 选择模型回归结果。方程（1）为金融化响应方程，方程（2）为金融化选择方程。响应方程结果显示资产收益率宽幅度 RS1 和 RS2 的系数分别为均为 0.015 和 0.011，且分别在 5% 和 1% 的统计水平上显著，说明资产收益率宽幅度是金融化的影响因素，且与金融化水平呈正相关关系。选择方程结果显示收率宽幅对非金融企业金融化的选择行为影响不显著，企业规模、盈利能力、财务杠杆对金融化的选择行为具有显著影响，表明非金融企业是否选择金融化，受资产收益率宽幅度以外的因素影响更显著。由于本章主要是研究资产收益率宽幅度与企业金融化之间的关系，因此在接下来的回归中剔除未金融化的企业样本。

表4-19中第（5）、（7）列是在控制个体固定效应和时间效应下非金融企业金融化 FIN 作为因变量分别与自变量资产收益率宽幅度 RS1 和 RS2 的单变量回归结果；回归方程（6）和（8）是加入控制变量的回归结果。当解释变量为 RS1

时，单变量回归（5）和加入控制变量回归方程（6）的回归系数分别为0.011和0.012，且均在1%的统计水平上显著，表示资产收益率宽幅度RS1每增加1个标准差，非金融企业金融化程度将大约分别增加10.39（0.0112×9.2738）和10.76（0.0116×9.2798）个百分点，分别相当于样本均值的3.44%（0.1039÷3.0241）和3.56%（0.1076÷3.0241）；当解释变量为RS2时，单变量回归（7）和全样本回归方程（8）的系数分别为0.006和0.007，且均在5%统计水平上显著，表示资产收益率宽幅度RS2每增加1个标准差，非金融企业金融化程度将大约分别增加6.90（0.00633×10.9058）和7.48（0.00686×10.9058）个百分点，分别相当于样本均值的2.28%（0.0690÷3.0241）和2.47%（0.0748÷3.0241）。说明在利润最大化的驱使下，随着资产收益率宽幅度的不断拉大，非金融企业的金融化程度不断升高。

表4-19　Heckman选择模型回归结果

VARIABLES	(1)	(2)	(3)	(4)	(5)	(6)	(7)	(8)
	Heckman1		Heckman2					
	FIN	findum	FIN	findum	FIN	FIN	FIN	FIN
RS1	0.015**	−0.000			0.011***	0.012***		
	(0.007)	(0.002)			(0.004)	(0.004)		
RS2			0.011**	0.001			0.006**	0.007**
			(0.006)	(0.002)			(0.003)	(0.003)
SIZE	−0.667***	0.341***	−0.667***	0.340***		−0.904***		−0.904***
	(0.097)	(0.016)	(0.097)	(0.016)		(0.213)		(0.213)
ROA	−0.454	−0.495*	−0.461	−0.488		1.460		1.461
	(1.178)	(0.299)	(1.177)	(0.299)		(1.402)		(1.403)
AS	−5.298***	−0.009	−5.297***	−0.009		−9.691***		−9.690***
	(0.292)	(0.082)	(0.292)	(0.082)		(1.127)		(1.127)
GROWTH	−0.000	−0.000	−0.000	−0.000		0.000		0.000
	(0.002)	(0.000)	(0.002)	(0.000)		(0.001)		(0.001)
EP	0.592	0.222**	0.592	0.220**		−1.095		−1.103
	(0.381)	(0.098)	(0.380)	(0.098)		(1.077)		(1.077)
DPA	0.021	−0.007	0.020	−0.007		0.182***		0.181***
	(0.027)	(0.006)	(0.027)	(0.006)		(0.064)		(0.064)
EM	−0.190***	0.077***	−0.189***	0.077***		−0.066		−0.066
	(0.050)	(0.017)	(0.050)	(0.017)		(0.131)		(0.131)

（续表）

	(1)	(2)	(3)	(4)	(5)	(6)	(7)	(8)
MillSlambda	−5.633***		−5.611***					
	(1.531)		(1.531)					
Year	Yes	Yes	Yes	Yes	Yes	Yes	Yes	Yes
Code	Yes	Yes	Yes	Yes	Yes	Yes	Yes	Yes
Constant	21.605***	−5.584***	21.695***	−5.593***	3.101***	27.460***	3.206***	27.569***
Observations	20595	20595	20595	20595	19242	19242	19242	19242
r2_a					0.611	0.628	0.611	0.628
F					38.682***	30.317***	38.606***	30.337***

注：t 值采用 Robust 修正；*、**、*** 分别代表在 10%、5% 和 1% 的水平上显著。

2.分组回归结果

表4-20报告了按照企业规模进行分组回归的结果。通过表4-20中回归方程（1）和（3）可以看出，资产收益率宽幅度RS1和RS2对SIZE（S）组的回归系数分别为0.007、0.002，均未通过统计检验；回归方程（2）和（4）显示，资产收益率宽幅度RS1和RS2对企业的SIZE（B）组的回归系数分别为0.015、0.010，且均通过了1%水平下的统计检验。为了验证分组回归后的组间系数差异，采用Efron & Tibshirani（1993）、Cleary（1999）、连玉君等（2010）所运用的费舍尔组合检验（Fisher' SPermutation test）进行组间系数差异检验。费舍尔组合检验结果显示，资产收益率宽幅度变量分别为RS1和RS2的分组回归系数分别在10%和5%的水平存在显著差异。这表明，资产收益率宽幅度的存在对规模大的非金融企业的金融化程度的影响显著，资产收益率宽幅度越大，企业规模大的非金融企业的金融化程度越高；资产收益率宽幅度对企业规模小的非金融企业金融化程度的影响不显著。

表4-20　按企业规模ASSET分组回归结果

	(1)	(2)	(3)	(4)
FIN	SIZE(S)	SIZE(B)	SIZE(S)	SIZE(B)
RS1	0.007	0.015***		
	(0.007)	(0.005)		
RS2			0.002	0.010***
			(0.005)	(0.004)

（续表）

	（1）	（2）	（3）	（4）
SIZE	−1.256***	−0.414*	−1.255***	−0.416*
	(0.321)	(0.229)	(0.322)	(0.229)
ROA	0.186	3.098*	0.176	3.116*
	(1.774)	(1.823)	(1.775)	(1.823)
AS	−9.269***	−10.273***	−9.265***	−10.276***
	(1.620)	(1.284)	(1.620)	(1.284)
GROWTH	−0.000	0.001	−0.000	0.001
	(0.001)	(0.001)	(0.001)	(0.001)
EP	−1.607	−0.066	−1.609	−0.082
	(1.414)	(1.448)	(1.414)	(1.449)
DPA	0.173**	0.223**	0.172**	0.223**
	(0.080)	(0.095)	(0.080)	(0.096)
EM	0.045	−0.182**	0.046	−0.183**
	(0.226)	(0.078)	(0.226)	(0.078)
Year	*Yes*	*Yes*	*Yes*	*Yes*
Code	*Yes*	*Yes*	*Yes*	*Yes*
Constant	33.636***	17.621***	33.714***	17.767***
	(6.478)	(5.027)	(6.483)	(5.033)
Observations	9621	9621	9621	9621
r2_a	0.543	0.716	0.543	0.716
F	15.509***	16.883***	15.554***	16.873***
Fisher' SPermutation test	b0−b1=−0.007*		b0−b1=−0.008**	

注：t 值采用 Robust 修正；*、**、*** 分别代表在 10%、5% 和 1% 的水平上显著。

表4-21报告了按照企业业绩进行分组回归的结果。通过表4-21中回归方程（1）和（3）可以看出，资产收益率宽幅度RS1和RS2对ROA（L）组的回归系数分别为0.007、0.004，均未通过统计显著性检验；回归方程（2）和（4）可以看出，资产收益率宽幅度RS1和RS2对ROA（H）的回归系数分别为0.017、0.010，且分别通过了1%和5%水平下的统计检验。费舍尔组合检验结果显示，资产收益率宽幅度变量分别为RS1和RS2的分组回归系数均在10%的水平上存在显著差异。这表明，资产收益率宽幅度的存在对业绩好的非金融企业的金融化程度的影响显著，资产收益率宽幅度越大，业绩好的非金融

企业的金融化程度越高；资产收益率宽幅度对业绩差的非金融企业金融化程度的影响不显著。

表4-21　按业绩分组回归结果

FIN	(1) ROA(L)	(2) ROA(H)	(3) ROA(L)	(4) ROA(H)
RS1	0.007	0.017***		
	(0.006)	(0.006)		
RS2			0.004	0.010**
			(0.004)	(0.005)
SIZE	−1.114***	−0.880*	−1.114***	−0.878*
	(0.230)	(0.506)	(0.230)	(0.506)
ROA	2.279	2.466	2.277	2.491
	(1.575)	(2.552)	(1.576)	(2.553)
AS	−7.022***	−12.988***	−7.021***	−12.987***
	(1.267)	(1.905)	(1.266)	(1.905)
GROWTH	0.000	0.000	0.000	0.000
	(0.001)	(0.002)	(0.001)	(0.002)
EP	−1.782	−0.073	−1.785	−0.093
	(1.275)	(1.623)	(1.275)	(1.624)
DPA	0.034	0.338***	0.033	0.337***
	(0.103)	(0.092)	(0.103)	(0.092)
EM	−0.111	0.108	−0.112	0.111
	(0.089)	(0.632)	(0.089)	(0.632)
	(0.361)	(0.582)	(0.359)	(0.575)
Year	*Yes*	*Yes*	*Yes*	*Yes*
Code	*Yes*	*Yes*	*Yes*	*Yes*
Constant	33.636***	17.621***	33.714***	17.767***
	(6.478)	(5.027)	(6.483)	(5.033)
Observations	9621	9621	9621	9621
r2_a	0.650	0.613	0.650	0.613
F	15.234***	16.712***	15.277***	16.681***
Fisher' SPermutation test	b0−b1=−0.010*		b0−b1=−0.006*	

注：t 值采用 Robust 修正；*、**、*** 分别代表在 10%、5% 和 1% 的水平上显著。

表4-22报告了按照企业财务风险进行分组回归的结果。通过表4-22中回归方程（1）和（3）可以看出，资产收益率宽幅度RS1和RS2对ALR（L）的组的回归系数分别为-0.005、-0.007，均未通过统计检验；回归方程（2）和（4）显示，资产收益率宽幅度RS1和RS2对ALR（H）组回归系数分别为0.018、0.022，且分别通过了10%和5%显著水平的统计检验。费舍尔组合检验结果显示，资产收益率宽幅度变量分别为RS1和RS2的分组回归的系数分别在10%和5%水平上存在显著差异。这表明，资产收益率宽幅度的存在对财务风险高的非金融企业的金融化程度的影响显著，资产收益率宽幅度越大，企业资产负债率接近国际警戒线70%的非金融企业的金融化程度越高；资产收益率宽幅度对企业财务风险低的非金融企业金融化程度的影响不显著。

表4-22　按企业财务风险大小分组回归结果

FIN	(1)	(2)	(3)	(4)
	ALR(L)	ALR(H)	ALR(L)	ALR(H)
RS1	−0.005	0.018*		
	(0.014)	(0.010)		
RS2			−0.007	0.022**
			(0.009)	(0.011)
SIZE	−2.257**	−0.654	−2.256**	−0.657
	(0.992)	(0.625)	(0.994)	(0.627)
ROA	0.376	0.218	0.311	0.286
	(4.415)	(2.907)	(4.412)	(2.900)
AS	−9.766***	−8.189**	−9.741***	−8.161**
	(2.393)	(3.464)	(2.400)	(3.452)
GROWTH	0.000	−0.000	0.000	−0.000
	(0.003)	(0.002)	(0.003)	(0.002)
EP	−1.715	−2.689	−1.702	−2.705
	(2.923)	(3.363)	(2.916)	(3.359)
DPA	0.162*	0.343	0.161*	0.341
	(0.084)	(0.613)	(0.084)	(0.612)
EM	0.439	0.175	0.427	0.175
	(1.295)	(0.208)	(1.295)	(0.207)
Year	Yes	Yes	Yes	Yes

（续表）

	(1)	(2)	(3)	(4)
Code	Yes	Yes	Yes	Yes
Constant	54.729**	19.955	54.745**	20.027
	(21.188)	(14.051)	(21.215)	(14.073)
Observations	1925	1925	1925	1925
r2_a	0.409	0.445	0.409	0.446
F	6.317***	3.271***	6.320***	3.033***
Fisher' SPermutation test	b0-b1=-0.024*		b0-b1=-0.030**	

注：t 值采用 Robust 修正；*、**、*** 分别代表在 10%、5% 和 1% 的水平上显著。

（五）稳健性检验

对关键变量资产收益率宽幅度进行重新度量进行稳健性检验。为了验证本章研究成果的稳健性，调整资产收益率宽幅度的度量方式，重新计算资产收益率宽幅度。本章利用全国31省、自治区及直辖市房地产投资收益率 HRR（$House\ Return\ Rate$）与各省、自治区及直辖市非金融企业的平均主营业务收益率（$Mean\_PORR$）的差，具体计算公式为：$RS=HRR-Mean\_PORR$，重新计算资产收益率宽幅度后进行回归，表4-23报告了回归结果，结果显著地支持了本书的基本假设。

表4-23　重新计算主营业务收益率回归结果

VARIABLES	(1)	(2)	(3)	(4)	(5)	(6)	(7)	(8)
RS1	0.011***	0.012***			0.011***	0.012***		
	(0.004)	(0.004)			(0.004)	(0.004)		
RS2			0.006**	0.007**			0.006**	0.007**
			(0.003)	(0.003)			(0.003)	(0.003)
SIZE		-0.861***		-0.861***		-0.904***		-0.904***
		(0.207)		(0.207)		(0.213)		(0.213)
ROA		1.383		1.385		1.460		1.461
		(1.338)		(1.338)		(1.402)		(1.403)
AS		-9.279***		-9.278***		-9.691***		-9.690***
		(1.069)		(1.069)		(1.127)		(1.127)
GROWTH		0.000		0.000		0.000		0.000

（续表）

VARIABLES	(1)	(2)	(3)	(4)	(5)	(6)	(7)	(8)
		(0.001)		(0.001)		(0.001)		(0.001)
EP		−0.950		−0.959		−1.095		−1.103
		(1.029)		(1.030)		(1.077)		(1.077)
DPA		0.178***		0.177***		0.182***		0.181***
		(0.060)		(0.060)		(0.064)		(0.064)
EM		−0.073		−0.073		−0.066		−0.066
		(0.128)		(0.128)		(0.131)		(0.131)
	(0.277)	(0.396)	(0.278)	(0.395)	(0.288)	(0.413)	(0.289)	(0.413)
Constant	2.865***	26.052***	2.974***	26.162***	3.101***	27.460***	3.206***	27.569***
	(0.220)	(4.331)	(0.218)	(4.337)	(0.226)	(4.470)	(0.225)	(4.476)
Observations	20595	20595	20595	20595	19242	19242	19242	19242
r2_a	0.612	0.628	0.612	0.628	0.611	0.628	0.611	0.628
Number of code	2746	2746	2746	2746	2418	2418	2418	2418
F	38.25	29.82	38.16	29.83	38.68	30.32	38.61	30.34

注：t 值采用 Robust 修正；*、**、*** 分别代表在 10%、5% 和 1% 的水平上显著。

潜在的内生性问题有可能会影响本章的研究结果，为解决内生性问题，利用几何无限分布滞后模型 Panel Koyck 模型进行稳健性检验。剔除样本中 2007 年以后上市的企业，将非平衡面板转化为平衡面板，表 4-24 报告了 Panel Koyck 的回归结果。回归结果在显著支持本书基本假设的基础上，还增强了资产收益率宽幅度对非金融企业金融化的解释能力。

表4-24　Panel KOYCK回归结果

FIN	(1)	(2)	(3)	(4)	(5)	(6)	(7)	(8)
RS1	0.018***	0.018***			0.012**		0.013**	
	(0.005)	(0.005)			(0.005)		(0.005)	
RS2			0.013***	0.014***		0.009**		0.010**
			(0.004)	(0.004)		(0.004)		(0.004)
L.FIN					0.557***	0.557***	0.537***	0.537***
					(0.022)	(0.022)	(0.021)	(0.021)
SIZE		−1.151***		−1.154***			−0.837***	−0.840***

（续表）

FIN	(1)	(2)	(3)	(4)	(5)	(6)	(7)	(8)
		(0.244)		(0.245)			(0.175)	(0.175)
ROA		1.406		1.411			−0.103	−0.092
		(1.623)		(1.624)			(1.299)	(1.297)
AS		−10.436***		−10.434***			−7.155***	−7.153***
		(1.603)		(1.603)			(1.127)	(1.126)
GROWTH		0.000		0.000			0.001	0.001
		(0.001)		(0.001)			(0.001)	(0.001)
EP		−1.890		−1.889			−1.499	−1.497
		(1.272)		(1.272)			(0.931)	(0.931)
DPA		0.429***		0.428***			0.184*	0.183*
		(0.158)		(0.158)			(0.096)	(0.096)
EM		−0.017		−0.017			−0.015	−0.015
		(0.146)		(0.146)			(0.107)	(0.107)
Year	Yes	Yes	Yes	Yes	Yes	Yes	Yes	Yes
Code	Yes	Yes	Yes	Yes	Yes	Yes	Yes	Yes
Constant	3.835***	33.592***	3.956***	33.767***	0.693***	0.715***	22.466***	22.536***
	(0.218)	(5.142)	(0.215)	(5.147)	(0.153)	(0.151)	(3.820)	(3.826)
Observations	11792	11792	11792	11792	10720	10720	10720	10720
r2_a	0.640	0.659	0.640	0.659	0.777	0.786	0.777	0.786
F	19.606***	16.308***	19.622***	16.340***	77.336***	77.397***	70.279***	70.477***

注：t 值采用 Robust 修正；*、**、*** 分别代表在 10%、5% 和 1% 的水平上显著。

第四节 本章小结

低利率与流动性充裕的货币政策，推动我国经济长期保持高速增长，使我国一跃成为世界第二大经济体，但同时还应注意币值稳定、社会资本流向、经济增长的质量及经济结构是否失衡。本章从会计学微观收益的视角研究认为，低利率与流动性充裕导致货币贬值、资产价格上涨，资产价格过快上涨带来的资产收益率持续走高，是社会资本流动的核心动力。投资性房地产等金融性资产价格的过快上涨带来的资本利得与公允价值变动收益带来的高收益率，对社会资本有虹吸效应，导致非金融企业纷纷涉足投资性房地产等金融性资产以获取高收益。投资性房地产等金融性资产的高收益率与非金融企业的货币性资产、历史成本计价的经营性资产等带来的主营业务收益率之间的资产收益率宽幅度越大，企业越更多地投资于投资性房地产等金融性资产，减少经营性资产投入，致使非金融企业金融化程度越高。

一、结论

资产收益率宽幅度不断拉大是我国非金融企业纷纷持有、投资或配置、炒作投资性房地产等金融性资产的根源，致使非金融企业金融化程度不断加深。基于这一研究背景，本章通过中国2007—2017年沪深两市的非金融企业上市公司的经验数据，实证检验了资产收益率宽幅度对非金融企业金融化有显著影响。

资产收益率宽幅度与非金融企业金融化之间存在显著的正相关关系，资产收益率宽幅度越大，非金融企业的金融化程度越高。

资产收益率宽幅度对不同规模、不同业绩、不同财务风险的非金融企业金融化的影响程度不同。资产收益率宽幅度的持续拉大显著地增加了规模大的非金融企业金融化程度，对规模小的非金融企业金融化影响不显著；资产收益率宽幅度的持续拉大显著地促进了业绩好的非金融企业金融化，对业绩差的非金融企业金融化影响不显著；资产收益率宽幅度的持续拉大显著地促进了资产负债率接近于70%警戒线以上的非金融企业金融化，对财务风险较低的非金融企业金融化影响不显著。

二、启示

宏观经济政策的制定应当以微观经济为基础，资产收益率宽幅度是宏观经济政策工具选择的微观基础。在推进供给侧结构性改革中，应当综合运用货币政策工具、财税政策工具有序收窄资产收益率宽幅度，逐步提高非金融企业经营性资产的主营业务收益率，降低投资性房地产等金融性资产收益率，促使社会资本回归实体经济，繁荣实体经济，增加科技投入、创新投入，最终实现稳增长、调结构、防风险，推动高速度向高质量的经济增长转变，促进宏观经济平稳健康发展。根据本章的研究结果，通过有效管控规模大、业绩好、资产负债率接近70%的企业的资产收益率宽幅度，可以有效地降低非金融企业的金融化程度，从而引导资金回流实体经济，落实稳增长、调结构、防风险的战略部署，推动结构性战略调整和经济的高质量增长。

第五章　资产收益率宽幅度与实体企业创新抑制效应研究

在我国经济由高速增长向高质量增长转变的关键时期，创新成为稳增长、调结构、推动经济高质量增长的根本动力。因此，我国政府的货币政策、财税政策及相关的产业政策均以促进实体企业发展为目标，通过提供税收优惠、给予政府补贴等形式支持企业创新。然而，我国企业创新投入和创新能力仍然偏低（Hall，1993；张杰等，2011；王红建等，2016）。那么，导致我国政府大力扶持，企业创新能力却始终薄弱的原因是什么？收益影响企业的资本流动和资产配置（Brown，2012）。企业创新基于对未来收益的预期（谢家智等，2014；李楠博，2020）。本章从会计收益的微观视角，探讨投资性房地产等金融性资产与经营性资产之间的资产收益率宽幅度现象对实体企业投资行为及创新的影响。通过理论分析及实证检验，发现资产收益率宽幅度现象的出现降低了企业对创新的预期，提高了企业对金融投资收益的预期。受资本逐利性的驱动，资产收益率宽幅度现象改变了企业的投融资行为及经营方向，诱导实体企业投资或配置投资性房地产等金融性资产以获取高收益率（Brown，2012），挤占创新资源，导致企业创新能力下降。因此，资产收益率宽幅度会改变企业投资与资产配置的选择，对企业创新有抑制效应，是企业创新动力不足的深层次原因。

第一节　我国实体企业创新能力的现状

作为创新的主体，实体企业的创新动力和创新能力与我国高质量的经济发展密切相关。那么，我国实体企业是否有充足的动力进行创新？实体企业的创新能力又怎样呢？本书从创新投入和创新产出两个方面对实体企业的创新能力进行分析。

一、实体企业创新投入变动趋势

通过分析2011—2018年规模以上工业企业每年R＆D投入，并进行横向和纵向比较，揭示了我国实体企业创新投入数额大幅上涨，但是增速放缓、创新投入强度偏低的现状。

从R＆D投入金额角度分析，2011—2018年，我国规模以上工业企业（以下简称"企业"）的R＆D投入数量大幅上升。如表5-1所示，2018年企业在科技创新上共投入了12954亿元，是2011年5994亿元创新投入的2.16倍，我国企业R＆D投入总额大幅上涨；从R＆D投入增长率角度分析，2011—2018年，企业R＆D投入增长率保持在10%以上。尤其在2013年，企业R＆D投入比上年增长了17.64%，达到增速最高值。但是从2017年开始，企业R＆D投入金额上涨率呈下降趋势，至2018年，R＆D增速已经低于10%。这说明我国企业R＆D投入快速增加，但是增速放缓。

常用的衡量企业R＆D投入强度的指标主要包括R＆D投入/收入及R＆D投入/总资产两个指标。根据我国规模以上工业企业R＆D投入强度的数据可以看出，我国实体企业R＆D投入规模虽然快速上涨，但是R＆D投入强度较低。2011—2018年，我国企业R＆D投入占营业收入及总资产的比重均在1%上下浮动。纵向比较我国企业R＆D投入强度可以看出，我国企业R＆D投入强度呈现缓慢上升趋势，尤其2017年以后，R＆D投入强度上涨较快；根据同时期其他主要国家的创新投入强度数据进行横向比较后，发现R＆D投入强度最高的韩国、瑞士及日本三个国家，R＆D投入/收入和R＆D投入/总资产两个指标值均高于3%，远高于我国企业1%的平均值。我国实体企业创新投入强度偏低，创新投入不足。

通过纵向和横向比较可以看出，虽然我国企业R＆D投入总额大幅上涨，但是R＆D投入强度始终偏低。企业R＆D投入不足，必然影响其科技创新能力的提高，以及我国由高速度发展向高质量发展的经济目标的实现。

表5-1　规模以上工业企业R＆D投入变动趋势表

年份	R＆D投入（亿元）	比上年增长率（%）	营业收入（亿元）	R＆D/收入（%）	资产（亿元）	R＆D/总资产（%）
2011	5993.805		841830	0.712	675796	0.887
2012	7200.645	13.14%	929292	0.775	768421	0.937
2013	8318.400	17.64%	1038659	0.801	870751	0.955

（续表）

年份	R＆D投入（亿元）	比上年增长率（%）	营业收入（亿元）	R＆D/收入（%）	资产（亿元）	R＆D/总资产（%）
2014	9254.259	11.18%	1107032	0.836	956777	0.967
2015	10013.933	15.74%	1109852	0.902	1023398	0.978
2016	10944.659	12.34%	1158998	0.944	1085866	1.008
2017	12012.959	10.59%	1133160	1.060	1121910	1.071
2018	12954.826	7.84%	1022241	1.267	1134382	1.142

二、实体企业创新产出现状

企业的创新产出主要体现在专利数量上。通过分析2011—2018年深沪两市上市实体企业授权专利数量，评价企业创新产出水平，揭示了我国实体企业创新产出数量大幅上涨，但是创新产出质量较低的现状，结果如表5-2所示。

表5-2　2011—2018年上市公司专利授权量变动趋势

年份	专利授权总量（项）	比上年增长比率（%）	授权专利占申请量比重（%）	发明专利授权量（项）	发明专利比重（%）	实用新型专利授权量（项）	实用新型专利比重（%）	外观设计专利授权量（项）	外观设计专利比重（%）
2011	78641	54.823	83.896	24935	31.707	43316	55.081	4138	5.262
2012	99143	26.070	85.127	32504	32.785	54968	55.443	5256	5.301
2013	111016	11.976	84.003	38164	34.377	61414	55.320	5001	4.505
2014	123879	11.587	77.668	39638	31.997	69825	56.365	6015	4.856
2015	138894	12.121	69.234	33718	24.276	88862	63.978	8734	6.288
2016	140253	0.978	56.271	12969	9.247	107988	76.995	9023	6.433
2017	137153	−2.210	52.774	11827	8.623	114793	83.697	10533	7.680
2018	130819	−4.618	47.545	11804	9.023	107952	82.520	11063	8.457

从专利授权数量角度分析，2011—2018年我国上市实体企业专利授权数量大幅上升。2018年，上市公司共获得130819项专利授权，是2011年78641项的1.66倍。但是结合专利授权数量增长率的变动趋势，发现企业专利授权量增速放缓。

从专利授权量与专利申请量之间关系的角度，发现企业申请专利质量下降。2011年上市实体企业申请的专利中83.896%获得了授权；但是，2018年上市实体企业申请的专利中，仅有47.55%的专利获得授权，授权比例大幅下降。数据变动趋势说明，虽然每年上市实体企业的专利申请数量保持上升趋势，但是获得授权的专利数量却连年下降，上市公司专利申请质量下降。

从专利授权类型视角，发现发明专利授权量大幅下降，企业专利质量下降。2011年发明专利授权量为24935项，占全部专利授权量的31.71%；实用新型专利授权量为43316项，占全部专利授权量的55.08%；外观设计专利授权量为4138项，占全部专利授权量的5.26%。至2018年，发明专利授权总量为130819项，是2011年的1.66倍，发明专利授权量占全部专利授权量的9.02%，比2011年下降了21个百分点；实用新型专利授权量为107952项，是2011年的2.49倍，增长速度高于专利授权量。2018年实用新型专利授权量占全部专利授权量的82.52%，比2011年上涨了27个百分点；外观设计专利授权量为11063项，占全部专利授权量的8.46%。相比于发明专利，实用新型专利和外观设计专利所体现的自主创新能力较低（黎文靖、郑曼妮，2016；张杰、郑文平，2018），不能促进国家经济增长（张杰等，2017），也无法为国家发展提供持续增长的动力（毛昊等，2018）。因此，实用新型专利以及外观设计专利授权量占我国实体企业全部专利的比重大幅上升，说明企业创新产出质量较差。

实体企业数据验证了我国存在政府大力扶持，但是实体企业创新能力持续低下的矛盾。那么，导致该矛盾出现的原因是什么？导致我国实体企业创新能力偏低的原因是什么？为了破解上述困境，本书从会计收益的微观视角，探讨实体企业中金融性资产高收益率与经营性资产低收益率之间差异逐渐拉大的资产收益率宽幅度现象对企业创新的影响。

第二节 资产收益率宽幅度对实体企业
创新抑制效应的理论分析框架

刺激性货币政策推动资产价格大幅上涨，在实体企业中形成了投资性房地产等金融性资产与经营性资产之间收益率差异持续拉大的资产收益率宽幅度现象。基于马克思一般均衡理论，资本逐利性与资产收益率宽幅度的叠加效应，改变了企业的投资行为，进而抑制了企业创新活动，降低了宏观经济政策激励企业创新的动力。因此，本书探讨了资产收益率宽幅度是否抑制企业创新及其抑制路径，分析构建了资产收益率宽幅度对实体企业创新影响的理论框架。

一、资产收益率宽幅度与企业创新抑制效应的逻辑分析

按照厂商理论的基本观点，利润最大化是企业存在的根本目标，逐利性是资本的天然属性。因此，作为微观经济主体最综合的财务指标，收益是引导资本流动的核心动力，也是推动资源配置的关键因素。而不同类型资产之间的收益率差距持续拉大，会导致资本抽离低收益率资产，涌入高收益率资产，从而影响企业的投资、融资和经营行为。

投资性房地产等金融性资产与经营性资产之间收益率差异持续拉大的资产收益率宽幅度现象，将导致企业放弃低收益率的经营性资产而涌入高收益的投资性房地产等金融性资产。而企业创新行为是投资于经营性资产，依赖于生产经营中的投入、研发等过程。此时，企业无心主业，创新动力和创新投入均会受到抑制。因此，资产收益率宽幅度持续拉大经济现象，对于企业创新具有抑制效应。

按照Markowitz（1952）提出的投资组合理论，资产收益率和风险是投资者选择资产的依据。当收益相同时，选择风险最小的资产或资产组合；当风险既定时，选择收益最大的资产或资产组合。因此，创新预期收益是影响企业创新行为选择的重要依据。资产收益率宽幅度降低了企业对创新未来收益的预期，导致企业将大量资源抽离创新活动，挤出企业创新动力和创新水平，也降低了政府宏观经济政策促进企业创新的激励效果和有效性。

按照马克思一般均衡理论，"资本会从收益率较低的部门抽走，投入收益率较高的其他部门"，资本根据收益率的高低在不同部门之间重新分配，使不同部门的平均收益率达到平衡。一旦这种均衡状态被打破，不同资产之间的收益率差异将导致资本重新流动。当金融性资产与经营性资产之间的收益性宽幅现象出现时，金融性资产的高收益对资本存在虹吸效应，导致大量资源流入高收益率的金融性资产，从而挤占创新资源，影响企业创新。因此，投资行为金融化是资产收益率宽幅度影响企业创新的中介路径。

根据上述研究，本书构建资产收益率宽幅度挤出企业创新的逻辑分析框架，如图5-1所示。

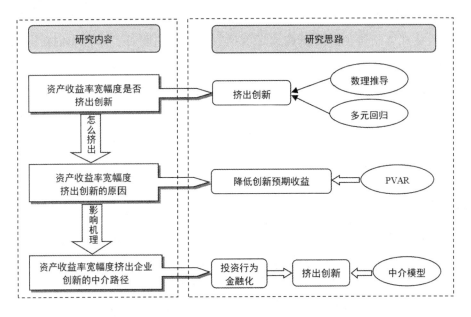

图 5-1　资产收益率宽幅度抑制企业创新的逻辑框架

二、资产收益率宽幅度与企业创新抑制效应的理论分析及数理推导

按照研究的逻辑框架，需要解决的第一个问题是"资产收益率宽幅度是否对创新存在抑制效应"。围绕该问题，本书从理论分析及数理推导两个方面进行研究，并提出相关假设。

（一）资产收益率宽幅度对企业创新存在抑制效应的理论分析

不同资产之间的收益率差异影响企业资本流动和资源配置（Brown，2014）。受资本逐利性驱动，企业会将资源更多地配置于高收益的投资机会，减少低收益项目的投资规模以降低投资损失（王红建等，2016）。因此，不同资产之间的收益率差异将影响投资者对未来的预期和判断，扭曲企业的创新行为。

创新活动具有资金投入高、投资收回期长、研发失败风险大以及高不确定性等特点（解维敏等，2011；余明桂等，2019）。按照"收益与风险对等"理论，当某项投资的预期风险上升时，必然推动投资者要求的回报率提高。因此，创新活动的高风险性导致企业对创新投资要求的最低回报率较高。

资产收益率宽幅度现象的出现，增加了企业创新的预期成本，加剧了企业创新风险，降低了投资者对企业生产经营活动的信心，拉低了企业对创新活动未来收益的预期。最终导致创新预期收益与投资者对创新投资要求的报酬率之间的差异缩小，甚至低于投资者要求的最低收益率。因此，受资本逐利性和企业利润最大化目标驱动，创新活动自身的高风险性及资产收益率宽幅度引起的创新活动低预期收益共同作用，导致企业倾向将资金抽离创新活动，逐渐偏离主业（Brenner，et.al.，2010；王红建等，2016）。最终导致企业创新意愿降低，创新动力不足，创新能力下降。因此，本书提出假设H5-1：

H5-1：资产收益率宽幅度对实体企业创新存在抑制效应。

（二）资产收益率宽幅度对企业创新存在抑制效应的数理推导

由于资产收益率宽幅度是实体企业金融性资产收益率与经营性资产收益率的差额，根据Nissim-Penman，et.al.（2001）的财务分析框架，将实体企业的资产分为金融性资产和经营性资产。此时，企业面临着生产经营投资及金融性资产投资的投资组合问题。运用Markowitz（1952）所提出的资产选择组合理论构建模型，可以分析实体企业配置金融性资产和经营性资产的投资选择。

进一步分析创新与生产经营过程的关系可以发现，实体企业投资在创新活动上的资金应该取决于经营性资金规模。实体企业科技创新的目的在于通过改善产品功能、提高生产效率、开发新产品等途径，提高企业的销售收入或降低生产成本，从而获得超额垄断利润。企业科技创新结果依赖于生产经营过程，使用经营性资产生产新产品能创造的利润决定了创新收益，经营性投资决定了创新投入。当企业提高投入在生产经营过程的资金时，也会促进创新资金的提高。因此，本书采用企业投资在生产经营过程中的资金规模代表创新投资。

借鉴Le & Zak（2006）及张成思等（2016）的研究成果，本书构建了静态模型以刻画企业的投资选择。假定企业t期初持有初始资金W_0，仅有生产经营投资和金融性资产投资两个选择。投资于生产经营过程的资金为I_t^k，投资于金融性资产的资金为I_t^f，两部分投资金额应该满足公式（5-1）：

$$I_t^k + I_t^f = W_0 \qquad (5-1)$$

第t期企业主营业务的收益率为r_t^k，金融性资产投资收益率为r^f。参考Demir（2009）构建的投资决策模型，假定金融性资产投资收益率是可预测的，因此，r^f为常数。期末，企业持有的现金流量W_t可以表示如下（5-2）：

$$W_t = W_0 + I_t^k \times r_t^k + I_t^f \times r_t^f \qquad (5-2)$$

代入公式（5-1），可以得到（5-3）：

$$W_t = W_0 + （W_0 - I_t^k） \times r^f + I_t^k \times r_t^k$$

$$= W_0 \times (1 + r^f) - I_t^k \times (r^f - r_t^k) \tag{5-3}$$

此时，根据Markowitz（1952）的投资组合选择优化理论，得到该企业的最优投资决策应该为（5-4）：

$$Max\, E \sum_{t=0}^{\infty} \beta_t U (W_t) \tag{5-4}$$

s.t. $\quad W_t = W_0 \times (1 + r^f) - I_t^k \times (r^f - r_t^k)$

其中，β是第t期的折现率；$U(W_t)$是严格递增的连续凹函数，代表现金流效应。方程（5-3）为当前假说下的恒等式约束条件。

此时，方程（5-4）存在最优解的充要条件为（5-5）：

$$E[U^{'}(W_t)(r^f - r_t^k)] = 0 \tag{5-5}$$

由于$Cov（x,y）= E（x,y）- E(x)E(y)$，因此，结合公式（5-5）可以得到公式（5-6）：

$$E[U^{'}(W_t)]E[(r^f - r_t^k)] = - Cov[U^{'}(W_t), -r_t^k] \tag{5-6}$$

假设$U^{'}（W_t+1）$与r_t^k+1均符合正态分布，引用Stein引理，如公式（5-7）所示：

$$Cov(g(x), y) = E\left(g^{'}(x)\right) Cov(x, y) \tag{5-7}$$

此时，公式（5-6）可以转变为（5-8）：

$$E[U^{'}(W_t)]E[(r^f - r_t^k)] = - Cov[U^{'}(W_t), -r_t^k]$$

$$= - E[U^{''}(W_t)]Cov[W_t, -r_t^k]$$

$$= - E[U^{''}(W_t)]Cov[W_0 \times (1 + r^f) - I_t^k \times （r^f - r_t^k）, -r_t^k]$$

$$= - E[U^{''}(W_t)]Cov[- I_t^k \times （r^f - r_t^k）, -r_t^k]$$

$$= I_t^k E[U^{''}(W_t)]Cov[（r^f - r_t^k）, -r_t^k]$$

$$= I_t^k E[U^{''}(W_t)]Cov[-r_t^k, -r_t^k]$$

$$= I_t^k E[U^{''}(W_t)]Var[r_t^k] \tag{5-8}$$

将公式（5-8）左右两边均除以 W_0，进行整理后，得到企业在生产经营上投资额占全部资金比例的最优值为（5-9）：

$$\frac{I_t^{k*}}{W_0} = \frac{E[U^{'}(W_t)]E[(r^f - r_t^k)]}{W_0 E[U^{''}(W_t)]Var[r_t^k]} = -\frac{1}{\theta} \times \frac{E[(r^f - r_t^k)]}{W_0 Var[r_t^k]} \qquad (5-9)$$

其中：$\theta = -\frac{E[U^{''}(W_t)]}{E[U^{'}(W_t)]}$，反映投资者的风险厌恶程度（张成思、张步昙，2016）；$E[(r^f - r_t^k)]$ 为金融性资产收益率与经营性资产收益率差额的预期，代表文中的资产收益率宽幅度程度；$Var[r_t^k]$ 为经营性资产收益率的波动。

本书得到的经营资金最佳投资比例公式具有经济学含义，公式左边代表企业经营性投资比例，也可以看作企业用于创新活动的资金规模，代表企业的创新意愿和动力。而企业创新投资取决于企业金融性资产与经营性资产收益率的差额，即资产收益率宽幅度的大小。当资产收益率宽幅度 $E[(r^f - r_t^k)]$ 增加时，企业创新投入将减少，创新意愿下降；反之，当资产收益率宽幅度 $E[(r^f - r_t^k)]$ 下降时，企业创新投入将增加，创新意愿上升。因此，通过数据推理可以验证资产收益率宽幅度对实体企业创新存在抑制效应。

三、资产收益率宽幅度与企业创新抑制效应的原因分析

围绕第二个核心问题"资产收益率宽幅度对创新存在抑制效应的原因"，本书从成本、风险及信号传递视角，分析了资产收益率宽幅度对实体企业创新活动预期收益的影响，认为资产收益率宽幅度降低了企业对创新活动未来收益的预期，是企业创新动力不足的重要原因。

首先，资产收益率宽幅度现象的存在增加了创新的预期成本。企业科技创新需要购买或者更新研发设备。伴随着宽松货币政策推动资产价格大幅上涨，资产收益率宽幅度持续上升，各类机器设备等研发所需设备价格也将大幅提高，导致实体企业购买研发设备的成本上升，增加了创新的预期成本，尤其由于创新活动往往面临较高的融资约束（周开国等，2017），缺乏充裕的现金用于创新投资。研发设备的购买或者重置成本上升，对资金的需求增强，进一步加剧了企业创新资金紧缺的窘境，限制了企业创新。

其次，资产收益率宽幅度现象的存在增加了创新风险。宽松货币政策推动资产价格大幅上涨，资产泡沫出现，资产收益率宽幅度持续拉大。按照马克思一般均衡理论，收益率不均衡将导致资本流动。房地产和金融市场的虹吸效应使得社会资本脱实向虚，实体经济金融化程度不断加深。银行等金融机构为了

获取房地产价格上涨带来的收益，也会扩大信贷规模。资本市场资金流动性上升推动资产价格上涨的同时，也吸纳了含有泡沫的资产做抵押，银行等金融机构自身也出现了泡沫化风险。这一系列宏观经济运行变动导致系统性金融风险上升。宏观经济的高风险和高不确定性将加剧市场不景气，并传导至企业创新行为。外部市场经济低迷和高风险，将加剧实体企业生产经营能够获得收益的不确定性，致使依赖于生产经营的创新收益波动性提高，风险上升。

最后，资产收益率宽幅度现象的存在降低了投资者对企业生产经营能力的信心。当资产收益率宽幅度现象出现时，预示着与金融性资产相比，经营性资产收益率较低。此时，向外界投资者传递企业经营绩效较差的信号，容易导致投资者对实体经济信心下降。由于创新收益基于企业生产经营过程，投资者对经营活动信心的下降也导致对未来创新收益预期的减少。进而，在金融性资产高收益率的对比下，创新活动的低收益率更加明显，从而，拉低了投资者对创新活动未来收益的预期。

因此，从创新预期成本、创新风险及信号传递角度分析后，发现金融性资产与经营性资产之间收益率差异持续拉大的资产收益率宽幅度现象会导致实体企业对创新未来收益的预期下降。而创新预期收益的下降也会导致企业创新意愿减少，创新投入降低。从而，本书提出假设H5-2：

H5-2：资产收益率宽幅度导致实体企业对创新活动的预期收益下降，创新投入减少。

四、资产收益率宽幅度与企业创新抑制效应的中介路径

本书继续对第三个问题进行探讨，分析资产收益率宽幅度影响实体企业创新的路径和渠道。根据本书第四章的研究成果，实体企业中存在大量资源向金融性资产转移的经济现象，实体企业金融化现象严重。在有限的资源条件下，过度金融化将改变企业的生产模式，大量挤占创新资源，挤出企业创新投入，导致企业创新水平下降（杜勇等，2017；Tori，et.al.，2017）。因此，投资行为金融化是资产收益率宽幅度影响企业创新的中介路径。

按照马克思的一般均衡理论，实体企业存在的金融性资产与经营性资产之间的收益率差异违背了"等量资本获得等量收益"的平均收益率理论。收益率差距的持续拉大导致资本由低收益率资产项目、低收益率的行业、领域，转而流向高收益率的资产项目、高收益率的行业、领域，转而流向高收益率的资产项目、高手绿的行业、领域，进而改变企业的投资偏好和盈利模式（谢家智等，2014）。

如前文所述，资产收益率宽幅度现象降低了企业对未来创新收益的预期；与之相反的是，资产收益率宽幅度容易导致企业高估金融投资的预期收益。由于采用公允价值计价，金融性资产市场价格的大幅上涨带来收益率的快速提高。金融性资产的高收益率美化和粉饰了企业财务报表，向市场提供过于乐观的信息，容易出现顺周期效应（黄世忠，2009），推动资产价格进一步上涨，导致投资者对金融投资未来预期收益的提高。金融性资产高预期收益衬托出经营活动和创新行为收益率的低迷，进一步拉低了投资者对创新活动未来预期收益的期望。

企业对两种不同资产未来收益率完全相反的预期，拉大了金融性资产和创新活动预期收益的差异空间。受资本逐利与企业利润最大化的影响，不同资产的预期收益率差异会驱使企业改变投资的优先顺序（Orhangazi，2008）。与创新活动相比，金融性资产的高收益率吸引企业将资源大量投入以公允价值计价的金融性资产（Dumenil，et.al.，2004），以改善企业的短期盈利。从而，资产收益率宽幅度现象导致企业大量持有金融性资产，出现实体企业金融化现象。

企业金融化现象会影响企业创新能力。但是，从已有文献的研究来看，学者们对于金融化与企业创新之间关系的研究形成了两类不同的结论。一是在资源有限的情况下，金融性资产投资会挤占实体投资的资源（张成思等，2016）。创新收益率的下降，导致企业抽离生产资本的意愿增强（谢家智等，2014），企业逐渐偏离其主业（王红建等，2016），减少进行设备更新改造及产品研发创新的资金（胡谍，2011；Tori，et.al.，2017），创新投入减少（谢家智等，2014），创新行为扭曲，创新能力薄弱。二是金融化现象也可能对创新能力存在正向推动作用。首先，金融性资产的高收益率有利于提高企业当期的收益率指标，平滑创新投入（王红建等，2016）；其次，实体企业金融化能够拓宽企业资金来源渠道，缓解企业的融资约束程度（刘贯春等，2019；Gehringer，2013）。由于金融性资产按当期的市场价格记账，当资产价格上涨时，金融性资产账面价值增加，导致企业的资产规模大幅上涨。从而，美化了企业的财务报表，拉低了企业的资产负债率，为企业再融资提供了可能和空间。因此，金融化可能并未降低企业的实业投资率（Kliman，et.al.，2015）及创新能力。

综上所述，在这里提出两个假设：H5-3a、H5-3b

H5-3a：资产收益率宽幅度驱使企业增加金融性资产的持有，抑制企业创新；

H5-3b：资产收益率宽幅度加重企业金融化程度，有利于促进企业创新。

第三节　资产收益率宽幅度与企业创新抑制效应的研究假设

通过理论分析与数理推导，本书发现实体企业中存在的金融性资产收益率与经营性资产收益率之间差异持续拉大的资产收益率宽幅度现象，降低了企业对创新未来收益的预期，推高了对金融投资未来收益的预期。从而导致企业将大量资源抽离创新和主业而流向金融性资产，挤占企业创新资源，弱化企业创新水平。本收继续通过PVAR模型及多元回归模型，对前文中提出的假设进行验证。

一、资产收益率宽幅度与企业创新抑制效应的实证检验

按照前文构建的研究框架以及提出的研究假设，本书首先通过构建多元回归模型验证"资产收益率宽幅度是否对企业创新存在抑制效应"这一核心问题，并检验假设H5-1是否成立。

（一）研究设计

为了验证资产收益率宽幅度对企业创新的抑制效应，选取2011年—2018年A股上市公司作为样本，构建多元回归模型进行验证。

（1）样本选择。

本书选择2011—2018年A股上市公司作为研究样本，剔除ST、*ST公司、金融行业、房地产相关行业，以及数据信息不全面的样本，得到17865个观测值，删除当年没有发生R＆D投入的公司，得到12388个样本建立非平衡面板数据Ⅰ，以研究资产收益率宽幅度对企业R＆D投入强度的影响。根据企业申请专利数据，得到10260个样本，建立非平衡面板数据Ⅱ，以研究资产收益率宽幅度对企业创新成果的影响。

（2）模型构建。

为了检验资产收益率宽幅度对企业创新的影响，本书先采用Hausman检验，验证应该采用固定效应回归；其次，采用Likelihood-ratio检验，证明样本存在时间效应。另外，由于行业是影响企业研发行为的最主要因素之一（Cohen & Klepper，1992；安同良等，2006），本书控制了时间及行业效应；最后，考虑文本面板数据是大样本小时间形式，采用White检验验证数据存在异方差情况，采用稳健标准误Robust进行回归。借鉴Tong等（2014）、黎文靖等

（2016）、张璇等（2017）、周铭山（2017）关于上市公司创新影响因素的研究，建立基本模型公式（5-10）：

$$Innovation_{i,t} = \beta_0 + \beta_1 RS_{i,t} + \beta_2 X + \beta_3 RS_{i,t} \times X + \beta_4 Lasset_{i,t} + \beta_5 KZ_{i,t} + \beta_6 FIN_{i,t} +$$

$$\beta_7 Lev_{i,t} + \beta_8 ROP_{i,t} + \beta_9 Growth_{i,t} + \beta_{10} Cash_{i,t} + Ind_y + Year_t + \varepsilon_{i,t} \quad (5-10)$$

（3）变量选取。

$Innovation$是本书的被解释变量，代表企业创新能力。为了全面反映企业的创新能力，$Innovation$代表了2个不同的具体变量：$R\&D$、$Invent$。$R\&D$代表企业当年创新投入强度，以$R\&D$/营业收入表示。在衡量企业的创新效果时，由于发明专利比实用新型专利和外观设计专利更能体现较高的自主创新能力（张杰等，2018），因此，本书采用企业当年的发明专利申请数量的对数（$Invent$）衡量企业创新质量。

本书的主要解释变量$RS_{i,t}$代表资产收益率宽幅度（$Return\ Spread$）。资产收益率宽幅度是金融性资产收益率与经营性资产收益率的差额。借鉴杜勇（2017）的方式，金融性资产收益率以企业当期的公允价值变动收益与投资收益之和除以金融性资产总额衡量。经营性资产收益率以当期营业利润扣除公允价值变动收益和投资收益合计数之和的差额除以经营性资产总额衡量。

控制变量方面，企业规模、融资约束、金融化、资本结构、盈利能力、成长性和现金流量会影响企业创新能力（张杰等，2011；谢家智等，2014；王红建等，2016）。本书借鉴Kaplan and ZingaleS（1997）的方法，以经营性净现金流/上期总资产、现金股利/上期总资产、现金持有量/上期总资产、资产负债率和Tobin'SQ五个指标为基准衡量企业面临的融资约束程度，建立融资约束程度指标（KZ）。KZ越大，说明企业融资约束程度越高。采用总资产对数衡量企业规模（$Lasset$），采用金融性资产占总资产比重（FIN）代表金融化程度（谢家智，2014；宋军和陆旸，2015），采用资产负债率（Lev）、利润率（ROP，利润/营业收入）、总资产增长率（$Growth$）及现金净流量（$Cash$）控制其他影响因素。Ind_y、$Year_t$分别控制行业效应及时间效应。

变量X代表2个不同的具体变量：融资约束（KZ）与主营业务盈利能力（$Profit$）。收益决定企业资本流动及资源配置。受资产收益率宽幅度影响，金融发展为企业带来的新增资金也将配置于金融性资产以获取高额收益。因此，本书预期$KZ \times RS$的回归系数应显著为正。资金越充裕的企业，资产收益率宽幅度对创新的抑制效应越显著。$Profit$代表企业主营业务盈利能力的虚拟变量。若企业某年毛利率高于该年所有企业的平均值，则企业属于高盈利组，$Profit$取1；反之，若企业毛利率低于该年平均值，则企业属于低盈利组，$Profit$取0。本书预期$Profit \times RS$的回归系数应显著为正。高盈利能力能有效缓解资产收益率宽幅度对创新的抑制效应。

表5-3　变量定义

变量名称		计算方法
被解释变量	R & D	创新投入强度，以R & D / 营业收入表示
	Invent	创新产出，以发明专利申请数额的对数表示
解释变量	RS	资产收益率宽幅度
调节变量	KZ	企业融资约束程度
	Profit	虚拟变量，根据毛利率分组，高盈利能力企业取1，低盈利能力企业取0
控制变量	Lasset	企业规模，期末总资产的对数
	FIN	金融化程度，金融性资产占总资产比重表示
	Lev	资产负债率代表企业资本结构
	ROP	利润率，企业利润 / 营业收入
	Cash	现金净流量
	Growth	总资产增长率

（二）描述性统计

通过描述性统计分析样本企业各指标数值特征，并对不同类型样本企业的创新能力和资产收益率宽幅度差异进行比较。

（1）单变量分析。

表5-4显示了主要变量的描述性统计结果，可以看出当年发生R & D投入的企业占全部样本企业的69.34%，说明大部分企业当年发生了创新行为。面板数据Ⅰ中资产收益率宽幅度指标平均值为5.34%，说明金融性资产收益率比经营性资产收益率平均高出5.34个百分点，企业资产收益率宽幅度现象明显存在。企业R & D投入占营业收入的比重仅为1.19%，而平均持有金融性资产占总资产的比重（FIN）为1.99%。

面板数据Ⅱ中，资产收益率宽幅度指标平均值下降至4.92%。对比面板数据

Ⅰ中企业资产收益率宽幅度的平均值，可以发现资产收益率宽幅度数值下降0.4个百分点，说明当年存在创新产出的企业，资产收益率宽幅度数据较低。企业平均持有的金融性资产占总资产的比重（FIN）也下降至1.84%。

表5-4　描述性统计表

	样本量	平均值	中位数	标准差	最小值	最大值
Panel Ⅰ：样本Ⅰ的描述性统计						
RS（%）	12388	5.341	0.016	22.681	−1.465	182.669
R&D（%）	12388	1.193	0.058	6.851	0.001	59.26
FIN（%）	12388	1.987	0.101	4.356	0	26.628
KZ	12388	3.475	3.478	0.027	2.933	3.749
Panel Ⅱ：样本Ⅱ的描述性统计						
RS（%）	10260	4.922	0.214	21.321	−1.466	168.639
Invent（%）	10260	2.242	2.091	2.403	0.018	13.627
FIN（%）	10260	1.842	0.100	4.216	0	24.329
KZ	10260	3.475	3.477	0.028	2.934	3.723

（2）分组描述。

首先，本书从是否发生R&D投入角度分析企业差异，并以此分组比较数据特征，结果如表5-5所示。当期发生R&D投入企业的资产收益率宽幅度均值为5.34%，显著低于未发生企业6.36%的收益率差异；当期发生R&D投入企业的金融性资产占总资产比重（FIN）的均值为1.99%，显著低于未发生企业3.33%的比重。说明发生创新行为的企业金融性资产收益率与经营性资产收益差异较小，持有的金融性资产较少，但是面临的融资约束更高。

表5-5　是否发生R&D分组下各变量的比较

分组	RS	FIN	KZ	样本量
未发生R&D投入的企业（Inn=0）	6.357	3.334	3.472	5477
发生R&D投入的企业（Inn=1）	5.341	1.987	3.475	12388
t-test(P-value)	1.016***（2.698）	1.347***（15.374）	−0.003***（−4.150）	17865

注：（ ）内为单变量检验t值，其中中位数检验为Z值；*、**、***分别代表在10%、5%和1%的水平上显著。

其次，本书从融资约束角度分析企业资产收益率宽幅度和创新的差异，并以此对面板数据Ⅰ和面板数据Ⅱ分组比较数据特征，结果如表5-6所示。当年KZ

指标值大于KZ平均值的企业属于资金紧缺组，企业融资约束程度严重；反之为资金充裕组。资金充裕企业资产收益率宽幅度的平均值为7.53%，显著高于资金紧缺企业4.11%的平均值；资金充裕企业R＆D投入强度的平均值为0.91%，显著高于资金紧缺企业1.43%的平均值。初步说明融资约束程度较低、资金更充裕的企业资产收益率宽幅度现象更加严重，并且创新投入反而更少。融资约束程度缓解反而增加了资产收益率宽幅度对实体企业创新投入的抑制效应。但是资金充裕企业的创新产出反而高于资金紧缺企业。

最后，本书从盈利能力差异角度分析了企业资产收益率宽幅度和创新的差异，并以此分组比较了数据特征。高盈利企业的资产收益率宽幅度均值为5.04%，低于低盈利企业的收益率差异。高盈利企业的R＆D投资占营业收入比重均值为1.60%，均显著高于低盈利企业。初步说明主营业务盈利能力高的企业经营性资产收益率较高，从而资产收益率宽幅度程度较低。并且高盈利能力企业更关注主业和创新发展，有助于缓解资产收益率宽幅度对企业创新的抑制效应。但是高盈利企业的创新产出反而高于低盈利企业。

表5-6　按融资约束、盈利能力分组下各变量的比较

	RS	R＆D	Invent
组A：按企业融资约束分组			
资金紧缺企业（KZ＞均值）	4.106 [10378]	1.432 [6774]	2.087 [5660]
资金充裕企业（KZ＜均值）	7.528 [7487]	0.905 [5614]	2.327 [4600]
t-test(P-value)	−3.422*** (−8.424)	0.527*** (4.262)	−0.240*** (−8.620)
组B：按企业盈利能力分组			
低盈利能力企业（Profit＝0）	5.979 [9863]	0.894 [7146]	2.232 [5856]
高盈利能力企业（Profit＝1）	5.038 [8002]	1.602 [5242]	2.145 [4404]
t-test(P-value)	0.940** (2.317)	−0.708*** (−5.691)	0.087*** (3.101)

注：[ ]内为样本量，（ ）内为单变量检验t值，其中中位数检验为Z值；*、**、***分别代表在10%、5%和1%的水平上显著。

（三）回归结果

表5-7报告了控制行业和时间效应后，资产收益率宽幅度对企业R＆D投入

强度及发明专利数量Invent影响的回归结果，回归系数分别在10%及5%的水平下显著为负，说明资产收益率宽幅度降低了实体企业创新动力和创新意愿，导致R&D投入强度和创新产出下降。验证了假设H5-1成立，资产收益率宽幅度对企业创新存在抑制效应。

表5-7　资产收益率宽幅度对企业创新影响的回归结果

VARIABLES	$R \& D_{i,t+1}$	$Invent_{i,t+1}$
$RS_{i,t}$	−0.547*	−0.821**
	(0.305)	(0.389)
Lasset	0.991***	0.537***
	(0.257)	(0.044)
KZ	−7.928**	−0.806*
	(3.524)	(0.482)
Lev	−3.388***	0.011
	(0.770)	(0.112)
FIN	−3.065*	−0.531
	(1.818)	(0.393)
Growth1	−0.356***	−0.058**
	(0.129)	(0.023)
Cash	−1.295*	−0.186
	(0.759)	(0.154)
ROP	2.110***	−0.042***
	(0.386)	(0.005)
Year	Yes	Yes
Ind	Yes	Yes
Constant	21.549	−7.822***
	(14.435)	(1.874)
r2_adj	0.0859	0.232
F	12.86***	31.52***
Obs	12388	10260

注：（ ）内为变量t值，*、**、***分别代表在10%、5%和1%的水平上显著。

表5-8报告了融资约束调节资产收益率宽幅度与企业创新之间关系的回归结果。结果显示，对于企业R&D投入强度而言，资产收益率宽幅度RS、

融资约束（*KZ*）分别在10%、5%的水平下显著为负，但是二者的交叉项（*RS×KZ*）在5%的水平下显著为正，说明资产收益率宽幅度和融资约束分别对企业创新存在抑制效应，但是二者共同作用反而对企业创新存在促进效应。即融资约束缓解了资产收益率宽幅度对创新投入的抑制效应。融资约束程度越高的企业，资产收益率宽幅度对企业创新的抑制效应越小，而融资约束程度越低的企业，资产收益率宽幅度对企业创新的抑制效应越明显。可能原因在于融资约束程度较高的企业即使受资产收益率宽幅度影响希望投资金融性资产，但是由于资金紧缺也无法完成，所以不存在明显的对创新活动的抑制效应。而融资约束程度越低的企业，并不会将较充裕的资金用于创新活动，反而在资产收益率宽幅度的影响下将更多的资金配置于金融性资产，对创新的抑制效应更明显。但是资产收益率宽幅度与融资约束的交叉项（*RS×KZ*）不显著，说明融资约束对于资产收益率宽幅度与企业创新产出*Invent*之间关系的调节作用不明显。融资约束主要对资产收益率宽幅度与创新投入之间的关系能够有效调节，企业资金紧缺主要影响创新投入。可能的原因是融资约束通过创新投入对创新产出存在间接影响，从而可能存在一定的滞后期。因此，融资约束对资产收益率宽幅度与创新产出之间关系产生调节作用的时间要晚于对资产收益率宽幅度与创新投入之间关系产生调节作用的时间。

表5-8 资产收益率宽幅度、融资约束对企业创新影响的回归结果

VARIABLES	$R \& D_{i,t+1}$	$Invent_{i,t+1}$
$RS_{i,t}$	−0.384*	−0.804*
	(0.220)	(0.415)
KZ	−8.254**	−2.146**
	(3.396)	(1.018)
RS×KZ	0.220**	8.497
	(0.090)	(20.392)
Lasset	0.991***	0.537***
	(0.257)	(0.044)
Lev	−3.407***	−0.068
	(0.761)	(0.116)
FIN	−2.957	−0.546

（续表）

VARIABLES	$R\&D_{i,t+1}$	$Invent_{i,t+1}$
	(1.812)	(0.393)
Growth1	−0.357***	−0.063***
	(0.129)	(0.023)
Cash	−1.299*	−0.343**
	(0.757)	(0.163)
ROP	2.110***	−0.042***
	(0.386)	(0.005)
Year	Yes	Yes
Ind	Yes	Yes
Constant	22.663	−3.145
	(14.038)	(3.727)
r2_adj	0.0892	0.233
F	13.21***	32.33***
Obs	12388	10260

注：（ ）内为变量 t 值，*、**、*** 分别代表在 10%、5% 和 1% 的水平上显著。

表 5-9 报告了主营业务盈利能力调节资产收益率宽幅度与企业创新之间关系的回归结果。结果显示，对于企业 R & D 投入强度及创新产出而言，资产收益率宽幅度 RS 与主营业务盈利能力 Profit 的交叉项（ RS × Profit）均在 1% 的水平下显著为正，说明企业的主营业务盈利能力减弱了资产收益率宽幅度对企业创新投入及创新产出的抑制效应。主营业务盈利能力越高的企业，业绩良好，企业套利动机较小，受资产收益率宽幅度吸引减少创新的可能性较低。因此，主营业务盈利能力高的企业，资产收益率宽幅度对创新投入和创新产生的抑制效应较小；主营业务盈利能力低的企业，资产收益率宽幅度对科技创新投入和创新产生的抑制效应更显著。

表 5-9 资产收益率宽幅度、盈利能力对企业创新影响的回归结果

VARIABLES	$R\&D_{i,t+1}$	$Invent_{i,t+1}$
$RS_{i,t}$	−0.554*	−0.878**
	(0.306)	(0.395)
Profit	0.624***	0.032
	(0.199)	(0.031)

（续表）

VARIABLES	R & D$_{i,t+1}$	Invent$_{i,t+1}$
RS×Profit	0.001***	0.008***
	(0.000)	(0.002)
Lasset	0.982***	0.537***
	(0.256)	(0.044)
KZ	−7.820**	−0.800*
	(3.534)	(0.480)
Lev	−3.215***	0.017
	(0.770)	(0.112)
FIN	−3.139*	−0.539
	(1.816)	(0.393)
Growth	−0.357***	−0.058**
	(0.130)	(0.023)
Cash	−1.339*	−0.188
	(0.760)	(0.154)
ROP	2.094***	−0.043***
	(0.385)	(0.005)
Year /Ind	Yes	Yes
Constant	20.918	−7.851***
	(14.436)	(1.869)
r2_adj	0.0878	0.232
F	12.97***	31.22***
Obs	12388	10260

注：（ ）内为变量 t 值，*、**、*** 分别代表在 10%、5% 和 1% 的水平上显著。

（四）内生性检验

工具变量法（Larcker & Rusticus，2010；Wooldridge，2006）的实质是通过工具变量将存在内生性问题的解释变量分成外生部分和内生部分两部分。工具变量法可以有效解决遗漏变量偏差、双向因果、动态面板偏差及测量误差等因素引起的内生性问题（Wooldridge，2006；Bascle，2008）。

（1）工具变量选取。

工具变量法要求选择与内生变量相关、与扰动项不相关的外生变量作为工具变量。本章选择了*HRS*、*Wage*和*Employment*3个工具变量，来替换解释变量资产收益率宽幅度。*HRS*为样本企业所在省份房地产投资收益率与该省样本企业所在行业的平均收益率的差额。其中，样本企业所在省份房地产投资收益率以该省当年商品房平均价格比上年价格的上涨率表示；样本企业所在行业的平均收益率以该省所有属于该行业的上市公司的平均营业利润率表示。房价上涨，会导致投资、炒作商品房行为出现，进一步推动资产价格上涨。企业中允许采用公允价值计价法计量投资性房地产价值，公允价值计价法的顺周期效应容易向市场传递过于乐观的会计信息（黄世忠，2008），从而刺激投资者更愿意投资房地产及金融性资产等公允价值计价资产，助推金融性资产价格持续上升，企业资产收益率宽幅度持续拉大。因此，*HRS*与资产收益率宽幅度相关，但是与企业创新能力关系较弱。

*Wage*为样本企业所在省金融行业从业人员平均工资与制造业从业人员平均工资的差额。*Wage*越大，金融行业从业人员平均工资越高于制造业，说明金融企业的效益与制造业企业的差距越大，金融企业的收益率高于制造业企业的收益率，可以反映出金融性资产收益率高于经营性资产收益率，资产收益率宽幅度越大。因此，*Wage*与资产收益率宽幅度相关，但是与企业创新能力关系较弱。

*Employment*为样本企业所在省金融行业新增从业人员数量与制造业新增从业人员数量的差额。某行业新增从业人员越多，可以从侧面说明该行业比较景气，行业效益较高。金融行业新增从业人员数量与制造业新增从业人员数量的差额也可以反映出两个行业所属企业的收益差距。因此，*Employment*与资产收益率宽幅度相关，但是与企业创新能力关系较弱。由于资产收益率宽幅度影响了企业对创新活动未来收益的预期，本书以下一年度的R＆D投入以及发明专利数量衡量企业的创新能力。为了保持一致性，本书选取的工具变量也以滞后一期的数据衡量。

（2）模型检验。

由于估计方法的不同、工具变量选择的不同对估计结果影响很大（王美今等，2012）。因此，本书首先需要进行多步骤检验以明确合适的估计方法及甄别所选择工具变量是否合理。

第一步，进行第一阶段回归的球形扰动项检验。常用的工具变量估计方法有两阶段最小二乘法（IV-2SLS）、三阶段最小二乘法（IV-3SLS）和广义矩估计（IV–GMM）。在满足球形扰动项（误差项没有异方差和自相关）的情况下，IV–2SLS是最有效的。但在误差项存在异方差或自相关的情况下，IV–GMM则是更为有效的估计方法。通过White检验发现，P值小于0.01，检验结果拒绝同方差的假定，从而验证数据扰动项存在异方差情况。因此，本章采用面板IV–GMM方法进行内生性问题修正。

第二步，进行不可识别检验，以验证选取的工具变量与内生解释变量是否相关。根据第一步的方差检验结果，需要使用K–P的秩检验法进行不可识别检验。检验结果显示，模型拒绝了不可识别的原假设，说明选取的工具变量 *HRS*、*Wage*和*Employment*与内生变量资产收益率宽幅度相关。

第三步，采用Stock–Yogo弱工具变量检验法进行弱识别检验，以验证工具变量与内生变量相关的程度。根据Stock, et.al.（2005）的研究成果，该方法主要针对第一阶段扰动项同方差的情况，但是在扰动项异方差时，仍可使用该方法作为判断依据（郭冬梅等，2014）。检验结果显示，模型的弱识别F统计量的值高于5%的最大相对偏差的临界值，因此，得出拒绝弱识别的原假定。本章选取的工具变量与内生变量的相关性较高。

第四步，进行过度识别检验，以研究工具变量与扰动项是否相关。过度识别检验主要存在Sargan检验和Hansen–J两种检验方法。当第一阶段扰动项同方差时应采用Sargan检验；当扰动项异方差时，应采用Hansen–J检验。由于第一步检验显示扰动项异方差，根据Hansen–J检验结果显示，P值大于0.05，不能拒绝工具变量与扰动项不相关的原假设。因此，可以认为本章选取的工具变量为外生变量。

第五步，由于工具变量个数大于内生解释变量的个数，因此需要进行冗余性检验，检验是否存在多余的工具变量。结果显示，在5%的显著性水平下，不能拒绝*Employment*变量为冗余变量的假定，但是拒绝了*HRS*、*Wage*为冗余变量的原假定。因此，工具变量应该为*HRS*和*Wage*两项，*Employment*变量为多余的工具变量。

第六步，进行内生性检验，以判断模型是否存在内生性问题。连玉君（2008）提出应该先进行内生性检验，这是进行工具变量检验的前提。但是，Hausman内生性检验的前提要求所选取的工具变量是可识别的、不是弱工具变量且是外生的工具变量。只有满足上述条件才能进行Hausman内生性检验，否则无法得到准确的结果（郭冬梅等，2014）。因此，本书在上述5步完成之后进行

Hausman内生性检验。结果显示，模型在10%的显著性水平下，应该拒绝资产收益率宽幅度为外生变量的假定，说明模型存在内生性问题。

经过上述6步检验，可以明确模型存在内生性问题，可以采用*HRS*与*Wage*两个变量为工具变量，采用GMM估计方法进行重新验证，以得到更准确的估计结果。

（3）模型设定。

本章采用面板GMM方法，以*HRS*、*Wage*两个外生变量为工具变量，检验资产收益率宽幅度对企业创新能力的影响。检验模型公式如（5–11）所示。模型中被解释变量*Innovation*、解释变量资产收益率宽幅度*RS*的含义与衡量，以及控制变量的选取与上节一致。

$$Innovation_{i,t+1} = \beta_0 + \beta_1 RS_{i,t} + \beta_2 ROA + \beta_3 Lasset + \beta_4 KZ + \beta_5 Age +$$

$$\beta_6 TAN + \beta_7 Growth + \beta_8 ROP + Ind + year + \varepsilon \qquad (5-11)$$

（4）实证检验结果。

表5–10显示了资产收益率宽幅度对企业创新能力影响的工具变量检验结果。第（1）—（2）列分别为资产收益率宽幅度对企业创新投入R＆D影响的固定效应检验以及工具变量法检验结果；第（3）—（4）列分别为资产收益率宽幅度对企业创新产出Invent影响的固定效应检验以及工具变量法检验结果。如第（2）列所示，K–P LM秩检验、Stock–Yogo检验以及Hansen–J检验结果均显示，*HRS*、*Wage*工具变量较合适。并且Hausman内生性检验结果在5%的水平下显著，说明原模型存在内生性问题，应该以GMM结果为准检验资产收益率宽幅度对企业创新能力的关系。资产收益率宽幅度*RS*系数在10%的水平下显著为负，说明资产收益率宽幅度显著抑制了企业创新投入。资产收益率宽幅度每增加1个百分点，企业将减少0.775个百分点的创新投入。如第（4）列所示，K–P LM秩检验、Stock–Yogo检验以及Hansen–J检验结果均显示，*HRS*、*Wage*工具变量较合适。并且Hausman内生性检验结果在5%的水平下显著，说明原模型存在内生性问题，应该以GMM结果为准检验资产收益率宽幅度对企业创新能力的关系。资产收益率宽幅度*RS*系数在5%的水平下显著为负，说明资产收益率宽幅度显著抑制了企业创新产出。因此，在剔除了内生性问题后，资产收益率宽幅度现象仍然会显著抑制实体企业创新投入和创新产出，再次验证了假设H5–1成立。

表5-10　资产收益率宽幅度影响实体企业创新的内生性检验结果

VARIABLES	(1) fe $R\&D_{i,t+1}$	(2) IV-GMM $R\&D_{i,t+1}$	(3) fe $Invent_{i,t+1}$	(4) IV-GMM $Invent_{i,t+1}$
$RS_{i,t}$	−0.067*	−0.775*	−0.092***	−46.927**
	(0.035)	(0.468)	(0.030)	(23.471)
Lasset	−0.683***	−0.630***	0.607***	0.721***
	(0.085)	(0.052)	(0.044)	(0.103)
KZ	−2.878***	−3.097***	−1.057**	−5.864
	(0.652)	(0.759)	(0.458)	(4.479)
Age	0.184***	0.112***	0.071***	−0.021
	(0.020)	(0.011)	(0.011)	(0.017)
TAN	−0.746***	−0.657***	−0.351***	−0.786
	(0.174)	(0.133)	(0.100)	(0.724)
Growth	−0.222***	−0.326***	−0.068***	−0.025
	(0.038)	(0.042)	(0.021)	(0.238)
ROP	0.666**	0.458**	0.068	1.227
	(0.323)	(0.213)	(0.155)	(1.202)
Constant	26.755***		−6.878***	
	(2.818)		(1.776)	
Year/Ind	Yes	No	Yes	No
Observations	12388	12388	10260	10260
R-squared	0.106	0.061	0.217	0.160
F	13.37***	57.53***	31.21***	145.26***
K-P LM 检验		203.111***		203.111***
Stock-Yogo检验：				
CDW F 值		70.311		70.311
5%最大相对偏差临界值		13.91		13.91
Hansen-J 检验		4.092		2.913
Hausman内生性检验		5.409**		4.746**
工具变量IV		HRS、Wage		HRS、Wage

注：（　）内为变量 t 值，*、**、*** 分别代表在 10%、5% 和 1% 的水平上显著。

（五）稳健性检验

本书采用了如下稳健性检验：（1）以R＆D对数衡量创新投入的绝对规模，重新建立固定效应模型验证；（2）按ROA高低作为企业盈利能力的衡量指标，对企业重新分组验证。以上稳健性测试的结果，与本书结论基本一致。

（六）研究结论

通过建立多元回归模型验证了资产收益率宽幅度对企业创新存在抑制效应，假设H5-1成立。采用工具变量法IV-GMM对模型内生性问题进行修正后得出一致的结论，再次验证了假设H5-1成立。进一步研究发现，资产收益率宽幅度对企业创新的影响因企业盈利能力及融资约束差异而存在不同。融资约束程度较高的企业以及高盈利能力企业中，资产收益率宽幅度对企业创新的抑制效应较低；融资约束程度较高、资金较充裕的企业以及低盈利能力企业中，资产收益率宽幅度对企业创新的抑制效应较明显。

二、资产收益率宽幅度与企业创新抑制效应原因的实证分析

在检验了"资产收益率宽幅度对创新存在抑制效应"这一核心问题的基础之上，通过建立PVAR模型对"资产收益率宽幅度为何影响企业创新"这一问题进行验证，并检验假设H5-2是否成立。

（一）研究设计

本书建立了PVAR模型，并对相关因素进行格兰杰因果检验，以说明资产收益率宽幅度现象导致实体企业创新活动预期收益下降、金融投资预期收益上升，是资产收益率宽幅度对企业创新存在抑制效应的重要原因。

1.模型构建

由于各实体企业的创新预期收益无法衡量，因此本书依据各上市公司注册地将样本企业分组，以各省、自治区及直辖市下一年度所有高新技术企业的平均利润率替代创新预期收益，以各省、自治区及直辖市下一年度金融行业和房地产行业所有企业的平均利润率替代金融投资预期收益。并以各省（市、自治区）为单位建立平衡面板数据。并选用Holtz-Eakin（1988）提出的面板数据向量自回归方法（Panel Data Vector Autoregression，简称"PVAR"），估计资产收益率宽幅度对样本预期收益的影响，以说明资产收益率宽幅度现象是实体企业创新活动预期收益下降、金融投资预期收益上升的决定因素和重要原因。PVAR方法对样本量要求较低，能够通过引入个体效应变量和时点效应变量分别捕捉个体固定效应和不同横截面受到的共同冲击，同时，还可以分析面对冲击

时变量的动态反应。对应每个样本省市i，构建PVAR模型如下（5-12）：

$$A_0X_{i,t}=f_i+\sum_{j=1}^{q}A_jX_{i,t-j}+d_{i,t}+\mu_{i,t} \tag{5-12}$$

其中，$X_{i,t}=(z'_{i,t}, y'_{i,t})'$，$z'_{i,t}$是外生变量向量，主要是指实体企业金融中心与经营性资产的资产收益率宽幅度；$y_{i,t}'=(ER_{i,t}, FIREER_{i,t})'$是内生变量向量，包括创新活动预期收益与金融投资预期收益。A是一个3×3的系数矩阵；引入各省的固定效应f_i以体现个体异质性；引入各省的时点效应变量$d_{i,t}$以体现每一时期各省份的特定冲击，进而避免横截面样本中可能存在的结构差异；$\mu_{i,t}$为服从正态分布的随机扰动项。

2.变量选择

为了衡量资产收益率宽幅度对创新活动预期收益和金融投资收益的影响，本章以下一年各省高新技术企业利润率（营业利润/营业收入）的平均值代表该省创新活动的预期收益ER（Expected Return）；以该省下一年度金融和房地产企业利润的平均值代表该省金融投资的预期收益FIREER（FIRE Expected Return）；以该省本年度实体企业金融性资产收益率与经营性资产收益率差异的平均值代表该省的资产收益率宽幅度程度RS。每家实体企业资产收益率宽幅度RS的含义和计算公式与前文相同。

3.数据来源

本书根据2010—2018年A股上市公司的注册地，将各上市公司分组计算各省每年度的资产收益率宽幅度、高新技术企业利润率及金融和房地产行业的利润率，并且进行了如下处理：①为了数据的准确性，删去了拥有的高新技术企业数量小于5家的省份；②剔除了金融和房地产企业注册数量小于5家的省份；③剔除了数据出现缺失导致年度不连贯的省份。最终，通过得到的23个省份连续9年的信息，共207个样本建立了平衡面板进行数据验证。23个省市分别为北京市、天津市、河北省、山西省、辽宁省、吉林省、上海市、江苏省、浙江省、安徽省、福建省、江西省、山东省、河南省、湖北省、湖南省、广东省、海南省、重庆市、四川省、贵州省、云南省及陕西省。上市公司数据来源于国泰安数据库。

4.描述性统计

表5-11显示了各变量的描述性统计结果。可以看出，各省实体企业资产收益率宽幅度的平均值为6.51%，说明各省实体企业金融性资产收益率超过经营性

资产收益率6.5个百分点。说明金融和房地产行业收益率较高，我国实体经济行业与虚拟经济行业发展不平衡。企业创新行为预期收益ER的平均值为7.46%，远低于金融投资预期收益FIREER 25.16%的平均值。说明企业对两种投资项目的预期收益存在较大差异。

表5-11　描述性统计表

变　量	平均值	中位数	标准差	最大值	最小值
RS（%）	6.506	5.539	4.616	26.619	0.444
ER（%）	7.459	1.796	21.570	100.255	−42.967
FIREER(%)	25.156	1.505	24.921	214.847	−6.494

（二）模型检验

为了保证检验结果的可靠性，需要先进行样本数据的平稳性检验和协整检验。通过检验的样本数据才能进行格兰杰检验以及PVAR检验。

1.平稳性检验

为了防止伪回归现象，本书采用Levin，Lin & Chu检验、Im，Pesaran and Shin W-stat检验、ADF-Fisher卡方检验及PP-Fisher卡方检验4种方法对面板数据进行平稳性检验。检验结果如表5-12所示，资产收益率宽幅度（RS）、创新活动预期收益（ER）及金融投资预期收益（FIREER）3个变量均通过了4种方法的检验，拒绝了变量存在单位根的原假设，3个变量均为平稳序列。

表5-12　变量单位根检验结果

检验方法	估计值	P值	面板量	样本量
资产收益率宽幅度RS单位根检验结果：				
Levin, Lin & Chu 检验	−5.270	0.000***	23	161
Im, Pesaran and Shin W-stat检验	−2.265	0.012***	23	161
ADF – Fisher Chi-square检验	79.126	0.002***	23	161
PP – Fisher Chi-square检验	138.891	0.000***	23	184
创新活动预期收益ER单位根检验结果：				
Levin, Lin & Chu检验	−46.296	0.000***	23	161
Im, Pesaran and Shin W-stat检验	−5.106	0.000***	23	161
ADF – Fisher Chi-square检验	64.127	0.040***	23	161
PP – Fisher Chi-square检验	133.422	0.000***	23	184

（续表）

检验方法	估计值	P值	面板量	样本量
金融投资预期收益FIREER单位根检验结果：				
Levin, Lin & Chu检验	−46.805	0.000***	23	161
Im, Pesaran and Shin W−stat检验	−7.554	0.000***	23	161
ADF − Fisher Chi−square检验	89.044	0.000***	23	161
PP − Fisher Chi−square检验	171.678	0.000***	23	184

2.协整检验

本书进一步采用Kao检验及Pedroni检验进行面板协整检验，以考察变量之间是否存在长期均衡的协整关系。检验结果如表5-13所示。

表5-13　ER和RS之间及FIREER和RS之间的协整检验结果

	估计值	P值
ER和RS变量的协整检验：		
Kao检验结果：		
Modified Dickey−Fuller检验	−1.309	0.095
Dickey−Fuller检验	−1.508	0.067
Augmented Dickey−Fuller检验	−2.149	0.016
Unadjusted modified Dickey−Fuller检验	−3.685	0.000
Unadjusted Dickey−Fuller检验	−2.785	0.003
Pedroni检验结果：		
Modified Phillips−Perron 检验	3.199	0.001
Phillips−Perron检验	−10.104	0.000
Augmented Dickey−Fuller检验	−11.056	0.000
FIREER和RS变量的协整检验：		
Kao检验结果：		
Modified Dickey−Fuller检验	−6.023	0.000
Dickey−Fuller检验	−9.903	0.000
Augmented Dickey−Fuller检验	−10.780	0.000
Unadjusted modified Dickey−Fuller检验	−7.424	0.000
Unadjusted Dickey−Fuller检验	−10.274	0.000
Pedroni检验结果：		
Modified Phillips−Perron 检验	2.994	0.001
Phillips−Perron检验	−7.226	0.000
Augmented Dickey−Fuller检验	−5.721	0.000

表5-13上半部分显示了资产收益率宽幅度RS和创新活动预期收益ER之间的协整检验结果。其中前五行为Kao检验结果，5种检验方法分别在10%、10%、5%、1%和1%水平下拒绝变量不协整的原假设；后三行为Pedroni检验结果，3种检验方法均在1%的水平下拒绝原假设。因此，资产收益率宽幅度RS和创新活动预期收益ER之间存在长期均衡的协整关系；表5-13下半部分显示了资产收益率宽幅度RS和金融行为预期收益FIREER之间的协整检验结果。其中前五行为Kao检验结果，5种检验方法均在1%水平下拒绝变量不协整的原假设；后三行为Pedroni检验结果，3种检验方法均在1%的水平下拒绝原假设。因此，资产收益率宽幅度RS和金融行为预期收益FIREER之间存在长期均衡的协整关系。

3.格兰杰因果检验

表5-14显示了格兰杰检验结果。从表5-14可以看出，第一行的P值小于0.05，说明检验结果拒绝了"RS不是ER的格兰杰原因"的原假设，即资产收益率宽幅度是下一期间创新活动预期收益变动的原因，但是资产收益率宽幅度对创新活动预期收益的影响方向不明确；第三行的P值小于0.05，说明检验结果拒绝了"RS不是FIREER的格兰杰原因"的原假设，即资产收益率宽幅度是下一期间金融投资预期收益变动的原因，但是资产收益率宽幅度对金融投资预期收益的影响方向不明确。

表5-14　格兰杰因果检验结果

假　设	样本量	F检验	P值	结论
RS不是ER的格兰杰原因	184	6.22736	0.013***	拒绝
ER不是RS的格兰杰原因		2.1692	0.143	接受
RS不是FIREER的格兰杰原因	184	27.1971	0.000***	拒绝
FIREER不是RS的格兰杰原因		0.663	0.431	接受

（三）PVAR模型检验结果

为了提高PVAR模型的准确性，本书分别运用截面均值差分消除时间固定效应造成的估计偏差，采用向前均值差分消除个体固体效应造成的估计偏差，并采用滞后变量作为工具变量，依据GMM方法进行PVAR检验，结果如表5-15所示。依据第二列的结果，RS的一、二、三阶滞后项分别在5%、1%、1%的水平下对创新预期收益ER产生显著的负向影响，从而验证资产收益率宽幅度降低了企业创新预期收益，假设H5-2成立。而ER的一、二阶滞后项对RS也产生显著的负向影响，但是ER的三阶滞后项对RS的影响不显著，说明创新预期收益的提高也有利于收窄实体企业资产收益率宽幅度，但是二者保持非对称的双向关系。

结合第三列的检验结果，RS的一、二、三阶滞后项分别在1%、1%、5%的水平下对金融投资预期收益$FIREER$产生显著的正向影响。从而，验证了资产收益率宽幅度提高了企业金融投资预期收益。而$FIREER$的一、二、三阶滞后项对RS也产生显著的正向影响，说明金融投资预期收益的提高也导致实体企业资产收益率宽幅度显著上涨。二者为对称的双向关系。

表5-15　PVAR模型检验结果

变　量	$ER(t)$	$FIREER(t)$	$RS(t)$
$ER（t-1）$	0.396***	−0.526	−0.332***
	(0.112)	(0.351)	(0.091)
$FIREER（t-1）$	−0.192*	0.025***	0.715***
	(0.101)	(0.008)	(0.142)
$RS（t-1）$	−0.102**	22.548***	−0.328***
	(0.049)	(2.059)	(0.031)
$ER（t-2）$	0.347**	−0.352	−0.293***
	(0.125)	(2.614)	(0.089)
$FIREER（t-2）$	−0.192	0.026**	0.243**
	(0.153)	(0.013)	(0.127)
$RS（t-2）$	−0.045***	5.673***	0.101**
	(0.016)	(1.411)	(0.058)
$ER（t-3）$	0.298**	−0.028	−0.198
	(0.142)	(0.471)	(1.556)
$FIREER（t-3）$	−0.491	−0.958	0.201*
	(0.642)	(0.134)	(0.114)
$RS（t-3）$	−0.007***	4.181**	0.189*
	(0.003)	(2.101)	(0.096)

（四）脉冲响应分析

为了进一步检验各变量之间的动态关系，通过给予变量一个标准差的冲击，模拟了各变量之间的脉冲响应函数，结果如图5-1所示。可以得出以下结论：

（1）如图（b）所示，给资产收益率宽幅度RS一个标准差的冲击，创新活动预期收益ER产生明显的反向响应，第2期影响减小趋向于零。但是第4期开始再次明显下行并持续至第5期后逐渐趋于零。导致受到RS正向冲击后，创新活动预期收益呈现W型变动。说明资产收益率宽幅度增加会降低创新预期收益，并保持一定的长期效应。

（2）如图（h）所示，给资产收益率宽幅度RS一个标准差的冲击，金融投资预期收益$FIREER$会产生明显的正向响应，并持续至第3期后逐渐趋于零。说明资产收益率宽幅度增加会提高金融投资预期收益，并保持一定的长期效应。

综上所述，资产收益率宽幅度的持续拉大将降低企业对创新活动未来收益的预期，提高企业对金融投资未来收益的预期。再次验证假设H5-2成立。

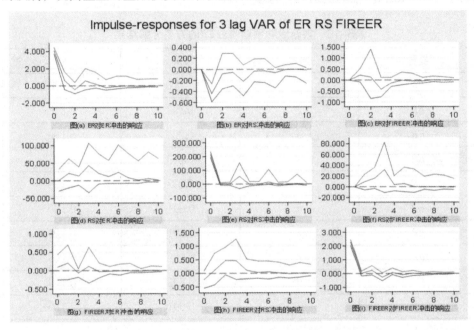

图 5-1　脉冲响应图

注：横轴代表冲击反应的滞后期数（10期），纵轴代表内生变量对冲击的响应程度，中间曲线对脉冲响应函数曲线，两侧为95%的置信区间，使用Monte-Carlo模拟200次得到。

数据来源：STATA软件生成。

（五）方差分解结果

根据PVAR模型及脉冲响应分析结果，可以看出资产收益率宽幅度RS会显著降低投资者对下一期间创新活动的预期收益，而显著提高投资者对金融投资未来收益的预期。但是PVAR模型也发现创新收益和金融投资收益也会影响自身下一期的预期收益。因此，进一步通过方差分解分析各变量之间的影响程度。

表5-16显示了创新活动预期收益ER的方差分解结果。从分解结果看，自身因素仍然是影响创新活动预期收益ER滞后期变化的最重要的影响因素。但是资产收益率宽幅度RS的份额在逐渐增加，并一直持续到第10期一直保持10%以上

的影响程度。说明从动态过程看，资产收益率宽幅度RS对创新活动预期收益ER
的推动是显著的。表5-17显示了金融投资预期收益FIREER的方差分解结果。从
分解结果看，在前5期，导致金融投资预期收益FIREER变化的因素中，FIREER
自身的份额最大。但是从第6期开始，资产收益率宽幅度RS的份额就超过金融投
资预期收益FIREER本身，说明从动态过程看，资产收益率宽幅度RS对金融投资
预期收益FIREER的推动也是显著的。

表5-16 创新活动预期收益ER的方差分解结果

变量	期数	ER	RS
ER	1	1.000	0.000
ER	2	0.902	0.098
ER	3	0.900	0.100
ER	4	0.893	0.107
ER	5	0.892	0.108
ER	6	0.891	0.109
ER	7	0.891	0.109
ER	8	0.891	0.109
ER	9	0.891	0.109
ER	10	0.891	0.109

表5-17 金融投资预期收益FIREER的方差分解结果

变量	期数	ER	RS
FIREER	1	1.000	0.000
FIREER	2	0.837	0.163
FIREER	3	0.720	0.280
FIREER	4	0.603	0.397
FIREER	5	0.527	0.473
FIREER	6	0.470	0.530
FIREER	7	0.429	0.571
FIREER	8	0.397	0.603
FIREER	9	0.375	0.625
FIREER	10	0.359	0.641

（六）研究结论

通过构建PVAR模型检验资产收益率宽幅度影响企业创新的原因，发现资产收益率宽幅度降低了企业对创新收益的预期。由于资本的逐利性，收益率的下降导致企业创新意愿下降，创新投入减少，从而出现了资产收益率宽幅度对企业创新的抑制效应。假设H5-2得到验证。

三、资产收益率宽幅度对企业创新存在抑制效应中介路径的实证检验

在验证了"资产收益率宽幅度对企业创新存在抑制效应"及"资产收益率宽幅度通过降低创新预期收益而抑制创新"两个问题后，本章继续对第三个核心问题"资产收益率宽幅度对企业创新存在抑制效应的路径和途径"进行检验，同时验证H5-3a和H5-3b哪个假设成立。

（一）研究设计

构建多元回归模型，并采用前文的样本企业进行实证检验，以验证资产收益率宽幅度对企业创新抑制效应的路径。

1.模型构建

为了检验资产收益率宽幅度对企业创新的影响，本书首先采用Hausman检验，验证应该采用固定效应回归；其次，采用Likelihood-ratio检验，证明样本存在时间效应。另外，由于行业是影响企业研发行为的最主要因素之一（Cohen & Klepper，1992；安同良等，2006），本书控制了时间及行业固定效应；最后，考虑文本面板数据是大样本短时间形式，采用White检验验证数据存在异方差情况，因此采用稳健标准误Robust进行回归。

为了检验资产收益率宽幅度对创新影响的传导机制，借鉴温忠麟、叶宝娟（2014）提出的中介效应分析方法，构建公式（5-13）—（5-15）以检验"资产收益率宽幅度—金融化—企业创新"这一路径。中介效应应满足以下条件：①$\beta 1$在统计上显著；②$\alpha 1$、$\varphi 2$均显著，则中介效应显著。此时，若$\varphi 1$不显著，则为完全中介效应；若$\varphi 1$显著，且$\alpha 1 \times \beta 1$和$\varphi 1$同符号，则属于部分中介效应；若$\varphi 1$显著，且$\alpha 1 \times \beta 1$和$\varphi 1$异号，则属于遮掩效应；③若$\alpha 1$、$\varphi 2$至少有一个不显著，则需要进行Sobel检验或者Bootstrap检验判断是否存在中介效应。

$$Innovation_{i,t+1} = \beta_0 + \beta_1 RS_{i,t} + ctrls + Ind_y + Year_t + \varepsilon_{i,t} \qquad (5-13)$$

$$FIN_{i,t+1} = \alpha_0 + \alpha_1 RS_{i,t} + ctrls + Ind_y + Year_i + \varepsilon_{i,t} \qquad (5-14)$$

$$Innovation_{i,t+1} = \varphi_0 + \varphi_1 RS_{i,t} + \varphi_2 FIN_{i,t} + \varphi_3 RS_{i,t-1} \times FIN_{i,t} +$$

$$ctrls + Ind_y + Year_t + \varepsilon_{i,t} \tag{5-15}$$

其中，$Innovation$是被解释变量，代表企业未来的创新能力，包括2个不同的具体变量：$R\&D$和$Invent$。$R\&D$代表企业未来创新投入强度，以$R\&D$/营业收入表示；$Invent$为专利申请数量的对数，衡量企业创新产出效果。资产收益率宽幅度RS的定义以及选取的控制变量与前文相同。

2.变量选取

借鉴宋军、陆旸（2015）、杜勇（2017）的研究成果，中介变量金融化程度指标（FIN）以企业金融性资产占总资产比重衡量。其中，金融性资产包括交易性金融资产、衍生金融性资产、发放贷款及垫款净额、可供出售金融性资产、持有至到期投资净额、投资性房地产6项。

（二）回归结果

表5-18报告了"资产收益率宽幅度—投资行为金融化—创新投入"中介路径的回归结果。第（1）列为不纳入中介因子的检验结果，资产收益率宽幅度（$RS_{i,t}$）对创新投入（$R\&D_{i,t+1}$）影响的回归系数显著为负。第（3）列为纳入中介因子FIN的检验结果，资产收益率宽幅度（$RS_{i,t}$）与金融化（FIN）对创新投入（$R\&D_{i,t+1}$）影响的系数均显著为负。但是，第（2）列报告的资产收益率宽幅度（$RS_{i,t}$）对实体企业金融化（FIN）影响的回归系数不显著，需要通过Sobel检验和Bootstrap检验方法验证中介效应的存在。Sobel检验结果显示，Z统计量在10%的水平下显著；Bootstrap检验结果显示，Z统计量在5%的水平下显著。两种检验方法均说明"资产收益率宽幅度—投资行为金融化—创新投入"中介路径存在。资产收益率宽幅度吸引企业将资金大量配置于金融性资产，挤占企业创新资源，显著降低了企业创新投入。

表5-18 资产收益率宽幅度、实体企业金融化与创新投入

变量	(1)	(2)	(3)
	$R\&D_{i,t+1}$	$FIN_{i,t+1}$	$R\&D_{i,t+1}$
$RS_{i,t}$	−0.066*	0.098	−0.066*
	(0.035)	(0.306)	(0.035)
$FIN_{i,t+1}$			−0.001*
			(0.001)

（续表）

变　量	(1)	(2)	(3)
	$R \& D_{i,t+1}$	$FIN_{i,t+1}$	$R \& D_{i,t+1}$
Lasset	−0.683***	−6.084***	−0.691***
	(0.085)	(1.789)	(0.085)
KZ	−2.880***	−29.705*	−2.917***
	(0.652)	(15.530)	(0.649)
Age	0.184***	3.030***	0.187***
	(0.019)	(0.403)	(0.019)
TAN	−0.745***	−21.469***	−0.772***
	(0.174)	(4.022)	(0.174)
Growth	−0.222***	−1.667***	−0.224***
	(0.038)	(0.558)	(0.038)
ROP	0.668**	−1.825	0.666**
	(0.323)	(6.095)	(0.326)
Constant	26.763***	208.157***	27.024***
	(2.813)	(58.896)	(2.804)
Year	Yes	Yes	Yes
Ind	Yes	Yes	Yes
Observations	11024	11024	11024
F	13.452***	14.213***	13.386***
R-squared	0.100	0.106	0.101
Sobel检验：			
Sobel Z			1.755*
中介效应占比			21.592%
Bootstrap检验：			
间接效应			−2.348**
直接效应			−6.192***

注：（　）内为变量 t 值，*、**、*** 分别代表在 10%、5% 和 1% 的水平上显著。

表5-19报告了"资产收益率宽幅度—投资行为金融化—创新产出"中介路径的回归结果。第（1）列为不纳入中介因子的检验结果，资产收益率宽幅度

（$RS_{i,t}$）对创新产出（$Invent_{i,t+}$）影响的回归系数在1%的水平下显著为负。第
（3）列为纳入中介因子FIN的检验结果，资产收益率宽幅度（$RS_{i,t}$）与金融化
（FIN）对创新产出($Invent_{i,t+1}$)影响的系数分别在1%和10%水平下显著为负。
从而，验证了假设H5-3a成立，金融化对企业创新产出存在抑制效应，企业增加
金融性资产的持有会挤占创新资源，导致企业创新能力下降。第（2）列报告的
是资产收益率宽幅度（$RS_{i,t}$）对实体企业金融化（FIN）的影响程度，回归系数
不显著。需要通过Sobel检验或Bootstrap检验验证中介效应的存在。Sobel检验结
果显示，Z统计量在1%的水平下显著。Bootstrap检验中，间接效应Z值绝对值大
于1.96，95%的置信区间不包括0，P值小于5%。Sobel检验和Bootstrap检验结果
均说明"资产收益率宽幅度—投资行为—创新产出"的中介路径存在，中介效
应在总效应中的占比为32.02%。资产收益率宽幅度吸引企业将资金大量配置于
金融性资产，显著降低了企业创新产出，说明资产收益率宽幅度通过诱导实体
企业将大量资源配置于金融性资产，金融化程度加深，挤占创新资源，导致企
业创新能力下降。

表5-19　资产收益率宽幅度、投资行为金融化与创新产出

变　量	(1) $Invent_{i,t+1}$	(2) $FIN_{i,t+1}$	(3) $Invent_{i,t+1}$
$RS_{i,t}$	−0.074***	1.467	−0.073***
	(0.010)	(1.859)	(0.010)
$FIN_{i,t+1}$			−0.001*
			(0.000)
$Lasset$	0.622***	−4.948***	0.618***
	(0.042)	(1.638)	(0.042)
KZ	−1.096**	−35.835**	−1.121**
	(0.500)	(17.995)	(0.499)
Age	0.067***	2.845***	0.069***
	(0.011)	(0.402)	(0.011)
TAN	−0.303***	−20.868***	−0.318***
	(0.093)	(4.318)	(0.094)
$Growth$	−0.090***	−1.571**	−0.091***
	(0.022)	(0.634)	(0.022)

（续表）

变　量	(1)	(2)	(3)
	$Invent_{i,t+1}$	$FIN_{i,t+1}$	$Invent_{i,t+1}$
ROP	0.145	−7.008	0.140
	(0.210)	(9.590)	(0.211)
Constant	−7.605***	197.993***	−7.462***
	(1.844)	(67.613)	(1.841)
Year	Yes	Yes	Yes
Ind	Yes	Yes	Yes
Observations	12820	12820	12820
F	10.322***	21.047***	12.876***
r2−adj	0.222	0.105	0.222
Sobel检验：			
Sobel Z			−2.979***
中介效应占比			32.018%
Bootstrap检验：			
间接效应			−2.990**
直接效应			0.660

注：（　）内为变量 t 值，*、**、*** 分别代表在 10%、5% 和 1% 的水平上显著。

（三）稳健性检验

本章采用了如下稳健性检验：（1）以 R & D 对数衡量创新投入的绝对规模，重新建立固定效应模型验证；（2）以金融性资产收益占当年总利润的比重衡量企业金融化程度，代替FIN指标，重新构建中介效应模型。以上稳健性测试的结果，与上述检验结论基本一致。

（四）研究结论

通过构建三步法的多元回归模型，结合Sobel检验及Bootstrap检验结果，检验了资产收益率宽幅度对企业创新抑制效应的影响路径。发现资产收益率宽幅度导致企业金融投资预期收益上升，受资本逐利性驱动，大量资源流入金融性资产，挤占企业创新资源，导致企业创新意愿下降，创新水平降低。验证假设H5-3a成立。

第四节　本章小结

本书从会计收益的微观视角，围绕"是否影响—为何影响—如何影响"的基本路径，探讨了资产收益率宽幅度与企业创新之间的关系。通过理论分析与数理推导，并通过构建多元回归模型，发现并验证了资产收益率宽幅度对企业创新存在抑制效应。进一步对企业分类研究发现，融资约束程度越低、资金越充裕的企业，资产收益率宽幅度对企业创新的抑制效应越明显；主业盈利能力高的企业对创新的预期收益也较高，受资产收益率宽幅度影响较小，能够将资源持续配置于实体经济，增加创新投入；从创新成本、创新风险及信号传递等视角分析了资产收益率宽幅度对企业创新存在抑制效应的原因，发现资产收益率宽幅度导致企业创新预期收益下降，受资本逐利性影响，收益率的降低将导致企业创新意愿下降，创新投入减少，从而形成了资产收益率宽幅度对企业创新的抑制效应。并通过构建PVAR模型进行了验证；关于资产收益率宽幅度影响企业创新的路径，通过构建三步法的多元回归模型，结合Sobel检验与Bootstrap检验，验证了由于资本逐利性，在资产收益率宽幅度持续拉大的背景下，导致企业将大量资源投入金融性资产，挤占企业创新资源，从而对企业创新具有抑制效应。

第六章 资产收益率宽幅度与
企业僵尸化的成因研究

在经济高速度增长过程中，出现了僵尸企业和企业僵尸化的现象。实体企业的僵尸化程度不断加深，降低了企业的生产效率、侵占和浪费了大量金融资源、积聚了系统性金融风险。研究僵尸企业和企业僵尸化的成因、遏制企业僵尸化趋势是我国深化供给侧结构性改革，推动稳增长、调结构、防风险与经济高质量增长的重要举措。

根据马克思的"等量资本获得等量收益"的平均收益率理论，刺激性货币政策导致货币贬值、资产价格上涨，致使不同类型资产之间的收益率差异持续拉大。"金融性资产高收益率与经营性资产低收益率之间差异持续拉大"的资产收益率宽幅度现象扭曲了企业投资、经营行为偏好。不同于金融性资产的高回报、高流动性，企业经营性资产收益率会受到宏观环境不确定性、行业周期性、公司自身管理条件、资源要素和技术的比较优势等多方面因素的影响，而且实业、技术投资（特别是研发创新投入）往往具有周期长、金额高、不确定性强的特征。在强调股东利益最大化的今天，企业管理者或大股东将可能继续把资金投入短期收益较高的金融业和房地产业，而不愿意将其投入主业（杜勇等，2017）。从长期来看，资产收益率宽幅度是企业行为变化的重要外部诱因。资产收益率宽幅度的长期持续存在会形成企业对"套利型"经营发展模式的依赖；会造成企业供给质量的低下；更会为企业"死而不僵"创造条件。基于此，本章分析了资产收益率宽幅度与企业僵尸化之间的逻辑关系，构建了衡量企业僵尸化程度的僵尸化指数，明确了资产收益率宽幅度与企业僵尸化的传导路径与作用机制。

第一节 企业僵尸化指数构建与企业僵尸化程度

随着政策、媒体层面对僵尸企业问题的持续、高度关注，理论层面对企业僵尸化的研究也不断扩展、深入，如何界定僵尸企业、确定企业僵尸化的评价指标成为政策落地、实践开展和理论研究首先要面临的问题。

学界对企业僵尸化问题的实证研究较早的是Caballero、Hoshi & Kshayap（2008）。他们提出了将企业可能获得的最优利息支出与企业实际支付利息的差异作为衡量企业僵尸化的指标，通过企业是否获得了银行贴息来判定企业是否为僵尸企业——这一方法得到了较为广泛的使用，也被称为"CHK法"。Fukuda & Nakamura（2011）对CHK法进行了修正，在其基础上加入了"盈利标准"和"常青借贷标准"作为衡量企业僵尸化的补充指标。"盈利标准"为避免将健康的企业误判：剔除CHK法中有能力按照正常的利率支付利息的企业，即息税前收益（EBIT）大于其最优利息支出的企业。"常青借贷标准"则强调了企业的持续输血性：正常情况下，无利可图又债台高筑的企业大概率无法获得银行的续贷或其他外部资金的支持，但是这样的企业外债仍然逐年增加，这说明是有金融机构在给其持续输血，此类企业应被判定为僵尸企业。这一方法在实证研究中被广泛运用，被称为FN-CHK法。

每种分析评价方法都是从对企业僵尸化的不同特征出发，都有侧重的判定标准。现有文献中对企业僵尸化问题的研究大多采用在"国务院"法或FN-CHK法基础上进行了部分标准的修正，多指标综合考量。据不完全统计，目前文献中使用的判定企业僵尸化的指标方法多达十余种。这些指标判定方法反映了企业僵尸化的基本特征，如：企业陷入财务困境；自生能力不足、只能依靠政府补贴或银行输血维续；长期持续高负债、高杠杆经营，但净利润只是微利甚至亏损。表6-1对部分文献的认定标准、修正方法进行了汇总。

表6-1　僵尸企业认定方法情况

名称	僵尸企业认定方法	来源	评价
"国务院"法	不符合国家能耗、环保、质量、安全等标准，持续亏损3年以上且不符合结构调整方向；已停产、半停产、连年亏损、资不抵债，要靠政府补贴和银行续贷维持经营的企业	2015年12月9日国务院常务会议	标准难以适用于上市企业。环保、质量、安全等标准无法统一适用于全行业
CHK法	企业实际利息支出小于其可以获得的理论最优惠利息支出	Caballero，et.al.（2008）	可能低估优秀企业或高估僵尸企业

（续表）

名称	僵尸企业认定方法	来源	评价
FN-CHK法	在CHK法基础上，将"盈利标准"和"常青借贷标准"引入识别体系	Fukuda & Nakamura（2011），Nakamura & Fukuda（2013），王永钦等（2018），方明月等（2018），方明月、孙坤鹏（2019），陈运森、黄健峤（2017）	通过3个指标的多维度约束，较客观地反映了僵尸企业的本质
实际利润法	将扣除非经常性损益后的净利润或扣除政府补贴后的净利润作为企业正常经营所获得的实际利润	何帆、朱鹤（2016），黄少卿、陈彦（2017）	未考虑"常青借贷标准"，可能造成高估
连续亏损法	将扣除非经常性损益后的净利润或扣除政府补贴后的净利润作为企业正常经营所获得的实际利润。连续两年或三年实际利润为负的企业认定为僵尸企业	饶静、万良勇（2018），宋建波等（2019），程红、胡德状（2016）	未考虑"常青借贷标准"，对僵尸企业的吸血性描述不足
修订后FN-CHK法	（1）资产负债率高于50%；（2）实际利润为负；（3）负债比上一年有所增长	何帆、朱鹤（2016），申广军（2016），李旭超等（2018），金祥荣等（2019），蒋灵多、陆毅（2017），蒋灵多等（2018），谭语嫣等（2017）	补充了政府补贴与税收返还的影响
	参照Altman建立财务困境指标方法，基于logit模型从运营能力、输血程度和持续时间计算企业僵尸化指数	栾甫贵、刘梅（2018），栾甫贵、汤佳颖（2018）	以企业僵尸化概率，形成了连续指数
	产能利用率小于行业中位数并且连续两年下降	许江波、卿小权（2019）	增加考虑了僵尸企业产能过剩的特性，防止误判识别
	加入生产效率、企业竞争力因素影响	黄婷、郭克莎（2019）	剔除了部分短期影响

首先，指标信息含量低。仅能识别被认定为僵尸企业的少量企业，而对于没被认定的绝大多数企业的实际状况无法予以评估；而被确认为非僵尸的企业之间的实际财务状况、自生能力差异也会存在较大不同。其次，指标没有连续性。缺乏自生能力、持续依赖外界"输血"生存的僵尸企业的演变是一个长期的动态过程，企业的僵尸化状态应该呈现出连续性。最后，指标具有滞后性。二元变量无法预估变化趋势，无论采用哪种认定方法，僵尸企业都是问题累积到一定程度后才能被发现，在此之前企业的真实状况无从判断。探寻企业僵尸化变动的原因，对厘清僵尸企业形成机制，提升脱僵政策有效性具有重要意义。

目前对僵尸化指数的研究只有栾甫贵和刘梅（2018）、周琏等（2018）、张伟广（2019）。所采用的方法都是类似于Altman' Sz-score的构建方式：首先，识别出样本中的僵尸企业；然后，通过logit模型对僵尸企业的特征识别指标回归确定相应权重系数；最后，倒推测算出全样本的僵尸指数。测度方法上还有进一步拓展和丰富的空间。基于以上分析，本章首先从理论上论证企业僵尸化指数构建理念的逻辑基础，据此提出与构建理念相符的构建方法和指标体系，然后加以运用。

一、企业僵尸化指数的构建

（一）企业僵尸化的主要特征

通过对文献的回顾总结，从企业的自生能力出发，尽可能充分考虑企业的生产经营实际状况、对政府、银行的依赖程度和自身偿债能力，确定了持续自生性、持续依赖性和持续负债性3个一级评价指标。

1.持续自生性

虽然财务困境是僵尸化的企业由于自身管理经营不善、投资决策失误等诸多原因导致，但是透过表层现象，其背后的经济实质就是企业缺乏自生能力、缺乏创造现金增加值的持续性。企业想要脱僵成功，无论是外界的暂时救援还是企业自身通过处置固定资产或裁退员工等"断腕求生"方式都不能从根本上解决问题。只有企业积极自救，努力提升自生能力和创造现金增加值的持续性，才能真正走出困境，获得新生。

2.持续依赖性

企业僵尸化的形成是一个复杂的过程，是政府、银行、企业三方互相博弈的结果。何帆、朱鹤（2016）的研究认为，与日本、美国由银行主导而产生的僵尸企业问题不同，中国的僵尸企业问题中政府"有形之手"的作用更为重要：一方面，只要救助企业的成本低于潜在的税收收入，地方政府都有动力伸出"有形之手"救援即将破产的企业，以维护经济发展秩序、保障地区就业；另一方面，存贷利差的长期高企和信贷配给使银行只要源源不断的提供贷款就可以掩盖不良贷款，避免抽款断贷产生连锁反应，造成更大的金融风险。由于金融抑制的长期存在，我国企业融资形式缺乏多样性，资本市场主要以银行等间接融资为主，信贷配给现象严重，企业所享受的优惠利息和是否能够续贷在一定程度上受到地方政府直接或者间接的影响。因此，我国的企业僵尸化问题除了银行信贷支持外，还要综合考虑财政补贴和税收优惠的影响。

3.持续负债性

Fukuda & Nakamura对CHK模型进行修正的"常青借贷标准"为：①上一年的资产负债率超过50%；②本年度的外部贷款增加；③本年度的息税前收益（EBIT）少于计算出的最优利息。满足上述3个条件可以将本来就负债率较高，在亏损的情况下还不断增加贷款的企业识别出来，如此可避免出现漏网之鱼。根据Fukuda & Nakamura（2011）实证检验结果：FN-CHK法测算出的僵尸企业占比与不良贷款率走势高度吻合，表明FN-CHK法的准确性更高。

（二）评价指标设计

基于僵尸企业的主要特征，综合考虑之前文中各类僵尸企业认定方法中的界定标准和修正原则，将持续自生性、持续依赖性和持续负债性确定为3个一级指标，进一步选取了7个具体的指标对一级指标进行定量描述。其中，选取企业的资产周转率、营业收入增长率、资本收益率和净利润现金含量分别从运营能力、发展能力、盈利能力和造血能力4个方面，描述了企业的"持续自生性"；超额利息支付率从银行贴息程度角度，描述了企业的"持续依赖性"；资产负债率、实际利润的利息保障倍数从负债程度和偿债能力两个方面，描述了企业的"持续负债性"。以上7个特征变量全面描述了僵尸企业的三方面特征，具体指标的计算方法如表6-2所示。

表6-2 企业僵尸化指数指标体系

一级指标	二级指标	编码	名称	计算方式
持续自生性	运营能力	Tat	固定资产周转率	营业收入/[（固定资产期初净值+固定资产期末净值）÷2]
	发展能力	Growth	营业收入增长率	（当期营业收入-上期营业收入）/上期营业收入
	盈利能力	Roe	资本收益率	净利润/（股东权益期初与期末的平均余额）
	造血能力	Pon	净利润现金含量	（经营活动现金流-利息支出-折旧摊销资产减值）/净利润
持续依赖性	银行贴息程度	Eir	超额利息支付率	（最优利息-实际利息）/最优利息
持续负债性	负债程度	Lev	资产负债率	总负债/总资产后，取上一期与本期的平均值
	偿债能力	Icr	实际利息保障倍数	息税前利润(EBIT)/利息费用

（三）评价指标定义

前文所设计的评价指标具体的定义和筛选标准如下：

（1）固定资产周转率。在柯布-道格拉斯生产函数框架下，固定资产利用率即营业收入与固定资产的比值，可以衡量资产闲置程度。许江波、卿小权（2019）将连续两年产能利用率（营业收入与剔除在建工程后长期资产占比）小于行业中位数且连续下降作为识别僵尸企业的条件。资产利用率低、运营能力差的企业更容易成为僵尸企业，指标与企业僵尸化程度负相关。

（2）营业收入增长率。王万珺、刘小玄（2018）将营业收入取对数再标准化处理后所得指标作为反映企业的生产率指标，结果表明僵尸企业的生产率均低于非僵尸企业。赵彦雯（2016）将营业收入作为衡量僵尸企业的生产状态：半停产，完全停产作为衡量僵尸企业分类的依据的最直接分类依据。营业收入增长率低，反映出企业的生产率低下、发展能力差；如果为负说明企业的生产状态出现了问题，越有可能成为僵尸企业。

（3）净资产收益率。僵尸企业的重要特征之一就是盈利能力差。有文献研究表明，净资产收益率（ROE）是企业盈利能力的综合体现，剔除负债后企业净资产的获利能力更能体现企业真实的盈利状况。进一步通过采用股东权益期初与期末的平均余额可以更好地体现出企业盈利能力的持续性。

（4）净利润现金含量。谢德仁（2018）研究指出，只有企业的经营活动净现金流量大于利息支出和折旧、摊销与资产减值损失，那么其净利润才有"真金白银"来对应，利润才真正得以实现。缺乏这种持续造血能力的企业，自己赚来的钱都不够开销，当支付利息都要依赖筹资活动获得的现金时，企业就进入了"庞氏利息"状态，这种状态不断恶化并长期持续的企业就是僵尸企业。

（5）超额利息支付率。从CHK模型开始，僵尸企业的重要识别标准之一就是银行贴息程度。对CHK指标进行修正，采用计算超额利息支付率，即企业实际利息支出与理论最优利息支出之差，与利息支出平均数之比反映出僵尸企业可能享受的银行优惠贴息。

（6）资产负债率。高负债是僵尸企业的特征之一，资产负债率与企业僵尸化程度显著正相关。在诸多FN-CHK法基础上的修正模型中都使用资产负债率大于50%这一指标衡量企业的负债程度。何帆、朱鹤（2016）使用过度借贷法，将当年的资产负债率在行业的前30%作为僵尸企业的界定标准，同时通过计算资产负债率上期与本期平均值进一步考察负债的持续情况。

（7）实际利息保障倍数。利息保障倍数越大，说明企业支付利息的能力越强。采用净利润扣除非经常性损益后的实际利润可以更好地反映出企业的偿债能力。

（四）计算过程

1.相关性分析

根据企业僵尸化各指标的皮尔森相关系数检验结果（见表6-3），各指标之间确实存在一定的相关性，为了能够采用较少的、能够反映主要信息而相关性又不大的指标进行企业僵尸化程度评价，下面我们采用主成分分析法构建企业僵尸化程度评价的综合指标。

表6-3　变量相关性分析

	Tat	Growth	Roe	Pon	Eir	Lev	Icr
Tat	1						
Growth	−0.078***	1					
Roe	−0.171***	0.292***	1				
Pon	0.061***	−0.061***	0.00900	1			
Eir	−0.165***	−0.0150	0.083***	0.020*	1		
Lev	0.048***	0.025***	−0.119***	−0.041***	−0.247***	1	
Icr	−0.156***	0.226***	0.513***	0.00600	0.157***	−0.278***	1

注：*、**、*** 分别表示在10%、5%和1%的水平上显著。

2.巴特莱特球度检验（原始变量相关性检验）

一般认为，如果巴特莱特球度检验统计量的值较大，其对应的相伴概率小于0.05，那么应该拒绝原假设，认为原始变量之间存在相关性，适合做主成分分析；相反，如果巴特莱特球度统计量较小，其相应的相伴概率大于0.5，则认为相关系数矩阵可能是单位矩阵，不宜做因子分析。

对构建企业僵尸化指数的7个指标进行检验结果如表6-4所示，Kaiser-Meyer-Olkin值（KMO）大于0.6，巴特莱特球度检验统计量的近似卡方值为5502.79，其相应概率为0.000，小于0.05的显著性水平，表明原始变量之间存在相关性，可以进入下一步分析。

表6-4 KMO和巴特莱特球度检验

Kaiser-Meyer-Olkin值	0.607
Bartlett的球形度检验	5502.79
近似卡方	21
df	0.000
相应概率	

3.通过运用方差贡献率确定主成分因子的个数

通过样本企业僵尸化指标的主成分分析，对计算所得到因子个数的选择取决于其对原始指标信息的反应程度。一般而言，要求因子对应额累计方差贡献率在70%以上，或者其对应的特征值大于1。根据计算所得，前3个主成分因子的累计方差贡献率为58.739%，因子对应的特征值为1.143；而前4个主成分因子的累计方差贡献率为70.661%，因子对应的特征值为0.954。综合考量后，本章选择前4个主成分因子。

4.企业僵尸化指数

计算所得的主成分系数矩阵如表6-5所示，通过其中各成分系数数据，我们可以得到4个公共因子的表达式，将各指标数据表达式（6-1）、（6-2）、（6-3）和（6-4），可以得到每个公司样本的4个公共因子的各自得分。各公共因子的表达式为：

$$Fac1 = -0.549 \times Tat + 0.347 \times Growth - 0.657 \times Roe - 0.015 \times Pon - 0.439 \times Eir + 0.455 \times Lev - 0.728 \times Icr \tag{6-1}$$

$$Fac2 = 0.346 \times Tat + 0.629 \times Growth + 0.492 \times Roe - 0.114 \times Pon + 0.430 \times Eir - 0.292 \times Lev + 0.341 \times Icr \tag{6-2}$$

$$Fac3 = 0.569 \times Tat - 0.213 \times Growth + 0.110 \times Roe + 0.572 \times Pon - 0.214 \times Eir + 0.516 \times Lev + 0.230 \times Icr \tag{6-3}$$

$$Fac4 = -0.254 \times Tat + 0.033 \times Growth + 0.096 \times Roe + 0.796 \times Pon + 0.248 \times Eir - 0.376 \times Lev - 0.069 \times Icr \tag{6-4}$$

表6-5　主成分分析各因子系数

	成分			
	第一主成分	第二主成分	第三主成分	第四主成分
Tat	−0.549	0.346	0.569	−0.254
Growth	0.347	0.629	−0.213	0.033
Roe	0.657	0.492	0.110	0.096
Pon	−0.015	−0.114	0.572	0.796
Eir	−0.439	0.430	−0.214	0.248
Lev	0.455	−0.292	0.516	−0.376
Icr	0.728	0.341	0.230	−0.069

进一步按照各个因子的方差贡献率占4个因子总方差贡献率的比重，对各个因子进行加权汇总，最终得到企业僵尸化的综合得分Zombie，具体见公式（6-5）：

$$Zombie = 0.3927 \times Fac1 + 0.2364 \times Fac2 + 0.2022 \times Fac3 + 0.1687 \times Fac4 \tag{6-5}$$

5.企业僵尸化指数的分布对比

根据企业僵尸化指数公式（6-5），得到每个样本企业的僵尸化指数$Zombie_{i,j}$，表示样本企业i在第j年的僵尸化程度。该指数越高，说明企业的僵尸化程度越高；反之，如果该指数越低，说明企业的僵尸化程度越低，其描述性统计特征如表6-6所示。

全部样本企业的僵尸化指数均值为0.00003，标准差为0.529，最小值为-2.34，最大值为1.83。分布比较离散，实现了显示情景下企业的差异化。按照不同僵尸企业的分类方法分组对企业僵尸化指数进行均值t检验结果来看，僵尸企业的僵尸化指数显著高于在正常企业，表明僵尸化指数具有较强的解释能力和测度准确性。

6-6　全样本及分组企业僵尸化指数的描述性统计特征

		N	Mean	St.Dev	min	Max
企业僵尸化指数		11832	0.00003	0.529	−2.34	1.83
不同僵尸企业识别方法下的僵尸化指数T检验						
FN−CHK法	非僵尸企业			−0.0300		
	僵尸企业			0.630		
	MeanDiff			−0.66***		
持续亏损法	非僵尸企业			−0.0600		
	僵尸企业			0.480		
	MeanDiff			−0.54***		
综合法	非僵尸企业			−0.0800		
	僵尸企业			0.720		
	MeanDiff			−0.80***		

二、上市公司僵尸化程度的现状

按照2007—2018年的上市非金融企业的企业僵尸化指数平均值绘制了企业僵尸化指数变化趋势图（见图6-1）。

企业僵尸化指数

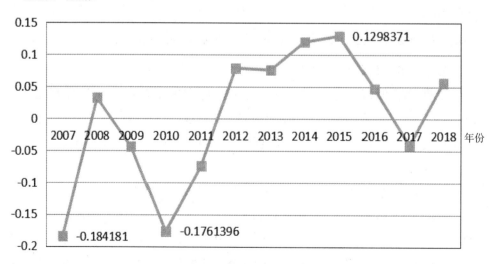

图 6-1　企业僵尸化指数变化图

从短期波动看，企业僵尸化程度的总体变化趋势与宏观经济变化息息相关。2008年次贷危机及其在2009年的持续发酵使得这两年的企业僵尸化指数快速攀升。随着我国有效的宏观调控发挥作用，2010年开始"四万亿"经济刺激政策作用显现，企业僵尸化程度降低，并逐渐趋于稳定。2012—2015年我国宏观经济开始步入新常态、进入换挡期，2012年一季度以来，刺激效应逐渐降低，GDP季度增长率开始在7.5%—8%之间徘徊，2012—2015年全年GDP增速都在7%—8%之间。加之2015年发生了"股灾"，沪市A股指数从6月初的5178点高峰到8月一度跌破2900点，在金融市场的巨幅波动影响下，企业僵尸化指数也达到了峰值。为应对新常态下的新形势、新情况，推动我国经济结构调整、发展动能转换，2015年底中央经济工作会议首次提出"三去一降一补"的供给侧结构性改革，2016年开始成效显著，整体的僵尸化程度又开始了恢复下降新周期。

第二节　资产收益率宽幅度与企业僵尸化的理论分析框架

在传统的经济学观点中，企业配置并持有金融性资产出于"预防性储蓄"动机（Keynes，1936），金融性资产等同于企业货币资金的延伸，是企业贮藏流动性的一种重要工具；实体企业基于流动性管理的目的，会将部分闲置的过剩资金投资至不同期限及不同流动性的金融性资产进行资金储备。相较于固定资产等长期资产的变现能力差、不可逆性和持有周期长等特点，金融性资产更加灵活、变现能力更强，因而从理论上来讲，企业适度配置金融性资产具有"蓄水池"作用（杜勇等，2017），可以帮助企业应对未来经济的不确定性，一定程度上缓解面临新的投资机会时的融资约束，还可以规避可能出现的流动性短缺问题，减少现金流不足等对企业经营活动的负面冲击。

一、资产收益率宽幅度与企业僵尸化成因分析

1.资产收益率宽幅度与"套利型"经营发展路径

根据第五章公式（5-9）的数理推导，不同类型资产间的收益率期望的差距是企业现实经营中面临不同类型的资产投资选择时的重要衡量因素之一。在整体货币宽松、资产价格快速持续上升、经济金融化的宏观背景下，公司员工、管理层的薪酬与股票波动的联系更加密切，更多企业因此选择放弃长期经

营战略而转向对短期财务利润的追求。企业为追求利润最大化目标，当金融性资产收益率高于经营性资产收益率，即资产收益率宽幅度为正时，企业会提升金融性资产投资的比重（Orhangazi，2008；Demir，2008；张成思、张步昙，2016）。当企业主营业务提升遇到"天花板"或是受到外部冲击导致主营业务收益率疲软时，通过增加金融性资产、利用资产泡沫、创造"投资收益"帮助企业扭亏为盈成为企业的理性选择（翟进步等，2014）。随着实体企业金融化程度的不断提高，较低的套利机会成本使得这种行为成为管理者获利的路径依赖，企业经济活动的重心也会逐渐转移到金融部门，成为"套利型"企业（王红建等，2017）。

传统的理性企业进入某个新领域必然会考虑企业的比较优势，降低因自身禀赋不足而导致的"试错成本"。但是，"套利型"企业对追求利润最大化的诉求，使其只会习惯性从短期收益率的相对变化，也就是资产收益率宽幅度的角度进行决策。尤其是在依靠投资驱动和规模扩张的时期内或区域中，一些地方政府迫于财政压力，为赢得"晋升锦标赛"往往会采取给予一定程度的政策便利：或是为企业提供低息贷款、财政补贴或远低于市场价的工业用地；或是隐性降低环保生产标准或劳动者福利标准等扶持政策（周黎安，2007）。这都会在短期内为投资企业提供更大的盈利空间，引起资产收益率宽幅度的变动。面对由于地方或行业的扶持政策形成短期套利机会，"套利型"企业会闻风而动，像浪潮般一波又一波地涌向政府支持的产业新的地区或行业形成"投资潮涌"（范瀚文，2019）。这样的后果是，一大批只是策略性地寻求补贴、免税、政策支持等低质量企业蜂拥进入市场。但是，他们在竞争中并不具备优势，这些进入市场的企业就很可能是不符合国家能耗、环保、质量、安全等标准的企业，它们只能提供低质低端的产品或服务，市场竞争力不足，市场环境一旦恶化就非常容易丧失盈利能力，依靠持续补贴和贷款免于倒闭退市的则成为僵尸企业。

综上所述，持续宽松的货币政策和逐渐增加的外部经济不确定性风险使得企业更加注重追求短期财务利润（Demir，2009；胡奕明等，2017；彭俞超等，2018）。资产收益率宽幅度改变了企业决策模式，使其投资经营行为更加短期化、更加趋利化，抑制了企业从"套利型"经营发展模式向谋求高质量发展的"创新型"经营方式的转变。长期来看，低质低效低端的发展模式造成了企业低端产能过剩、供给结构失衡、低质量恶性竞争等问题，这样的企业更容易丧失自生能力，在没有外力帮助的情况下就难以在市场上继续存活，这就为企业僵尸化问题的爆发埋下了引患。

2.资产收益率宽幅度与企业供给质量

一方面，资产收益率宽幅度过大导致了企业金融化现象，扭曲了企业经营投资方向，抑制了企业的"工匠精神"的形成。实体企业作为产品、服务的供给主体，其核心竞争力很大程度上取决于企业的"工匠精神"，即长期投身于某一个领域并将其做精做强的专注和决心。金融性资产收益率长期持续高于经营性资产收益率的资产收益率宽幅度现象，诱使很多企业为了追求利润，并不是选择坚守初心，而是"什么能赚钱就做什么"，造成了企业过度金融化问题。甚至有上市公司利用自身的信贷优势充当起了"金融中介"，如天业联通，其2016年度的投资收益2562.6万，其中理财产品和委托贷款业务实现投资收益2316万，而当年公司实现归属上市公司股东的净利润只有2011万。企业没有了匠人精神所倡导的专业与耐心的坚持，投机心理会吞噬其最基本的社会责任心。这不仅造成企业资源、资金投入的分散，也势必造成精力投入的分散，无助于企业实施差异化战略并提升产品品质，成为企业未来发展的隐患。

另一方面，资产收益率宽幅度过大抑制了企业创新能力的提升，限制企业未来发展的可能。技术创新是实体企业保持和提升产品和服务质量的灵魂所在。创新能够使企业提高产品服务质量，保持维持客户黏性，提升市场竞争力和对需求变化的适应能力，最终形成企业自身比较优势。但是，创新研发需要长期持续稳定现金流支持而其回报又具有不确定性，这就要求企业具有相当的风险承受力。企业甘愿冒风险进行创新的目的是获取超额利润，即是技术垄断利润。资产收益率宽幅度现象的存在为企业短期改善财务状况提供了可能，这样虽然短期来看企业盈利似乎可观，但是在长期企业供给质量低下的事实并未改变，对市场需求变化的适应性差，企业的自生能力具有一种内在的脆弱性，提高了企业在市场环境剧变中成为僵尸企业的风险。

3.资产收益率宽幅度与企业的"僵而不死"

理论上讲，当实体企业丧失自生能力，即不借助外部力量的协助在竞争性的市场环境中就不能获得盈利，持续的亏损必然使其最终陷入资不抵债的破产状态。然而，通过外部力量的帮助，使得丧失自生能力或自生能力不足的企业仍然可以在市场中继续存续；这些无法被市场的力量所淘汰而成为依靠外部

"输血"维持生命的企业就是僵尸企业。

在依靠投资驱动和规模扩张发展模式的时代，宽松货币政策推动资产价格大幅上涨，银行等金融机构为了获取房地产价格上涨带来的收益，扩大信贷规模，继续推动资产价格的新一轮上涨。银行等金融机构为了获得息差利润，此时更乐于为实体企业提供更多的"僵尸借贷"：即使企业只能在市场竞争中获得微利甚至亏损，因为身处资产泡沫不断吹大过程之中的实体企业不需要进行生产经营，只要选择进行金融投资或持有金融性资产就可以享受到资产价格不断上涨所带来的资本利得。不过需要注意的是，"拥抱资产泡沫"的战略选择具有强烈的短期逐利特征，但显然无益于其产品市场竞争力的真实提升。在市场环境趋紧时，这样的企业会由于自生能力不足，更难适应市场需求的变化，从而走向破产倒闭或者沦为僵尸企业。

总而言之，由于资本逐利的内在需求会要求"等量资本获得等量利润"。本章从企业会计收益的微观视角，发现实体企业中"金融性资产高收益率与经营性资产低收益率之间差异持续拉大"的资产收益率宽幅度现象扭曲了企业投资、经营行为偏好：企业过度进行金融性资产投资，偏离主业经营抑制了企业经营性资产的投入水平，造成企业自生能力不足，形成企业僵尸化问题。因此，本书提出假设H6-1：

H6-1：资产收益率宽幅度越大，企业僵尸化程度越高。表现为促进效用。

二、资产收益率宽幅度与不同类型企业的僵尸化影响分析

1.内部控制的调节作用

高质量的内部控制能够有效降低代理成本，一定程度上解决信息不对称问题，抑制管理层的短视化，提高对生产经营活动的把控程度，加强对管理层的制约与监督，有效降低企业风险。高质量的内部控制具有纠偏作用。企业走向僵尸化的第一步就是企业利用自身要素禀赋、技术的比较优势创造现金增加值的能力变弱、不再具备持续性，也就是说企业的持续自生性开始变差。较高的内部控制水平可以通过科学的监控手段，对授权、业绩评价、信息处理、实物控制和职责分离等事项进行控制，从内部降低生产和运营成本，提高劳动生产率，提升企业生产经营效率，增强企业的自生能力，降低企业僵尸化程度。较高的内部控制水平可以帮助打造良好的企业文化，构建完善的内部环境，通过财务风险预警机制，同时通过密切跟踪和防范经营风险，转变企业向政府和金融机构"等靠要"的思想。较高的内部控制水平可以及时准确的收集企业内外

部信息，帮助投资者、债权人（政府和银行）了解企业的真实运行状况，及早发现"僵尸化"的征兆并采取措施。

总之，管理能力水平上存在隐患，会形成企业内在的脆弱性，造成企业发展战略的失误，在激烈的市场竞争中失败而丧失自生能力，形成僵尸化问题。因此，本书提出一种假设H6-2：

H6-2：相较于高内部控制水平企业，低内部控制水平企业中资产收益率宽幅度对企业僵尸化的促进效应更加显著。

2.股权性质的调节作用

在企业管理体制层面，不同股权性质企业各有特点。国有企业在经营决策方面自主权不完全，显性或隐性的行政干预现象依然存在，并且受自身晋升或政绩等政治目标明显影响（李增幅等，2013；周少妮等，2017；韦森，2017）。另外，地方政府对于本地国有企业有强烈的"父爱主义"保护情结。父爱主义是对于政府和企业之间关系的一种巧妙的类比，用子女在社会上失去收入来源之后父母给予经济援助的情形来形容当企业在市场上失去盈利能力之后政府对它们的扶持。正如父母对子女的经济援助程度不同，政府对企业的"父爱主义"也具有程度上的差别。完全不具有父爱主义成分的经济是不存在的，政府对企业总会或多或少地进行一定程度的干预，或者至少是在某一时刻有选择性的表达"父爱"，例如世界各国广泛存在的对"大而不能倒"的企业的救助本身也是一种父爱主义。在我国，父爱主义在政府和国有企业之间的关系中往往表现得更为明显，而且父爱主义的表现形式多样化、重叠化，例如政府担保、税收减免、资源配给甚至是直接的财政补贴都造成了受保护企业的软预算约束。不可避免地，一些亏损的国有企业选择变本加厉地索取庇护，依靠政府的力量避免被市场所淘汰和清退，成为所谓的僵尸企业。

相较于国有企业，非国有企业没有与政府天然的产权联系，受到政策关怀和资源倾斜的概率更低，一般情况下企业内部存在的委托代理问题没那么严重。另外，在面临高度竞争的市场时，非国有企业只能将有限的资源投入创新等活动才能立足（黎文靖等，2016）。因此，非国有企业具有更强烈的自主创新动机，更加关注本业。受资产收益率宽幅度影响而增加金融投资的可能性较低。因此，本书提出了第三种假设H6-3：

H6-3：相较于非国有企业，国有企业中资产收益率宽幅度对企业僵尸化的促进效应更加显著。

三、资产收益率宽幅度与企业僵尸化的中介路径分析

资产收益率宽幅度的大小是企业在金融投资活动和生产经营活动之间的权衡结果，反映了企业从事金融投资活动而非生产经营活动的机会成本。当金融投资收益低于主营业务收益或两者差距较小时，即资产收益率宽幅度非正时，企业参与金融投资的主要目的是进行资本保值、对货币资金进行风险管理。企业金融投资以"防御性"为主，获取盈利并非其主要目的，金融投资的作用更多地体现在通过多元化投资分散风险、平滑收益或赚取收入反哺主营业务等方面。而当金融投资收益显著高于主营业务收入收益时，企业进行投机动机目的明显，投入尽可能更多的资本进行金融套利成为企业生产经营的主题，此时，企业金融投资会快速增加，并将对实物、技术投资产生显著挤出作用。维持日常经营活动和进行扩张生产的实物投资及用于提高产出效率的技术投资，两者均以服务企业基本生产、提升企业经营活动能力为目的。作为投资领域中最普遍的形态，实物投资的对象是用来满足企业生产、经营活动的各类机器设备、厂房、原材料等具有实际形态的物品。企业进行实物投资的目的主要是从事生产经营活动或进行扩大再生产，获取生产经营利润。但是受边际产出递减规律作用，当企业无法顺利出售自己产出的产品，实物投资的边际效用甚至可能会为负。而技术投资对于企业而言，是企业开展创新活动、提升技术产出效率，建立核心竞争力、保持市场份额、实现长期利润最大化的根本途径。技术投资的产出虽然具有较强的不确定性，但是一旦创新成功将为企业带来丰厚的回报，企业通常以增加技术投资的方式，加大产品、技术创新投入，以建立自身的技术比较优势，提高企业持续获取现金增加值的自生能力。因此，资产收益率宽幅度的长期、持续存在会产生对实物、技术投资的抑制效应，抑制企业核心竞争力的提升，造成企业僵尸化。由此，本书提出如下假设H6-4：

H6-4：企业经营性投资非效率在资产收益率宽幅度和企业僵尸化之间起到中介作用。

第三节　资产收益率宽幅度与企业僵尸化关系的实证检验

根据前文的理论分析可以发现，企业僵尸化程度会受到资产收益率宽幅度、公司内部控制水平和股权性质的调节作用影响，并且资产收益率宽幅度以

经营性投资非效率为中介路径对企业僵尸化产生影响。针对以上研究假设，本章将以2007—2018年中国A股上市实体企业作为样本数据进行实证检验。

一、资产收益率宽幅度与企业僵尸化的实证检验

（一）资产收益率宽幅度对企业僵尸化影响模型设计

本章的实证检验建立在申广军（2016），谭语嫣等（2017），饶静、万良勇（2018）的研究模型基础上，加入企业僵尸化和资产收益率宽幅度指标，构建了如下资产收益率宽幅度对企业僵尸化的影响模型（6-6）：

$$Zombie_{i,t+1} = \alpha_0 + \alpha_1 RS_{i,t} + \alpha_2 Control + \mu_i + \nu_i + \varepsilon_{i,t} \qquad (6-6)$$

在公式（6-6）中，被解释变量$Zombie_{i,t+1}$为企业僵尸化指数，用以衡量企业的僵尸化程度；解释变量$RS_{i,t}$是资产收益率宽幅度指标，用以衡量企业i在t年的资产收益率宽幅度；Control为控制变量。此外，还控制了模型的时间效应、个体效应和行业效应。如果α_1显著为正，则H6-1成立，说明资产收益率宽幅度与企业僵尸化程度之间有正向促进关系。

1.研究样本的选取。

本章选择2007—2018年沪深两市A股上市非金融企业数据为研究对象，数据来源为国泰安数据库。内部控制指数来自迪博内部控制指数数据库，各省市场化指数按照《中国分省份市场化指数报告（2018）》手工整理。对初始样本数据做了如下处理：①剔除金融和房地产业企业，行业分类标准使用证监会《上市公司行业分类指引（2012年修订）》；②剔除ST和*ST的公司，剔除终止上市、暂停上市和停牌的公司；③剔除上市未满5年的公司；④为避免极端值对估计结果造成影响，本章对所有变量按会计年度进行了1%的缩尾处理。最终样本共包括11832个企业—年度数据。所有数据处理和模型估计均使用Stata15.0完成。

2.资产收益率宽幅度的界定和度量。

根据资产收益率宽幅度的定义，在微观企业中，资产收益率宽幅度（$RS_{i,t}$）即为企业投资性房地产等金融性资产的收益率（$RF_{i,t}$）与企业经营性资产的收益率（$RO_{i,t}$）之间的差额，即（6-7）：

$$RS_{i,t} = RF_{i,t} - RO_{i,t} \qquad (6-7)$$

目前，主流的财务报表都将企业的经营活动和金融活动混在一起，资产负债表中的资产主要按照流动性划分，利润表中既包含经营性资产收益，也包含

金融投资所获得的收益。因此，需要对上市非金融企业的资产负债表和利润表进行重新排列：参考Nissim & Penman（2001）提出的财务分析框架和朱映惠（2017）对金融性资产的划分，在上市非金融企业的资产负债表中可以归类为金融性资产的科目具体包括：投资性房地产、交易性金融资产、可供出售金融性资产、买入返售金融性资产、持有至到期投资、长期股权投资，以及委托、理财及信托产品投资。利润表中可以归类为金融投资收益的科目具体包括投资收益、公允价值变动损益和汇兑收益。因此，金融性资产收益率（$RF_{i,t}$）为（6-8）：

$$RF_{i,t} = \frac{投资收益 + 公允价值变动收益}{金融性资产} \qquad (6-8)$$

同理，在非金融企业总资产中剔除金融性资产后可以按照上述方法在资产负债表和利润表中找到经营性资产和经营性资产收益相关科目。最终，经营性资产收益率（$RO_{i,t}$）为（6-9）：

$$RO_{i,t} = \frac{营业利润 - 公允价值变动收益 - 投资收益}{总资产 - 金融资产} \qquad (6-9)$$

将公式（6-8）公式（6-9）的结果代入公式（6-7）中，即可得到企业i在第t年资产收益率宽幅度的值。

3.其他变量的选定。

在解释变量和被解释变量方面。资产收益率宽幅度（RS）为解释变量。企业僵尸化指数为被解释变量。指数构建方法参照前文内容。在控制变量的选取方面。参照企业僵尸化、企业金融化的相关文献（申广军，2016；王红建等，2016；谢家智等，2016），选取托宾Q（TobinQ）、资本密集度（Capital）、企业规模（Size）、资产规模（Age）、股权集中度（TOP5），用以控制企业自身特征。变量具体定义详见表6-7。企业层面数据来于国泰安数据库和上市公司年报及附注、迪博内部控制指数数据库。

表6-7 基准模型变量一览表

变量类型	变量名称	具体释义
被解释变量	Zombie	参照6.1.4节中方法测算企业僵尸化指数

（续表）

解释变量	RS	资产收益率宽幅度：企业投资投资性房地产等金融性资产收益率与其经营性资产收益率之差
控制变量	Tobin Q	托宾Q
	Capital	资本密集度：固定资产/资产总额
	Size	企业规模：企业当年雇佣人数取自然对数
	Age	企业年龄：当年年份减去企业成立年份取自然对数
	Top5	股权集中度：前十大股东持股比例之和；持股比例=持股数/公司总股数

4.描述性统计。

表6-8报告了基准模型中主要变量的描述性统计，其中：企业僵尸化指数均值为0.00003，中位数为-0.010；资产收益率宽幅度均值为0.054，中值为0.023，最大值0.624，最小值-0.207，表明一半以上企业的资产收益率宽幅度大于0，资产收益率宽幅度整体分布略有左偏。

表6-8　主要变量描述性统计

变量名称	N	均值	标准差	最小值	P25	中值	P75	最大值
Zombie	11832	0.000	0.529	-2.340	-0.314	-0.010	0.293	1.830
RS	11832	0.054	0.122	-0.207	-0.025	0.023	0.101	0.624
Tobin Q	11832	1.808	1.645	0.212	0.722	1.305	2.284	11.31
Capital	11832	0.278	0.186	0.000	0.130	0.240	0.399	0.971
Size	11832	22.25	1.444	14.16	21.29	22.11	23.09	28.52
Age	11832	2.740	0.384	0.000	2.565	2.773	2.996	3.689
Top5	11832	0.500	0.159	0.057	0.383	0.498	0.604	1.866

表6-9报告了基准模型主要变量的相关系数矩阵。资产收益率宽幅度与企业僵尸化显著相关为正。

表6-9　各变量相关系数

	Zombie	RS	Tobin Q	Capital	Size	Age	Top5
Zombie	1						
RS	0.115***	1					
Tobin Q	-0.267***	-0.055***	1				
Capital	0.064***	-0.030***	-0.144***	1			
Size	0.023**	0.050***	-0.495***	0.127***	1		
Age	0.074***	0.035***	-0.123***	-0.053***	0.155***	1	
Top 5	-0.113***	-0.050***	-0.063***	0.129***	0.334***	-0.232***	1

注：*、**、***分别表示在10%、5%和1%的水平上显著。

其他绝大部分变量两两之间都在1%的水平上显著相关，而所有变量的相关系数均未超过共线性门槛值0.7，说明各变量之间不存在多重共线性关系。

（二）资产收益率宽幅度对企业僵尸化影响的实证结果分析

按照模型设计，首先利用Hausman进行固定效应和随机效应检验，检验结果为104.63大于0，拒绝了为随机效应的原假设，因此，选择固定效应模型进行回归。表6-10报告了基准模型下对H6-1的检验结果。

第（1）—（5）列通过逐步对个体效应、时间效应、行业效应和控制变量进行限制，逐步对H6-1进行了检验。其中第（1）列为OLS回归结果，第（2）、（3）列为不控制时间效应和行业效应下的固定效应回归结果，第（4）、（5）列为按照基准模型（6-6）控制了时间效应和行业效应后，分别有无增加控制变量的回归结构。各列中，资产收益率宽幅度的回归系数都在1%的水平上显著为正，支持了H6-1的结论。第（5）列的基准模型回归结果资产收益率宽幅度的回归系数为0.250，在1%的水平上显著为正。说明其对企业僵尸化存在显著的正向影响，企业资产收益率宽幅度越大企业僵尸化程度越高。资产收益率宽幅度每有1个百分比的变化，企业僵尸化程度就会增加0.250个百分比。

表6-10　基准模型回归结果

	OLS	固定效应	固定效应	固定效应	固定效应
	（1）	（2）	（3）	（4）	（5）
RS	0.397***	0.403***	0.285***	0.333***	0.250***
	(0.048)	(0.051)	(0.053)	(0.054)	(0.052)
Tobin Q	−0.105***		−0.101***		−0.111***
	(0.006)		(0.007)		(0.008)
Capital	0.130***		0.362***		0.328***
	(0.032)		(0.068)		(0.069)
Size	−0.023***		−0.044***		−0.051***
	(0.005)		(0.015)		(0.016)
Age	0.011***		0.248***		−0.067***
	(0.004)		(0.036)		(0.017)
Top5	−0.269***		−0.709***		−0.708***
	(0.041)		(0.081)		(0.082)
Year	No	No	No	Yes	Yes

（续表）

	OLS	固定效应	固定效应	固定效应	固定效应
	（1）	（2）	（3）	（4）	（5）
Industry	No	No	No	Yes	Yes
Constant	0.723***	−0.006	0.705***	0.184***	1.997***
	(0.118)	(0.010)	(0.272)	(0.052)	(0.421)
N	11832	11832	11832	11832	11832
R2	0.211	0.113	0.283	0.152	0.274

注：（ ）中为 t 值，*、**、*** 分别表示在 10%、5% 和 1% 的水平上显著。

二、资产收益率宽幅度与不同类型企业的僵尸化影响检验

（一）模型设计

为了考察内部控制、股权性质对资产收益率宽幅度与僵尸企业之间关系的调节效应，对H6-2和H6-3进行实证检验，构建模型（6-10），重点关注资产收益率宽幅度与内部控制水平和市场化水平的交互项系数$\beta 3$。如果H6-2成立，则预期$\beta_2<0$，$\beta_3<0$，即较高的内部控制水平会抑制资产收益率宽幅度与企业僵尸化之间的促进作用。如果H6-3成立，则预期$\beta_2>0$，$\beta_3>0$，即在国有企业中资产收益率宽幅度对企业僵尸化的促进作用更显著。

$$Zombie_{i,t+1}=\beta_0+\beta_1 RS_{i,t}+\beta_2 X_{i,t}+\beta_3 RS_{i,t}*X_{i,t}+\beta_4 Control+\mu_i v_i+\varepsilon_{i,t} \qquad (6-10)$$

同时，基于我国经济开始进入新常态前后的不同表现，我们在对整体样本进行分析后，将样本区间划分为2007—2012年和2013—2018年两个区间进行实证检验，以分析不同发展阶段资产收益率宽幅度对企业僵尸化可能存在的差异性影响。

（二）调节变量的选取

（1）内部控制水平（IC）。博迪内部控制指数主要衡量的是内部控制机制是否合理有效地运行，将内部控制在实际操作中的作用与运作当成侧重点。考虑到企业僵尸化与企业内控的实际运作相关性更强，因此选用迪博内部控制指数作为企业内部控制水平的衡量标准。具体指标数值由迪博内部控制指数除以1000后所得。

（2）股权性质（GOV）。Gov代表企业是否属于国有企业，国有企业，Gov取1；非国有企业，Gov取0。

（三）实证检验结果分析

表6-11针对公式（6-10），对H6-2和H6-3进行了实证检验。第（1）列和

第（4）列分别在公式（6-6）的基础上加入了调节变量内部控制水平（IC）和企业性质差异（GOV）；资产收益率宽幅度的回归系数为正，并且两个调节变量与资产收益率宽幅度的交乘项系数分别为-0.542和0.044，分别在1%的水平上显著。由此可知，资产收益率宽幅度会对企业僵尸化产生显著的正向影响，支持了H6-1的假设；更高的内部控制水平会抑制资产收益率宽幅度与企业僵尸化之间的正向影响关系，支持了H6-2的假设；相较于非国有企业，国有企业中资产收益率宽幅度对企业僵尸化的影响更加显著，支持了H6-3的假设。

在表6-11中，第（2）（3）（5）（6）列分别报告了2007—2012年和2013—2018年不同样本区间内，两种不同的调节效应下的回归结果。

在从表6-11第（2）（3）列的回归结果来看，在不同年份分组中，资产收益率宽幅度（RS）的回归系数分别为0.216和0.305，并且都在1%的水平上显著，支持了假设H6-1。利用Bootstrap方法对组间系数差异进行3000次的Fisher'S permutation test后，检验结果显示二者组间系数差异检验的p值为0.012，在5%的水平上显著。这可能是由于我国经济进入新常态后，企业经济不确定的宏观背景下企业从事金融投机活动收益率越高但风险也会越大，这使得企业的僵尸化程度对资产收益率宽幅度的敏感性变得更强。内部控制水平（IC）在两个不同年份分组中的回归系数在1%的水平上分别为-1.391和-0.584，组间系数差异检验的p值为0.000。表明我国经济进入新常态后，内部控制对企业僵尸化的影响变弱，这可能是由于新常态下整体经济环境风险增大，金融市场不断深化，企业间关联更加紧密，不论内部控制水平好坏，都更容易受到外部冲击的情况下，内部控制抑制企业僵尸化的作用被削弱。内部控制水平（IC）与资产收益率宽幅度（RS）交乘项的回归系数分别为-0.092和-0.187，都在1%的水平上显著。组间系数差异检验的p值为0.033，在5%的水平上显著。这表明新常态下，内部控制的调节抑制作用被加强了。这是由于新常态下整体经济环境风险增大，随着金融市场不断深化，企业间关联更加紧密，高质量的内部控制降低代理成本，解决信息不对称问题，抑制管理层的短视化，强化对管理层的制约、监督与纠偏，降低企业风险的作用更加显著。因此，内部控制对资产收益率宽幅度与企业僵尸化之间的调节作用提升，更加显著。这进一步支持了假设H6-2成立。

表6-11　基准模型回归结果

	全样本	2007-2012年	2013-2018年	全样本	2007-2012年	2013-2018年
	（1）	（2）	（3）	（4）	（5）	（6）
RS	0.584***	0.216***	0.305***	0.278***	0.221*	0.337**
	(0.144)	(0.078)	(0.119)	(0.084)	(0.114)	(0.146)
IC×RS	−0.542***	−0.092***	−0.187***			
	(0.156)	(0.035)	(0.060)			
IC	−0.801***	−1.391***	−0.584***			
	(0.259)	(0.319)	(0.179)			
GOV×RS				0.044***	0.090***	0.202***
				(0.006)	(0.015)	(0.056)
Gov				0.039***	0.075***	0.037***
				(0.014)	(0.015)	(0.008)
TobinQ	−0.100***	−0.112***	−0.058***	−0.111***	−0.115***	−0.069***
	(0.008)	(0.013)	(0.013)	(0.008)	(0.013)	(0.013)
Capital	0.271***	−0.026	0.356***	0.329***	−0.014***	0.449***
	(0.067)	(0.127)	(0.120)	(0.069)	(0.003)	(0.123)
Size	−0.056***	−0.053*	0.064*	−0.052***	−0.067**	−0.008***
	(0.016)	(0.032)	(0.035)	(0.016)	(0.033)	(0.000)
Age	−0.085***	−0.585***	0.109***	−0.070***	−0.585*	0.072***
	(0.019)	(0.104)	(0.026)	(0.017)	(0.310)	(0.011)
Top5	−0.721***	−0.517***	−1.224***	−0.704***	−0.511***	−1.166***
	(0.080)	(0.130)	(0.169)	(0.082)	(0.132)	(0.175)
Year	Yes	Yes	Yes	Yes	Yes	Yes
Industry	Yes	Yes	Yes	Yes	Yes	Yes
Constant	2.074***	3.863***	−0.069	1.982***	3.876***	0.493
	(0.415)	(1.170)	(0.834)	(0.421)	(1.188)	(0.854)
N	11832	5916	5916	11832	5916	5916
R2	0.184	0.130	0.211	0.146	0.104	0.149

注：（　）中为t值，*、**、*** 分别表示在10%、5%和1%的水平上显著。

从表6-11第（5）（6）列的回归结果来看，在不同年份分组中，资产收益率宽幅度（RS）的回归系数分别为0.221和0.337，分别在10%和5%的水平上显著，其组间系数检验的p值为0.000，且都在1%的水平上显著。股权性质（GOV）与资产收益率宽幅度（RS）的交乘项系数在2007—2012年样本中在1%的显著水平上为0.090，而在2013—2018年样本中在5%的显著水平上为0.202，组间系数检验p值为0.020。表明我国经济进入新常态后，在国有企业中，资产收益率宽幅度对企业僵尸化的影响变得更强。这可能是由于国有企业更加重视短期收益，受资产收益率宽幅度的影响，企业一方面更多利用金融优势进行投资金融、偏离了主业经营，另一方面由于自主创新动机弱化，创新投入减少，创新能力下降。两个方面叠加加剧了企业僵尸化程度。而非国有企业由于不容易获得政府支持，无法获得低价金融资源进行套利，不得不更多依靠主营业务和自主性创新，因而其资产收益率宽幅度影响企业僵尸化水平的敏感度更低。因此，非国有企业受资产收益率宽幅度影响较小，企业僵尸化水平低于国有企业，支持验证了假设H6-3成立。

控制变量方面，企业的投资机会（TobinQ）在1%的水平上为负，表明缺乏投资机会的企业的僵尸化程度更高。资本密集度（Capital）在1%的水平上显著为正，表明重资产的上市公司僵尸化程度更高。企业规模（Size）、股权集中度（Top5）都在1%的水平显著为负，表明在中小型、股权集中度比较低企业中僵尸化程度更高。

（四）稳健性检验

考虑内生性问题的动态模型系统GMM估计结果如表6-12所示。表6-12列示了扰动项的一阶和二阶差分自相关检验结果AR（1）和AR（2）的p值。结果显示扰动项存在一阶自相关，表明存在内生性问题；不存在二阶自相关，表明估计方法有效地克服了内生性问题。Sargan test检验结果不显著表明估计中选择的工具变量不存在过度识别问题。

在表6-12中，检验结果表明：第（1）列中资产收益率宽幅度在1%的水平上显著为正，支持了H6-1。考虑样本数据的内生性后，动态模型估计结果与固定效应模型估计结果略有差异，但是结论基本保持一致。

表6-12 稳健性检验：替换资产收益率宽幅度变量

	Zombie t+1 （1）	按内部控制分组		按股权性质分组	
		内控高组（2）	内控低组（3）	国企组（4）	非国企组（5）
RS	0.424***	0.247**	0.946***	0.517***	0.494***
	(0.111)	(0.122)	(0.195)	(0.156)	(0.130)
TobinQ	−0.139***	−0.129***	−0.128*	−0.162***	−0.149***
	(0.039)	(0.043)	(0.071)	(0.046)	(0.046)
Capital	4.575***	4.083***	0.013	1.035	3.735***
	(0.933)	(1.007)	(0.977)	(1.000)	(1.000)
Size	−0.025	−0.105	0.256	−0.478**	0.214
	(0.224)	(0.241)	(0.382)	(0.209)	(0.243)
Age	1.021**	0.837	1.444**	1.313**	0.635
	(0.459)	(0.534)	(0.670)	(0.604)	(0.449)
Top5	−3.965***	−3.488**	−0.634	−2.460**	−2.697*
	(1.501)	(1.501)	(1.660)	(1.116)	(1.528)
Year	Yes	Yes	Yes	Yes	Yes
Industry	Yes	Yes	Yes	Yes	Yes
Constant	−3.034	−3.681	−1.766***	−6.201*	−1.962***
	(3.862)	(2.749)	(0.246)	(3.170)	(0.231)
N	10846	10846	10846	10846	10846
AR（1）	0.000	0.000	0.000	0.000	0.000
AR（2）	0.453	0.270	0.579	0.603	0.162
Sargan test	0.114	0.196	0.241	0.366	0.648

注：（ ）中为t值，*、**、***分别表示在10%、5%和1%的水平上显著。

第（2）（3）列按照内控水平高低分组进行GMM检验后，在内部控制水平较高、低两组内，资产收益率宽幅度（RS）与企业僵尸化（Zombie）的回归系数分别为0.247和0.946，在1%的水平上显著。表明在内部控制水平较低的企业中资产收益率宽幅度（RS）影响企业僵尸化（Zombie）更加显著，支持了H6-1和H6-2假设。第（4）（5）列按照内控水平高低分组进行GMM检验后，在非国有企业组内，资产收益率宽幅度（RS）与企业僵尸化（Zombie）的回归系数分别为0.517和0.494，在1%的水平上显著。表明在国有企业中资产收益率宽幅度（RS）影响企业僵尸化（Zombie）更加显著，支持了H6-1和H6-3假设。

三、资产收益率宽幅度与企业僵尸化中介路径的实证检验

（一）经营投资效率的中介效应模型设计

本章探讨资产收益率宽幅度对企业僵尸化的影响。考虑到资产收益率宽幅度会对非金融企业的经营性投资产生抑制效应，造成效率损失，进而对企业僵尸化水平产生影响。因此，为检验非金融企业的经营性投资效率是资产收益率宽幅度影响企业僵尸化的一条机制，本章拟采用中介效应模型（Baron and Kenny，1986）来验证这一影响机制的存在。

在公式（6-6）中，引入经营性投资效率变量（6-11）、（6-12）、（6-13），以此来检验 H6-4：

$$Zombie_{i,t} = \theta_0 + cRS_{i,t} + \theta_1 Control + \varepsilon_{i,t} \qquad (6-11)$$

$$IEI_{i,t} = \theta_0 + aRS_{i,t} + \theta_1 Control + \varepsilon_{i,t} \qquad (6-12)$$

$$Zombie_{i,t} = \theta_0 + c'RS_{i,t} + bIEI_{i,t} + \theta_1 Control + \varepsilon_{i,t} \qquad (6-13)$$

其中，Zombie表示企业僵尸化程度；RS表示企业的资产收益率宽幅度；IEI是企业经营性投资效率，反映了企业因金融化造成的抑制效应导致的投资效率损失情况，本章采用企业层面数据，运用随机前沿分析的方法对其进行估计。其中，资产收益率宽幅度的存在会产生"抑制效应"，造成经营性投资效率的下降，因此公式（6-12）中a的回归系数预期为负；而在公式（6-13）中c'的回归系数预期为正，b的回归系数预期为负，反映了资产收益率宽幅度导致企业经营性投资效率下降进而导致企业僵尸化程度加剧的作用机制。

（二）企业经营性投资效率的测算

本节运用Panle-SFA方法估计了不同企业的经营性投资效率。表6-13的报告了随机前沿分析的估计结果。其中，第（1）列是投资效率随机前沿的估计结果。极大似然值为3302.506，表明模型的拟合程度较高。资产收益率宽幅度的期望（RS_{t-1}）和企业金融化指标（$Finratio_{t-1}$）对非金融上市公司投资效率损失具有显著正影响。这表明，金融化对非金融企业实物领域投资支出产生了显著的"抑制效应"，使其面临更为严重的融资约束问题，实际投资支出更加偏离最佳投资支出水平，最终进一步导致了投资效率低下的问题。从整体分布来看，多数上市公司的IEI值都集中在0.7—0.8之间，表明我国上市非金融企业经营性投资因抑制效应比最优水平低了20%—30%。

表6-13　企业经营性投资效率随机前沿分析估计结果

	Frontier（1）	Mu（2）	Vsigma（3）
TobinQ	0.269***	0.243***	0.138***
	(28.32)	(25.49)	(15.17)
时间效应	Yes	Yes	Yes
个体效应	Yes	Yes	Yes
Cons	−1.017***	−1.122***	−1.058***
	(−60.43)	(−53.94)	(−141.78)
RS_{t-1}	0.627***		
	(9.04)		
$Finratio_{t-1}$	1.536***		
	(4.96)		
CF	−0.137***		
	(−3.18)		
KZ	1.068***		
	(14.74)		
Size	−0.822***		
	(−13.55)		
Cons	16.082***		
	(14.25)		
LR	3302.506		
p值	0.000		

注：（ ）中为 t 值，*、**、*** 分别表示在 10%、5% 和 1% 的水平上显著。

（三）企业经营性投资效率中介效应的实证结果分析

表6-14对H6-4进行了检验，报告了企业经营性投资效率损失对资产收益率宽幅度和企业僵尸化的中介效应的检验结果。资产收益率宽幅度对企业经营性投资效率影响在1%水平上显著为负，充分说明了资产收益率宽幅度的上升确实产生了抑制效应，降低了企业经营性投资的水平。在以企业经营性投资效率为中介变量加入基准模型后，资产收益率宽幅度对企业僵尸化程度的影响仍然为正，且在1%的水平上显著。企业经营性投资效率对企业僵尸化具有显著负向影响，即企业经营性投资效率下降加剧企业僵尸化程度。企业经营性投资效率具有显著的部分中介效应，即资产收益率宽幅度对企业僵尸化程度影响部分通过

企业经营性投资效率实现。进一步的采用sobel test计算可得z值为3.430，大于1.96，通过了检验，表明中介效应存在。

表6-14 中介效应回归结果

	Zombiet+1	IEI	Zombiet+1
	（1）	（2）	（3）
RS	0.250***	−0.005***	0.237***
	(0.052)	（0.001）	(0.053)
IEI			−0.033***
			(0.007)
Tobin Q	−0.111***	0.002***	−0.112***
	(0.008)	（0.000）	(0.008)
Capital	0.328***	−0.078***	0.301***
	(0.069)	（0.004）	(0.070)
Size	−0.051***	0.009***	−0.011
	(0.016)	（0.001）	(0.019)
Age	−0.067***	−0.032***	−0.132
	(0.017)	（0.004）	(0.092)
Top5	−0.708***	0.021***	−0.721***
	(0.082)	（0.005）	(0.084)
Year	Yes	Yes	Yes
Industry	Yes	Yes	Yes
Constant	1.997***	−0.041*	1.915***
	(0.421)	（0.024）	(0.437)
N	11832	11832	11832
R2	0.274	0.150	0.151

注：*、**、*** 分别表示在10%、5%和1%的水平上显著。

第四节 本章小结

长期以来，低利率与流动性充裕的货币政策，导致货币贬值，资产价格上涨，导致了等量资本不能获得等量利润，最终反映在会计收益上，形成了资产收益率宽幅度现象。资产收益率宽幅度改变了企业的投资行为，促使企业金融化程度不断加深，对企业的经营性投资产生了抑制效应，造成经营活动现金流量不能满足自身需要，出现企业僵尸化现象。如果不及时遏制其僵尸化趋势，任由大批企业僵尸化，将来处置僵尸企业时必将影响稳增长、调结构与经济的高质量增长。

本章基于资产收益率宽幅度的基本概念与逻辑分析框架，系统性的研究了资产收益率宽幅度与企业僵尸化之间的逻辑关系。构建了判断企业僵尸化指数，分析了企业僵尸化的成因及其传导路径，形成了以下结论：

（1）理论分析表明，资产收益率宽幅度存在形成的对企业经营性投资的抑制效应，造成了投资效率的损失，阻碍了企业产出增加或规模扩张，甚至抑制企业的创新、创造能力，导致企业核心竞争力的停滞或下降，直接损害了企业创造现金增加值的能力（见图6-2）。当处于僵尸化进程的企业完全丧失自生能力，最终就会成为僵尸企业。

图 6-2　资产收益率宽幅度对企业僵尸化的影响机制

（2）实证结果表明：企业经营性投资效率损失是连接资产收益率宽幅度和企业僵尸化的中介路径。资产收益率宽幅度导致了企业经营性投资水平下降，加剧了企业僵尸化水平。这一定程度上解释了我国微观企业脱实向虚、产业虚拟化、空心化现象出现的原因。现阶段，我国企业对金融投资的过度依赖源于逐利的本能，但这也同时积聚了风险，不利于我国经济平稳、持续、高质量的增长。对企业的资产收益率宽幅度进行监控、调节，鼓励、支持企业多进行经营性投资，有助于打破企业"套利型"的增长模式的恶性循环，走向创新驱动的新发展模式。

第三篇　资产收益率宽幅度与经济运行波动的传导机制

第七章 资产收益率宽幅度与
居民收入结构失衡的影响机理

投资性房地产的收益率与储蓄收益率之间所形成的资产收益率宽幅度，影响了居民的投资行为，进而导致居民收入结构失衡。居民收入结构失衡主要表现为居民收入来源结构失衡、城乡收入结构失衡和地区间居民收入结构失衡。本章在描述我国居民收入结构失衡的主要表现后，理论分析资产收益率宽幅度对居民收入结构失衡影响，最后利用多项式分布滞后模型（PDLs）实证检验投资性房地产的收益率与储蓄收益率之间的资产收益率宽幅度与居民收入结构失衡的关系。

第一节 我国居民收入结构失衡的主要表现

随着经济的快速增长，我国居民收入结构失衡凸显，主要表现为居民收入来源结构失衡、城乡居民收入差距不断拉大的城乡收入结构失衡和地区间居民收入差距不断拉大的地区间居民收入结构失衡。

一、资产收益率宽幅度与居民收入结构失衡的现象描述

假设，2006年伊始，赵××、钱××、孙××3人各自拥有200万元的等量货币资本，李××却没有。赵××本人有风险偏好，在已经有住房的条件下，以200万元的价格购置房产一套；钱××本人没有住房，属于刚需，同样以200万元的价格也购置了同样面积的房产，并且与赵××为邻；孙××是风险厌恶者，将200万元现金以年利率5%（假设）的收益率储蓄在银行（不考虑CPI变动）。10年后，即2016年末，赵××以1000万元的价格卖掉了房产，获利800万元现金收益；钱××只有一套住房，不能出售，但与原始投资的200万元相比，钱××以公允价值计价的方式，向市场报告该房产的当前市场价值为1000万

元，获得800万元的持有收益。与此同时的孙××，在不计算CPI上涨因素的影响下，200万元的本金加上储蓄收益的总和为300万元现金，相对于赵、钱二人购置的房地产现值而言，孙最初的等量货币资本遭受了700万元的购买力损失。马克思的平均收益率理论是说价格围绕价值上下波动，在市场竞争的背景下，最终实现等量资本获得等量收益率。赵××、钱××、孙××3人最初的等量资本却由于资本（资产）的形态不同而获取的收益率背离了马克思的"等量资本获取等量收益"的平均收益率理论。

货币贬值、资产价格上涨，改变了会计的计量属性和计价方式。对于社会居民来说，持有货币性资产以历史成本计价，投资或持有房地产可以应用公允价值计价。以公允价值计价的投资或持有房地产等金融性资产收益货币贬值、资产价格上涨的影响，其收益率持续走高，公允价值计价的顺周期效应向资本市场传递了资产价格总是上涨的乐观经济信息；助推了资产收益率宽幅度持续拉大经济现象。资产收益率宽幅度持续拉大改变了人们的风险偏好。风险厌恶者受到高收益率的诱惑逐步转变为风险偏好者，在低首付、低利率与利率打折、更容易获取银行贷款的背景下，居民与自有资金投资或炒作房地产蔚然成风。

在"蒜泥狠、姜你军、苹什么"等炒作获益宏观背景下，政府实施零首付、低利率和利率优惠的货币政策鼓励房地产业发展，房地产业成为经济高速度增长的引擎。在前文假设中，李××看好未来房地产走势预期，全额举借债务投资房地产，于2006年伊始向银行借入200万，与赵××、钱××、孙××等人几乎是同时购置相同地段的房地产，举借债务占自有资金的比率称为财务杠杆。李××举借债务投资房地产属于100%的财务杠杆。李××借入的债务是历史成本200万元，利率5%。购置的房产则以公允价值计价，伴随着房地产价格的快速上涨，至2016年，李××向市场报告当前的房地产公允价值1000万元。按照5%的贷款利率，李××购房贷款的成本和利息共计300万，获取的投资收益700万元。如果李××将持有的房产出售，将获得1000万元的现金收入，在偿还银行贷款本息后的净收益为700万元。因此，货币性资产与投资性房地产之间的收益率宽度持续拉大是杠杆产生的举出，杠杆率的持续攀升是因为投资或持有房地产收益率的持续走高，运用杠杆撬动的持续走高的房地产收益是以非正常的超额收益。超额收益具有泡沫性质。同时印证了"举债的都是富人，储蓄的都是穷人"的说法。运用财务杠杆可以获取超额收益，杠杆与资产泡沫成了孪生兄弟，资产收益率宽幅度的持续拉大是资产泡沫与财务杠杆产生的基础，"赵钱孙李"现象正是资产收益率宽幅度的真实写照。

银行储蓄是货币性资产，而投资房地产是把货币性资产变为实物资产或不动产，在持续的低利率与流动性充裕的背景下、货币贬值、资产价格上涨，形成了货币性资产的收益率与投资房地产的收益率之间的"资产收益率宽幅度"持续拉大的经济现象。资产收益率宽幅度持续拉大助推了风险厌恶者逐渐转变为风险偏好者。因为，宽松的货币政策导致信贷标准下降、获得信贷资金更为容易，低利率收益低于通胀率之时，举借债务的成本或许还是负值，于是，举借债务产生了杠杆，运用杠杆获取资产价格上涨带来的超额收益，这种非正常的超额收益实际上是资产价格上涨带来的泡沫收益，当泡沫收益大于举借债务的成本，风险偏好者开始大规模举借债务，杠杆率迅速攀升，资产泡沫开始加剧。其结果表象为：居民收入来源结构失衡、城乡居民收入结构失衡和地区间居民收入结构失衡，社会矛盾凸显。于是，举借债务投资或配置资产或投资性房地产获得的收益让人们变得更富有，表现在居民收入结构上便是：居民收入来源结构失衡、城乡居民收入结构失衡和地区间居民收入结构失衡。

二、居民收入来源结构失衡

我国居民收入来源主要有：工薪收入、经营收入、财产性收入和转移收入。分析近年来我国居民收入来源结构可以发现：财产性收入占居民人均总收入的比重不断上升，工薪收入的比重不断下降。表7-1为国家统计局公布的我国2000—2018年的居民人均年收入来源结构情况，以及根据该数据计算财产性收入和工薪收入占人均年收入的比重。2000—2018年，我国居民人均年收入的年均增长速度为10.79%，其中工薪收入的年均增长速度为9.82%，财产性收入的年均增长速度为28.16%，财产性收入的增长速度远超过了工薪收入的增长速度。从财产性收入和工薪收入占总收入的比重来看，2000年财产性收入和工薪收入占比分别为2.04%和71.17%，2018年财产性收入占比为10.26%和60.62%，2000—2018年，财产性收入增长了8.22%，而工薪收入则下降了10.55%。

表7-1 2000—2018年我国居民收入来源结构

年份	人均工薪收入（元）	人均经营净收入（元）	人均财产性收入（元）	人均转移性收入（元）	财产性收入占比（%）	工薪收入占比（%）
2000	4480.50	246.20	128.40	1440.80	2.04	71.17
2001	4829.86	274.05	134.62	1630.36	1.96	70.31
2002	5739.96	332.16	102.12	2003.16	1.25	70.19
2003	6410.22	403.82	134.98	2112.20	1.49	70.74
2004	7152.76	493.87	161.15	2320.73	1.59	70.62
2005	7797.54	679.62	192.91	2650.70	1.70	68.88
2006	8766.96	809.56	244.01	2898.66	1.92	68.93
2007	10234.80	940.70	348.50	3384.60	2.34	68.65
2008	11298.96	1453.57	387.02	3928.23	2.27	66.20
2009	12382.11	1528.68	431.84	4515.45	2.29	65.66
2010	13707.70	1713.50	520.30	5091.90	2.47	65.17
2011	15411.90	2209.70	649.00	5708.60	2.71	64.27
2012	17335.60	2548.30	707.00	6368.10	2.62	64.30
2013	16617.38	2975.34	2551.54	4322.75	9.64	62.79
2014	17936.82	3278.95	2812.13	4815.95	9.75	62.19
2015	19337.10	3476.08	3041.93	5339.72	9.75	61.99
2016	20664.99	3770.10	3271.33	5909.82	9.73	61.47
2017	22200.93	4064.75	3606.87	6523.64	9.91	61.00
2018	23792.20	4442.60	4027.70	6988.30	10.26	60.62

注：原始数据来源于国家统计局（其中2000—2012年为人均年收入数据，2013—2018年为人均可支配收入数据）。

图7-1显示了2000—2018年财产性收入和工薪收入占我国居民人均年收入比重的趋势。通过观察可以发现，2000—2018年财产性收入占比呈明显上升趋势，工薪收入占比呈明显下降趋势。

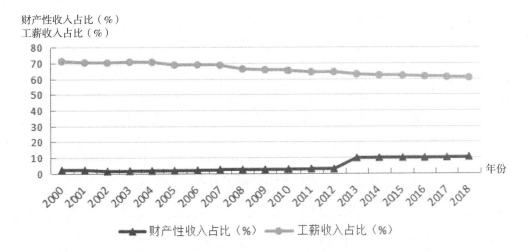

图7-1 2000—2018年我国居民工薪收入和财产性收入占比

注：原始数据来源于国家统计局（其中2000—2012年为人均年收入数据，2013—2018年为人均可支配收入收据）。

通过分析近年来我国居民的收入来源结构情况发现，工薪收入在总收入中所占的比重越来越小，财产性收入所占比重逐年上升，这说明居民的劳动所得收入的占比越来越小。工薪收入在收入来源中比重的不断降低，使得居民不再重视依靠劳动收入，开始逐渐转向追求属于财产性收入的资产增值收入。当居民不再安于依靠踏实劳动获得收入，反而转向追求资产增值收入获得暴利时，会导致资本由实体经济逐渐转向虚拟经济，居民不再热衷于从事生产，转而追求资本利得。经济持续健康发展的最终决定因素是实体经济的生产能力和生产效率。资产价格的过快上涨，必然加剧投机炒作和资产泡沫，致使实体经济发展困难，经济结构失衡。高收入者获得的资产收入远远高于低收入者的劳动收入，又会造成收入结构失衡，不利于消费需求扩大和经济增长内生动力增强。因此，稳定资产价格，进而营造稳定的市场环境，是引导资本流入实体经济和科技创新、推进经济结构战略性调整的关键。

三、城乡居民收入结构失衡

在我国经济的快速发展中，城乡经济二元结构始终是经济社会发展的障碍，城乡居民收入差距的不断拉大是城乡经济二元结构失衡的主要表现之一。表7-2为2000—2018年我国居民人均年收入及差距。通过表7-2可知，我国城镇居民人均年收入从2000年的6295.9元增加到2018年的39250.8元，增长了32954.9元，年均增长速度为10.79%；农村人均年收入从2000年的2253.4元增加到2018年的14617元，增加了12363.6元，年均增长速度为11.02%；城乡人均年收入差距从2000年的4042.5元增加到2018年的24633.8元，增加了20591.3元，年均增长速度为10.78%。从绝对数的差距来看，2000—2018年我国居民城乡收入差距呈不断扩大的趋势，从增长速度来看，基本与城镇居民人均年收入的增长速度持平。

表7-2　2000—2018年我国城乡居民人均年收入及差距

年份	城镇人均年收入（元）	农村人均年收入（元）	城镇与农村人均年收入差距（元）
2000	6295.9	2253.4	4042.5
2001	6868.88	2366.4	4502.48
2002	8177.4	2475.63	5701.77
2003	9061.22	2622.24	6438.98
2004	10128.51	2936.4	7192.11
2005	11320.77	3254.93	8065.84
2006	12719.19	3587.04	9132.15
2007	14908.61	4140.4	10768.21
2008	17067.78	4760.62	12307.16
2009	18858.09	5153.17	13704.92
2010	21033.4	5919.01	15114.39
2011	23979.2	6977.29	17001.91
2012	26959	7916.581	19042.42
2013	26467	9429.563	17037.44
2014	28843.85	10488.88	18354.97
2015	31194.83	11421.71	19773.12
2016	33616.25	12363.41	21252.84
2017	36396.19	13432.43	22963.77
2018	39250.8	14617	24633.8

注：原始数据来源于国家统计局（其中2000—2012年为人均年收入数据，2013—2018年为人均可支配收入数据）。

图7-2为2000—2018年我国居民人均年收入及差距趋势图。从图7-2可知，随着我国城镇居民和居民收入的不断增加，城镇居民与农村居民的收入差距也呈不断扩大的趋势。

居民收入结构的城乡差异失衡使得农村居民在医疗保障、教育培养、消费能力及生活质量的方方面面落后于城镇居民。我国中央一号文件多年来一直聚焦农业，农民增收实现了改革开放以来快速增长，但是城乡居民收入的差距并没有有效缩小。在实现农业现代化和农村城镇化的过程中，关于种地农民的留守农民、留守老人、留守妇女问题；离地农民主要是农民工的工资待遇及权益和社会保障问题；失地农民，既失去了土地又失去了农民身份，收入如何保证？这些问题都是社会的不安定因素。

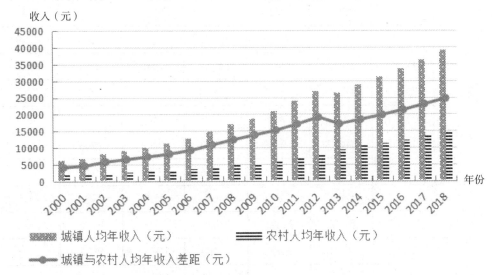

图 7-2　2000—2018 年我国城乡居民人均年收入及差距

注：原始数据来源于国家统计局（其中 2000—2012 年为人均年收入数据，2013—2018 年为人均可支配收入数据）。

四、地区间居民收入结构失衡

我国地区间收入结构失衡主要表现为地区间居民收入差距的不断扩大，其中东部地区作为经济发展较快的地区，居民收入水平较高，东部地区与中、西、东北部地区居民收入的差距呈不断扩大的趋势。表7-3显示了国家统计公布的2005—2018年，我国东、中、西、东北地区居民户均收入及由此计算的地区间收入差距。2005—2018年我国东、中、西、东北地区的居民的户均年收入分别由14585元、9393元、9418元和9296元增加至46433元、33803元、33389元和32994元，分别增加了31848元、24410元、23970 元和23698元，年均增长率分别为9.42%、10.42%、10.30%和10.31%。从年均增长率来看，虽然中部、西部和东北部地区的增长速度略高于东部地区，但是东部地区与中部、西部和东北部3个地区的差距仍呈不断拉大的趋势。

表7-3　2005—2018年我国东、中、西、东北地区居民户均收入及地区间收入差距

年份	东部地区户均收入（元）	中部地区居民户均收入（元）	西部地区居民户均收入（元）	东北地区居民户均收入（元）	东、西部地区收入差距（元）	东、中部地区收入差距（元）	东、东北部地区收入差距（元）
2005	14585	9393	9418	9296	5166	5191	5289
2006	16380	10573	10443	10490	5937	5807	5891
2007	18545	12392	12131	12306	6414	6153	6239
2008	20965	14062	13917	14162	7048	6904	6803
2009	23153	15539	15523	15843	7630	7614	7311
2010	25773	17303	17309	17688	8464	8470	8085
2011	29226	19868	19868	20163	9358	9358	9063
2012	32714	22451	22475	22816	10238	10262	9897
2013	31152	22665	22363	23507	8790	8488	7645
2014	33905	24733	24391	25579	9515	9172	8326
2015	36691	26810	26473	27400	10218	9882	9292
2016	39651	28879	28610	29045	11041	10772	10606
2017	42990	31294	30987	30960	12003	11696	12030
2018	46433	33803	33389	32994	13044	12629	13439

注：原始数据来源于国家统计局（其中2000—2012年为人均年收入数据，2013—2018年为人均可支配收入数据）。

表7-3为2005—2018年我国东、中、西、东北地区居民户均年收入及东部与其他地区间收入差距。从图7-3可知，随着我国各地区居民收入水平的不断增加，东部地区与其他3个地区的居民户均年收入之间的差距也呈不断扩大的趋势。

收入（元）

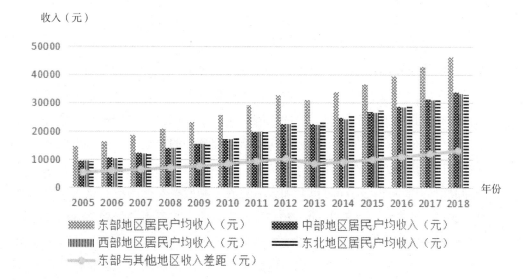

图 7-3　2005—2018 年我国东、中、西、东北地区居民户均收入及

东部与其他地区间收入差距

注：原始数据来源于国家统计局（其中 2000—2012 年为人均年收入数据，2013—2018 年为人均可支配收入数据）。

第二节　资产收益率宽幅度与居民收入结构失衡的研究假设

房地产投资的高收益率为居民手中持有的资本寻求获得高收益回报的投资机会。居民投资房地产的高收益率与将手中持有货币存入银行所获取的利息的低收益率所形成的资产收益率宽幅度，直接影响了居民的投资行为，进而影响了我国居民的收入结构。

一、居民资产与居民资产收益率

房地产是中国居民的主要资产，购买房地产的负债是居民的主要金融负债。据中国社科院测算的国家资产负债表显示，截至2014年底，中国居民总资产为254万亿，其中非金融性资产为151万亿，在非金融性资产中，房地产137亿，占非金融性资产的90.70%，占居民总资产的53.81%。从负债来看，居民金融负债23.14万亿中，其中消费信贷为15.37万亿，中长期消费信贷为12.12万亿，中长期消费信贷占居民总金融负债比为52.36%（数据来源于中国人民银行）。根据2016年中国家庭追踪调查（China Family Panel Survey，简称"CFPS"）数据，我国居民投资股票等风险金融性资产的家庭比例较低，约占5.9%；投资住房和经营性资产的家庭比例较高，占比分别为90.12%与10.51%，其中持有两套以上住房的家庭占19.66%。另外，有23.32%的家庭向银行、亲戚朋友及其他经济组织借款，通过加杠杆购买住房、扩大经营性资产。当家庭对某种资产预期收益较高，且负债向该资产转化的机制顺畅，家庭就会通过加杠杆来增持该资产，减少其他资产。在城市化和住房价格上涨预期的推动下，家庭可以通过加杠杆增持住房资产（陈洋林等，2019）。金融可得性增强使得居民持有风险资产和股票的概率加大的同时也会加大风险资产和股票资产的持有比重（尹志超等，2015）。Mouna & Jarboui（2015）研究认为，投资者的经验、金融素养等对投资者的投资行为有显著的影响，投资者的过度资信对其投资组合的多元化产生抑制作用。投资房地产市场对股票市场产生了抑制效应，金融性资产的净值越低时抑制效应越显著（Cocco，2005）。吴卫星、齐天翔（2005）、何兴强等（2009）在分析中国居民的投资组合的影响因素时得出了相似的结论，居民对房地产的投资对股票市场的参与产生了替代效应。

二、资产收益率宽幅度与居民投资行为分析

以资产收益率宽幅度的基本逻辑分析居民的投资行为，可以发现当居民面临多种投资机会时，决定居民投资行为的因素有多种，例如机会成本、对风险的认识及厌恶程度。在现代经济学中，我们通常假设投资人都是理性的：当两种投资机会具有相同风险时，理性投资人会选择收益率高的机会；而当两种投资机会具有相同期望收益回报率时，则会选择风险较低的投资机会；当面临不同投资机会时，选择高风险投资机会的前提是它能提供足够高的收益回报来补偿所带来的风险。当房地产价格不断攀升时，人们往往认为买房子是稳赚不赔的买卖，对比储蓄的低利率，资产收益率宽幅度不断扩大为居民利用资本进行逐利提供了可能。

首先分析资产收益率宽幅度与居民收入来源结构失衡之间的关系。财产性收入也称"资产性收入"，指通过资本参与社会生活和生产活动所产生的收入，即家庭拥有的动产和不动产所获得的收入，包括出让财产使用权所获得的利息、租金、专利收入，财产营运所获得的红利收入、财产增值收益等。工薪收入指人们通过劳动所获得的劳动报酬。随着房地产价格的不断攀升，资产收益率宽幅度不断扩大，居民投资者利用手中所持有的资本或者是依靠银行贷款等杠杆购买房地产可以获得的收益不断增加，可以提高居民的财产性收入。但是，当等量资本获得的收益远远大于劳动所得的时候，居民便会不再依靠劳动

获取劳动所得，转而追逐资产增值的收益。当财产性收入占居民收入的比重不断上升，而工薪收入所占的比重逐渐降低时，居民的收入来源结构就会失衡，不利于社会稳定和经济的可持续发展。在资产收益率宽幅度持续拉大的情况下，居民的投资行为促使居民收入来源结构失衡。

然后分析由资产收益率宽幅度的不断扩大带来的城乡居民收入差距所带来的居民收入结构失衡。随着房地产价格的不断攀升，资产收益率宽幅度不断扩大，诱使大量的城镇居民投资房地产。城镇居民分享了由于房地产价格不断上涨所带来的收益，收入水平不断提高。这其中，房地产价格上涨得越快，城镇居民利用杠杆融资的成本越低、越容易，越会刺激更多的城镇居民去购买更多的房产，从而助推房地产价格进一步上涨。结果是资产收益率宽幅度的不断扩大推动城镇居民的收入水平不断提高。而对于农村居民来说，绝大部分农村居民没有足够的资本去购买城市中的商品房，这样便无法分享由于房地产价格不断上涨带来的收益。虽然农村居民收入水平也呈上升趋势，但是由于无法享受房价上涨带来的红利，农村居民与城市居民之间的收入差距仍然呈不断扩大的趋势。

最后分析资产收益率宽幅度对居民地区间收入差距所带来的影响。我国大陆四大经济区域，即东部地区、中部地区、西部地区和东北地区。东部地区包括北京、天津、河北、上海、江苏、浙江、福建、山东、广东、海南10个省、自治区及直辖市；中部地区包括山西、安徽、江西、河南、湖北、湖南6省；西部地区包括重庆、四川、贵州、云南、西藏、陕西、甘肃、青海、宁夏、新疆、内蒙古、广西12省、自治区及直辖市区；东北地区包括辽宁、吉林、黑龙江3省。由于我国东部、中部、西部、东北部各地区的经济发展不平衡，东部地区的经济发展水平远高于中部地区、西部地区、东北地区。根据国家统计局所公布的我国31省、自治区及直辖市1999—2017年住宅商品房的价格，计算东部、中部、西部和东北部地区1999—2017年的住宅商品房价格的平均增长幅度可以发现：东部地区年均增长665.04元，中部地区年均增长265.29元、西部地区年均增长231.05元、东北部地区年均增长256.74元，而同期全国年均增长329.83元。从房地产价格增长的幅度看，东部地区的年均增长幅度约为全国的2倍，同期中部、西部和东北部地区的年均增长幅度都低于全国平均水平。从居民收入水平的基础来看，东部地区的居民收入水平高于其他3个地区。随着房地产价格的不断攀升，资产收益率宽幅度的不断扩大导致资本过剩地流向房地产行业。经济发展水平较高的东部地区的房地产价格上涨的幅度明显高于其他3个地区，这使得东部地区的资产收益率宽幅度显著高于其他3个地区的同时还使得东部地区居民可以获得更多房地产价格不断上涨的收益，从而使得东部地区和其他3个地区的居民收入水平之间的差距不断拉大。

第三节　资产收益率宽幅度与居民收入结构失衡的实证分析

本节主要是利用我国的历史数据，对资产收益率宽幅度与我国居民收入结构失衡之间的关系进行实证分析。利用多项式分布滞后模型（PDLs），选取2000—2018年我国居民的收入来源数据、我国城镇居民的农村居民收入数据及2005—2018年我国东、中、西、东北地区居民户均年收入数据，分别对资产收益率宽幅度与我国居民收入来源结构、城乡居民收入差距和地区间收入差距之间的关系进行实证分析。

一、资产收益率宽幅度与居民收入来源结构失衡

（一）样本来源与模型设定

本章选取2000—2018年中国居民的收入来源数据及资产收益率宽幅度的年度数据作为研究样本，样本数据来源于国家统计局。

构建多项式分布滞后模型（PDLs），考察投资性房地产与货币性资产之间的资产收益率宽幅度对居民收入来源结构失衡的影响（7-1）。

$$RIS_t = \alpha_0 + \beta_1 RS_t + \beta_2 RS_{t-1} + \cdots\cdots + \beta_k RS_{t-k} + \mu \qquad (7-1)$$

其中，RIS_t作为被解释变量，是居民收入来源结构失衡的代理变量。这里有两个替代变量：工资收入占比wages和财产性收入占比property，分别利用居民工资收入占人均年收入比重和居民财产性收入占人均年收入比重计算所得，具体的计算公式为（7-2）、（7-3）：

$$WIR_t = wages\ /INCOME \qquad (7-2)$$

$$PIR_t = proerty\ /INCOME \qquad (7-3)$$

其中，$INCOME$为居民人均年收入，WIR_t为居民人均年收入中工资收入占比，PIR_t为居民人均年收入中财产性收入占比，$wages$为居民人均年收入中的工薪收入，$proerty$为居民人均年收入中的财产性收入。解释变量RS是投资性房地

产与货币性资产之间的资产收益率宽幅度。

（二）描述性统计分析、平稳性检验和协整检验

表7-4报告了各变量的描述性统计结果。工薪收入占比*WIR*的均值和中位数分别为66.06和65.66，最大值和最小值分别为71.17和60.62。财产性收入占比*PIR*的均值和中位数分别为4.510和2.338，最大值和最小值分别为10.26和1.249。资性房地产与货币性资产之间的资产收益率宽幅度RS的均值和中位数分别为112.5和112.0，最大值和最小值分别为300.6和2.010。

表7-4　各变量描述性统计分析

variable	mean	p50	sd	min	max	N
WIR	66.06	65.66	3.747	60.62	71.17	19
PIR	4.510	2.338	3.741	1.249	10.26	19
RS	112.5	112.0	91.82	2.010	300.6	19

在对公式（7-1）进行估计前，为了防止出现伪回归现象，首先要对模型中各变量的稳定性进行检验，利用ADF检验单位根检验。表7-5报告了各变量单位根检验的结果，对变量*WIR*、*PIR*、*RS*的Fisher-ADF单位根检验均没有拒绝原假设，说明变量*WIR*、*PIR*、*RS*的时间序列中均存在不同的单位根，为不平稳序列。对变量*WIR*、*PIR*、*RS*分别进行差分后再进行检验，结果显示在1%的置信水平下，变量*WIR*、*PIR*、*RS*均为一阶单整序列。因此能否利用变量*WIR*、*PIR*分别直接与*RS*进行回归分析，需要进一步进行协整检验。

表7-5　ADF单位根检验结果

变量	检验形式	ADF	P值	稳定性
WIR	（c,0,3）	−0.223577	0.9189	不平稳
ΔWIR	（c,0,3）	−4.071592	0.0075	平稳
PIR	（c,0,3）	−0.361733	0.8966	不平稳
ΔPIR	（c,0,3）	−4.196108	0.0054	平稳
RS	（c,0,3）	2.796684	1.0000	不平稳
ΔRS	（c,0,3）	−4.032380	0.0075	平稳

表7-6报告了Johansen协整检验的结果。变量*WIR*、*PIR*与资产收益率宽幅度*RS*协整检验的所有统计量均通过了显著性检验。因此，变量*RS*分别和变量*WIR*、*PIR*存在着长期协整关系。

表7-6　Johansen协整关系检验

变量	原假设	特征根	特征根迹检验		最大特征根检验	
			迹统计量	P值（5%）	最大特征根	P值（5%）
PIR RS	0个协整向量	0.637185	22.47176	0.0007	17.23566	0.0040
	至少有1个协整向量	0.265089	5.236093	0.0263	5.236093	0.0263
WIR RS	0个协整向量	0.591555	16.33558	0.0101	15.22178	0.0095
	至少有1个协整向量	0.063417	1.113797	0.3391	1.113797	0.3391

（三）实证结果

参考丁俊君、戴生泉（2014）对多项式分布滞后模型滞后阶数的确定方法，同时考虑修正的 R^2、AIC（Akaike information criterion）信息准则和SC（Schwarz Criterion）信息准则。表7-7 报告了以资产收益率宽幅度 RS 为解释变量，以工薪收入占比为被解释变量所构建的分布滞后模型中，不同的滞后阶数和多项式次数的修正的 R^2、AIC 信息准则和SC 信息准则的值。当多项式次数为 2 次、滞后阶数为 6 时，调整的 R^2 的值最大为 0.968510，同时 AIC 和 SC 达到最小值，分别为 -0.993119 和 -0.819288。因此，构建滞后 6 期的、2 次的、以资产收益率宽幅度 RS 为解释变量、以工薪收入占比为被解释变量的多项式分布滞后模型。

表7-7　多项式分布滞后模型滞后阶数的确定（*WIR*）

滞后期	多项式次数	调整R^2	AIC	SC
滞后1期	1	0.952076	-0.107347	0.041048
滞后2期	1	0.945597	-0.013987	0.133051
滞后3期	1	0.938324	0.062918	0.207778
	2	0.939090	0.095385	0.288532
滞后4期	1	0.937321	-0.041993	0.099617
	2	0.940225	-0.043118	0.145695
	3	0.937133	0.045338	0.281354
滞后5期	1	0.932450	-0.159480	-0.022539
	2	0.967642	-0.847939	-0.665351
	3	0.967994	-0.821374	-0.593140
	4	0.968052	-0.798124	-0.524242
滞后6期	1	0.911556	-0.008892	0.121481
	2	0.968510	-0.993119	-0.819288
	3	**0.964924**	**-0.849198**	**-0.631910**
	4	0.963863	-0.799078	-0.538332

表7-8报告了以资产收益率宽幅度RS为解释变量，以财产性收入占比为被解释变量所构建的多项式分布滞后模型中，不同的滞后阶数和多项式次数的修正的R^2、AIC信息准则和SC信息准则的值。当多项式次数为1次、滞后阶数为4时，AIC和SC达到最小值，分别为-3.596781和3.738401，但是此时调整的R^2的值最大为0.881237，低于最高值0.882396。如果遵循多项式滞后模型，一般将多项式次数设为2次或3次的原则，则当多项式次数为2次、滞后阶数为4时，调整的R^2的值最大为0.882396，同时AIC和SC仅大于最小值，分别为0.994801和1.183615。因此，构建滞后4期的、2次的、以资产收益率宽幅度RS为解释变量、以财产性收入占比为被解释变量的多项式分布滞后模型。

表7-8　分布滞后模型滞后阶数的确定（PIR）

滞后期	多项式次数	调整R^2	AIC	SC
滞后1期	1	0.757703	1.602539	1.750934
滞后2期	1	0.783428	1.527036	1.674073
滞后3期	1	0.815430	1.382069	1.526930
	2	0.801226	1.501161	1.694308
滞后4期	1	0.881237	0.958282	1.099892
	2	0.882396	0.994801	1.183615
	3	0.870825	1.126672	1.362689
滞后5期	1	0.835217	1.299488	1.436429
	2	0.829256	1.382568	1.565156
	3	0.846529	1.313416	1.541651
	4	0.841323	1.371845	1.645727
滞后6期	1	0.832617	1.323514	1.453887
	2	0.830768	1.382989	1.556820
	3	0.809744	1.536151	1.753439
	4	0.801738	1.597686	1.858432

表7-9中回归方程（1）和方程（3）报告了以资产收益率宽幅度RS为自变量，分别以工薪收入占比WIR和财产性收入占比PIR作为因变量的单变量回归结果；回归方程（2）和（4）报告了以资产收益率宽幅度RS为自变量，分别以工薪收入占比WIR和财产性收入占比PIR作为因变量的多项式分布滞后模型回归结果。

当被解释变量为工薪收入占比WIR时，单变量稳健标准误（robust）回归方程（1）的回归系数为-0.040，且在1%的水平上显著，回归方程的R²为0.939，说明拟合程度很好。当被解释变量为工薪收入占比WIR时，多项式分布滞后模型回归方程（2）结果说明，当期资产收益率宽幅度RS每增加1%，就会对我国居民收入中工薪收入占比WIR产生32.212%的增长作用，在第1、2、3、4、5、6期的作用分别是-32.326%、-67.366%、-72.908%、-48.953%、4.500%、87.451%，长期的贡献率为-97.389%，最终得到阿尔蒙多项式分布滞后模型的最终估计形式（7-4）：

$$WIR = -0.242859269893 + 0.322123106262 \times RS - 0.323257148651 \times RS(-1) -$$
$$0.673659259221 \times RS(-2) - 0.729083225448 \times RS(-3) - 0.489529047334 \times RS(-4) +$$
$$0.0450032751232 \times RS(-5) + 0.874513741922 \times RS(-6) \tag{7-4}$$

Lag Distribution of LNM体现的是LNM各估计系数对应滞后期的分布关系图，呈现出抛物线形状。单变量稳健标准误回归结果和阿尔蒙多项式分布滞后模型回归结果均说明随着资产收益率宽幅度的不断拉大，在我国居民收入来源结构中，工薪收入的占比在逐渐减少。

当被解释变量为财产性收入占比PIR时，单变量稳健标准误（robust）回归方程（3）的回归系数为0.035，且在1%的水平上显著，回归方程的R²为0.871，说明拟合程度较好。阿尔蒙多项式分布滞后模型回归方程（4）结果说明，当期资产收益率宽幅度RS每增加1%，就会对我国居民收入中财产性收入占比PIR产生-62.923的减少作用，在第1、2、3、4期的作用分别是-73.477%、-25.184%、81.857%、247.946%，长期贡献率为168.319%，最终得到阿尔蒙多项式分布滞后模型的最终估计形式（7-5）：

$$PIR = 2.83584233878 - 0.0256339754796 \times RS - 0.0299338239824 \times RS(-1) -$$
$$0.0102597052039 \times RS(-2) + 0.0333883808559 \times RS(-3) + 0.101010434197 \times$$
$$RS(-4) \tag{7-5}$$

单变量稳健标准误回归结果和阿尔蒙多项式分布滞后模型回归结果均说明随着资产收益率宽幅度的不断拉大，在我国居民收入来源结构中，财产性收入的占比在逐渐增加。

表7-9　模型回归结果

	(1)	(2)	(3)	(4)
	WIR	WIR	PIR	PIR
RS	−0.969***		0.871***	
	(0.074)		(0.082)	
Constant	0.000	−0.243	0.000	1.614***
	(0.058)	(0.304)	(0.116)	(0.428)
PDL01		−0.729***		−0.252
		(0.135)		(0.559)
PDL02		0.092		0.777***
		(0.062)		(0.234)
PDL03		0.0147***		0.294
		(0.034)		(0.278)
Observations	19	10	19	15
R-squared	0.939	0.976	0.759	0.908
A R-squared		0.969		0.882
F		124.026***		36.015***
D-W		2.277		1.230
RS0		0.322		−0.629
RS(−1)		−0.323		−0.735
RS(−2)		−0.674		−0.252
RS(−3)		−0.729		0.820
RS(−4)		−0.490		2.479
RS(−5)		0.045		
RS(−6)		0.875		
短期影响系数		0.322		−0.629
长期影响系数		−97.389		1.683

注：方程（1）和方程（3）t值采用Robust修正；*、**、***分别表示在10%、5%和1%的水平上显著。

二、资产收益率宽幅度与居民城乡收入结构失衡

（一）样本来源与模型设定

本章选取2000—2018年中国城乡居民的收入及资产收益率宽幅度的年度数据作为研究样本，样本数据来源于国家统计局。

本部分利用多项式分布滞后模型（PDLs），考察投资性房地产与货币性资产之间的资产收益率宽幅度对居民城乡收入结构失衡的影响（7-6）。

$$URG_t = \alpha_0 + \beta_1 RS_t + \beta_2 RS_{t-1} + \cdots\cdots + \beta_k RS_{t-k} + \mu \qquad (7-6)$$

其中，URG_t为被解释变量，为城乡居民收入结构失衡的代理变量，利用城镇居民的人均年收入和农村居民的人均年收入的差计算所得，具体的计算公式为（7-7）：

$$URG_t = INCOME_{urban} - INCOME_{rural} \qquad (7-7)$$

其中，$INCOME_{urban}$为城镇居民人均年收入，$INCOME_{rural}$为农村居民人均年收入。解释变量RS是投资性房地产与货币性资产之间的资产收益率宽幅度。

（二）描述性统计分析、平稳性检验和协整检验

表7-10报告了各变量的描述性统计结果。城乡居民收入差距URG的均值和中位数分别为13528和13705，最大值和最小值分别为24634和4043。投资性房地产与货币性资产之间的资产收益率宽幅度RS的均值和中位数分别为112.5和112.0，最大值和最小值分别为300.6和2.010。

表7-10　各变量描述性统计分析

variable	mean	p50	sd	min	max	N
URG	13528	13705	6553	4043	24634	19
RS	112.5	112.0	91.82	2.010	300.6	19

在对公式（7-6）进行估计前，为了防止出现伪回归现象，首先要对模型中各变量的稳定性进行检验，利用ADF单位根检验。在进行ADF单位根检验之前，首先对城乡居民收入差距和资产收益率宽幅度的数据进行标准化处理。表7-11报告了各变量单位根检验的结果，对变量URG、RS的ADF单位根检验均拒绝原假设，说明变量$lnURG$、$lnRS$的时间序列中均不存在不同的单位根，为平稳序列。

表7-11　ADF单位根检验结果

变量	检验形式	ADF	P值	稳定性
URG	（c,0,3）	0.469913	0.9803	不平稳
ΔURG	（c,0,3）	−4.311162	0.0043	平稳
RS	（c,0,3）	2.796684	1.0000	不平稳
ΔRS	（c,0,3）	−4.032380	0.0075	平稳

表7-12报告了Johansen协整检验的结果。城乡居民收入差距变量*URG*与资产收益率宽幅度*RS*协整检验的所有统计量均通过了显著性检验。因此，变量*lnRS*和变量*lnURG*存在着长期的协整关系。

表7-12　Johansen协整关系检验

原假设	特征根	特征根迹检验		最大特征根检验	
		迹统计量	P值（5%）	最大特征根	P值（5%）
0个协整向量	0.612896	21.61291	0.0324	16.13405	0.0458
至少有1个协整向量	0.275509	5.478854	0.2350	5.478854	0.2350

（三）实证结果

表7-13报告了以资产收益率宽幅度RS为解释变量，以城乡居民收入差距为被解释变量所构建的阿尔蒙多项式分布滞后模型中，不同的滞后阶数和多项式次数的修正的R^2、AIC信息准则和SC信息准则的值。当多项式次数为2次、滞后阶数为4时，调整的R^2的值最大为0.974884，AIC和SC达到最小值，分别为-0.992434和-0.803620，因此，构建滞后4期的、2次的、以资产收益率宽幅度RS为解释变量、以城乡居民收入差距为被解释变量的多项式分布滞后模型。

表7-13　分布滞后模型滞后阶数的确定

滞后期	多项式次数	调整R^2	AIC	SC
滞后1期	1	0.968540	-0.544083	-0.395687
滞后2期	1	0.971431	-0.725779	-0.578741
滞后3期	1	0.969023	-0.728697	-0.583837
	2	0.968307	-0.660875	-0.467728
滞后4期	1	0.966168	-0.740877	-0.599267
	2	**0.974884**	**-0.992434**	**-0.803620**
	3	0.972475	-0.862817	-0.626800
滞后5期	1	0.961152	-0.727555	-0.590614
	2	0.961820	-0.697353	-0.514765
	3	0.962485	-0.677424	-0.449189
	4	0.961761	-0.633239	-0.359357
滞后6期	1	0.961185	-0.885374	-0.755001

表7-14中回归方程（1）和方程（2）报告了以资产收益率宽幅度*RS*为自变量，以城乡居民收入差距*URG*作为因变量的单变量回归结果和阿尔蒙多项式分布滞后模型回归结果。

当被解释变量为城乡居民收入差距URG时，单变量稳健标准误（robust）回归方程（1）的回归系数为0.983，且在1%的水平上显著，回归方程的R²为0.966，说明拟合程度很好。阿尔蒙多项式分布滞后模型回归方程（2）结果说明，当期资产收益率宽幅度RS每增加1%，就会对我国城乡居民收入差距URG产生7.674%的增长作用，在第1、2、3、4期的作用分别是60.181%、65.868%、24.733%、−63.222%，长期贡献率为95.235%，最终得到阿尔蒙多项式分布滞后模型的最终估计形式（7-8）：

$$URG = 0.123468477125 + 0.0767411969935 \times RS + 0.601812410523 \times RS(-1) +$$
$$0.658676391886 \times RS(-2) + 0.247333141081 \times RS(-3) - 0.632217341891 \times RS(-4)$$

$$(7-8)$$

Lag Distribution of LNM体现的是LNM各估计系数对应滞后期的分布关系图，呈现出抛物线形状。单变量稳健标准误回归结果和阿尔蒙多项式分布滞后模型回归结果均说明，随着资产收益率宽幅度的不断拉大，我国城乡居民收入差距不断拉大。

表7-14　模型回归结果

URG	(1)	(2)
RS	0.983***	
	(0.049)	
Constant	0.000	0.123
	(0.043)	(0.158)
PDL01		0.659***
		(0.185)
PDL02		−0.177
		(0.087)
PDL03		−0.234
		(0.103)
Observations	19	15
R-squared	0.966	0.980
A R-squared		0.975
F		182.135***
D-W		1.048
RS0		0.077
RS(-1)		0.602

（续表）

URG	(1)	(2)
RS(−2)		0.659
RS(−3)		0.247
RS(−4)		−0.632
短期影响系数		0.077
长期影响系数		0.952

注：t值采用 Robust 修正；*、**、*** 分别表示在 10%、5% 和 1%的水平上显著。

三、资产收益率宽幅度与地区间居民收入结构失衡

（一）样本来源与模型设定

本节选取2005—2018年中国东部地区、中部地区、西部地区和东北部地区居民的收入及资产收益率宽幅度的年度数据作为研究样本，样本数据来源于国家统计局。利用多项式分布滞后模型（PDLs）考察投资性房地产与货币性资产之间的资产收益率宽幅度对地区间居民收入结构失衡的影响（7−9）。

$$RIG_t = \alpha_0 + \beta_1 RS_t + \beta_2 RS_{t-1} + \cdots\cdots + \beta_k RS_{t-k} + \mu \qquad (7-9)$$

其中，RIG_t为被解释变量，为地区间居民收入结构失衡的代理变量，有3个替代变量。利用东部地区与西部地区、中部地区、东北部地区居民的户均年收入的差计算所得，具体计算公式为（7−10）、（7−11）、（7−12）：

$$EWG_t = INCOME_{east} - INCOME_{west} \qquad (7-10)$$

$$EMG_t = INCOME_{east} - INCOME_{mid} \qquad (7-11)$$

$$ENG_t = INCOME_{east} - INCOME_{northeast} \qquad (7-12)$$

其中、EWG_t、EMG_t、ENG_t分别为我国东部地区与西部地区、中部地区、东北部地区居民收入差距。$INCOME_{east}$为我国东部地区居民户均年收入，$INCOME_{west}$为我国西部地区居民户均年收入，$INCOME_{mid}$为我国中部地区居民户均年收入，$INCOME_{northeast}$为我国东北部地区居民户均年收入。解释变量RS是投资性房地产与货币性资产之间的资产收益率宽幅度。

（二）描述性统计分析、平稳性检验和协整检验

表7−15报告了各变量的描述性统计结果。东部地区与西部地区居民收入差

距变量EWG的均值和中位数分别为8919和9074，最大值和最小值分别为13044和5166；东部地区与中部地区居民收入差距变量EMG的均值和中位数分别为8743和8830，最大值和最小值分别为12629和5191；东部地区与东北部地区居民收入差距变量ENG的均值和中位数分别为8565和8206，最大值和最小值分别为13439和5289。投资性房地产与货币性资产之间的资产收益率宽幅度RS的均值和中位数分别为149.5和144.3，最大值和最小值分别为300.6和43.97。

表7-15 各变量描述性统计分析

variable	mean	p50	sd	min	max	N
EWG	8919	9074	2314	5166	13044	14
EMG	8743	8830	2233	5191	12629	14
ENG	8565	8206	2347	5289	13439	14
RS	149.5	144.3	77.75	43.97	300.6	14

在对公式（7-9）进行估计前，为了防止出现伪回归现象，首先要对模型中的各变量的稳定性进行检验，利用ADF单位根检验。在进行变量平稳性检验和其他回归分析前，首先对各变量进行标准化，表7-16报告了各变量单位根检验的结果，对变量EWG、EMG、ENG、RS的ADF单位根检验均没有拒绝原假设，说明变量EWG、EMG、ENG、RS的时间序列中均存在不同的单位根，为不平稳序列。对变量EWG、EMG、ENG、RS分别进行差分后再进行检验，结果显示分别在5%、5%、10%、1%的置信水平下，变量EWG、EMG、ENG、RS均为一阶单整序列。因此能否利用变量EWG、EMG、ENGS分别直接与RS进行回归分析，需要进一步进行协整检验。

表7-16 ADF单位根检验结果

变量	检验形式	ADF	P值	稳定性
EWG	(c,0,2)	−0.179252	0.9194	不平稳
ΔEWG	(c,0,2)	−3.408695	0.0325**	平稳
EMG	(c,0,2)	−0.343997	0.8927	不平稳
ΔEMG	(c,0,2)	−3.412832	0.0323**	平稳
ENG	(c,0,2)	0.274393	0.9664	不平稳
ΔENG	(c,0,2)	−2.814609	0.0852*	平稳
RS	(c,0,2)	1.734840	0.9987	不平稳
ΔRS	(c,0,2)	−4.219106	0.0085***	平稳

表7-17报告了Johansen协整检验的结果。地区间居民收入差距变量 *EWG*、*EMG*、*ENG* 与资产收益率宽幅度 *RS* 协整检验的所有统计量均通过了显著性检验。因此，变量 *RS* 分别和变量 *EWG*、*EMG*、*ENG* 存在着长期协整关系。

表7-17　Johansen协整关系检验

变量	原假设	特征根	特征根迹检验		最大特征根检验	
			迹统计量	P值（5%）	最大特征根	P值（5%）
EWG RS	0个协整向量	0.694828	15.54323	0.0139	14.24256	0.0143
	至少有1个协整向量	0.102722	1.300674	0.2969	1.300674	0.2969
EMG RS	0个协整向量	0.698258	15.73752	0.0129	14.37819	0.0135
	至少有1个协整向量	0.107097	1.359329	0.2850	1.359329	0.2850
ENG RS	0个协整向量	0.636596	12.19104	0.0525	12.14689	0.0343
	至少有1个协整向量	0.003673	0.044157	0.8634	0.044157	0.8634

（三）实证结果

表7-18报告了以东部与西部地区间居民收入差距变量 *EWG* 为因变量，以资产收益率宽幅度变量 *RS* 为自变量所构建的分布滞后模型中，不同的滞后阶数和多项式次数的修正的 R^2、AIC信息准则和SC信息准则的值。当多项式次数为2次、滞后阶数为滞后4期时，调整的 R^2 的值最大为0.921482，同时AIC和SC达到最小值，分别为-0.092463和0.028571,因此，构建滞后4期的2次多项式分布滞后模型。

表7-18　分布滞后模型滞后阶数的确定(EWG)

滞后期	多项式次数	调整 R^2	AIC	SC
滞后1期	1	0.935047	0.137340	0.267713
滞后2期	1	0.920041	0.206161	0.327388
滞后3期	1	0.910735	0.152930	0.261447
	2	0.899316	0.321595	0.466284
滞后4期	1	0.914721	−0.055709	0.035067
	2	**0.921482**	**−0.092463**	**0.028571**
	3	0.907130	0.093089	0.244382
滞后5期	1	0.829796	0.468905	0.534647
	2	0.861014	0.306186	0.393841
	3	0.889715	0.073953	0.183523
	4	0.889518	0.010279	0.141762
滞后6期	1	0.777649	0.655022	0.684813

　　表7-19报告了以东部地区与中部地区间居民收入差距变量EMG为因变量、以资产收益率宽幅度变量RS为自变量所构建的分布滞后模型中，不同的滞后阶数和多项式次数修正的R^2、AIC信息准则和SC信息准则的值。当多项式次数为1次、滞后阶数为4时，AIC和SC达到最小值，分别为0.293444和0.384219，但是此时调整的R^2值0.872145、低于最高值0.898862及次高值0.876719。如果遵循多项式滞后模型，一般将多项式次数设为2次或3次的原则，则当多项式次数为2次、滞后阶数为4时，调整的R^2值最大为0.876719，同时AIC和SC仅大于最小值，分别为0.302763和0.423797。因此，构建滞后4期的2次多项式，以资产收益率宽幅度RS为解释变量、以东部地区与中部地区间居民收入差距变量EMG为因变量的为被解释变量多项式分布滞后模型。

表7-19　分布滞后模型滞后阶数的确定(EMG)

滞后期	多项式次数	调整R^2	AIC	SC
滞后1期	1	**0.898862**	0.590790	0.721163
滞后2期	1	0.874288	0.663133	0.784360
滞后3期	1	0.865182	0.533082	0.641599
	2	0.846612	0.533082	0.641599
滞后4期	1	**0.872145**	**0.293444**	**0.384219**
	2	**0.876719**	**0.302763**	**0.423797**
	3	0.853806	0.490905	0.642198
滞后5期	1	0.747028	0.819051	0.884792
	2	0.798212	0.632890	0.720545
	3	0.828213	0.471007	0.580577
	4	0.822810	0.436517	0.568000
滞后6期	1	0.676454	1.017898	1.047689

　　表7-20报告了以东部与东北部地区间居民收入差距变量ENG为因变量、以资产收益率宽幅度变量RS为自变量所构建的分布滞后模型中，不同的滞后阶数和多项式次数的修正的R^2、AIC信息准则和SC信息准则的值。当多项式次数为1次、滞后阶数为滞后4期时，调整的R^2值最大为0.897398，同时AIC和SC达到最小值，分别为0.459277和0.550052。因此，构建滞后4期的1次多项式分布滞后模型。

表7-20　分布滞后模型滞后阶数的确定(ENG)

滞后期	多项式次数	调整R^2	AIC	SC
滞后1期	1	0.858883	0.982791	1.113164
滞后2期	1	0.837186	1.058008	1.179234
滞后3期	1	0.851690	0.886826	0.995343
	2	0.830986	1.065792	1.210481
滞后4期	1	**0.897398**	**0.459277**	**0.550052**
	2	0.884242	0.625774	0.746808
	3	0.863184	0.810589	0.961881
滞后5期	1	0.743722	1.334164	1.399905
	2	0.840073	0.902524	0.990179
	3	0.870453	0.690922	0.800491
	4	0.854923	0.738685	0.870168
滞后6期	1	0.682252	1.579190	1.608980

表7-21中回归方程（1）、（3）和（5）报告了以资产收益率宽幅度RS为自变量，分别以东部地区与西部地区居民收入差距变量EWG作为因变量、以东部地区与中部地区居民收入差距变量EMG作为因变量、以东部地区与东北部地区居民收入差距变量ENG作为因变量的单变量回归结果；回归方程（2）、（4）和（6）报告了以资产收益率宽幅度RS为自变量，分别以东部地区与西部地区居民收入差距变量EWG作为因变量、以东部地区与中部地区居民收入差距变量EMG作为因变量、以东部地区与东北部地区居民收入差距变量ENG作为因变量的多项式分布滞后模型回归结果。

当被解释变量为东部地区与西部地区居民收入差距变量EWG时，单变量稳健标准误（robust）回归方程（1）中资产收益率宽幅度RS的回归系数为1.147，且在1%的水平上显著。其中，回归方程的R^2为0.943，说明拟合程度很好。阿尔蒙多项式分布滞后模型回归方程（2）结果说明，当期资产收益率宽幅度RS每增加1%，对我国东部地区与西部地区居民收入差距EWG产生63.204%的增长作用，在第1、2、3、4、5期的作用分别是89.504%、67.050%、-4.159%、-124.123%，长期的贡献率为91.475%。最终得到阿尔蒙多项式分布滞后模型的最终估计形式为（7-3）：

$$EWG = -0.750671094431 + 0.632038702825 * RS + 0.895041204963 * RS(-1) + 0.670497114797 * RS(-2) - 0.0415935676709 * RS(-3) - 1.24123084244 * RS(-4)$$

$$(7-13)$$

Lag Distribution of LNM体现的是LNM各估计系数对应滞后期的分布关系图，呈现出抛物线形状。单变量稳健标准误回归结果和阿尔蒙多项式分布滞后模型回归结果均说明：随着资产收益率宽幅度的不断拉大，我国东部地区与西部地区居民的收入差距越拉越大。

当被解释变量为东部地区与中部地区居民收入差距变量 EMG 时，单变量稳健标准误（robust）回归方程（3）中资产收益率宽幅度 RS 的回归系数为 1.133，且在 1% 的水平上显著。其中，回归方程的 R^2 为 0.921，说明拟合程度很好。阿尔蒙多项式分布滞后模型回归方程（4）结果说明，当期资产收益率宽幅度 RS 每增加 1%，就会对我国东部地区与中部地区居民收入差距 EMG 产生 72.025% 的增长作用，在第 1、2、3、4 期的作用分别是 96.644%、68.581%、-12.165%、-145.592%，长期贡献率为 79.493%，最终得到阿尔蒙多项式分布滞后模型的最终估计形式（7-14）：

$$EMG = -0.847247565303 + 0.720249644491 \times RS + 0.966438546993 \times RS(-1) + 0.685806336649 \times RS(-2) - 0.12164698654 \times RS(-3) - 1.45592142257 \times RS(-4)$$

$$(7-14)$$

单变量稳健标准误回归结果和阿尔蒙多项式分布滞后模型回归结果均说明：随着资产收益率宽幅度的不断拉大，我国东部地区与中部地区居民的收入差距越拉越大。

当被解释变量为东部地区与东北部地区居民收入差距变量 ENG 时，单变量稳健标准误（robust）回归方程（5）中资产收益率宽幅度 RS 的回归系数为 1.120，且在 1% 的水平上显著。其中，回归方程的 R^2 为 0.900，说明拟合程度很好。阿尔蒙多项式分布滞后模型回归方程（6）结果说明：当期资产收益率宽幅度 RS 每增加 1%，对我国东部地区与东北部地区居民收入差距 ENG 产生 183.089% 的增长作用，在第 1、2、3、4 期的作用分别是 98.864%、14.640%、-69.985%、-153.809%，长期贡献率为 73.200%，最终得到阿尔蒙多项式分布滞后模型的最终估计形式（7-15）：

$$ENG = -1.52705849558 + 1.83088830778 \times RS + 0.98864367984 * RS(-1) + 0.146399051895 \times RS(-2) - 0.69584557605 \times RS(-3) - 1.53809020399 \times RS(-4)$$

$$(7-15)$$

　　Lag Distribution of LNM体现的是LNM各估计系数对应滞后期的分布关系图，呈现出抛物线形状。单变量稳健标准误回归结果和阿尔蒙多项式分布滞后模型回归结果均说明：随着资产收益率宽幅度的不断拉大，我国东部地区与东北部地区居民收入差距越拉越大。

表7-21　模型回归结果

	(1)	(2)	(3)	(4)	(5)	(6)
	EWG	EWG	EMG	EMG	ENG	ENG
RS	1.147***		1.133***		1.120***	
	(0.056)		(0.060)		(0.069)	
Constant	−0.462***	−0.751**	−0.456***	−0.847**	−0.451***	−1.527***
	(0.076)	(0.278)	(0.087)	(−2.504)	(0.082)	(−4.096)
PDL01		0.670		0.686		0.146***
		(0.391)		(0.475)		(0.040)
PDL02		−0.468**		−0.544**		−0.842***
		(0.151)		(0.184)		(0.201)
PDL03		−0.244		−0.263		
		(0.193)		(0.235)		
Observations	14	10	14	10	14	10
R-squared	0.943	0.948	0.921	0.918	0.900	0.920
A R-squared		0.922		0.877		0.897
F		36.208***		22.331***		40.359***
D-W		1.723		1.705		2.054
RS0		0.632		0.720		1.831
RS(−1)		0.895		0.966		0.989
RS(−2)		0.671		0.686		0.146
RS(−3)		−0.042		−0.122		−0.696
RS(−4)		−1.241		−1.456		−1.538
RS(−5)						
短期影响系数		0.632		0.720		1.831
长期影响系数		0.915		0.794		0.732

　　注：t值采用 Robust 修正；*、**、*** 分别表示在10%、5%和1%的水平上显著。

第四节　本章小结

本章在对我国居民收入结构失衡现象进行分析的基础上，理论上分析了资产收益率宽幅度对居民收入结构失衡的影响机理，并进一步利用阿尔蒙多项式分布滞后模型实证分析了资产收益率宽幅度对我国居民收入结构失衡的影响。

本书主要从居民收入来源结构、城乡居民收入差距及地区间居民收入差距的视角分析居民收入结构失衡，实证结果表明：

（1）资产收益率宽幅度与居民收入来源中的工薪收入占比呈负相关，随着资产收益率宽幅度的不断拉大，我国居民收入来源中工薪收入占比越来越低；资产收益率宽幅度与居民收入来源中的财产性收入占比呈正相关，随着资产收益率宽幅度的不断拉大，我国居民收入来源中财产性收入占比越来越高。

（2）资产收益率宽幅度与城乡居民的收入差距呈正相关，随着资产收益率宽幅度的不断拉大，我国城乡居民的收入差距不断扩大。

（3）资产收益率宽幅度与地区间居民收入差距呈正相关，随着资产收益率宽幅度的不断拉大，我国地区间居民的收入差距不断扩大，主要表现为随着资产收益率宽幅度不断拉大，我国东部地区与中部地区、东部地区与西部地区、东部地区与东北部地区的居民收入差距不断扩大。

第八章　资产收益率宽幅度与宏观经济脱实向虚的逻辑关系研究

党的十九大报告提出"建设现代化经济体系，必须把发展经济的着力点放在实体经济上"，明确了我国经济持续健康发展的路径。实体经济是宏观经济的基础，实体经济与虚拟经济之间的结构是否失衡关系到我国经济社会能否持续、稳定、健康发展。近年来，我国宏观经济脱实向虚的程度不断加深，是什么原因导致了宏观经济脱实向虚呢？本章从虚拟经济与实体经济之间的资产收益率宽幅度的角度，分析我国宏观经济的脱实向虚效应。利用我国1993—2017年的经验数据进行实证检验，研究结果表明：虚拟经济行业与实体经济行业之间资产收益率宽幅度的不断扩大显著地加深了我国宏观经济的脱实向虚程度。作用机制分析表明，金融机构部门的杠杆率是资产收益率宽幅度影响宏观经济脱实向虚的部分中介因子。金融机构部门利用高杠杆追逐金融性资产等收益较高的风险资产，导致金融机构部门杠杆率不断攀升的同时，宏观经济脱实向虚。

第一节　宏观经济脱实向虚的趋势与程度

伴随着我国经济快速增长的是实体经济增长乏力，宏观经济脱实向虚。实体经济与虚拟经济的结构性失衡是我国步入工业化后期经济结构的重大问题（黄群慧，2017）。虽然国家出台了多个政策文件支持实体经济发展，我国虚拟经济增加值占国民经济的比重仍然不断上升。与此同时，金融机构部门杠杆率不断攀升，说明部门金融资源在虚拟经济内部空转，并没有有效支持实体经济发展。

一、宏观经济的脱实向虚趋势明显与金融程度不断加深

近年来，我国宏观经济脱实向虚程度不断加深。参考黄群慧（2017）对实体经济的分层，参照国民经济行业分类（GBT4754—2017），制造业作为实体经济的核心层，工业为实体经济的主体层，整个国民经济中金融业、房地产业之外的为实体经济整体层；金融业和房地产业为虚拟经济。表8-1报告了2004—2018年我国实体经济各分层增加值，虚拟经济增加值及虚拟经济在国民经济中所占比重。从整体趋势上看，2004—2018年实体经济的核心层、主体层和整体层所占国民经济的比例都呈明显下降趋势，其中核心层、主体层、整体层分别下降了3.17%、7.45%和5.52%。与其相对应的虚拟经济即金融业和房地产业占国民经济的比重呈现出明显上升趋势，从2004年的8.50%上升到2018年14.03%，上升了5.53个百分点。

表8-1　2004—2018年我国实体经济、虚拟经济占国民经济比重

单位：%

年份	实体经济核心层占 国民经济比重	实体经济主体层占 国民经济比重	实体经济整体层占 国民经济比重	虚拟经济占 国民经济比重
2004	31.98	40.64	91.50	8.50
2005	32.09	41.62	91.47	8.53
2006	32.45	42.03	90.74	9.26
2007	32.38	41.35	89.27	10.73
2008	32.12	41.26	89.65	10.35
2009	31.60	39.62	88.30	11.70
2010	31.61	40.07	88.05	11.95
2011	32.06	39.99	87.94	12.06
2012	31.53	38.79	87.66	12.34
2013	30.67	37.50	86.98	13.02
2014	30.50	36.47	86.80	13.20
2015	29.51	34.48	85.48	14.52
2016	28.96	33.49	85.23	14.77
2017	29.30	33.91	85.46	14.54
2018	28.81	33.20	85.97	14.03

注：原始数据来源于 Wind 数据库。

图8-1报告了1992—2018年虚拟经济占国民经济比重的趋势图。观察可以发现，我国自1992年开始进入社会主义市场经济以来，1992—2004年，虚拟经济

所占国民经济的比重处于8%—10%比较稳定的区间之内，2004年开始这一比重不断上升，在2009年突破了10%后逐年上升，虽然在2016年达到14.77%峰值后有所回落，2018年这一比重仍然超过了14%。由以上分析可以看出，自2004年以来，我国宏观经济的脱实向虚现象日益显著。

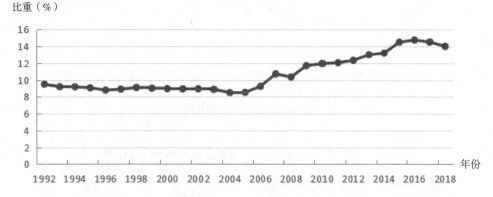

比重（%）

图8-1　1992—2018年虚拟经济占国民经济的比重（%）

注：原始数据来源于 Wind 数据库。

二、金融机构部门的宏观杠杆率攀升与经济风险

在2017年7月全国金融工作会议上，习近平总书记强调："金融是实体经济的血脉，为实体经济服务是金融的天职，是金融的宗旨，也是防范金融风险的根本举措。"[①]金融的本质是资金的融通，是在资金融通的过程中实现资源的有效配置。

在经济不断发展的过程中，我国的金融机构部门的杠杆率快速攀升。图8-2显示了1996—2015年我国金融机构部门的杠杆率。我国金融机构部门的杠杆率由1996年的4%攀升至2015年的21%，说明我国金融机构部门负债占GDP的比重不断增加。金融机构部门杠杆率由5%上升到10%用了近10年的时间，在2005年达到了11%；从10%上升到20%也用了大约10年的时间，在2015年攀升至21%。伴随着金融机构部门杠杆率的不断攀升，如果实体经济占国民经济的比重不断上升，则说明金融机构部门利用不断增加的融资能力，有力地推动了实体经济的发展。由上文分析可以看出，我国的现状是随着金融机构部门杠杆率的攀升，虚拟经济占国民经济的比重不断增加，宏观经济脱实向虚明显。这说明金融资源在虚拟经济内部空转，没有支持实体经济的发展的同时，自身所面临的风险也在不断加大。

---

① 《习近平谈治国理政》第二卷，外文出版社2017年版，第279页。

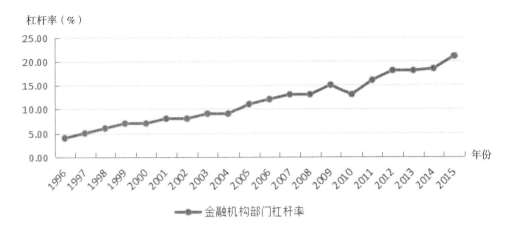

图8-2 1996-2015年我国金融机构部门杠杆率

注：原始数据来源于 Wind 数据库。

三、资产收益率宽幅度与宏观经济脱实向虚的逻辑关系

收益引导者资本流动，无论是金融机构还是实体企业，其本质都是为了追求利润。虚拟经济行业的收益率显著高于实体经济行业，便会致使更多的资本流向虚拟经济行业。具体表现为：金融机构将更多的信贷资金投向收益率更高的房地产行业，金融机构配置更多的金融性资产，实体企业配置更多的包括投资性房地产在内的金融性资产，居民利用手中的资本投资更多的投资性房地产或是配置金融性资产。结果是更多的金融资本投放在金融业和房地产业所属的虚拟经济行业，实体企业不断地、更多地配置投资性房地产等金融性资产，在不断催生金融性资产泡沫和房地产泡沫的同时，宏观经济的脱实向虚程度不断加深。

表8-2和图8-3报告了我国1993—2018年虚拟经济行业（金融业和房地产业）与实体经济核心层之间的资产收益率宽幅度RS0、实体经济主体层之间的资产收益率宽幅度RS1、实体经济整体层之间的资产收益率宽幅度RS2，以及1993—2018年我国宏观经济的脱实向虚程度。对比分析可以看出，1992—1997年为我国建立社会主义市场经济体制最初的5年，加之海南房地产崩盘等影响，资产收益率宽幅度波动较大，但是资产收益率宽幅度的波动并未对宏观经济的脱实向虚程度产生显著的影响，时期，我国宏观经济的脱实向虚程度稳定在8%—10%之间；1998年开始，随着我国经济市场化程度不断加深，全面开展的住房制度改革使得房地产市场进入市场化；1998—2006年，我国虚拟经济行业与实体经济行业之间的资产收益率宽幅度围绕着"0"上下呈小幅度波动，该阶

段我国宏观经济的脱实向虚程度依然维持在8%—10%区间之内；2008年开始，资产收益率宽幅度相比较2007年有了大幅度的提高，2007—2018年，我国虚拟经济行业与实体经济行业之间的资产收益率宽幅度始终显著为正，且维持在较高水平上，于2017年开始有了显著的回落，这段时期，我国宏观经济的脱实向虚程度不断加深，并于2016年达到峰值14.771%后开始回落。综上分析认为，我国虚拟经济行业与实体经济行业之间的资产收益率宽幅度与我国宏观经济的脱实向虚程度之间存在着显著的正相关关系，随着资产收益率宽幅度的不断扩大，我国宏观经济的脱实向虚程度不断加深。

表8-2 1993—2018年我国虚拟经济行业与实体经济行业之间的
资产收益率宽幅度及脱实向虚程度

年份	宏观经济脱实向虚程度（%）	RS0	RS1	RS2
1993	9.201	−6.692	−6.692	−6.331
1994	9.182	0.739	0.629	0.744
1995	9.070	3.816	3.782	3.286
1996	8.795	1.738	1.712	1.344
1997	8.903	0.557	0.526	0.145
1998	9.095	−0.328	−0.365	−0.264
1999	9.018	−0.203	−0.161	−0.263
2000	8.960	0.546	0.611	0.656
2001	8.939	−0.140	0.035	−0.134
2002	8.949	−0.153	−0.033	0.130
2003	8.883	−0.731	−0.568	−0.210
2004	8.503	−1.253	−1.027	−0.733
2005	8.534	−0.376	−0.239	−0.046
2006	9.261	−0.721	−0.549	−0.474
2007	10.731	0.052	0.284	0.470
2008	10.353	2.719	2.816	2.783
2009	11.697	1.952	1.958	2.048
2010	11.950	2.579	2.685	2.790
2011	12.060	2.595	2.626	2.656
2012	12.336	2.572	2.605	2.321
2013	13.016	1.741	1.721	1.640

（续表）

年份	宏观经济脱实向虚程度（%）	RS0	RS1	RS2
2014	13.203	1.813	1.852	1.753
2015	14.515	1.850	1.860	1.941
2016	14.771	2.730	2.803	2.918
2017	14.543	0.707	0.750	0.900
2018	14.322	0.994	1.035	1.201

注：原始数据来源于 Wind 数据库。

资产收益率宽幅度及宏观经济虚拟化程度（%）

图 8-3 1993—2018 年我国虚拟经济行业与实体经济行业之间的资产收益率宽幅度及
脱实向虚程度

注：原始数据来源于 Wind 数据库。

第二节 资产收益率宽幅度与宏观经济脱实向虚的研究假设

虚拟经济行业与实体经济行业净资产之间的资产收益率宽幅度的后果主要
表现为实体经济脱实向虚，实体经济与虚拟经济结构失衡。

宏观经济均衡运行是总供给与总需求的平衡，然而，在经济运行低迷或运
行失衡之时，政府总是习惯于通过财政扩张和宽松的货币政策刺激经济增长，
结果是GDP保持了高增长，但是，资产的价格过快升高进而货币贬值。"政府
投资拉动"及"宽松的货币政策"引发的过度金融化倾向催生了资产收益率宽
幅度现象，主要通过降低利率、利率优惠、政府投资、财政补贴、税率优惠等

市场手段和行政手段刺激经济增长，对实体经济产生了较大的危害：

（1）实体经济的特点是投资回收期较长、风险较大、业绩增长缓慢，此时的宽松货币政策、投资拉动刺激经济增长，使得大量的资金没有流入实体经济，而是流入了房地产、虚拟经济及流通领域，导致社会资本脱实向虚，造成实体经济"空心化"，投机炒作成了当前经济的主要特点。

（2）在实体经济遭遇融资成本高、材料价格高、用工成本高及用工荒的背景下，实体经济紧绷的资金链与极低的毛利率难以支付研究开发费用，企业产品升级、品牌推广就难上加难。

（3）以实体经济为基础的银行业，在实体经济艰难生存的低收益率情况下，为了获取房地产价格上涨带来的高收益率，发放了大量信贷，同时也吸纳了大量的、含有泡沫的资产作为信贷抵押。因此，在获得了自身高收益的同时，银行等金融机构也"把自己泡沫化了"，并且隐含着巨大的金融风险。

第三节　资产收益率宽幅度与宏观经济脱实向虚的实证分析

利用我国不同时间频率、不同维度的历史数据可以对资产收益率宽幅度与宏观经济脱实向虚之间的相关关系进行实证分析。

一、样本来源与模型设定

（一）样本选取和数据来源

关于资产收益率宽幅度的计算，选取1993—2017年中国沪深两市A股上市公司的年度数据作为研究样本（样本数据来源于国泰安数据库），并对原始样本做如下数据处理：①剔除ST类上市公司；②剔除1993—2017年退市的上市公司；③剔除相关数据缺失的样本。1993—2018年全国31个省、自治区及直辖市的GDP等宏观数据来源于Wind数据库。为了克服极端值的影响，本章对回归模型中所涉及的企业层面的连续变量进行了5%和95%的截尾处理。

（二）模型及变量

本章构建面板数据回归模型（8-1），考察虚拟经济行业与实体经济行业之间的资产收益率宽幅度对宏观经济脱实向虚的影响。

$$VEP = \alpha_0 + \alpha_1 RS + \mu \qquad\qquad (8-1)$$

其中，VEP作为被解释变量，是宏观经济脱实向虚的代理变量，参考黄群慧（2017）对实体经济与虚拟经济结构失衡的度量方式，利用金融和房地产业的增加值占GDP的比重来衡量宏观经济脱实向虚的程度，具体的计算公式为（8-2）：

$$VEP=(GDP_{Finance}+GDP_{RE})/GDP \qquad (8-2)$$

其中，$GDP_{Finance}$为金融业的增加值，GDP_{RE}为房地产业的增加值。

解释变量RS是虚拟经济行业与实体经济行业之间的资产收益率宽幅度，由3个替代变量RS_0、RS_1和RS_2表示。根据证监会2001版行业分类及黄群慧（2017）对实体经济的分层，将实体经济划分为核心层R_0、主体层R_1和整体层R_2，将证监会2001版行业分类中，我国的上市公司房地产行业和金融保险业净资产收益率的均值作为虚拟经济行业净资产收益率的代理变量，分别将制造业作为实体经济核心层R_0；核心层、农业、建筑业和除制造业以外的其他工业作为实体经济主体层R_1；主体层、批发和零售业、交通运输仓储和邮政业、住宿和餐饮业，以及除金融业、房地产业以外的其他所有服务业为实体经济的整体层R_2。具体计算中利用金融保险业和房地产业的平均净资产收益率与实体经济核心层、主体层、整体层的净资产收益率的差分别计算资产收益率宽幅度，得到资产收益率宽幅度RS_0、RS_1、RS_2。具体计算公式为（8-3）、（8-4）、（8-5）：

$$RS_0=\frac{(roe_{Finance}roe_{RE})}{2}-roe_{R_0} \qquad (8-3)$$

$$RS_1=\frac{(roe_{Finance}roe_{RE})}{2}-roe_{R_1} \qquad (8-4)$$

$$RS_2=(roe_{Finance}roe_{RE})/2-roe_{R_2} \qquad (8-5)$$

二、实证结果

（一）描述性统计分析

表8-3报告了各变量的描述性统计结果。宏观经济的脱实向虚程度VEP的均值和中位数分别为8.245和7.374，最大值和最小值分别为29.090和-0.232。分析后发现，由于西藏自治区（以下简称西藏）于1995年金融业增加值为负值，所以西藏1995年经济的脱实向虚程度为0.232%，这同时也说明西藏的金融业发展程度极度落后；最大值29.090%为北京市1998年的经济脱实向虚程度，说明从全

国31省、自治区及直辖市的历年数据比较来看，北京市在1998年的脱实向虚程度最高。虚拟经济行业与实体经济核心层R_0之间所形成的资产收益率宽幅度RS_0的均值和中位数分别为0.724和0.707，最大值和最小值分别为3.186和-6.692；虚拟经济行业与实体经济主体层R_1之间所形成的资产收益率宽幅度RS_1的均值和中位数分别为0.785和0.629，最大值和最小值分别为3.782和-6.692；虚拟经济行业与实体经济核心层R_2之间所形成的资产收益率宽幅度RS_2的均值和中位数分别为0.803和0.744，最大值和最小值分别为3.286和-6.331。

表8-3 各变量描述性统计分析

variable	mean	p50	sd	min	max	N
VEP	8.245	7.374	3.844	−0.232	29.090	775
RS0	0.724	0.707	2.024	−6.692	3.816	775
RS1	0.785	0.629	2.007	−6.692	3.782	775
RS2	0.803	0.744	1.897	−6.331	3.286	775

（二）相关性分析

表8-4报告了变量之间的相关性分析结果。变量之间的相关系数矩阵显示，宏观经济的脱实向虚程度VEP和资产收益率宽幅度RS_0、RS_1、RS_2之间的相关系数分别为0.162、0.158和0.170且均通过了1%水平的统计检验，初步支持了本书所提出的资产收益率宽幅度对宏观经济的脱实向虚程度具有正向影响的基本假设。

表8-4 变量之间的相关性分析

	VEP	RS0	RS1	RS2
VEP	1			
RS0	0.162***	1		
RS1	0.158***	0.999***	1	
RS2	0.170***	0.993***	0.995***	1

（三）面板单位根检验

在对公式（8-1）进行估计前，为了防止出现伪回归现象，首先要对模型中各变量的稳定性进行检验，本章分别利用Levin（2002）提出的LLC检验进行同质单位根检验，利用Fisher（1954）所提出的Fisher-ADF检验和Fisher-PP

检验进行异质单位根检验。表8-5报告了面板单位根检验的结果，在5%的置信水平下，对变量VEP的LLC检验进行同质单位根检验，拒绝了原假设，说明各截面单元不存在相同的单位根和对变量；对变量LLC的Fisher-ADF检验、Fisher-PP检验异质单位根检验没有拒绝原假设，说明变量VEP的各截面单元序列中存在不同的单位根，为不平稳序列，因此能否利用变量VEP直接与RS_0、RS_1、RS_2进行回归分析，需要进一步进行面板协整检验。RS_0、RS_1、RS_2的LLC检验进行同质单位根检验，拒绝了原假设，说明各截面单元不存在相同的单位根。以Fisher-ADF检验、Fisher-PP检验异质单位根检验同样拒绝了原假设，表明变量RS_0、RS_1、RS_2的各截面单元序列中不存在不同的单位根，均为平稳序列。

表8-5　面板单位根检验（含有截距和趋势项）

变量	检验方法	截面个数	统计值(P值)	稳定性
VEP	Levin, Lin & Chu t*	31	$-1.9156(0.0277)$**	平稳
	Fisher-ADF	31	$72.1457(0.1775)$	非平稳
	Fisher-PP	31	$68.2153(0.2743)$	非平稳
RS_0	Levin, Lin & Chu t*	31	-9.05170***(0.0000)	平稳
	Fisher-ADF	31	379.006***(0.0000)	平稳
	Fisher-PP	31	335.730***(0.0000)	平稳
RS_1	Levin, Lin & Chu t*	31	-10.0410***(0.0000)	平稳
	Fisher-ADF	31	405.394***(0.0000)	平稳
	Fisher-PP	31	353.956***(0.0000)	平稳
RS_2	Levin, Lin & Chu t*	31	-11.3140***(0.0000)	平稳
	Fisher-ADF	31	445.309***(0.0000)	平稳
	Fisher-PP	31	384.937***(0.0000)	平稳

（四）Granger因果关系检验

为了探讨资产收益率宽幅度的变动是否能够导致宏观经济的脱实向虚程度的变动，本章采用Granger因果关系对此进行检验，表8-6报告了Granger因果关系检验的结果。检验结果拒绝了变量VEP不是变量RS_0、RS_1、RS_2的Granger原因的基本假设，因此VEP是RS_0、RS_1、RS_2的Granger原因。检验结果同样拒绝了变量RS_0、RS_1、RS_2不是变量VEP的Granger原因的基本假设，因此RS_0、RS_1、RS_2是VEP的Granger原因。

表8-6 Granger因果关系检验

假设	样本量	F统计量（P值）
VEP does not Granger Cause RS0	713	4.90450***（0.0077）
RS0 does not Granger Cause VEP		14.5796***（0.0000）
VEP does not Granger Cause RS1	713	5.51064***（0.0042）
RS1 does not Granger Cause VEP		15.1326***（0.0000）
VEP does not Granger Cause RS2	713	3.30017**（0.0374）
RS2 does not Granger Cause VEP		13.6154***（0.0000）

（五）面板协整关系检验

本书分别采用Pedroni（1999）所提出的基于Engle and Gragerer二步法Pedroni检验、Maddala & Wu（1999）所提出的Fisher面板协整检验和Kao（1999）所提出的Kao检验获取面板数据的检验统计量。检验结果如表8-7和表8-8所示，资产收益率宽幅度RS_0、RS_1、RS_2分别与宏观经济的脱实向虚程度VEP之间的Kao检验、Pedroni检验和Fisher面板协整检验的所有统计量均通过了显著性检验。因此，变量VEP分别和变量RS_0、RS_1、RS_2存在长期的协整关系。

表8-7 Kao检验和Pedroni检验结果

变量	检验方法	检验假设	统计量名	统计量（p值）
VEP RS0	Kao检验	H_0: 不存在协整关系	ADF	−14.30732***（0.0000）
	Pedroni检验	H_0: $\rho_i=1$ H_1: $(\rho_i=\rho)<1$	Panel v−Statistic	14.24918（***0.0000）
			Panel rho−Statistic	−17.22354***（0.0000）
			Panel PP−Statistic	−21.22503***（0.0000）
			Panel ADF−Statistic	−10.85131***（0.0000）
		H_0: $\rho_i=1$	Group rho−Statistic	−13.32330***（0.0000）
		H_1: $\rho_i<1$	Group PP−Statistic	−23.44477***（0.0000）
		H_1: $\rho_i<1$	Group ADF−Statistic	−11.08571***（0.0000）
VEP RS0	Kao检验	H_0: 不存在协整关系	ADF	−14.75424***（0.0000）
	Pedroni检验	H_0: $\rho_i=1$ H_1: $(\rho_i=\rho)<1$	Panel v−Statistic	14.19890***（0.0000）
			Panel rho−Statistic	−17.14597***（0.0000）
			Panel PP−Statistic	−21.86853***（0.0000）
			Panel ADF−Statistic	−11.33128***（0.0000）
		H_0: $\rho_i=1$	Group rho−Statistic	−13.25121***（0.0000）
		H_1: $\rho_i<1$	Group PP−Statistic	−24.21943***（0.0000）
		H_1: $\rho_i<1$	Group ADF−Statistic	−11.66998***（0.0000）

（续表）

变量	检验方法	检验假设	统计量名	统计量（p值）
VEP RS0	Kao检验	H_0：不存在协整关系	ADF	−13.62309***（0.0000）
	Pedroni检验	H_0：$\rho_i=1$ H_1：$(\rho_i=\rho)<1$	Panel v−Statistic	13.19530***（0.0000）
			Panel rho−Statistic	−17.39258***（0.0000）
			Panel PP−Statistic	−22.76453***（0.0000）
			Panel ADF−Statistic	−10.54957***（0.0000）
		H_0：$\rho_i=1$	Group rho−Statistic	−13.32330***（0.0000）
		H_1：$\rho_i<1$	Group PP−Statistic	−25.42288***（0.0000）
		H_1：$\rho_i<1$	Group ADF−Statistic	−10.91902***（0.0000）

表8-8　Fisher面板协整检验

变量	原假设	Fisher 联合迹统计量（p值）	Fisher 联合λ−max统计量（p值）
VEP RS0	0个协整向量	180.8***（0.0000）	174.2***（0.0000）
	至少1个协整向量	83.24**（0.0373）	83.24***（0.0373）
VEP RS1	0个协整向量	188.8***（0.0000）	183.0***（0.0000）
	至少1个协整向量	82.71**（0.0406）	82.71***（0.0406）
VEP RS2	0个协整向量	176.7***（0.0000）	171.8***（0.0000）
	至少1个协整向量	80.33*（0.0587）	80.33*（0.0587）

（六）模型设定检验

首先利用LR（Likelihood-ratio）检验是否存在时间效应，经检验，用RS_0、RS_1、RS_2作为关键变量回归的LR值分别为560.4、509.0和500.6，均拒绝了不存在时间效应的原假设，因此存在时间效应。利用基于Bootstrap法的Hausman检验进行固定效应和随机效应检验，检验结果均为0.00（1.0000），接受了模型为随机效应的原假设，因此选择随机效应模型进行回归。为了排除异方差的影响，采用稳健回归Robust进行回归。

（七）回归分析

表8-9报告了宏观经济脱实向虚程度VEP为因变量，分别以资产收益率宽幅度RS_0、RS_1、RS_2为自变量的模型回归结果。方程（1）的回归结果显示：资产收益率宽幅度变量RS_0的系数均为0.701，且在1%的水平上显著；方程（2）的回归结果显示：资产收益率宽幅度变量RS_1的系数为0.697，且在1%的水平上显著；方程（3）的回归结果显示：资产收益率宽幅度变量RS_2的系数为0.718，且在1%

的水平上显著。说明资产收益率宽幅度是宏观经济脱实向虚程度的影响因素，且与宏观经济的脱实向虚程度之间呈显著的正相关关系。

表8-9　基本模型回归结果

VEP	（1）	（2）	（3）
RS0	0.701***		
	(0.079)		
RS1		0.697***	
		(0.078)	
RS2			0.718***
			(0.080)
1994.年	−5.389***	−5.282***	−5.255***
	(0.589)	(0.578)	(0.575)
1995.年	−7.475***	−7.408***	−7.007***
	(0.817)	(0.810)	(0.768)
1996.年	−5.984***	−5.932***	−5.580***
	(0.597)	(0.592)	(0.559)
1997.年	−5.357***	−5.306***	−4.921***
	(0.537)	(0.533)	(0.504)
1998.年	−1.648**	−1.597**	−1.539**
	(0.743)	(0.742)	(0.741)
1999.年	−4.669***	−4.673***	−4.473***
	(0.477)	(0.477)	(0.466)
2000.年	−5.115***	−5.131***	−5.053***
	(0.473)	(0.474)	(0.470)
2001.年	−5.007***	−5.103***	−4.860***
	(0.417)	(0.423)	(0.408)
2002.年	−5.097***	−5.154***	−5.148***
	(0.413)	(0.417)	(0.416)
2003.年	−4.711***	−4.801***	−4.923***
	(0.387)	(0.391)	(0.397)
2004.年	−4.371***	−4.506***	−4.573***
	(0.403)	(0.404)	(0.405)

（续表）

VEP	（1）	（2）	（3）
2005.年	−4.619***	−4.688***	−4.699***
	(0.390)	(0.393)	(0.393)
2006.年	−4.338***	−4.433***	−4.353***
	(0.391)	(0.394)	(0.391)
2007.年	−4.424***	−4.559***	−4.575***
	(0.411)	(0.416)	(0.416)
2008.年	−6.462***	−6.491***	−6.403***
	(0.518)	(0.520)	(0.514)
2009.年	−4.273***	−4.242***	−4.224***
	(0.384)	(0.382)	(0.382)
2010.year	−4.985***	−5.022***	−5.030***
	(0.430)	(0.433)	(0.433)
2011.年	−5.028***	−5.012***	−4.965***
	(0.424)	(0.423)	(0.419)
2012.年	−4.595***	−4.581***	−4.308***
	(0.384)	(0.383)	(0.366)
2013.年	−3.588***	−3.540***	−3.394***
	(0.338)	(0.335)	(0.329)
2014.年	−2.598***	−2.590***	−2.434***
	(0.245)	(0.245)	(0.234)
2015.年	−1.818***	−1.790***	−1.764***
	(0.192)	(0.190)	(0.188)
2016.年	−1.875***	−1.888***	−1.905***
	(0.193)	(0.194)	(0.196)
2017.年	−	−	−
Constant	11.874***	11.847***	11.724***
	(0.632)	(0.630)	(0.619)
Observations	775	775	775
Number of province	31	31	31

注：t 值采用 Robust 修正；*、**、*** 分别代表在 10%、5% 和 1% 的水平上显著。

（八）稳健性检验

潜在的内生性问题有可能会影响本章的研究结果，为解决内生性问题，利用几何无限分布滞后模型Panel Koyck进行稳健性检验。表8-10报告了面板Koyck的回归结果。回归结果显著支持本书基本假设的基础。

表8-10　面板Koyck回归结果

VEP	(1)	(2)	(3)
RS0	0.097***		
	(0.025)		
RS1		0.093***	
		(0.025)	
RS2			0.131***
			(0.027)
L.VEP	0.950***	0.950***	0.948***
	(0.012)	(0.012)	(0.013)
Constant	0.523***	0.518***	0.493***
	(0.069)	(0.068)	(0.068)
Observations	744	744	744
Number of province	31	31	31

注：t值采用Robust修正；*、**、***分别代表在10%、5%和1%的水平上显著。

为了验证本章研究结果的稳健性，采用年度数据对我国31省、自治区及直辖市的面板数据进行替换重新进行回归分析。表8-11报告了利用我国年度数据，对资产收益率宽幅度与宏观经济的脱实向虚程度进行回归的结果，与利用我国31省、自治区及直辖市进行回归的结果一致，表明本书结果依然稳健。

表8-11　全国年度数据回归结果

VEP	(1)	(2)	(3)
RS0	0.482**		
	(0.209)		
RS1		0.483**	
		(0.213)	
RS2			0.550**
			(0.242)

（续表）

VEP	(1)	(2)	(3)
Constant	10.368***	10.339***	10.273***
	(0.399)	(0.407)	(0.423)
Observations	26	26	26
R-squared	0.196	0.193	0.224

注：t值采用Robust修正；*、**、*** 分别代表在10%、5%和1%的水平上显著。

为了验证本章研究结果的稳健性，采用季度数据对我国31省、自治区及直辖市的面板数据进行替换重新进行回归分析。表8-12报告了利用我国季度数据，对资产收益率宽幅度与宏观经济的脱实向虚程度进行回归的结果，与利用我国31省、自治区及直辖市进行回归的结果一致，表明本书结果依然稳健。

表8-12　全国季度数据回归结果

VEP	(1)	(2)	(3)
RS0	0.954***		
	(0.259)		
RS1		0.910***	
		(0.268)	
RS2			0.905***
			(0.278)
Constant	11.378***	11.332***	11.244***
	(0.318)	(0.339)	(0.361)
Observations	70	70	70
R-squared	0.137	0.118	0.107

注：t值采用Robust修正；*、**、*** 分别代表在10%、5%和1%的水平上显著。

三、资产收益率宽幅度与金融机构部门杠杆率的形成机制分析

利用中介效应（Mediation Effect）检验分析资产收益率宽幅度是否通过推动金融机构部门的攀升进而推动宏观经济的脱实向虚程度不断加深。公式（8-6）、（8-7）结合公式（8-1）整体用于检验"资产收益率宽幅度—金融机构部门杠杆率—宏观经济脱实向虚"这一路径。具体的检验程序如下：首先利用公式（8-1）检验资产收益率宽幅度RS对宏观经济脱实向虚程度VEP的影响，观察

公式（8-1）中的回归系数α_1；然后检验资产收益率宽幅度RS对金融机构部门杠杆率LEV的影响，观察公式（8-6）中的回归系数γ_1；最后利用公式（8-7）同时检验资产收益率宽幅度RS和金融机构部门杠杆率LEV对宏观经济脱实向虚程度VEP的影响，观察模型（4）中的回归系数φ_1和φ_2。如果中介效应成立，需要满足以下条件：①回归系数α_1通过统计检验，否则中介效应不显著；②在回归系数γ_1和φ_2都显著的情况下，如果回归系数φ_1也显著且满足资产收益率宽幅度RS对宏观经济脱实向虚程度VEP的影响变小，则存在部分中介效应；若回归系数φ_1不显著，则表示存在完全中介效应；若回归系数γ_1和φ_2至少存在一个不显著，则需要通过Sobel检验进一步判断中介效应的显著性（杜勇等，2017）。

$$LEV = \gamma_0 + \gamma_1 RS + \mu \tag{8-6}$$

$$VEP = \varphi_0 + \varphi_1 RS + \varphi_2 LEV + \mu \tag{8-7}$$

金融机构部门杠杆率LEV的数据来源于中国社科院对我国宏观经济各部门杠杆率的计算。表8-13中方程（1）—（9）报告了中介效应检验结果。方程（1）的回归结果显示资产收益率宽幅度RS_0与宏观经济脱实向虚程度VEP回归系数为1.046，且通过了1%水平的检验；方程（2）的回归结果显示资产收益率宽幅度RS_0与金融机构部门杠杆率LEV的回归系数2.182，且通过了1%水平的检验，资产收益率宽幅度RS_0与金融机构部门杠杆率LEV之间存在着显著的负相关关系；方程（3）显示了资产收益率宽幅度RS_0和金融机构部门杠杆率LEV对宏观经济脱实向虚程度VEP的回归系数，回归系数分别为0.430和0.282，且在1%的水平下通过检验，说明在金融机构部门杠杆率的共同作用下，增强资产收益率宽幅度RS_0对宏观经济脱实向虚程度VEP的正向影响。方程（4）的回归结果显示资产收益率宽幅度RS_1与宏观经济脱实向虚程度VEP回归系数为1.084，且通过了1%水平的检验；方程（5）的回归结果显示资产收益率宽幅度RS_1与金融机构部门杠杆率LEV的回归系数2.311，且通过了1%水平的检验，资产收益率宽幅度RS_1与金融机构部门杠杆率LEV之间存在着显著的负相关关系；方程（6）显示了资产收益率宽幅度RS_1和金融机构部门杠杆率LEV对宏观经济脱实向虚程度VEP的回归系数，回归系数分别为0.430和0.283，且分别在5%和1%的水平下通过了检验，说明在金融机构部门杠杆率的共同作用下，增强资产收益率宽幅度RS_1对宏观经济脱实向虚程度VEP的正向影响；方程（7）的回归结果显示资产收益率宽幅度RS_2与宏观经济脱实向虚程度VEP回归系数为1.185且通过了1%水平的检验；方程（8）的回归结果显示资产收益率宽幅度RS_2与金融机构部门杠杆率LEV的回归系数2.647，且通过了1%水平的检验，资产收益率宽幅度RS_2与金融机构部门杠杆率LEV之间存在着显著的负相关关系；方程（9）显示了资产收益率宽幅度RS_2和金融机构部门杠杆率LEV对宏观经济脱实向虚程度VEP的回归系数，回归系数分别为0.447和0.279，且分别在5%和1%的水平下通过了检验，说明在金融机构部门杠杆率的共同作用下，增强资产收益率宽幅度RS_2对宏观经济脱实向虚程度VEP的正向影响。

表8-13 资产收益率宽幅度、金融机构杠杆率、宏观经济脱实向虚

VARIABLES	(1) VEP	(2) LEV	(3) VEP	(4) VEP	(5) LEV	(6) VEP	(7) VEP	(8) LEV	(9) VEP
RS0	1.046***	2.182***	0.430***						
	(0.194)	(0.567)	(0.142)						
RS1				1.084***	2.311***	0.430**			
				(0.202)	(0.576)	(0.158)			
RS2							1.185***	2.647***	0.447**
							(0.221)	(0.607)	(0.186)
LEV			0.282***			0.283***			0.279***
			(0.037)			(0.039)			(0.044)
Constant	9.506***	9.736***	6.758***	9.391***	9.450***	6.717***	9.286***	9.114***	6.747***
	(0.205)	(0.849)	(0.351)	(0.195)	(0.844)	(0.367)	(0.183)	(0.845)	(0.404)
Observations	20	20	20	20	20	20	20	20	20
R-squared	0.539	0.340	0.903	0.541	0.356	0.898	0.579	0.418	0.891
中介效应(%)	62.58			91.67			99.85		

注：t值采用Robust修正；*、**、***分别代表在10%、5%和1%的水平上显著。

第四节 本章小结

单个微观经济主体行为难以改变宏观经济形势，但是当非金融企业的投资行为、融资行为和经营行为呈现一致性的趋势时，便会对宏观经济产生显著的影响。本章重点分析了资产收益率宽幅度对宏观经济脱实向虚的影响，认为资

产收益率宽幅度是宏观经济脱实向虚的主要影响因素。当虚拟经济行业与实体经济行业之间的资产收益率宽幅度过大时，虚拟经济行业的资产收益率远高于风险溢价，虚拟经济行业的收益便表现为泡沫收益，当杠杆收益远远高于杠杆成本时，在投机能够获利的动机刺激下，虚拟经济行业纷纷利用杠杆融资配置收益率较高的金融性资产，结果是进一步催生资产泡沫，实体经济脱实向虚，金融机构部门宏观杠杆率不断攀升，金融风险凸显。

虚拟经济行业的高收益诱使金融机构部门利用杠杆所获取的融资进一步配置高收益率金融性资产，金融机构部门杠杆率不断攀升的同时，宏观经济的脱实向虚程度不断加深。基于这一研究背景，本章利用中国1992—2017年的历史数据，实证检验了虚拟经济行业与实体经济行业之间的资产收益率宽幅度对宏观经济脱实向虚程度的影响：

（1）资产收益率宽幅度与宏观经济的脱实向虚程度之间存在着显著的正相关关系，资产收益率宽幅度越大，宏观经济的脱实向虚程度越高。

（2）对"资产收益率宽幅度—金融机构部门杠杆率—宏观经济脱实向虚"的作用机制检验结果表明：资产收益率宽幅度通过金融机构的中介效应对宏观经济的脱实向虚具有显著的正向影响，金融机构部门杠杆率是资产收益率宽幅度影响宏观经济脱实向虚的中介因子。

第九章　资产收益率宽幅度与经济运行风险的传导机制研究

从会计收益的微观视角研究宏观经济运行波动，发现货币性资产的低利率收益率与房地产价格过快上涨带来的高投资收益率之间的收益率差距持续、非正常拉大的资产收益率宽幅度现象，诱发宏观杠杆率攀升，金融风险加大。本章选取我国2000—2018年的年度数据，构建Koyck模型，实证检验资产收益率宽幅度与政府部门杠杆率、居民部门杠杆率、非金融企业杠杆率、实体经济杠杆率相关关系。结果表明：资产收益率宽幅度与政府部门杠杆率、居民部门杠杆率、非金融企业杠杆率和实体经济杠杆率之间存在着显著的正相关关系，资产收益率宽幅度持续拉大，各部门宏观杠杆率不断攀升，资产泡沫难以抑制，宏观经济运行风险较大。

第一节　宏观杠杆率攀升与宏观经济的运行风险

为什么会出现高杠杆、高风险？如何加强金融监管、防控金融风险、调整经济结构，推进经济平稳健康发展？金融风险往往由某一时点的一系列信用违约事件所引发，进而演变成金融危机甚至是经济危机。因此，运用何种工具研判风险点或风险事项是防控与化解金融风险的关键。

利率是储蓄性货币资产的价格，同时也是储蓄性货币资产的收益率，当资产价格上涨、CPI持续走高之时，储蓄性货币资产的低收益率与投资、炒作房地产获得高回报、高收益率之间的差距不断拉大。借鉴"电压宽幅"说明电压的不稳定性致使电气设备不能启动或损坏，"股市震荡宽幅"说明炒作和对赌活动加大了股市风险的基本概念，把长期刺激经济增长过程中所形成的：储蓄性货币资产的低收益率与房地产价格过快上涨带来的高投资收益率之间的收益率差距持续、非正常拉大的经济现象称为资产收益率宽幅度现象。会计学收益是企业、个人或经济组织由于经营活动、投资活动、筹资活动而获取的分期报告利润，是收入扣除成本之后的溢余，包括现金收益和持有收益。分期报告的收益信息是资本市场中的重要信息，诱导资本流动。宏观经济政策影响着微观企业、居民或其他经济组织的经营活动、投资活动、筹资活动，最终结果反映在企业、居民或经济组织的会计收益上。一个单体企业、个人或经济组织的收益好坏不能说明宏观经济政策的影响结果，如果不同的资产形态、不同的行业、不同领域的收益率持续、非正常拉大，导致出现不同行业、不同资产形态、不同领域的收益率的非均衡现象，诱导社会资本非正常流动，则会导致收益结构失衡。因此，运用资产收益率宽幅度大小、变化趋势测度宏观经济运行风险是对宏观经济政策的微观效应和有效验证，以期为宏观经济的制定提供微观支撑。

近年来，我国的宏观杠杆率不断攀升。国际上衡量一国债务最直接的指标是债务总量及其与GDP的比率，即债务杠杆率或债务比率，并将杠杆率分解为政府部门、非金融企业部门、金融部门、居民部门4个部门的杠杆率（张茉楠，2017），将4个部门加总后获得全社会杠杆率（张晓晶等，2018）。根据中国社科院对各部门杠杆率的计算，2000—2018年我国各部门杠杆率如图9-1所示。政府部门杠杆率由2000年的20.76%上升到2018年的36.95%，年均增长率为0.85%；居民部门杠杆率由2000年的12.39%上升到2018年的53.20%，年均增长率为2.15%；非金融企业部门杠杆率由2000年的92.04%上升到2018年的153.55%，年均增长率为3.24%。2015年召开的中央经济工作会议中提出将去杠杆作为2016年经济社会发展的五大任务之一，政府部门和非金融企业部门的杠杆率实现负增长，分别由2016年的36.71%和158.48%回落至2017年的36.44%和158.19%，但由高杠杆所引发的金融风险始终存在。深入剖析可以发现，伴随着房地产价格的持续走高所带来的投资性房地产的高收益的是货币性储蓄资产收益的持续走低，造成了房地产投资收益率和货币性储蓄资产收益率之间的所形成的资产收益率宽幅度逐渐扩大的趋势。我国的资产收益率宽幅度从2000年的0.50%上升到了2018年的300.56%，增长600倍，年均增长率为31.59%（见图9-2）。资产收益率宽幅度的持续拉大意味着投资或炒作房地产的收益持续走高，货币性储蓄资产收益率在CPI的作用下有可能是负收益。收益引导着资本的流动，资产收益率宽幅度的不断扩大为资本的逐利性提供了可能，当投资人纷纷利用杠杆投资房地产，导致资本过剩地流向投资性房地产，进一步推动投资性房地产收益率上涨，从而杠杆率不断攀升，催生资产泡沫。宏观经济政策影响着微观的经济后果，微观的经济后果是宏观经济的基础支撑。那么，从会计收益的微观视角研究所发现的资产收益率宽幅度是否可以解释宏观杠杆率的快速攀升呢？

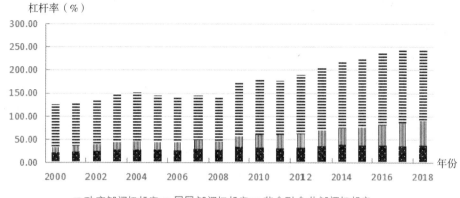

图 9-1　中国 2000—2018 年各部门杠杆率

注：数据来源 Wind 资讯。

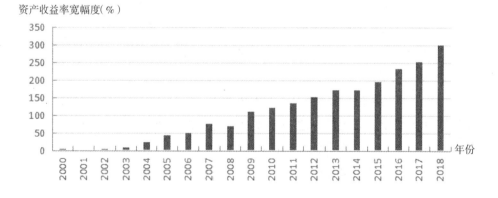

图 9-2　中国 2000—2018 年资产收益率宽幅度

注：数据来源 Wind 资讯。

美国次贷危机之后，国内外学者都对杠杆率与风险等相关议题展开了研究。从宏观上来看，杠杆率主要是指债务收入之比。不同的科研机构和学者都对宏观杠杆率进行了测算，IMF、BIS 等国际机构、中国社科院及其学者采用"债务／GDP"作为杠杆率的评价指标，对中国全社会杠杆率及居民、非金融企业、政府和金融部门杠杆率做了估算（马建堂等，2016；李扬等2018；中国人民银行杠杆率研究课题组，2014）。虽然衡量债务的标准不同导致测算的结果并不完全一致，但是从测算结果上看趋势等是一致的（纪敏等，2017）。更多的学者对如何干预杠杆率的攀升风险等方面提出了不同的解决措施（Hakenes，2014；Stiglitz，2010；方意，2016）。Mishkin（2002）对新兴经济体防范金融风险做了12个政策方面的研究，从会计计价、信息披露方面对银行高估资产和收益而低估了负债，认为金融机构失去监管导致泡沫繁荣。马建堂等认为高杠杆率带来的风险主要表现为：流动性风险与偿付性风险、金融失衡风险、实体经济倒闭风险和社会不稳定风险（马建堂等，2016）。Geanakoplos（2014）提出杠杆率的高度取决于资产价格及其波动性，认为应采用稳健的货币和财政政策以保持杠杆率的稳定性。

本章从会计收益的微观视角解读资产收益率宽幅度与宏观杠杆率之间的内在逻辑关系和传导机制，尝试解决上述问题。在已有研究基础上，本书进一步分析阐述了资产收益率宽幅度与杠杆率和资产泡沫的作用机理，并利用中国2000—2018年的统计数据，检验了资产收益率宽幅度和各宏观杠杆率之间的作用关系，实证结果显著支持了本书所提出的理论假设。

第二节　资产收益率宽幅度与宏观经济运行风险的传导机制

本书从会计收益的微观视角研究宏观经济波动、经济结构失衡，认为收益是诱导资本流动的核心动力，收益均衡是宏观经济平稳运行的基础。不同形态的资产之间收益率持续拉大为杠杆的使用提供了空间。从会计收益的微观视角看，当资产价格上涨时，举借债务能够获取收益，持有货币却会遭受损失，正所谓"流动性越好损失越大"。货币性资产收益率与实物资产的收益率持续拉大是对"等量资本获得等量收益"的背离。举借债务按历史成本计价，举借债务购买实物资产或房地产等按公允价值计价，与历史成本相比，资产价格上涨的部分计为会计收益，向市场报告了乐观的经济信息，又进一步推动了资产价格的上涨，公允价值计价具有顺周期效应。不同资产之间的资产收益率宽幅度导致举借债务投资获取的收益大于债务成本。伴随资产收益率宽幅度的持续、非正常拉大，杠杆率会不断攀升，市场炒作、对赌性经济活动凸显。在资本逐利的背景下，不同类型资产的资产收益率宽幅度诱导社会资本从低收益流向高收益的资产、行业和领域。于是实体经济逐渐脱离商品生产、劳务、贸易的经营轨道，转而将资金配置于虚拟程度较高的金融性资产和投资性房地产，实体经济脱实向虚，开始了金融化、地产化和高杠杆化。实体经济收益率与虚拟经济收益率拉大，经济结构失衡、宏观经济运行风险加大。

资产收益率宽幅度的持续拉大与杠杆率的不断攀升关系密切。杠杆率作为金融风险的主要表现形式，过高的杠杆率会给金融体系、实体经济、社会经济稳定带来不可分散的风险。房地产投资收益的不断提高使得资产收益率宽幅度不断扩大，投资者在不断分享由房地产价格上涨所带来的高额收益率的同时，通过利用房地产这一价值相对较高的资产做抵押，使其借贷能力不断提升，这个过程中，杠杆率不断升高，在催生资产泡沫的同时，反过来又进一步推动了房地产价格的上涨和资产收益率宽幅度的不断扩大。伴随着资产收益率宽幅度的持续拉大，不断攀升的杠杆率使得投资者降低自身的资本投资，能够在任何给定的资产价格变动中提高他们的资本回报率。于是，人们纷纷利用高杠杆、不断加杠杆进行市场炒作、对赌性经济活动以获取高杠杆收益，致使金融风险凸显。

首先，分析资产收益率宽幅度与居民杠杆率之间的关系。2000—2018年我国居民杠杆率呈阶段性的上升趋势（见图9-1），具体来看，分为3个阶段。第一阶段：2000—2004年，此阶段为居民部门杠杆率缓慢上升阶段，由12.39%上升到17.41%，该阶段资产收益率宽幅度与居民杠杆率变动呈明显的正相关关系。第二阶段：2005—2008年，该阶段居民部门杠杆率水平基本平稳，稳定在16.87%—17.87%之间，分别于2005和2008年出现回落。此阶段，资产收益率宽幅度稳步增长，由2005年的43.97%上升到2008年的69.12%，也于2018年出现回落。因此，该阶段资产收益率宽幅度与杠杆率高低的相关关系不明显。第三阶段：2008—2018年，居民部门杠杆率稳步上升阶段，从2009年的23.44%上升到2018年的53.20%。与此同时，资产收益率宽幅度也呈稳步上升趋势，从2009年的111.98%上升到2018年的300.56%，由此表明，该阶段资产收益率宽幅度与居民部门杠杆率变动呈明显的正相关关系。

房地产价格持续走高和储蓄的低利率带来了投资房地产的高收益与将手中

持有货币存入银行所获取的利息的低收益形成的资产收益率宽幅度，直接影响了居民的投资行为。这使得人们不再愿意把手中持有的货币存入银行获取利息收入，而是更多地选择购买投资性房地产获取投资收益。房价的持续上涨使人们都认为投资房地产是稳赚不赔的投资，事实上也是如此。如果1999年投资房地产，3年后可以获得12.65%的平均投资收益，5年后可以获得37.24%的平均投资收益，10年后可以获得92.57%的平均投资收益，19年后的2018年可以获得360.10%的投资收益。当人们在茶余饭后，越来越多地谈论自己的房子现在值多少钱、自己买房子赚了多少钱的时候，工资收入便显得没有那么重要，越来越多的人开始投资房地产，越来越多的人利用杠杆买房，这使得居民杠杆率逐渐攀升，同时又反过来推动了房地产价格的上涨。综上所述，资产收益率宽幅度与居民部门杠杆率呈显著的正相关关系，资产收益率宽幅度越大，居民部门杠杆率越高。

其次，分析资产收益率宽幅度与政府杠杆率之间的关系。我国政府部门杠杆率呈平稳上升趋势，如图9-2所示。政府杠杆率由2000年的20.76%上升到2014年的38.82%，由于2015年召开的中央经济工作会议中提出将去杠杆作为2016年经济社会发展的五大任务之一，政府杠杆率的去杠杆效果显著，于2015年下降至36.89%，2016—2018年政府杠杆率保持在36%左右。

在中国经济转轨过程中所形成的土地出让、城市建设与土地价格之间的互动机制和城市建设投融资模式，短期内解决了地方政府的债务危机，长期来看，这种投融资模式加大了地方政府经济对房地产市场波动的敏感性（郑思齐等，2014）。房地产价格的不断攀升，使得土地在城市建设中成为稀缺的资源，土地价格也同房地产价格一样具有相同的上涨趋势。地方政府在融资的过程中，纷纷以土地作为抵押品进行债务融资，并以土地升值作为还款来源（贾康等，2015）。在持续的低利率货币政策和房地产价格不断上涨带来的房地产投资收益持续走高的情况下，资产收益率宽幅度不断扩大，导致地方政府的土地价格不断上涨，间接推动了地方债务规模的上升，使得地方政府的杠杆率上升。因此，本书认为资产收益率宽幅度与政府的杠杆率之间存在着正相关关系，即资产收益率宽幅度扩大会促进地方政府杠杆率的提高。综上所述，资产收益率宽幅度与政府部门杠杆率呈显著的正相关关系，资产收益率宽幅度越大，政府部门杠杆率越高。

再次，分析资产收益率宽幅度与非金融企业杠杆率之间的关系。非金融企业杠杆率由2000年的92.04%上升到2014年的142.38%，增长54.69%、。虽然2015年召开的中央经济工作会议中提出将去杠杆作为2016年经济社会发展的五大任务之一，但是非金融企业去杠杆效果不仅不显著，反而增速明显。这说明在资产收益率宽幅度不断扩大的情况下，企业去杠杆任重而道远。

在房地产价格不断上涨、房地产投资收益率不断上升的吸引下，非金融企业纷纷利用杠杆涉足房地产，开始地产化、金融化、杠杆化，于是实体经济纷纷脱实向虚。据Wind资讯所披露的数据显示，自2009—2014年，每年平均有250家实体企业不同程度地进入金融或者房地产行业，这些企业在房地产和金融领域所获得的收入约占其主营业务收入的20%，并呈现逐渐上升趋势（王红建等，2016）。当非金融企业投资金融和房地产行业所获取的收益率远远超出其主营业务的收益率的时候，便吸引着非金融企业通过加杠杆方式获取资本进行套利，于是非金融企业杠杆化程度加深。不同的是，实体企业加杠杆的目的不是为了进行主营业务的生产性投资，而是投资收益率更高的金融和房地产行业。非金融企业在金融化、房地产化和杠杆化的过程中，为了追逐高收益，逐渐偏离其主营业务，实体经济空心化，经济脱实向虚（宋军、陆旸，2015）。非金融企业跨行业套利的行为本质上属于一种加杠杆行为（王红建等，2016），这种加杠杆行为的动力就来自于金融资本和房地产投资的高收益率（赵立三、刘立军，2019）。因此，本书认为资产收益率宽幅度与非金融企业杠杆率之间存在正相关关系，即资产收益率宽幅度越大，非金融企业的杠杆率越高，当资产收益率宽幅度收窄时，非金融企业去杠杆显著。综上所述，资产收益率宽幅度与非金融企业部门杠杆率呈显著的正相关关系，资产收益率宽幅度越大，非金融企业部门杠杆率越高。

按照中国社科院国家资产负债表研究中心的划分，实体经济部门包括居民部门、非金融企业部门和政府部门，因此利用政府部门杠杆率、居民部门杠杆率和政府部门杠杆率加总获得我国实体经济部门杠杆率。近年来，我国的实体经济回报率不断下降，与之相对应的是依靠资产价格不断上涨带来的泡沫收益不断上涨。由于资产价格上涨带来的高收益率为政府、居民和非金融企业手中持有的资本寻求获得了高收益回报的投资机会，直接影响了政府、居民和非金融企业的投资行为，当举债收益远高于举债成本时，便会诱导更多的人利用杠杆融资配置更多的房地产等金融性资产，从而导致实体经济部门杠杆率不断攀升。综上认为，资产收益率宽幅度与实体经济部门杠杆率呈显著的正相关关系，资产收益率宽幅度越大，实体经济部门杠杆率越高。

第三节　资产收益率宽幅度与宏观经济运行风险的传导机制分析

一、研究设计

（一）样本选取及数据来源

本书的杠杆率数据来源于中国社科院国家资产负债表研究中心所公布的我国2000—2018年政府部门杠杆率、居民部门杠杆率、非金融企业部门杠杆率、实体经济部门杠杆率。计算资产收益率宽幅度所采用的房地产投资收益率数据和利率数据来源于国家统计局所公布的数据，由于杠杆率是累积的杠杆率，所以在这里，资产收益率宽幅度计算也以1999年为基期，计算2000—2018年的资产收益率宽幅度。具体数据来自于Wind资讯数据库。

（二）模型及变量

为了验证本章所提出的研究假设，本书利用几何无限分布滞后模型Koyck对杠杆率、资产收益率宽幅度及影响的滞后期限进行估计。模型的基本假设为：①资产收益率宽幅度对政府部门、居民部门、非金融企业部门、实体经济部门杠杆率具有显著的正向影响；②各部门杠杆率的攀升不仅受到当期资产收益率宽幅度的影响，受到上一期资产收益率宽幅度的影响，并且其滞后期限是有限的；③假设ρ是资产收益率宽幅度对各部门杠杆率影响的滞后衰减率，则$1-\rho$为调整速度，且在一定时期内是稳定的；④μ_t是模型的随机误差项，并符合经典线性回归模型的假设。

各部门杠杆率的攀升不仅受到当期资产收益率宽幅度的影响，还受到以前各期的资产收益率宽幅度的影响，虽然随着期数的增加，这种影响会变弱，但还是会有效应。对于这种滞后效应，本书采用无限分布滞后Koyck模型对滞后期进行估计。图9-3反映了资产收益率宽幅度与各部门杠杆率之间的关系。从t到$t-k$期的资产收益率宽幅度都对t期各部门的杠杆率产生影响，并且资产收益率宽幅度对各部门杠杆率的影响呈现出递减的趋势。

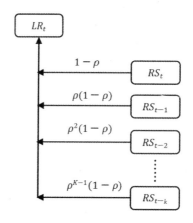

图 9-3 资产收益率宽幅度与各部门宏观杠杆率的关系

根据图9-3建立各部门杠杆率与资产收益率宽幅度的Koyck模型来分析资产收益率宽幅度对政府部门、居民部门、非金融企业部门、实体经济杠杆率的影响，其中LR_t代表着变量政府部门杠杆率（GLR_t）、居民部门杠杆率（HLR_t）、非金融企业部门杠杆率（$NFLR_t$）、实体经济杠杆率（$RELR_t$），RS_t为资产收益率宽幅度，t为时间。假设首先构建Koyck模型，见公式（9-1）：

$$LR_t = \alpha_t + \beta_t RS_t + \sum_{k=1}^{m} \beta_{t-k} RS_{\beta_{t-k}} + \mu_t \qquad (9-1)$$

则LR_{t-1}为公式（9-2）：

$$LR_{t-1} = \alpha_{t-1} + \beta_{t-1} RS_{t-1} + \sum_{k=2}^{m} \beta_{t-k} RS_{t-k} + \mu_{t-1} \qquad (9-2)$$

公式（9-1）减去公式（9-2）得到公式（9-3）：

$$LR_t = \alpha_t' + \beta_t' RS_t + \beta_{t-1}' LR_{t-1} + \mu_t' \qquad (9-3)$$

假定模型中的滞后解释变量RS_{t-k}对被解释变量LR_t的影响随着滞后期k（$k=0, 1, 2, \cdots\cdots, n$）的增加呈几何级数衰减，也就是说模型中滞后系数的衰减服从于某种公比小于1的几何级数，见公式（9-4）：

$$\beta_{t-k} = \beta_t \rho^k (0 < \rho < 1; k = 0, 1, 2, \cdots\cdots, n) \qquad (9-4)$$

公式（9-1）至公式（9-4）中，β_0，β_1，$\cdots\cdots$，β_k为常数，ρ为待估参数，即分部滞后衰减率。ρ的大小决定了此模型的滞后衰减速度，ρ的值越接近于0，滞后衰减速度也快。则公式（9-3）为最终的Koyck模型，其中：$\alpha_t' = \alpha_t(1-\rho)$；$\beta_t' = \beta_t$；$\beta_{t-1}' = \rho$；$\mu_t' = \mu_t(1-\rho)$。利用公式（9-3）还可以计算资产收益率宽幅度对各部门宏观杠杆率影响的平均滞后期，公式（9-5）中T反映了资产收益率宽幅度对各部门宏观杠杆率影响的平均滞后长度。

$$T = \frac{\rho}{1-\rho} \qquad\qquad (9-5)$$

二、实证结果

（一）描述性统计分析

表 9-1 报告了各变量的描述性统计结果。资产收益率宽幅度（RS）的均值和中位数分别为 112.50 和 112.00。政府部门杠杆率（GLR）、居民部门杠杆率（HLR）、非金融企业部门杠杆率（$NFLR$）、实体经济杠杆率（$RELR$）的均值（中位数）分别为 30.95（31.56）、26.80（23.44）、119.30（115.40）和 177.00（172.70）。相关系数矩阵分析显示，资产收益率宽幅度（RS）和 GLR、HLR、$NFLR$、$RELR$ 之间的相关系数分别为 0.904、0.985、0.942、0.966，并且均通过 1% 水平的检验，初步支持了本章前文提出的研究假设，但更为严格的证据还需要通过回归分析得到。

表9-1　各变量描述性统计分析

变量	均值	中位数	标准差	最小值	最大值	样本量
RS	112.50	112.00	91.82	2.01	300.60	19
GLR	30.95	31.56	5.273	20.76	38.82	19
HLR	26.80	23.44	12.72	12.39	53.20	19
NFLR	119.30	115.40	23.89	92.04	158.50	19
RELR	177.00	172.70	41.18	125.20	244.00	19

（二）Johansen协整检验

表 9-2 报告了资产收益率宽幅度 RS 与各宏观杠杆率之间的 Johansen 协整检验结果。为了防止造成伪回归，首先要对各变量进行单位根检验，检验结果 RS、GLR、RLR、$NFLR$、$RELR$ 均为不平稳序列，在此基础上需进行协整检验，分析解释变量与被解释变量之间的长期协整关系。本书采用 Johansen 协整检验各变量之间的协整关系。结果显示资产收益率宽幅度（RS）分别与政府部门杠杆率（GRL）、居民部门杠杆率（HLR）、非金融企业杠杆率（$NFLR$）和实体经济杠杆率（$RELR$）之间均存在长期协整关系。

表9-2　Johansen协整检验

变量	原假设	特征根	迹统计量（p值）
RS与GLR	0个协整向量	0.717717	22.45096***（0.0007）
RS与HLR	0个协整向量	0.637646	18.11516***（0.0048）
RS与NFLR	0个协整向量	0.696726	20.52020***（0.0017）
RS与RELR	0个协整向量	0.696317	20.43941***（0.0018）

注："**""***"分别表示在5%和1%的显著性水平下拒绝原假设，接受备择假设。

（三）回归分析

表9-3报告了资产收益率宽幅度（RS）分别与政府部门杠杆率（GLR）、居民部门杠杆率（HLR）、非金融企业杠杆率（$NFLR$）、实体经济杠杆率（$RELR$）的基本回归结果。结果显示，政府部门杠杆率（GLR）、居民部门杠杆率（HLR）、非金融企业杠杆率（$NFLR$）、实体经济杠杆率（$RELR$）与资产收益率宽幅度（RS）的回归系数分别为0.052、0.136、0.245和0.433，且均通过了1%水平的检验。说明资产收益率宽幅度（RS）与各宏观杠杆率之间均存在着显著的正相关关系，随着资产收益率宽幅度（RS）的不断扩大，政府部门杠杆率（GLR）、居民部门杠杆率（HLR）、非金融企业杠杆率（$NFLR$）和实体经济杠杆率（$RELR$）不断增长。

表9-3　基本回归结果

VARIABLES	(1) GLR	(2) HLR	(3) NFLR	(4) RELR
RS	0.052***	0.136***	0.245***	0.433***
	(0.006)	(0.006)	(0.021)	(0.028)
Constant	25.110***	11.453***	91.700***	128.264***
	(0.857)	(0.846)	(3.052)	(4.033)
Observations	19	19	19	19
R-squared	0.817	0.969	0.887	0.933
F	75.719***	536.601***	132.997***	238.178***
r2_a	0.806	0.967	0.880	0.929

注：（）里的数字为t检验值，*、**、***分别表示在10%、5%和1%的水平上显著。

表9-4报告了Koyck模型的回归结果。方程（1）显示，资产收益率宽幅度对政府部门杠杆率即期贡献率为0.025，且在10%置信水平下显著，说明从资产

收益率宽幅度对政府部门杠杆率的短期影响来看，资产收益率宽幅度每增加1个点，就会导致政府部门杠杆率增加2.5%，其中衰减系数为0.451，从而得到资产收益率宽幅度对政府部门杠杆率的长期贡献率为0.025／(1−0.451)＝0.0458，即从长期来看，资产收益率宽幅度（RS）每增加1个点，非金融行业金融化程度（FIC）增加4.58%。调整后的R^2统计量为0.850，自变量资产收益率宽幅度对因变量政府部门杠杆率的解释能力较强。F检验的值为49.253，并通过检验，说明所构建的方程具有合理性。方程（2）显示，资产收益率宽幅度对居民部门杠杆率即期贡献率为0.043，且在5%置信水平下显著。说明从资产收益率宽幅度对居民部门杠杆率的短期影响来看，资产收益率宽幅度每增加1个点，将会导致非居民部门杠杆率增加4.3%，其中衰减系数为0.772，从而得到资产收益率宽幅度对政府部门杠杆率的长期贡献率为0.043／(1−0.772)＝0.1886。即从长期来看，资产收益率宽幅度（RS）每增加1个点，居民部门杠杆率（HLR）增加18.86%。调整后的R^2统计量为0.988，自变量资产收益率宽幅度对因变量居民部门杠杆率的解释能力较强。F检验的值为690.725，并通过检验，说明所构建的方程具有合理性。方程（3）显示，当期资产收益率宽幅度对非金融企业部门杠杆率的影响并不显著，但是对滞后变量L.NFLR的影响较为显著并通过了检验，资产收益率宽幅度对非金融企业部门杠杆率即期贡献率为0.074，未通过统计检验。从而得到资产收益率宽幅度对政府部门杠杆率的长期贡献率为0.074／(1−0.713)＝0.2578，即从长期来看，资产收益率宽幅度（RS）每增加1个点，非金融企业部门杠杆（NFLR）率增加25.78%。调整后的R^2统计量为0.926，自变量资产收益率宽幅度对因变量非金融企业部门杠杆率的解释能力较强。F检验的值为107.161，并通过检验，说明所构建的方程具有合理性。方程（4）显示，资产收益率宽幅度对居民部门杠杆率即期贡献率为0.156，且在10%置信水平下显著，说明从资产收益率宽幅度对实体经济部门杠杆率的短期影响来看，资产收益率宽幅度每增加1个点，将会导致非居民部门杠杆率增加15.6%。其中衰减系数为0.662，从而得到资产收益率宽幅度对政府部门杠杆率的长期贡献率为0.156／(1−0.662)＝0.4615，即从长期来看，资产收益率宽幅度（RS）每增加1个点，实体经济部门杠杆率（RELR）增加46.15%。调整后的R^2统计量为0.954，自变量资产收益率宽幅度对因变量居民部门杠杆率的解释能力较强。F检验的值为177.284，并通过检验，说明所构建的方程具有合理性。

表9-4　Koyck模型回归结果

变　量	(1)	(2)	(3)	(4)
	GLR	HLR	NFLR	RELR
RS	0.025*	0.043**	0.074	0.156*
	(0.012)	(0.017)	(0.050)	(0.083)
L.GLR	0.451**			
	(0.202)			
L.HLR		0.772***		
		(0.138)		
L.NFLR			0.713***	
			(0.197)	
L.RELR				0.662***
				(0.192)
Constant	14.797***	2.992*	28.267	46.707*
	(4.980)	(1.596)	(17.697)	(24.066)
Observations	18	18	18	18
F	49.253***	690.725***	107.161***	177.284***
r2_a	0.850	0.988	0.926	0.954

注：（ ）里的数字为t检验值，*、**、***分别代表在10%、5%和1%的水平上显著。

表9-5报告了资产收益率宽幅度对各宏观杠杆率的影响的平均滞后期根据表9-2方程（1）—（4）回归结果：$\rho_1=0.451$、$\rho_2=0.772$、$\rho_3=0.731$、$\rho_4=0.662$。利用公式（5）计算回归方程（1）—（4）的平均滞后期，结果分别为0.82、3.39、2.48、1.96。

表9-5　资产收益率宽幅度对各宏观杠杆率的影响的平均滞后期

变量	(1)	(2)	(3)	(4)
	GLR	HLR	NFLR	RELR
ρ	0.451	0.772	0.713	0.662
平均滞后期T	0.82	3.39	2.48	1.96

（四）稳健性检验

为了验证本章研究结果的稳健性，对本书中的关键变量资产收益率宽幅度的数据进行了替换。利用全国31省、自治区及直辖市2000—2018年的房地产价格的数据计算资产收益率宽幅度，构建面板数据固定效应模型，考察资产收益率宽幅度与政府部门杠杆率、居民部门杠杆率、非金融企业杠杆率、实体经济杠杆率之间相关关系。如果回归结果为显著正相关，则显著支持了本书的基本假设。表9-6报告了利用中国31省、自治区及直辖市的面板数据构建模型计算资产收益率宽幅度与各宏观杠杆率的回归结果，符合预期的显著正相关的假设，表明本书结果依然稳健。

表9-6　中国31省、自治区及直辖市面板数据回归结果

变量	(1) GLR	(2) HLR	(3) NFLR	(4) RELR	(5) GLR	(6) HLR	(7) NFLR	(8) RELR
RS	0.029***	0.077***	0.138***	0.244***	0.0081***	0.0042***	0.0174***	0.0278***
	(0.001)	(0.001)	(0.003)	(0.005)	(8.022)	(3.826)	(4.571)	(4.808)
L.GLR					0.6406***			
					(22.046)			
L.HLR						1.0539***		
						(73.478)		
L.NFLR							0.8873***	
							(35.898)	
L.RELR								0.9138***
								(41.246)
Constant	26.024***	13.790***	95.987***	135.801***	10.4536***	0.1620	13.5420***	16.5652***
	(0.181)	(0.321)	(0.732)	(1.147)	(13.974)	(0.761)	(5.773)	(5.562)
Observations	589	589	589	589	558	558	558	558
F	1453.599***	17664.653***	3382.134***	5193.393***	1453.599***	17664.653***	3382.134***	5193.393***
r2_a	0.683	0.830	0.748	0.792	0.838	0.984	0.924	0.949

注：（）里的数字为 t 检验值，*、**、*** 分别代表在10%、5% 和 1% 的水平上显著。

第四节　本章小结

我国经济在保持高速增长的过程中，持续的低利率货币政策使得流动性过分充裕，当杠杆收益远远高于杠杆成本时，在投机动机的刺激下，政府、居民和企业纷纷涉足投资性房地产，获取投资性房地产的高收益，资产收益率宽幅

度不断扩大，结果是催生资产泡沫，杠杆率不断攀升，金融风险凸显。在这种情况下，如果资产收益率宽幅度突然收窄，那么依靠杠杆投资房地产的居民便会违约，无法偿还银行贷款，接下来银行便会有破产的风险；另外，高度地产化、杠杆化的非金融企业由于无法再利用高杠杆金融筹资、融资，同样面临风险。因此，当资产收益率宽幅度突然收窄时，便有可能导致由金融风险而引发的整个宏观经济风险。

本章在进行理论分析和假设的基础上，利用中国近年来的经验数据进行了实证检验。资产收益率宽幅度与各部门宏观杠杆率之间存在着显著的正相关关系，即资产收益率宽幅度越大，各部门宏观杠杆率越高。说明资产收益率宽幅度的持续扩大，会更多地刺激居民持有货币的投机动机，在储蓄的实际利率持续走低的情况下，居民将货币存入银行意味着放弃投资房地产所带来的高额投资收益的机会成本。因此，居民不仅会更愿意将手中持有的货币投资房地产，还会利用杠杆从银行进行贷款投资房地产，在房地产价格持续走高，杠杆收益远高于杠杆成本的情况下，会不断刺激居民投资房地产的需求，从而导致资产收益率宽幅度继续扩大。从非金融企业的角度来看，资产收益率宽幅度的扩大，使得投资房地产收益会远远大于其主营业务的收益，在房地产高收益的吸引下，促使非金融企业纷纷利用高杠杆涉足房地产投资，逐渐偏离其主营业务，从而造成实体经济空心化，非金融企业逐渐杠杆化、地产化、金融化，这严重降低了实体经济的抗风险能力，一旦爆发金融风险，非金融企业同样会受到致命的打击。

综上，伴随着资产收益率宽幅度持续拉大，风险偏好者为获取高收益，必然利用高杠杆进行市场炒作或进行对赌性经济活动，影子银行日益猖獗，金融创新泛滥，资产管理乱象难以治理，金融监管盲点丛生，致使金融风险日渐凸显。缺乏以实体经济为"支点"的虚拟经济，运用高杠杆炒作和对赌性经济活动获得的高收益是一种非正常超额泡沫收益，如此循环，必然导致高杠杆、金融风险及宏观经济运行波动、产业结构、收入结构等经济结构失衡等。因此，政府应当通过流动性、资产收益率宽幅度与风险揭示之间的传导关系，有效管控资产收益率宽幅度，实现稳增长、调结构、防控金融风险的目标，促进经济平稳、健康和可持续的发展。

第四篇　资产收益率宽幅度形成机制及其治理的政策工具选择

第十章　资产收益率宽幅度与
经济运行风险的内在机制研究

　　宏观经济政策是资产收益率宽幅度的成因，资产收益率宽幅度是经济高速增长过程中的负外部效应。资产收益率宽幅度作为中介变量影响了微观经济主体的投融资与经营行为，导致了微观经济主体不断金融化、挤出创新资源，加重僵尸化程度；资产收益率宽幅度作为传导机制，导致了宏观经济运行风险、经济结构失衡。因此，本书探讨了4种不同类型资产之间的资产收益率宽幅度对微观经济主体及宏观经济运行之间的相关关系，分别论述了资产收益率宽幅度与经济运行的内在机制，构建了宏观经济政策与资产收益率宽幅度相机调控的结构模型，揭示了宏观经济政策与资产收益率宽幅度、资产收益率宽幅度与经济运行的内在机制。

　　投资性房地产与货币性资产之间的资产收益率宽幅度导致居民杠杆率攀升、居民财产收入与工薪收入结构失衡。在市场上表现为投机、炒作房地产的行为横行；虚拟经济行业与实体经济行业收益率之间的资产收益率宽幅度导致实体经济增长放缓，经济结构性失衡及宏观经济波动；投资性房地产与实体企业经营性资产之间的资产收益率宽幅度及实体企业投资性房地产等金融性资产与经营性资产之间的资产收益率宽幅度导致微观经济主体金融化程度不断加深、实体企业创新动力不足、创新投入日益下降；在投资性房地产等金融性资产投资收益高增长的同时，收益中的现金含量走低，实体企业需要"输血救援"，推动了企业僵尸化进程，最终形成了我国实体经济脱实向虚、系统性金融风险凸显的局面。那么，是什么原因导致资产收益率宽幅度现象出现呢？又如何调控资产收益率宽幅度呢？

　　宏观政策是影响经济运行及微观企业经营状况的核心变量和决定因素。货币政策作为宏观经济政策之一，对调控微观企业行为和影响宏观经济走势具有重要作用

（王国刚，2012），能够有效调控资产价格及微观企业收益，并对资产收益率宽幅度产生影响；财政政策作为政府调节总供给与总需求的重要工具，对宏观经济运行有显著的推动与改善作用。同时，显著影响企业的各类投资行为（许罡等，2014；王少华，2019），对企业和行业的收益率均衡有重要影响。其中，以政府补助和政府采购为代表的财政支出政策以及税收优惠政策是最有效的财政调控手段（邹洋等，2016）。因此，本书从货币政策、财税政策及产业政策等方面探讨宏观经济政策对资产收益率宽幅度的影响路径以及资产收益率宽幅度的成因。

通过构建多元回归模型及结构方程模型，检验了宏观经济政策与资产收益率宽幅度之间的相关关系，也验证了"宏观经济政策—资产收益率宽幅度—经济运行"之间的内在机制。研究资产收益率宽幅度与宏观经济政策调控之间的逻辑关系，探讨资产收益率宽幅度对宏观经济运行及微观企业的影响程度与影响后果，有利于厘清宏观政策影响宏、微观经济运行的传导机制。同时，资产收益率宽幅度作为宏、微观经济运行状态的观测窗口和观测指数，为推动稳增长、调结构与高质量的经济增长提供政策工具选择的理论基础和微观数据支撑。

第一节　投资性房地产与货币性资产之间资产收益率宽幅度的调控路径

刺激性货币政策在推动经济高速增长的同时，也产生了负外部效应：货币贬值与资产价格上涨，客观上形成了持有货币性资产将遭受损失，流动性越好损失越大的客观事实；而投资或配置投资性房地产，伴随着房地产价格的持续快速上涨，形成了房地产投资收益率显著高于货币资产收益率、并且差距持续拉大的经济现象，我们称之为"不同类型资产之间的资产收益率宽幅度现象"。不同类型资产之间持续拉大的资产收益率宽幅度现象，为风险偏好者提供了运用杠杆炒作、对赌的财富"造富效应"，风险厌恶者开始转变为风险偏好者。于是，市场上炒作、对赌性经济行为大量出现，形成房价越调越涨的尴尬局面。最终导致居民的财产收入与工薪收入结构失衡，非金融企业部门杠杆率攀升，致使系统性金融风险凸显，加大了我国宏观经济运行波动。所以，本书从宏观政策角度，探讨运用何种政策工具、政策工具组合调控投资性房地产与货币性资产之间的资产收益率宽幅度，目的是遏制杠杆率攀升与资产泡沫加剧，以守住发生系统性金融风险的底线。

一、宏观经济政策因素与资产收益率宽幅度的形成机制

本书从货币政策、财政政策与税收优惠政策3个重要调控手段入手，探讨宏观经济政策对投资性房地产与货币性资产之间资产收益率宽幅度的影响路径与逻辑关系。

（一）货币政策与资产收益率宽幅度的逻辑关系

我国货币政策的制定主要遵循凯恩斯主义理论，采用逆风向的相机抉择模式，依据保持经济高速增长、降低失业率、稳定物价及保持国际收支平衡等多目标制，对市场进行干预。在过去20年，我国频繁采用宽松货币政策或稳健偏宽松的货币政策，以及以大量投资基础设施建设为主要手段的积极财政政策，以促进经济高速增长，使我国经济取得了举世瞩目的成绩。然而，按照托宾Q理论与诺贝尔经济学奖获得者莫迪利安尼提出的储蓄生命周期理论，宽松货币政策在促进经济增长的同时也推动房地产和金融性资产价格大幅上涨，对宏、微观经济运行产生极大影响。

收益是微观经济主体的经营活动、投资活动、筹资活动能够获得的经济后果，是一种资本利得或者好处，也是货币政策等宏观经济政策调控的结果。我国近年来采用的宽松货币政策和积极的财政政策，导致利率较低、资金流动性充裕，刺激了以GDP为目标的经济的高速增长。但是，同时从会计收益的微观视角观察就会发现：持有货币性资产收益率受到降息、货币贬值和通胀的影响而持续走低；实物资产，特别是房地产受到宽松货币政策的影响，其价格持续上扬。在微观企业中，投资性房地产允许采用公允价值计价方法计量资产的当期价值，需要按当期的市场价格重新计量资产价值，并确认由资产价格变动产生的利得或损失。当资产价格大幅上涨时，公允价值计价资产可以确认可观的公允价值变动收益，计提高额的会计利润并列入当年的收益之中，客观上造成了"持有货币遭受损失、投资或举借债务投资房地产能够获取资产价格上涨带来的收益，流动性越好，损失越大"的事实。由此形成了货币性资产与投资或炒作房地产之间的收益率差距持续拉大的资产收益率宽幅度现象。如果此时，调节收益均衡的税收杠杆失灵，货币政策持续宽松，资产收益率宽幅度就会持续拉大。

回顾我国经济增长的历程，刺激性货币政策推动我国经济保持了长期的高速增长，取得了举世瞩目的成绩。自1978—2018年，我国货币总量M2由1134.5亿达到了177万亿，40年间，货币总量增加了1559倍。2000—2018年以来，M2年均增速在16%左右，GDP年均增长8.8%左右，储蓄等货币性资产的年平均利率维持在3%以下，CPI年均值维持在3%左右，全国商品房平均价格年均增长率为8.23%。

运用全国房地产物价指数与储蓄性货币资产收益率的相关数据，测度货币性资产与投资性房地产之间的资产收益率宽幅度，发现2018年货币资产与投资房地产的资产收益率宽幅度为300.56%，是2000年资产收益率宽幅度的601倍。房地产投资年均收益率增长为31.59%，居民杠杆率由2000年的12.39%上升到2018年的60.4%，年均增长率超过3.5%，达到了杠杆率攀升的警戒线。

通过分析我国货币政策变动与资产收益率宽幅度升降的关系，发现货币政策与资产收益率宽幅度存在着因果关系。当政府运用降息、降准、扩大信贷规模、增加M2等宽松或刺激性货币政策工具时，在推动经济高速增长的同时，也会形成"持有货币遭受损失，举借债务投资或配置房地产能够获取收益，流动性越好，损失越大"的客观事实。宽松的货币政策导致信贷标准下降、获得信贷资金更为容易，举借债务配置投资性房地产等金融性资产获得的收益让人们变得更富有。银行等金融机构为了获取房地产价格不断上涨带来的收益，也将扩大信贷规模，从而助推资产价格持续上涨。财务会计中采用的公允价值计价法将金融性资产的价格上涨部分计入公允价值变动收益，列入当期收益。从而，当宽松货币政策助推资产价格大幅上涨时，导致投资房地产可以计提大额的账面收益，形成投资性房地产与货币性资产之间的资产收益率宽幅度现象。因此，提出假设H10-1：

H10-1：宽松货币政策是投资性房地产与货币性资产之间资产收益率宽幅度出现的原因。

（二）财政支出政策与资产收益率宽幅度的逻辑关系

对房地产行业补贴的积极财政支出政策将导致房地产行业业绩能力提高，增加房地产企业的盈利空间，并且将减缓房地产企业的融资约束程度，促进房地产企业收益率的提高。由于资本的逐利性，房地产行业的高额收益率将吸引投资者将大量资源投入该行业，居民也通过杠杆大量投机炒作商品房，最终进一步推升房地产价格，促使房地产投资收益率继续上升。从而，拉高了房地产与货币性资产之间的收益率差异。因此，提出假设H10-2：

H10-2：对房地产行业补贴的财政支出政策将导致投资性房地产与货币性资产之间的资产收益率宽幅度持续上升。

（三）税收优惠政策与资产收益率宽幅度的逻辑关系

税收优惠是国家对部分纳税者的纳税额给予减免的调控政策，可以有效减轻企业的纳税负担。国家可以通过设定不同的优惠对象及优惠比例支持特定地区、特定行业及特殊目的。不同于政府补贴的事前支付特点，税收优惠一般发生于企业某经营阶段结束，可以根据企业的实际经营结果给予优惠补贴。因此，税收优惠政策不会降低政府相关部门对补贴资金的监督程度，从而使税收优惠政策成为最有效的财政政策工具（付文林、赵永辉，2014）。

税收政策可以有效调节不同行业之间的盈利空间，达到利润的重新再分配。对房地产企业的税收优惠可以降低房地产企业的税收成本，缓解企业的融资约束，提高房地产企业的盈利空间。综上所述，房地产企业的高收益率将吸引社会资本流入房地产行业，推升房地产价格。因此，提出假设H10-3：

H10-3：对房地产行业的税收优惠政策将导致投资性房地产与货币性资产之间的资产收益率宽幅度持续上升。

二、宏观经济政策因素与资产收益率宽幅度成因的多元回归模型

本书通过构建多元回归模型，检验货币政策、财政支出政策以及税收优惠政策等宏观经济政策对投资性房地产与货币性资产之间资产收益率宽幅度的影响。

（一）变量选择

1.资产收益率宽幅度指标设定。

本章采用的资产收益率宽幅度（RS1）反映房地产投资收益与货币性资产收益率之间的差额。借鉴陈继勇等（2013）的研究，房地产投资收益以全国商品房销售价格上涨率表示；货币资产投资收益为持有货币性资产的实际利率，即名义利率与通货膨胀率之间的差额。其中，名义利率用1年期存款储蓄利率表示，通货膨胀率用当年居民消费价格上涨率表示。若当年存款利率发生变动，则以执行不同利率的月份次数为权重得到加权平均存款利率。

2.货币政策的度量指标。

本章从3个方面衡量货币政策的宽松度，具体包括当年全国广义货币供应量M2的对数、当年信贷规模的对数（CS）及当年法定存款准备金率的平均值（RRR）。当实施宽松货币政策时，央行会增加市场货币供应量，M2数额上升；同时，会降低银行贷款利率与法定存款准备金率。由于市场货币供应量上升，同时资金贷款成本下降，货币供应量及需求量均大幅上涨，导致金融机构发放贷款数量上升，即信贷规模上升。因此，当年全国广义货币供应量M2的对数、当年信贷规模的对数（CS）两个指标越大，说明货币政策越宽松。然而，法定存款准备金率与货币政策宽松度负相关，货币政策越宽松，贷款利率与法定存款准备金率越低。

3.财政支出政策的度量指标。

财政支出政策主要衡量房地产企业享受到政府补贴的程度，用*Govern*表示，反映每个企业每年平均收到的政府财政补贴额度。借鉴黎文靖、郑曼妮（2016）的成果，每个企业的财政补贴程度以企业当年享受的政府补贴数额占总资产比重衡量。*Govern*越大说明企业接受的政府补贴越多。

4.税收优惠政策的度量指标。

税收优惠政策主要衡量房地产企业享受到的税收优惠程度，具体包括2个变量：*Tax1*和*Tax2*。*Tax1*以企业当年所得税费用扣除递延所得税后的数额占总利润的比重衡量，反映企业当年实际承担的所得税税负。*Tax1*越大说明该企业所得税税负越高。借鉴王彦超等（2019）的研究成果，*Tax2*以企业当年现金流量表中显示的支付的税费总额与税费返还的差额除以当年营业收入得到，反映企业当年所承担的全部税负。*Tax2*越大说明该企业当年实际承担的全税负越高。*Tax1*、*Tax2*两个指标均与该企业享受的税收优惠负相关。指标越大，说明企业实际税负越高；指标越小，说明企业实际税负越低，企业享受到的税收优惠程度越高。

（二）模型设定

为了检验各宏观经济政策对资产收益率宽幅度的影响，本书首先采用 Hausman 检验，验证应该采用固定效应回归；其次，采用 White 检验验证数据存在异方差情况，因此采用稳健标准误 Robust 进行回归。最终，建立基本模型（10-1）：

$$RS1_{i,t} = \beta_0 + \beta_1 M_2 + \beta_2 CS + \beta_3 RRR + \beta_4 Govern + \beta_5 Tax1 + \beta_6 Tax2 + \varepsilon \qquad (10-1)$$

表10-1　变量定义

变量名称	变量符号	计算方法
被解释变量	*RS1*	资产收益率宽幅度，以房地产投资收益率与货币性资产投资收益率差额表示
解释变量	*M2*	货币供应量M2的对数
	CS	当年金融机构信贷规模的对数
	RRR	当年法定存款准备金率的平均值
	Tax1	房地产企业所得税税率平均值
	Tax2	房地产企业全税负平均值
	Govern	房地产企业享受的财政补贴占总资产比重的平均值

（三）研究样本的描述性分析

本书选择 2000—2018 年全国 31 省、自治区及直辖市的数据作为研究样本Ⅰ，计算各省、自治区及直辖市不同资产之间的资产收益率宽幅度；以 2000—2018 年 A 股上市房地产公司为样本Ⅱ，根据各上市房地产企业的注册地，分组计算各年 31 省、自治区及直辖市房地产企业的平均税负及平均财政补贴数据，从而得到 *Tax1*、*Tax2* 及 *Govern* 指标。考虑数据的准确性，删除全省注册房地产企业个数小于 5 家的样本及数据不全面的省、自治区及直辖市，最终得到 438 个研究样本。公司财务数据来源于国泰安数据库，宏观数据来源于国家统计局网站。

表10-2报告了各变量的描述性统计结果。房地产投资与货币性资产收益率之间的资产收益率宽幅度平均值为8%，说明房地产投资收益远高于货币资产收益率；货币供应量*M2*的对数平均值为13.224，信贷规模对数平均值为13.292，法定存款准备金率的平均值为1.77%，1年期存款利率平均值为2.43%，说明我国货币政策较宽松；房地产行业平均所得税税率为5.89%，远低于25%的所得税税率；房地产行业平均全税负税率为83.69%，说明我国房地产行业全税负较高；房地产行业平均享受的财政补贴占总资产的比重为0.56%，中位数为0，说明一半以上省份的房地产行业没有享受到财政补贴。

表10-2　各变量描述性统计表

	样本量	平均值	中位数	标准差	最小值	最大值
RS1（%）	438	8.001	6.827	10.337	−13.176	55.407
M2	438	13.224	13.315	0.839	11.557	14.418
CS	438	13.292	13.433	0.881	11.629	14.562
RRR（%）	438	1.771	1.620	0.193	1.620	2.070
Tax1（%）	438	5.887	4.580	8.853	−4.092	39.153
Tax2（%）	438	43.695	19.858	19.487	0	72.241
Govern(%)	438	0.556	0	1.173	0	28.427

三、宏观经济政策因素与资产收益率宽幅度形成机制的检验结果

表 10-3 显示了宏观经济政策对投资性房地产与货币性资产之间资产收益率宽幅度影响的回归结果。第（1）列和第（2）列分别为固定效应和OLS的回归结果。实证结果显示，货币供应量 *M2* 的系数在 1% 的水平下显著为正，说明货币供应量的增加会导致不同资产之间的资产收益率宽幅度增大；信贷规模 *CS* 的系数在 1% 的水平下显著为正，说明信贷规模增加会显著拉大不同资产之间的资

产收益率宽幅度；法定准备金率 RRR 的系数不显著。综合 3 个变量的回归结果，可以看出宽松货币政策将导致房地产价格上升，投资性房地产与货币性资产之间的资产收益率宽幅度持续拉大。从而得出，宽松货币政策是投资性房地产与货币性资产之间资产收益率宽幅度上升的重要原因，假设 H10-1 成立。

房地产行业享受的财政补贴 $Govern$ 的系数不显著，说明房地产行业的财政补贴政策对不同资产之间的资产收益率宽幅度影响较小。可能的原因是各省、自治区及直辖市对房地产行业的财政补贴较少，因此，该政策对投资性房地产与货币性资产之间资产收益率宽幅度影响较小，假设H10-2不成立。

房地产行业的所得税税负 $Tax1$ 的系数不显著。但是房地产行业的全税负 $Tax2$ 指标显著为负，说明房地产行业的税负越高，企业盈利空间较小。社会资源对房地产行业的投入下降，导致房地产价格降低，房地产投资收益率与货币性资产收益率的差额减少。因此，假设H10-3成立。

表10-3 宏观经济政策对不同资产之间的资产收益率宽幅度影响的回归结果

VARIABLES	(1)	(2)
	RS1	RS1
M2	9.849***	9.850***
	(1.834)	(1.999)
CS	9.055***	9.055***
	(1.749)	(1.883)
RRR	−2.892***	−2.960***
	(0.861)	(0.976)
Govern	0.263	0.194
	(0.161)	(0.133)
Tax1	−0.151	−0.148
	(0.107)	(0.101)
Tax2	−0.552**	−0.567*
	(0.239)	(0.308)
Constant	132.544***	133.873***
	(40.168)	(41.984)
Observations	438	438
F	22.92***	12.29***
r2_a	0.137	0.132

通过比较各宏观经济政策的系数大小可以看出，货币政策各变量对不同资产收益率宽幅度的影响系数较大，尤其是货币供应量M2与信贷规模CS两个指标的回归系数最高。*M2*的对数每增加1个百分点，将导致不同资产之间的资产收益率宽幅度上升9.849个百分点；*CS*的对数每增加1个百分点，将导致不同资产之间的资产收益率宽幅度上升9.056个百分点；说明货币政策对投资性房地产与货币性资产之间的资产收益率宽幅度大小的调控作用最强烈；其次，房地产行业的税收优惠政策对资产收益率宽幅度的影响小于货币政策的影响程度。房地产行业的税率每上升1个百分点，能导致不同资产之间的资产收益率宽幅度下降0.55个百分点。

四、资产收益率宽幅度与宏观经济政策的相机调控决策模型

根据固定效应回归结果中各宏观经济政策对投资性房地产与货币性资产之间的资产收益率宽幅度的影响程度，得到了调控投资性房地产与货币性资产之间资产收益率宽幅度的宏观经济政策相机决策模型。结果如下（10-2）：

$$RS1 = 9.849 \times M2 + 9.055 \times CS - 2.892 \times RRR - 0.552 \times Tax_2 + 132.544 \quad (10-2)$$

其中，各宏观经济政策分别为当年全国广义货币供应量M2的对数、当年信贷规模的对数（*CS*）、当年法定存款准备金率的平均值（*RRR*）、房地产行业的实际税负（*Tax2*）。可以看出M2和信贷规模CS越大，资产收益率宽幅度越大；法定存款准备金率越低，资产收益率宽幅度越大；房地产行业实际税负越高，资产收益率宽幅度越小。

第二节 投资性房地产等金融性资产与经营性资产之间资产收益率宽幅度的调控路径

伴随着房地产价格的快速上涨，在微观经济主体之中，企业的投资性房地产高收益率与经营性资产低收益率之间的资产收益率宽幅度现象，以及金融性资产高收益率与经营性资产低收益率之间的资产收益率宽幅度现象改变实体企业投资、融资行为及经营行为，加重了实体企业金融化，降低了企业创新的投资意愿、导致僵尸化进程加快。本书从宏观政策角度，研究运用何种政策工具与政策工具组合，逐步收窄资产收益率宽幅度，以抑制实体企业金融化、僵尸化的进程，促进企业增加创新投入。

一、宏观经济政策与资产收益率宽幅度的逻辑关系

本书从货币政策、财政支出政策、税收优惠政策与产业政策4个方面，研究宏观经济政策对投资性房地产与实体企业经营性资产之间的资产收益率宽幅度，以及金融性资产与经营性资产之间资产收益率宽幅度的影响。

（一）货币政策与资产收益率宽幅度的逻辑关系

货币政策的宽松度会影响企业的融资约束、获利能力及收益结构（徐光伟、孙铮，2015；钟凯等，2017），从而对资产收益率宽幅度产生两方面的影响。

一方面，宽松货币政策导致金融性资产收益率上涨，拉大了资产收益率宽幅度。宽松货币政策有利于推动和保持我国经济高速增长，使我国经济增长取得举世瞩目的成绩。然而，在高速增长的同时，宽松货币政策也导致货币供应量上升，货币贬值，资产价格上涨（易纲、王召，2002）。

在微观企业中，不同资产采用的价值计量方式不同。因此，价格上涨对不同类型资产会产生不同影响。以公允价值计价的金融性资产需要按当期的市场价格重新计量资产价值，并确认由资产价格变动产生的利得或损失。当资产价格大幅上涨时，以公允价值计价的金融性资产可以确认高额的公允价值变动收益，向市场报告乐观的经济信息。而两个方面的因素导致以历史成本计价的经营性资产收益率持续下降。第一，历史成本计价资产需要按原始采购成本计量资产价值，无法确认资产市场价格上涨带来的收益；第二，当资产价格持续上涨时，资产原始价值低于市场价格，采用历史成本计价模式导致企业少记折旧、低估成本，容易遭受纳税损失，陷入经营困境。因此，三方叠加导致经营性资产收益率持续下降，显著低于以公允价值计价的投资性房地产和金融性资产收益率，从而形成了投资性房地产收益率与实体企业经营性资产收益率之间的资产收益率宽幅度现象，以及金融性资产高收益率与经营性资产低收益率之间持续拉大的资产收益率宽幅度现象。因此，宽松货币政策推动资产价格上涨，将导致投资性房地产及金融性资产收益率上涨，资产收益率宽幅度增加。

资本的逐利性及资产收益率宽幅度持续拉大的双重因素叠加吸引企业将大量资源投入金融性资产，实体企业金融化现象明显。在资源有限性条件下，资源向金融性资产的转移将大量挤占企业创新投入，降低企业的创新能力。企业金融化程度加重、创新能力下降导致企业抽离生产资本的意愿增强（谢家智等，2014），企业逐渐偏离其主业（王红建等，2016；Tori & Onaran，2017），最终导致企业僵尸化程度上升。因此，提出假设H10-4a：

H10-4a：宽松货币政策推动企业资产收益率宽幅度增大，加重了实体企业金融化程度，降低了实体企业创新能力，导致企业僵尸化程度凸显。

另一方面，宽松货币政策可以缓解企业的融资约束，提高企业主业盈利能力，从而降低资产收益率宽幅度。首先，当实施宽松货币政策时，银行一般采用增发货币或促使信贷投放等手段，有利于企业贷款利率下降，资本成本和财务费用减少，从而提高企业的营业利润，促进经营性资产收益率上升。因此，宽松货币政策降低筹资成本，降低了企业的资产收益率宽幅度。其次，宽松货币政策导致银行信贷规模增加，缓解了企业的融资约束，有利于增加企业的债务融资规模。更多的资金来源有助于企业增加主业投资、创新投入，促进机器设备等固定资产的更新，从而促进企业主业盈利能力的提高，降低企业的资产收益率宽幅度。

主业盈利能力的上升增加了实体经济对企业的吸引力，不仅有利于企业回归本业，将大量资金投入创新活动以改善企业的生产经营能力，增加机器设备的更新改造投入，减少投入金融性资产的资源。而金融性资产持有量的下降可以有效减少企业收益的波动性，从而增加企业的抗风险能力。双重因素共同作用，最终降低了企业的僵尸化程度。因此，提出假设H10-4b：

H10-4b：宽松的货币政策促进企业资产收益率宽幅度下降，导致实体企业金融化程度下降，实体企业创新能力增加，从而缓解企业的僵尸化程度。

（二）财政支出政策与资产收益率宽幅度的逻辑关系

财政支出政策作为政府财政政策最有效的调控手段之一，可以有效影响企业的资金来源和投资行为，改变企业的盈利能力及投资效率（LewiS & Winkler，2015；商潇，2019），并最终影响企业的资产收益率宽幅度。

首先，积极的财政支出政策有利于促进企业盈利能力的提高。一是政府补贴资金流入企业，可以直接改善企业的财务报表数据，促进企业业绩提高（赵婧，2014）；二是政府补助能够促进企业员工数量增加，提高企业核心竞争力，从而促进企业业绩提高（HayneS & Hillman，2010）；三是以政府购买和政府补贴为主要形式的扩张性财政支出政策增加了消费和活跃企业的数量（LewiS & Winkler，2015），有利于增加实体企业销售数量（王文甫等，2015）。当销量增加时，可以有效发挥经营杠杆的调节作用，摊薄每单位产品需要负担的固定生产成本，导致企业产品的单位利润增加。从而，促进实体企业主业盈利能力的提高，降低企业资产收益率宽幅度。

其次，积极的财政支出政策可以有效缓解企业的融资约束，促进企业增加在生产经营过程中的资源投入。政府补助可以有效提高企业的现金流量，促进企业短期还债能力的提高（Tzelepis，et.al.，2004），缓解企业的融资约束程度，从而保证企业有更多的资源投入机器设备的更新改造及创新活动中，有利于促进企业盈利能力的提高，降低企业资产收益率宽幅度。

最后，积极的财政支出政策可以有效提升企业技术革新的效率，提高企业盈利能力。企业不愿意将资金投入科技创新活动的主要原因在于创新活动具有高风险、投资回收期长等特点（谢家智等，2014）。而政府补贴可以由政府承担企业创新失败风险，降低企业创新风险（Peter，et.al.，2012）。从而增加企业创新的积极性，促进企业技术革新。而新技术的应用可以促进企业主业盈利的提高，降低资产收益率宽幅度。因此，提出假设H10-5a：

H10-5a：财政支出政策可以促进企业资产收益率宽幅度下降，推动实体企业金融化程度下降、实体企业创新能力增加，缓解企业僵尸化程度。

然而，部分学者认为政府补贴不当是阻碍企业业绩提升及实体产业发展的重要原因（杨晔等，2015）。首先，政府相关部门缺乏对于财政补贴资金的有效监控。当补贴资金流入企业后，政府无法有效监管资金用途及流向，可能发生资金挪用情况。受投资性房地产和金融性资产高收益率吸引，实体企业极有可能将补贴资金用于投资炒作房地产和金融性资产以获取高额收益。因此，政府补贴并不一定能够促进企业主业盈利能力的提高，进而降低资产收益率宽幅度；其次，企业可能存在"寻租"行为。过度的政府补贴会抑制企业的研发投入，降低企业的自主创新动机及创新效果（武咸云等，2016）。因此，提出假设H10-5b：

H10-5b：财政支出政策对企业资产收益率宽幅度影响有限。

（三）税收优惠政策与资产收益率宽幅度的逻辑关系

税收优惠政策是调控资产收益率宽幅度的有力武器。首先，税收优惠政策可以有效降低企业成本，促进主业盈利能力的提高。企业生产经营过程中，需要缴纳的各种税金会加重企业的成本支出，降低企业的利润空间。税收优惠政策的实施不仅可以有效降低企业税收成本（Blundell，et.al.，1992），尤其直接税的减免可以有效降低企业的营业成本，提高企业的主业盈利能力。还可以提高企业资本配置效率，有利于企业投资率、企业劳动生产率和资本产出率的提高（孙刚，2017），在长期内改善供给效率（申广军等，2016），最终达到提高企业盈利能力的目的。

其次，税收优惠政策有利于促进企业现金流量的增加。税收优惠政策常采用税收直接减免及税金返还两种方式，两种手段均能增加企业的现金流量，缓解企业的融资约束，从而降低金融化对主业投资的抑制效应，保证企业增加生产经营活动中的资源投入。以达到提高企业盈利能力、拉低资产收益率宽幅度的目的。因此，提出假设H10-6：

H10-6：税收优惠政策可以促进企业资产收益率宽幅度下降，推动实体企业金融化程度下降、实体企业创新能力增加，缓解企业僵尸化程度。

（四）产业政策与资产收益率宽幅度的逻辑关系

国家产业政策实质上是一种政府通过对各行业进行不同程度的政策支持，引导社会资源向受支持行业流动以实现政府主导产业结构转型升级的政策工具（蔡庆丰、田霖，2019）。不同行业间的政策差异会影响行业外部环境和所获得资源要素的不平衡，这种不平衡最终会影响企业决策、盈利能力及不同资产之间的收益率差异。

首先，属于受产业政策支持行业的企业将面临更低的融资约束。一是受产业政策扶持的企业能够从政府部门获得更多的土地、资金等要素资源；二是受产业政策扶持的企业可以向外界传递乐观的信号，有利于从银行等金融机构及股票市场获得更多的资金支持。陈东华等（2010）发现，受政策支持的行业中，通过IPO、SEO成功融资的企业比例及募集到的资金额均远高于未受政策支持的行业。另外，受产业政策扶持的企业能获得更多的长期银行借款（连立帅，2015）。因此，受产业政策扶持的企业将面临更低的融资约束，有利于促进企业增加生产经营和科技创新的资金投入，提高企业的主业盈利能力。

其次，产业政策不仅改变企业的外部融资环境，也会影响企业对行业未来发展的判断（姜国华、饶品贵，2011），进而影响企业的行为决策。受产业政策支持的行业未来将享受更多的政策倾斜和要素资源，这必将促进该产业的快速发展，增强企业对该行业的信心，提高企业对该行业未来收益的预期。受资本逐利性影响，企业会将更多资源投入该行业，购置更多的相关机器设备等固定资产，投入更多的研发资金以在该行业中取得竞争优势，从而促进该产业盈利能力的提高，降低受产业政策扶持企业的资产收益率宽幅度。因此，提出假设H10-7a：

H10-7a：产业政策可以促进企业资产收益率宽幅度下降，导致实体企业金融化程度下降、实体企业创新能力增加，缓解企业僵尸化程度。

然而，产业政策的有效性也受到很多学者的质疑。产业政策导向容易引发企业出于"寻扶持"而发生策略性行为（黎文靖、郑曼妮，2016），并不能从本质上提升企业的生产效率及盈利能力。虽然受产业政策影响，企业会提高科技研发力度，导致科研成果数量增加。但是产业政策并未有效激励企业自主创新投资（李万福等，2017），大部分科技成果无法有效转化（雷鸣，2017）。因此，产业政策抑制了企业创新质量的提升（黎文靖、郑曼妮，2016），并不能真正促进企业主业盈利能力的上升。因此，提出假设H10-7b：

H10-7b：产业政策对企业资产收益率宽幅度影响有限。

二、宏观经济政策与调控资产收益率宽幅度的结构方程构建

本书探讨宏观调控政策对实体企业资产收益率宽幅度的影响路径，以及资产收益率宽幅度对实体企业投资行为、融资行为、经营行为的影响结果。构建结构方程模型进行验证，以揭示"宏观经济政策—资产收益率宽幅度—经济运行"的内在机制与调控路径。

（一）观测变量定义

（1）资产收益率宽幅度（RS）的度量指标。投资性房地产由于资产计价模式及收益确认方法与金融性资产基本一致，因此，大部分文献将投资性房地产作为企业金融性资产的一部分。但是，投资性房地产的价格变动趋势及收益波动性与金融性资产存在显著差异。因此，本书采用两种定义方式来衡量微观企业的资产收益率宽幅度变量。第一种资产收益率宽幅度RS2指标反映房地产投资收益率与经营性资产收益率的差额。房地产投资收益率以上市实体企业所在省份该年度平均商品房价格上涨幅度衡量，经营性资产收益率以上市实体企业主营业务利润率衡量。

资产收益率宽幅度RS3是金融性资产收益率与经营性资产收益率的差额。借鉴宋军、陆旸（2015）、杜勇（2017）的研究，金融性资产收益率以企业当期的公允价值变动收益与投资收益之和除以金融性资产总额衡量，其中，金融性资产包括交易性金融资产、衍生金融性资产、发放贷款及垫款净额、可供出售金融性资产、持有至到期投资净额、投资性房地产6项；经营性资产收益率以当期营业利润扣除公允价值变动收益和投资收益合计数之和的差额除以经营性资产总额衡量，其中，经营性资产总额以总资产扣除金融性资产之后的差额衡量。

（2）货币政策（Monetary Policy，MP）的度量指标。本书从4个方面衡量货币政策的宽松度，具体包括当年全国广义货币供应量M2的对数（MP1）、当年信贷规模的对数（MP2）、按当年商业银行1年期贷款利率平均值从大到小排序后的指数（MP3）及按当年法定存款准备金率的平均值从大到小排序后的指数（MP4）。

当实施宽松货币政策时，市场货币供应量增加，M2数额上升；同时，银行贷款利率与法定存款准备金率降低。由于市场货币供应量上升，同时资金贷款

成本下降，货币供应量及需求量均大幅上涨，将导致金融机构发放贷款数量上升，即信贷规模上升。因此，当年全国广义货币供应量M2的对数（*MP1*）、当年信贷规模的对数（*MP2*）两个指标越大，说明货币政策越宽松。

然而，商业银行1年期贷款利率及法定存款准备金率与货币政策宽松度负相关，货币政策越宽松，贷款利率与法定存款准备金率越低。为了保证同一潜变量衡量指标变动方向的一致性，将贷款利率与法定存款准备金率进行逆向排序。将每年商业银行1年期贷款利率平均值按从大到小排序后，由1开始重新赋值，得到指标*MP3*。1年期贷款利率最高的2011年，*MP3*取值为1，此时货币政策较紧缩；1年期贷款利率最低的2015年，*MP3*取值为最大值7，此时货币政策较宽松。指标MP4的衡量方式与*MP3*一致，将每年法定存款准备金率平均值按从大到小排序后，由1开始重新赋值，得到指标*MP4*。法定存款准备金率最高的2011年，*MP4*取值为1，此时货币政策较紧缩；法定存款准备金率最低的2016年，*MP4*取值为最大值8，此时货币政策较宽松。最终，保证*MP3*、*MP4*数值与货币政策宽松度保持正相关，与*MP1*和*MP2*一致。

（3）财政支出政策（*Fiscal Policy，FP*）的度量指标。财政支出政策主要衡量实体企业是否享受到政府补贴及补贴程度，具体包括3个变量。借鉴黎文靖、郑曼妮（2016）的成果，变量1（*FP1*）以企业当年享受的政府补贴数额占总资产比重衡量，以反映企业享受政府补贴的程度，FP1越大，说明企业接受的政府补贴越多；变量2（*FP2*）以企业当年收到的政府补贴比上年政府补贴的增长幅度，*FP2*越大，说明企业接受的政府补贴增长越快；变量3（*FP3*）衡量企业连续5年是否享受政府补贴。建立虚拟指标X，企业每年如果存在政府补贴，则X取1，不存在政府补贴，则X取0。将评价当年之前4年（含当年，共5年）的虚拟变量X相加，得到企业连续5年的动态政府补贴衡量指标*FP3*。*FP3*最高值为5，说明企业连续5年均收到政府补贴额，企业受财政补贴影响较大。

（4）税收优惠政策（*Tax Policy，TP*）的度量指标。税收优惠政策主要衡量实体企业是否享受到税收优惠及优惠程度，具体包括3个变量。借鉴余明桂等（2016）的研究成果，变量1（*TP1*）以企业当年所得税费用扣除递延所得税后的数额占总利润的比重衡量，反映企业当年实际承担的所得税税负。*TP1*越大，说明企业所得税税负越高；借鉴王彦超等（2019）年的研究成果，变量2（*TP2*）以企业当年现金流量中显示的支付的税费总额与税费返还的差额除以当年营业收入得到，反映企业当年所承担的全部税负。*TP2*越大，说明企业当年实际承担的全税负越高；变量（TP3）衡量企业连续5年是否享受税收优惠。建立虚拟指标X，企业每年TP1实际所得税税率高于25%，说明企业没有享受税收优惠，则X取1。反之，企业每年TP1实际所得税税率低于25%，说明企业享受税收优惠，则X取0。将评价当年之前4年（含当年，共5年）的虚拟变量X相加，得到企业连续5年的动态税收优惠衡量指标TP3。TP3最高值为5，说明企业连续5年没有享受税收优惠，企业税负较高；TP3最小值为0，说明企业连续5年均享受了税收优惠，企业税负较低。

TP1、TP2、TP3这3个指标均与企业享受的税收优惠负相关。3个指标越大，说明企业实际税负越高，企业没有享受税收优惠或者优惠程度较低；3个指标越小，说明企业实际税负越低，企业受到的税收优惠程度越高。

（5）产业政策（Industrial Policy，IP）的度量指标。产业政策主要衡量实体企业是否享受到产业政策扶持及扶持程度，具体包括3个变量。

变量1（IP1）衡量政府对企业所在行业未来发展的态度。借鉴陈冬华等（2010）、赵卿（2016）等学者的研究成果，以国家、各省有关产业政策的相关文件为对象，采用本章分析法，设计五级评价指标衡量政府对于企业所在行业的态度。若相关政策对行业的描述出现"大力发展""积极发展"等词语，说明企业所在行业属于未来重点扶持行业，IP1取3；若文件中对行业的描述为"鼓励"等词语，说明政府对企业所在行业持积极态度，但程度较低，IP1取2；若文件中出现"调整"等词语，说明政策对企业所在行业态度较中立，认可该行业的重要程度，但同时认为目前该行业发展存在问题，IP1取1；若文件中出现"减少""抑制"等词语，说明政府对企业所在行业持否定态度，IP1取-1；文件中未提及的行业，IP1取0。若不同文件中对某一行业未来发展态度不一致，则以政策制定主体行政级别更高的政策文件为准。

变量2（IP2）衡量产业政策制定主体的层级。若产业政策制定主体为全国人民代表大会，则IP2取6；若产业政策制定主体为国务院，则IP2取5；若产业政策制定主体为国家各部委，则IP2取4；若产业政策制定主体为各省人代会，则IP2取3；若产业政策制定主体为各省省委省政府，则IP2取2；若产业政策制定主体为各省省级厅局，则IP2取1。IP2越大，说明产业政策制定主体的行政级别越高，该产业受重视程度越高。

变量3（IP3）衡量政府对企业所在行业连续5年的政策支持变化。建立虚拟指标X，企业所在行业如果属于产业政策扶持行业，则X取1，不属于产业政策扶持行业，则X取0。将评价当年之前4年（含当年，共5年）的虚拟变量X相加，得到企业连续5年的动态产业政策衡量指标*IP3*。*IP3*最高值为5，说明企业所在行业连续5年均属于政府扶持行业，企业所在行业受重视程度较高。

（6）企业金融化（*FIN*）的度量指标。本书用企业投资于金融性资产的资源变化情况来说明企业投资行为的变化，并分别从金融化程度与金融化增长速度两个方面研究企业投资行为。

金融化程度方面，本书用金融性资产占总资产比重（*FIN1*）与金融性资产收益率占总利润的比重（*FIN2*）两个指标衡量。金融性资产与经营性资产收益共同构成了企业的总收益，当资产收益率宽幅度持续拉大时，金融性资产收益率与经营性资产收益率的差额也持续增加。此时，金融性资产收益占总利润的比重也持续增大。受资本逐利性及金融性资产收益率逐渐增加的双重因素影响，企业越来越倾向将资源配置于金融性资产，金融性资产占总资产比重将逐渐增加。

金融化增长速度方面，本书用金融性资产增长率（*FIN3*）与金融性资产收益率增长率（*FIN4*）两个指标衡量。资产收益率宽幅度持续拉大时，金融性资产对企业的吸引力越大，企业越愿意将更多的资源配置于金融性资产。因此，金融性资产持有量增长得越快，受金融性资产持有量大幅增加和资产收益率宽幅度持续拉大双重因素影响，金融性资产投资收益的增长速度会更快。

（7）企业创新能力（*INN*）的度量指标。企业创新能力以Ｒ＆Ｄ投入强度、Ｒ＆Ｄ投入增长率、研发人员占全部职工的比例、无形资产占总资产比重及资本化率5个指标衡量。

借鉴黎文靖、郑曼妮（2016）的研究成果，Ｒ＆Ｄ投入强度（*INN1*）以企业当年Ｒ＆Ｄ投入量除以总资产表示，反映企业当年在研发上投入资金的多少；Ｒ＆Ｄ投入增长率（*INN2*）以当年Ｒ＆Ｄ投入资金量比当年投入量的增长率表示，可以从动态上反映企业科研投入的变化；研发人员占全部职工的比例（*INN3*）以企业当年聘用研发人员量除以当年全部职工总量表示，反映企业科研人员投入；无形资产占总资产比重（*INN4*）以企业当年持有的无形资产总量除以总资产金额表示；资本化率（*INN5*）以企业资本化的研发费用除以当年研发费用总额表示。该指标可以反映企业研发投入质量。

（8）企业僵尸化（*Zombie*）的度量指标。本书用4个指标衡量企业僵尸化程度。*Zombie1*为企业的资产负债率，以企业当年的总负债除以总资产得到。*Zombie1*越高，说明企业资金更多来源于债务方式，僵尸化程度越高；*Zombie2*以企业经营性现金流量占净利润比重的倒数衡量。经营性现金流量占净利润的比重可以反映企业利润的质量，该值越高说明企业现金流量越充裕，僵尸化程度越小。为了保证同一潜变量指标的一致性，*Zombie2*以经营性现金流量占净利润的比重的倒数表示。*Zombie2*越大，说明企业僵尸化程度越高；*Zombie3*以企业利息保障倍数的倒数表示。利息保障倍数为企业当年EBIT除以财务费用得到，该指标越高，说明企业越有能力偿还当前债务利息，企业僵尸化程度越小。为了保证同一潜变量指标的一致性，*Zombie3*对利息保障倍数取倒数。*Zombie3*越大，说明企业僵尸化程度越高；*Zombie4*为根据企业所在市场的平均风险，根据资产资本定价模型计算的企业β值。*Zombie4*指标值越大，说明企业僵尸化程度越高。

（二）研究架构

根据上述假设，本书设定了货币政策、财政支出政策、税收优惠政策及产业政策对资产收益率宽幅度的影响，以及资产收益率宽幅度对微观企业金融化、创新能力及僵尸化程度影响的模型构架。宏观经济政策会影响企业不同资金之间的资产收益率宽幅度，进而影响企业的投资行为、创新能力及企业僵尸化程度。结果如图10-1所示。

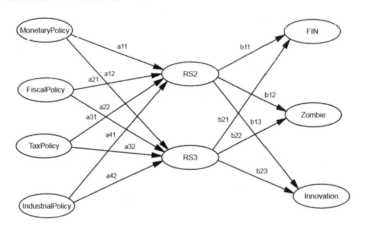

图 10-1　研究架构图

（三）研究样本及描述性分析

本书以2009—2018年深沪两市上市公司为样本，并进行了以下处理：①剔除金融业、保险业及房地产行业的上市公司；②剔除没有公布政府补贴数据的公司；③剔除涉及多个行业的综合性上市公司；④剔除没有公布R＆D投入、研发人员数据及没有公布企业资本化率情况的样本；⑤剔除没有持有金融性资产的公司；⑥剔除异常值。最终得到3451个样本公司。由于结构方程最佳样本量在200—500之间，数据量过大将影响结果准确性（Loehlin，1999；Hair, et.al., 2019）。因此，本书从3451 个样本中，随机选取 323 个样本进行结构方程的验证。

表10-4　各变量描述性分析表

变量	指标编号	平均数	标准差	偏斜度	峰度
资产收益率宽幅度(RS)	RS2	2.704	4.99	2.423	6.846
	RS3	10.094	8.325	0.461	2.683
货币政策（MP）	MP1	14.071	0.277	−0.705	2.976
	MP2	14.158	0.312	−0.459	2.302
	MP3	4.404	1.825	−0.495	1.528
	MP4	3.559	1.480	−0.109	1.349
财政支出政策（FP）	FP1	0.732	0.806	1.809	6.794
	FP2	2.252	9.014	1.472	6.563
	FP3	2.049	1.069	1.033	4.055
税收优惠政策（TP）	TP1	19.132	18.587	1.061	5.815
	TP2	5.766	7.989	1.919	6.023
	TP3	2.503	1.479	0.095	2.060
产业政策（IP）	IP1	1.264	1.263	0.069	1.699
	IP2	3.112	1.068	−0.131	2.436
	IP3	1.944	1.355	0.584	2.527
金融化（FIN）	FIN1	10.338	7.878	0.353	1.749
	FIN2	21.106	0.961	−0.106	4.635
	FIN3	12.435	6.765	−1.209	2.650
	FIN4	1.043	2.356	2.561	18.254
创新能力（INN）	INN1	5.267	1.031	0.321	3.156
	INN2	12.323	5.827	1.230	4.241
	INN3	17.711	0.824	0.144	2.161
	INN4	19.721	8.016	1.590	6.734
	INN5	20.149	15.165	0.633	2.153
僵尸化（Zombie）	Zombie1	0.504	0.138	−0.291	4.023
	Zombie 2	0.443	0.324	2.224	6.996
	Zombie 3	0.251	0.745	−1.074	4.302
	Zombie 4	1.239	0.158	0.953	5.844

通过统计软件对资产收益率宽幅度、货币政策、财政支出政策、税收优惠政策、产业政策、企业金融化、创新能力及僵尸化程度各观测变量进行分析，得到相关统计指标的描述性数据特征，分析数据的集中趋势、差异程度及数据分布的情况。借鉴Kline（2005）的研究成果，偏斜度（skew）绝对值小于2、峰度（kurtosis）绝对值小于7时，说明单变量符合正态分布。从表10-4的数据可以看出，金融化潜变量的观测变量FIN4偏斜度高于2，峰度高于7的临界值，说明该指标不符合正态分布，因此，后续研究中剔除该变量。资产收益率宽幅度RS2偏斜度稍高于2，峰度在7的合理区间内，仍然认为该指标可以接受。所选取的其余变量指标偏斜度绝对值均小于2，峰度绝对值均小于7，说明样本数据较为平稳，可以判断出各单变量样本数据基本符合正态分布。

三、探索性因子分析

为了验证所选取的观测变量指标能衡量和反映各潜变量，首先进行了探索性因子分析。采用AMOS软件测量各潜变量的单因子模型，根据各变量的标准化载荷系数及模型配适度验证选取的指标是否合适。

表10-5　各潜变量探索性因子分析结果

潜变量	观测变量	标准化载荷	S.E.	C.R.	P
货币政策 （MP）	MP1	0.935			
	MP2	0.887	0.046	23.113	***
	MP3	0.761	0.305	17.589	***
	MP4	0.675	0.276	14.431	***
财政支出政策 （FP）	FP1	0.884			
	FP2	0.861	0.586	18.604	***
	FP3	0.823	0.070	17.731	***
税收优惠政策 （TP）	TP1	0.929			
	TP2	0.825	0.020	18.913	***
	TP3	0.837	0.004	19.301	***
产业政策 （IP）	IP1	0.796			
	IP2	0.810	0.059	14.476	***
	IP3	0.853	0.077	14.889	***

（续表）

潜变量	观测变量	标准化载荷	S.E.	C.R.	P
金融化 （FIN）	FIN1	0.911			
	FIN2	0.720	0.006	16.123	***
	FIN3	0.632	0.045	13.983	***
创新能力 （INN）	INN1	0.858			
	INN2	0.841	0.339	16.375	***
	INN3	0.605	0.050	11.151	***
	INN4	0.745	0.466	14.435	***
	INN5	−0.067	1.014	−1.119	0.263
僵尸化 （Zombie）	Zombie1	0.497			
	Zombie2	0.597	4.427	6.466	***
	Zombie3	0.596	10.310	6.458	***
	Zombie4	0.731	0.249	6.734	***

1.货币政策潜变量的探索性因子分析

构建货币政策潜变量的单因子测量模型，并采用AMOS软件进行测量模型分析。如表10-5所示，除MP4指标的标准化载荷系数略低于0.7的标准值外，其余4个指标的标准化载荷系数均较高，说明4个指标均能较好地解释货币政策变量。

采用SPSS软件对单因子测量模型进行KMO值和Bartlett球形检验，得到KMO值为0.727，大于0.7的标准值。采用AMOS软件对单因子测量模型进行配适度检验，卡方值为3.673，自由度（DF）2，χ^2/DF值为1.837。按照温忠麟等（2004）的研究成果，χ^2/DF值的合理范围区间为1—3，说明模型拟合度较好。近似误差均方根（RMSEA）为0.051，SRMA为0.053，均达到小于0.08的合理区间；拟合优度指数（GFI）为0.996，调整后的拟合优度指数（AGFI）为1.001，比较拟合指数（CFI）为0.998，均达到大于0.9的理想水平，说明货币政策潜变量的单因子模型配适度良好。

2.财政支出政策潜变量的探索性因子分析

构建财政支出政策潜变量的单因子测量模型，并采用AMOS软件进行测量模型分析。如表10-5所示，3个指标的标准化载荷系数均大于0.7，说明3个指标均能较好地解释货币政策变量。由于AMOS软件无法测量三变量模型的配适度，因此，仅采用SPSS软件对单因子测量模型进行KMO值和Bartlett球形检验，得到KMO值为0.746，大于0.7，说明模型配适度较好。

3.税收优惠政策潜变量的探索性因子分析

构建税收优惠政策潜变量的单因子测量模型，并采用AMOS软件进行测量模型分析。如表10-5所示，3个指标的标准化载荷系数均大于0.7，说明3个指标均能较好地解释货币政策变量。由于AMOS软件无法测量三变量模型的配适度，因此，仅采用SPSS软件对单因子测量模型进行KMO值和Bartlett球形检验，得到KMO值为0.737，大于0.7，说明模型配适度较好。

4.产业政策潜变量的探索性因子分析

构建产业政策潜变量的单因子测量模型，并采用AMOS软件进行测量模型分析。如表10-5所示，3个指标的标准化载荷系数均大于0.7，说明3个指标均能较好地解释货币政策变量。采用SPSS软件对单因子测量模型进行KMO值和Bartlett球形检验，得到KMO值为0.734，大于0.7，说明模型配适度较好。

5.金融化潜变量的探索性因子分析

由于指标$FIN4$不符合正态分布。因此，删去$FIN4$指标后，选取$FIN1$—$FIN3$三个指标衡量企业投资行为。如表10-5所示，除$FIN3$指标的标准化载荷系数略小于0.7外，其余两个指标的标准化载荷系数均大于0.7，说明这3个指标均能较好地解释货币政策变量。剔除$FIN4$指标后，采用SPSS软件对单因子测量模型进行KMO值和Bartlett球形检验，得到KMO值为0.701，大于0.7，说明模型配适度较好。

6.创新能力潜变量的探索性因子分析

构建创新能力潜变量的单因子测量模型，并采用AMOS软件进行测量模型分析。如表10-5所示，$INN5$标准化载荷系数为-0.067，小于0.7的标准值，说明资本化率对创新能力的解释程度较低。因此，删去$INN5$指标，选取$INN1$—$INN4$四个指标衡量创新能力。

剔除$INN5$指标后，采用SPSS软件对单因子测量模型进行KMO值和Bartlett球形检验，得到KMO值为0.658，略微低于0.7，属于可接受范围。采用AMOS软件对单因子测量模型进行配适度检验，卡方值为2.720，自由度（DF）2，χ^2/DF值为1.360。按照温忠麟等（2004）的研究成果，χ^2/DF值的合理范围区间为1—3，说明模型拟合度较好。近似误差均方根（RMSEA）为0.033，SRMA为0.053，均达到小于0.08的合理区间；拟合优度指数（GFI）为0.996，调整后的拟合优度指数（AGFI）为1.001，比较拟合指数（CFI）为0.999，均达到大于0.9的理想水平，说明创新能力潜变量的单因子模型配适度良好。

7.企业僵尸化程度潜变量的探索性因子分析

构建企业僵尸化程度潜变量的单因子测量模型，并采用AMOS软件进行测量模型分析。如表10-5所示，*Zombie1*的标准化载荷系数较低。但是，采用SPSS软件对单因子测量模型进行KMO值和Bartlett球形检验后，得到KMO值为0.633，略微低于0.7，属于可接受范围。说明4个指标对企业僵尸化程度潜变量具有一定的解释能力。

采用AMOS软件对单因子测量模型进行配适度检验，卡方值为5.66，自由度（DF）2，χ^2/DF值为2.83。按照温忠麟等（2004）的研究成果，χ^2/DF值的合理范围区间为1—3，说明模型拟合度较好。近似误差均方根（RMSEA）为0.075，SRMA为0.076，均达到小于0.08的合理区间；拟合优度指数（GFI）为0.969，调整后的拟合优度指数（AGFI）为1.010，比较拟合指数（CFI）为0.980，均达到大于0.9的理想水平，说明企业僵尸化程度潜变量的单因子模型配适度良好。

四、信度及效度检验

在构建结构方程模型之前需要进行信度和效度检验，以验证样本数据的可靠性和有效性。

（一）信度分析

信度表示同一潜变量下的观测变量的相关性，主要是用于评价测量结果的可靠性、一致性和稳定性。一般包括个体信度和组合信度两部分检验。个体信度用于检验观测变量对潜变量的解释能力，一般以因子载荷量与题目信度系数（SMC）两个指标衡量。因子载荷量为潜变量到测量变量的标准化回归系数，因子载荷量越大，代表观测变量对潜变量的解释能力越强，指标值应超过0.6，小于0.95，并且达到显著性水平（Bagozzi, Yi, & PhillIPs, 1991）；题目信度是因子载荷量的平方，该数值应大于0.5，最低应大于0.36，说明该观测变量可以有效反映潜变量。组合信度包括Cronbach's α系数和组合信度系数（CR.）两个评价指标，用于评估每一个潜变量所包含所有观测变量是否存在内部一致性。Cronbach's α系数是指量表所有可能的项目得到的折半信度系数的平均值，通常Cronbach's α系数的值在0和1之间。如果α系数不超过0.6，一般认为内部一致信度不足；达到0.7—0.8时表示量表具有相当的信度；达到0.8—0.9时说明量表信度非常好。组合信度系数（C.R.）数值大于0.7时，说明潜变量具有可靠性（Bagozzi & Yi, 1988）。

如表10-6所示，所有观测变量均在1%的水平下显著。除了僵尸化潜变量中Zombie1和Zombie3两个观测变量的因子载荷量和题目信度SMC稍低一些外，其他观测变量的因子载荷量均大于0.6，小于0.95，题目信度SMC均大于0.36，说明大部分观测变量均能很好地解释潜变量，数据具有可信性。

从组合信度角度分析，两个资产收益率宽幅度RS只有一个观测变量，无法计算Cronbach'Sα系数。其余7个潜变量货币政策、财政支出政策、税收优惠政策、产业政策、企业金融化、创新能力及僵尸化程度的Cronbach's α系数分别为0.725、0.657、0.616、0.855、0.659、0.627、0.513，除了僵尸化程度潜变量的系数略低于0.6外，其他潜变量的Cronbach's α系数均大于0.6的标准值。货币政策、财政支出政策、税收优惠政策、产业政策、企业金融化、创新能力6个潜变量的组合信度（C.R.）均大于0.7。只有僵尸化程度潜变量的组合信度（C.R.）稍低于0.7，但是处于可接受的范围，说明潜变量具有较高的可靠性，可信度较高。

表10-6　模型信度检验结果

题目		参数显著性估计				因子载荷量	题目信度 SMC	组合信度 C.R.	Cronbach's α 系数
		Unstd.	S.E.	t-value	P				
资产收益率宽幅度(RS2)		1.000				0.872	0.760	0.760	
资产收益率宽幅度(RS3)		1.000				0.859	0.738	0.738	
货币政策（MP）	MP1	1.000				0.932	0.869	0.890	0.725
	MP2	1.068	0.045	23.495	***	0.885	0.783		
	MP3	5.386	0.305	17.655	***	0.761	0.579		
	MP4	3.881	0.267	14.525	***	0.676	0.457		
财政政策（FP）	FP1	1.000				0.885	0.783	0.892	0.657
	FP2	10.884	0.586	18.587	***	0.861	0.741		
	FP3	1.233	0.070	17.703	***	0.822	0.676		
税收政策（TP）	TP1	1.000				0.919	0.845	0.900	0.616
	TP2	0.386	0.020	19.158	***	0.825	0.681		
	TP3	0.073	0.004	20.059	***	0.851	0.724		
产业政策（IP）	IP1	1.000				0.818	0.669	0.858	0.855
	IP2	0.839	0.056	14.900	***	0.810	0.656		
	IP3	1.085	0.072	15.094	***	0.825	0.681		

（续表）

题目		参数显著性估计				因子载荷量	题目信度	组合信度	Cronbach's α
		Unstd.	S.E.	t-value	P		SMC	C.R.	系数
金融化（FIN）	FIN1	1.000				0.916	0.839	0.802	0.659
	FIN2	0.096	0.007	13.682	***	0.708	0.501		
	FIN3	0.629	0.053	11.959	***	0.634	0.402		
创新能力（INN）	INN1	1.000				0.754	0.569	0.814	0.627
	INN2	5.156	0.447	11.546	***	0.676	0.457		
	INN3	0.771	0.061	12.549	***	0.734	0.539		
	INN4	7.485	0.604	12.390	***	0.725	0.526		
僵尸化（Zombie）	Zombie1	1.000				0.504	0.254	0.665	0.513
	Zombie2	26.091	4.081	6.392	***	0.555	0.308		
	Zombie3	64.696	9.793	6.607	***	0.592	0.350		
	Zombie4	1.451	0.211	6.878	***	0.651	0.424		

（二）效度分析

效度表示潜变量之间的区分性，包括收敛效度和区别效度两项。收敛效度代表潜变量对所有观测变量的综合解释能力，经常用平均萃取量（AVE）指标衡量。AVE计算潜变量的变异解释能力，即直接显示被潜变量所解释的变异量有多少是来自测量误差。AVE越高，表示测量样本有较高的信度和收敛效度。AVE值大于0.5时，说明收敛效度较好（Bagozzi，et.al.，1991）。表10-7第（1）列为各潜变量AVE值，如数据所示，除了企业僵尸化程度潜变量的AVE值稍低于0.5的标准外，其他潜变量的AVE均大于0.5，说明模型具有较好的收敛效度（Fornell & Larcker，1981）。

区别效度用于验证属于不同潜变量的观测变量之间是否存在显著差异。区别效度一般以AVE算术平方根值衡量，表示潜变量内部数据的相关系数。根据Fornell & Larcker（1981）的标准，如果AVE算术平方根大于潜变量之间相关系数绝对值，说明内部相关性要大于外部相关性，表示潜变量之间是有区别的，即区别效度高。如表10-7所示，第（2）列至第（10）列为8个潜变量的区别效度矩阵。每列对角线位置为该变量AVE指标的平方根，对角线下方的数值为两个不同潜变量的相关系数。可以看出，僵尸化程度AVE平方根略小于其与资产收益率宽幅度RS3、与创新能力的相关系数，创新能力AVE平方根略小于其与资产收益率宽幅度RS3的相关系数，其余每个潜变量AVE平方根均大于所在列下方及所在行左边数值的绝对值，说明各潜变量的内部相关性基本均大于外部相关性，模型区别效度较高。

表10-7　各潜变量区别效度矩阵

潜变量	（1） AVE	（2） 资产收益率宽幅度 （RS2）	（3） 资产收益率宽幅度 （RS3）	（4） 货币政策 （MP）	（5） 财政政策 （FP）	（6） 税收政策 （TP）	（7） 产业政策 （IP）	（8） 金融化 （FIN）	（9） 创新能力 （INN）	（10） 僵尸化 （Zombie）
资产收益率宽幅度（RS2）	0.760	0.872								
资产收益率宽幅度（RS3）	0.738	0.438	0.859							
货币政策（MP）	0.672	0.512	0.422	0.820						
财政政策（FP）	0.733	−0.033	−0.057	0.472	0.856					
税收政策（TP）	0.750	0.328	0.344	0.384	−0.487	0.866				
产业政策（IP）	0.669	−0.354	−0.303	0.102	0.327	−0.414	0.818			
金融化（FIN）	0.581	0.743	0.567	0.449	−0.038	0.309	−0.314	0.762		
创新能力（INN）	0.522	−0.668	−0.800	−0.466	0.049	−0.345	0.329	−0.657	0.722	
僵尸化（Zombie）	0.334	0.559	0.582	0.369	−0.037	0.267	−0.260	0.525	−0.585	0.578

采用AMOS软件对单因子测量模型进行配适度检验，卡方值为91.885，自由度（DF）81，χ^2 / DF值为1.134。按照温忠麟等（2004）的研究成果，χ^2 / DF值的合理范围区间为1—3，说明模型拟合度较好。近似误差均方根（RMSEA）为0.017，SRMA为0.023，均达到小于0.08的合理区间；拟合优度指数（GFI）为0.987，调整后的拟合优度指数（AGFI）为0.975，比较拟合指数（CFI）为0.998，基准拟合指数（NFI）为0.987，增量拟合指数（IFI）为0.998，Tucker-Lewis系数（TLI）为0.997，均达到大于0.9的理想水平，说明模型配适度良好。

五、宏观经济政策与调控资产收益率宽幅度的结果检验

通过探索性因子分析选取确定了观测变量，通过验证性因子分析检验了样本数据具有较好的信度和效度，并且模型不存在多重共线性问题。因此，选取的样本符合结构方程模型的构建条件。本书进一步运用AMOS24.0软件，进行结构模型分析并检验假设。

（一）模型配适度检验

图10-2显示了基于结构方程的宏观经济政策对资产收益率宽幅度影响的模型图。模型的配适度如表10-8所示。Bollen-Stine卡方值为95.73，自由度（DF）82，χ^2 / DF值为1.167。按照温忠麟等（2004）的研究成果，χ^2 / DF值的合理范围区间为1—3，说明模型拟合度较好。近似误差均方根（RMSEA）为0.019，SRMA为0.056，均达到小于0.08的合理区间；拟合优度指数（GFI）为0.986，调整后的拟合优度指数（AGFI）为0.975，比较拟合指数（CFI）为0.998，基准拟合指数（NFI）为0.998，增量拟合指数（IFI）为0.998，Tucker-Lewis系数（TLI）为0.997，均达到大于0.9的理想水平，说明模型配适度良好。

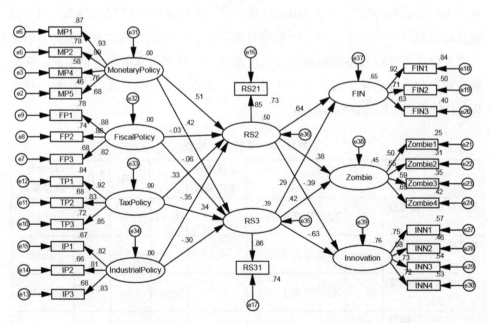

10-2　影响资产收益率宽幅度的宏观经济政策的结构模型图

表10-8　模型配适度指标

配适度指标	理想要求标准	模型配适度	配适度指标	理想要求标准	模型配适度
卡方 χ^2	越小越好	327.256	NFI	>0.9	0.946
自由度（DF）	越大越好	287.000	IFI	>0.9	0.993
χ^2 / DF	$1<\chi^2$ / DF<3	1.140	TLI(NNFI)	>0.9	0.992
GFI	>0.9	0.946	CFI	>0.9	0.993
AGFI	>0.9	0.931	IFI	>0.9	0.993
RMSEA	<0.08	0.021	Hoelter's N(CN)	>200	283.533
SRMA	<0.08	0.056			

（二）各路径显著性检验

依据各样本数据，通过AMOS软件计算各条路径的显著性，以判断"宏观经济政策——资产收益率宽幅度——经济运行"路径是否成立。

（1）各宏观经济政策对资产收益率宽幅度的影响结果检验。表10-9中的前8行为货币政策、财政支出政策、税收优惠政策及产业政策对两个资产收益率宽幅度指标影响路径的检验结果。如表10-9所示，货币政策宽松度对两个资产收益率宽幅度影响的P值均小于0.01，标准化路径系数分别为0.512和0.422。货币政策宽松度对资产收益率宽幅度的影响显著为正，说明宽松的货币政策显著推动了微观企业资产收益率宽幅度的升高。宽松货币政策刺激资产价格上涨，对金融性资产收益率的推动效应要高于对实体经济的推动效应，导致资产收益率宽幅度持续上涨。假设H10-4a成立。

表10-9　各路径系数表

路径			非标准化路径系数	S.E.	C.R.	P	标准化路径系数
资产收益率宽幅度（RS2）	<---	货币政策（MP）	7.223	0.774	9.327	***	0.512
资产收益率宽幅度（RS2）	<---	财政政策（FP）	−0.17	0.273	−0.623	0.533	−0.033
资产收益率宽幅度（RS2）	<---	税收政策（TP）	0.07	0.012	6.04	***	0.328
资产收益率宽幅度（RS2）	<---	产业政策（IP）	−1.251	0.202	−6.205	***	−0.354
资产收益率宽幅度（RS3）	<---	货币政策（MP）	10.793	1.46	7.394	***	0.422

（续表）

路径			非标准化路径系数	S.E.	C.R.	P	标准化路径系数
资产收益率宽幅度（RS3）	<---	财政政策（FP）	−0.531	0.522	−1.017	0.309	−0.057
资产收益率宽幅度（RS3）	<---	税收政策（TP）	0.133	0.022	6.034	***	0.344
资产收益率宽幅度（RS3）	<---	产业政策（IP）	−1.938	0.38	−5.106	***	−0.303
金融化（FIN）	<---	资产收益率宽幅度（RS2）	1.144	0.114	10.003	***	0.641
僵尸化（Zombie）	<---	资产收益率宽幅度（RS2）	0.007	0.002	4.175	***	0.376
创新能力（INN）	<---	资产收益率宽幅度（RS2）	−0.078	0.013	−6.218	***	−0.393
金融化（FIN）	<---	资产收益率宽幅度（RS3）	0.281	0.06	4.695	***	0.286
僵尸化（Zombie）	<---	资产收益率宽幅度（RS3）	0.004	0.001	4.518	***	0.418
创新能力（INN）	<---	资产收益率宽幅度（RS3）	−0.069	0.008	−9.108	***	−0.627

　　财政支出政策对两个资产收益率宽幅度影响的P值均大于0.1，说明政府直接补贴不能显著影响资产收益率宽幅度。假设H10-5b成立。由于政府将资金补贴给企业后，对资金的流向和使用缺乏有效及时的监督，无法监控企业将资金投入生产过程或者科技创新领域。而企业受金融性资产高额收益的影响，有可能将部分资金投入金融或者房地产领域以获取短期高额回报。因此，财政支出政策不一定能促进企业主业盈利能力的提高，对资产收益率宽幅度没有显著影响。

　　税收优惠政策对两个资产收益率宽幅度影响的P值均小于0.01，标准化路径系数分别为0.328和0.344。由于税收政策潜变量以企业实际承担的税负衡量，与企业享受的税收优惠负相关，该潜变量数值越高说明企业没有享受税收优惠或者税收优惠程度较低。因此，根据模型检验结果可以看出，税收优惠政策能有效降低企业的资产收益率宽幅度，假设H10-6成立。对实体企业的税收优惠能够降低企业的生产成本，提高主业盈利能力，降低企业的资产收益率宽幅度。

　　产业政策对两个资产收益率宽幅度影响的P值均小于0.01，标准化路径系数分别为-0.354和-0.303，说明产业政策能够有效降低企业的资产收益率宽幅度，假设H10-7a成立。政府对企业所在行业的扶持可以为企业配置更多的资源要素，从而增加企业主业盈利能力。另外，政府对某行业的态度可以改变企业对该行业发展前景的预期，从而影响企业的投资行为。因此，政府产业政策对企业所在行业越支持，越有利于企业资产收益率宽幅度的降低。

（2）资产收益率宽幅度对微观企业的影响结果检验。表10-9中后6行为两个资产收益率宽幅度对微观企业金融化程度、创新能力及僵尸化程度的影响路径检验结果。资产收益率宽幅度指标对企业金融化影响的P值均小于0.01，RS2和RS3对金融化影响的标准化路径系数分别为0.641和0.286，说明两个资产收益率宽幅度均能显著加重企业金融化程度，吸引企业将大量资金投入金融性资产。进一步分析RS2和RS3对金融化的影响程度差异，可以看出RS2的标准化路径系数更大，说明RS2对企业金融化的影响程度更高。不同于RS3衡量的是所有金融性资产的收益率，RS2衡量的是房地产投资收益与企业生产经营收益的差额。我国近年来商品房价格快速上涨后保持稳定，房地产市场波动性较小，导致投资性房地产具有高收益、低风险的特征，对企业资金的吸引力更大。因此，根据投资性房地产收益核算的资产收益率宽幅度对企业金融化的影响程度更高。

资产收益率宽幅度指标RS2、RS3对企业创新能力影响的P值均小于0.01，RS2和RS3对创新能力影响的标准化路径系数分别为-0.393和-0.627。说明两个资产收益率宽幅度均能显著降低企业的创新投入，导致企业创新能力下降。进一步分析RS2和RS3对创新能力的影响程度差异，可以看出RS3的标准化路径系数更大，说明RS3对企业创新能力的影响程度更高。科技创新活动具有不确定性大、风险较高的特点，因此，风险程度不是决定RS2和RS3对创新能力影响重要性的关键因素。由于近年来我国加大了对房地产市场的调控措施，导致房地产价格保持稳定，上涨空间较低。进而导致投资性房地产收益率逐渐小于金融性资产收益率，即RS2低于RS3。由于资本的逐利性，金融性资产的高收益率吸引企业将大量资产投入金融性资产，导致创新投入降低，创新能力下降。因此，RS3对企业创新能力的抑制效应更明显。

资产收益率宽幅度指标RS2、RS3对企业僵尸化程度影响的P值均小于0.01，RS2和RS3对僵尸化程度影响的标准化路径系数分别为0.376和0.418，说明两个资产收益率宽幅度均能显著增加企业的僵尸化程度。受金融性资产高收益率影响，企业将大量资产投入金融和房地产领域，逐渐偏离主业，实体经济脱实向虚严重。导致企业未来发展不确定性增加，僵尸化程度加重。进一步检验RS2和RS3对僵尸化程度的影响程度差异，可以看出RS3的标准化路径系数更大，说明RS3对企业僵尸化程度的影响程度更高。金融性资产收益波动性更大，投资风险高于房地产，因此，以金融性资产收益率衡量的资产收益率宽幅度对企业僵尸化程度的影响更强烈。

（三）各宏观经济政策对调控资产收益率宽幅度的重要性差异

依据结构方程模型中各路径系数，可以看出财政支出政策对资产收益率宽幅度的调控作用不明显。货币政策、税收优惠政策及产业政策可以有效调节微观企业资产收益率宽幅度的大小。那么，这三种政策在调控资产收益率宽幅度过程中的重要性是否存在差异呢？表10-10显示了3种宏观经济政策对资产收益率宽幅度的影响程度。

表10-10　各宏观经济政策对资产收益率宽幅度的调控程度

宏观经济政策	标准化路径系数	影响程度
对资产收益率宽幅度RS2的调控作用		
货币政策（MP）	0.512	42.881
税收优惠政策（TP）	0.328	27.471
产业政策（IP）	−0.354	29.648
合计	1.194	100.000
对资产收益率宽幅度RS3的调控作用		
货币政策（MP）	0.422	39.476
税收优惠政策（TP）	0.344	32.180
产业政策（IP）	−0.303	28.344
合计	1.069	100.000

通过表10-10可以看出，在对资产收益率宽幅度RS2影响中，货币政策对RS2影响的标准化路径系数为0.512，说明货币政策宽松度每增加1个标准差，RS2会增加0.512个标准差；税收优惠政策对RS2影响的标准化路径系数为0.328，说明实体企业税负每减少1个标准差，RS2会降低0.328个标准差；产业政策对RS2影响的标准化路径系数为−0.354，说明实体企业所在行业受到的政府扶持每增加1个标准差，RS2会降低0.354个标准差。不考虑宏观经济政策影响的方向性，仅考虑各宏观经济政策对RS2的影响程度，可以计算得出，货币政策对RS2的影响占3个宏观经济政策总影响的42.88%；税收优惠政策对RS2的影响

占3个宏观经济政策总影响的27.47%；产业政策对 *RS2* 的影响占3个宏观经济政策总影响的29.65%。因此，货币政策对 *RS2* 的影响最强烈。

在对资产收益率宽幅度 *RS3* 影响中，货币政策对 *RS3* 影响的标准化路径系数为0.422，说明货币政策宽松度每增加1个标准差，*RS3* 会增加0.422个标准差；税收优惠政策对 *RS3* 影响的标准化路径系数为0.344，说明实体企业税负每减少1个标准差，*RS3* 会降低0.344个标准差；产业政策对 *RS3* 影响的标准化路径系数为−0.303，说明实体企业所在行业受到的政府扶持每增加1个标准差，*RS3* 会降低0.303个标准差。不考虑宏观经济政策影响的方向性，仅考虑各宏观经济政策对 *RS3* 的影响程度，可以计算得出，货币政策对 *RS3* 的影响占3个宏观经济政策总影响的39.48%；税收优惠政策对 *RS3* 的影响占3个宏观经济政策总影响的32.18%；产业政策对 *RS3* 的影响占3个宏观经济政策总影响的28.34%。因此，货币政策对 *RS3* 的影响最强烈。

六、资产收益率宽幅度与宏观经济政策相机调控决策模型

为了便于在各条路径之间比较重要性程度，依据每条路径标准化之后的路径系数考核各宏观经济政策对资产收益率宽幅度的调控作用。标准化的路径系数反映每个经济政策措施变化1个标准差后，资产收益率宽幅度随之变动的标准差情况。但是构建调控投资性房地产收益率与实体企业经营性资产收益率之间的资产收益率宽幅度及金融性资产收益率与投资经营性资产收益率之间的资产收益率宽幅度的宏观经济政策相机决策模型时，需要考量每个经济政策措施变化导致资产收益率宽幅度变动的百分比。因此，需要根据结构方程模型的非标准化路径系数，反映每个经济政策措施对资产收益率宽幅度的影响程度以构建相机决策模型。

对投资性房地产收益率与实体企业经营性资产收益率之间的资产收益率宽幅度 *RS2* 而言，全国广义货币供应量 M2 对数（*MP1*）的非标准化载荷系数为1.00，货币政策（*Monetary Policy*）对资产收益率宽幅度（*RS2*）影响的路径系数为7.22，得到 *MP1* 对 *RS2* 的影响系数为7.22；同样，可以得到当年信贷规模的对数（*MP2*）、按当年商业银行1年期贷款利率平均值从大到小排序后的指数（*MP3*）及按当年法定存款准备金率的平均值从大到小排序后的指数（*MP4*）、各实体企业收到的财政补贴程度，即财政支出政策（*FP*）、各实体企业实际税负（*TP*）及受到产业政策扶持程度（*IP*）对资产收益率宽幅度 *RS2* 的影响程度分别为7.725、28.014、38.916、−0.17、0.07、−1.25；当年全国广义货币供应量 M2 的

对数（*MP1*）、当年信贷规模的对数（*MP2*）、按当年商业银行1年期贷款利率平均值从大到小排序后的指数（*MP3*）及按当年法定存款准备金率的平均值从大到小排序后的指数（*MP4*）、各实体企业受到的财政补贴程度，即财政支出政策（*FP*）、各实体企业实际税负（*TP*）及受到产业政策扶持程度（*IP*）对金融性资产收益率与投资经营性资产收益率之间的资产收益率宽幅度*RS3*的影响程度分别为7.79、8.335、30.225、41.988、−0.53、1.13、−1.94。最终，得到调控投资性房地产收益率与实体企业经营性资产收益率之间资产收益率宽幅度的宏观经济政策相机决策模型（10−3）及调控金融性资产收益率与投资经营性资产收益率之间资产收益率宽幅度的宏观经济政策相机决策模型（10−4）：

$$RS2 = 7.22 \times MP1 + 7.725 \times MP2 + 28.014 \times MP3 + 38.916 \times MP4 - 0.17 \times FP +$$

$$0.07 \times TP - 1.25 \times IP \tag{10—3}$$

$$RS3 = 7.79 \times MP1 + 8.335 \times MP2 + 30.225 \times MP3 + 41.988 \times MP4 -$$

$$0.53 \times FP + 1.13 \times TP - 1.94 \times IP \tag{10—4}$$

根据模型结果可以看出，M2和信贷规模越大，货币市场上流动的资金越宽裕，资产收益率宽幅度越大；存贷款利率、法定存款准备金率越低，资产收益率宽幅度越大；实体企业受到的财政补贴越多、实际税负越低（即税收优惠程度越高），资产收益率宽幅度越小；越是受到产业政策扶持的企业，其资产收益率宽幅度越小。

第三节　虚拟经济行业与实体经济行业之间净资产收益率宽幅度的调控路径

虚拟经济行业净资产收益率与实体经济行业净资产收益率之间的资产收益率宽幅度现象表明本应以实体经济为基础、分享实体经济收益的虚拟经济，却运用杠杆获取了非正常超额收益，对实体经济存在抑制效应，导致实体经济脱实向虚状况日益严重。本书从宏观政策角度，研究运用何种政策工具与政策工具组合调控实体经济与虚拟经济之间净资产收益率宽幅度。综合利用货币政策、财税政策与产业政策等政策逐步收窄资产收益率宽幅度，推动实体经济逐步繁荣，是稳增长、调结构、防风险的基本路径。

一、宏观经济政策与资产收益率宽幅度之间的逻辑关系

货币政策是各国政府调控经济状况的重要手段之一。近年来，货币政策对微观企业和不同行业的影响也成为国内学者广泛关注的问题（祝继高、陆正飞，2009；饶品贵、姜国华，2011；杜勇等，2017）。

（一）货币政策与资产收益率宽幅度的逻辑关系

刺激性货币政策是不同类型资产之间资产收益率宽幅度持续拉大的原因。刺激性货币政策导致市场上货币流动性充裕，货币供应量大幅增加，金融机构能够提供更多的贷款业务，金融机构为获取资产价格上涨带来的高收益率，将扩大信贷规模，从而推动资产价格上涨，有利于金融行业收益率的提高；宽松货币政策刺激资产价格大幅上涨，尤其是商品房价格的快速上涨，导致房地产业成为公认的"暴利"行业（宋军、陆旸，2015）。金融业和房地产行业的高收益率使虚拟经济行业与实体经济行业之间的资产收益率宽幅度持续拉大。宽松货币政策时期，投资者对未来收益的预期较乐观，投机心理增强（杜勇等，2016），导致企业投机炒作行为增加。而金融业和房地产业的高收益率吸引投资者将大量资金投入虚拟经济行业，进一步推动金融产品和房地产价格的持续上涨，导致虚拟经济行业收益率持续上升。反之，在货币紧缩时期，企业面临的不确定性更高（饶品贵、姜国华，2011），管理者投资决策将更加谨慎稳健，投机炒作行为将大量减少；最后，宽松货币政策虽然推动货币供应量增加，但是虚拟经济行业的高收益率导致实体企业将大量新筹措到的资金继续投入虚拟经济行业，实体经济投资率并未大幅上升，实体经济金融化现象严重。从而，央行释放的资金并未全部进入实业投资，大量资金在金融领域循环（张思成、张步昙，2016）。宽松货币政策对实业投资的刺激效应较弱，无法促进实体企业收益率的增加。因此，提出假设H10-8a：

H10-8a：宽松货币政策导致不同行业间的资产收益率宽幅度上升。

然而，宽松货币政策也可能有利于收窄不同行业之间的资产收益率宽幅度。首先，宽松货币政策导致货币供应量增加，实体企业更容易获得货币资金，面临的融资约束程度较低（靳庆鲁等，2012）。企业可支配的资金增多，可以促进企业招揽更多的高素质人才，增加设备升级改造的投入、将更多的资源投入技术创新等活动，从而促进实体企业经营业绩的提高，收益率的上升，有利于收窄虚拟

经济行业和实体经济行业之间的资产收益率宽幅度。其次，宽松货币政策下，存贷款利率下降，企业贷款成本随之降低。实体企业可以较低的筹资成本取得资金进行生产经营，提高了实体企业的盈利空间和收益率。从而，有利于收窄虚拟经济行业和实体经济行业之间的资产收益率宽幅度。因此，提出假设H10-8b：

H10-8b：宽松货币政策有利于收窄不同行业间的资产收益率宽幅度。

（二）财政支出政策与资产收益率宽幅度的逻辑关系

通过前文分析，实体经济行业补贴的扩张性财政支出政策可能会从两个方面影响实体企业的业绩和盈利能力，进而影响虚拟经济行业与实体经济行业之间的资产收益率宽幅度。

首先，实体经济行业补贴的扩张性财政支出政策有利于促进实体经济行业盈利能力提高，收窄不同行业之间的资产收益率宽幅度。对实体经济行业的财政补贴可以促进实体企业业绩提高，增大利润空间；有利于缓解实体企业的融资约束，促进企业增加实业投资；部分专项补贴还有利于分担企业创新活动的风险，促进企业增加创新投入，提高实体经济行业的技术水平，保证实体经济行业的高质量发展。从而提高实体经济行业的收益率，降低与虚拟经济行业的收益差距。因此，提出假设H10-9a：

H10-9a：对实体经济行业补贴的财政支出政策可以收窄不同行业之间的资产收益率宽幅度。

然而，由于缺乏对于财政补贴资金的有效监控，可能发生被补贴企业将资金挪用，转投高收益的金融性资产的情况。所以，也有部分学者认为政府补贴无法促进实体企业主业盈利能力的提高，甚至不当的政府补贴是阻碍实体产业发展的重要原因（杨晔等，2015）。因此，提出假设H10-9b：

H10-9b：财政支出政策对不同行业之间资产收益率宽幅度的调控作用有限。

（三）税收优惠政策与资产收益率宽幅度的逻辑关系

通过前文分析，税收政策可以有效调节不同行业之间的盈利空间，达到利润的重新再分配。首先，对实体经济行业的税收优惠可以降低实体企业的税收成本，提高实体经济行业的盈利空间；其次，税收优惠政策可以增加优惠企业的现金流量，缓解企业的融资约束，有利于企业增加实体投资；最后，税收优惠政策不会降低政府相关部门对补贴资金的监督程度，从而使税收优惠政策成为最有效的财政政策工具（付文林、赵永辉，2014）。因此，提出假设H10-10：

H10-10：对实体经济行业的税收优惠政策可以收窄不同行业之间的资产收

益率宽幅度。

（四）产业政策与资产收益率宽幅度的逻辑关系

支持实体经济行业的产业政策可以帮助实体企业获得更多的要素资源，提高企业的经营绩效；金融机构受到政策影响也会倾向为实体企业提供更多贷款，缓解企业的融资约束；最为重要的是，产业政策会影响投资者对行业未来发展的判断（姜国华、饶品贵，2011），进而影响企业的行为决策，有利于实体企业回归主业，社会资源流入实体经济。从而，促进实体经济行业的盈利提高及快速发展。因此，提出假设H10-11：

H10-11：产业政策可以收窄不同行业之间的资产收益率宽幅度。

二、宏观经济政策与调控资产收益率宽幅度多元回归模型的构建

为了验证各宏观经济政策对虚拟经济行业与实体经济行业之间的资产收益率宽幅度的调控作用，进一步构建了多元回归模型进行检验，并检验假设H10-8至H10-11是否成立。

（一）变量选取

首先选取并确定了衡量指标对货币政策、财政支出政策、税收优惠政策以及产业政策进行度量。

（1）资产收益率宽幅度指标设定。构建虚拟经济行业与实体经济行业之间的资产收益率宽幅度，用$RS4$表示。$RS4_{i,t}$表示第t年第i个实体经济行业的资产收益率宽幅度，以第t年虚拟经济行业中各企业ROE的平均值减去第t年第i个实体经济行业中各企业ROE平均值的差额衡量。具体计算和指标界定与本书第三章所述相同。

（2）货币政策的度量指标。从4个方面衡量货币政策的宽松度，具体包括当年全国广义货币供应量M2的对数（$M2$）、当年信贷规模的对数（CS）、当年商业银行1年期存款利率平均值（$Interest$）及当年法定存款准备金率的平均值（RRR）。

当实施宽松货币政策时，会增加市场货币供应量，$M2$数额上升；同时，会降低银行贷款利率及法定存款准备金率。由于市场货币供应量上升，同时资金贷款成本下降，因此，货币供应量及需求量均大幅上涨，将导致金融机构发放贷款数量上升，即信贷规模上升。因此，当年全国广义货币供应量M2的对数、当年信贷规模的对数（CS）两个指标越大，说明货币政策越宽松。然而，商业银行1年期存款利率（$Interest$）及法定存款准备金率与货币政策宽松度负相关，货币政策越宽松，贷款利率及法定存款准备金率越低。

（3）财政支出政策的度量指标。财政支出政策主要衡量实体经济行业享受

到政府补贴的程度，用Govern表示，反映每个实体经济行业每年平均收到的政府财政补贴额度。借鉴黎文靖、郑曼妮（2016）的成果，每个企业的财政补贴程度可以以实体企业当年享受的政府补贴数额占总资产比重衡量。实体经济行业的平均财政补贴额度Govern以该行业内所有企业的财政补贴程度的平均值表示。Govern越大，说明企业接受的政府补贴越多。

（4）税收优惠政策的度量指标。税收优惠政策主要衡量实体经济行业享受到的税收优惠程度，具体包括2个变量：Tax1和Tax2。Tax1先以企业当年所得税费用扣除递延所得税后的数额占总利润的比重衡量，反映企业当年实际承担的所得税税负；再将该行业内所有企业的所得税税率求平均值，得到该实体经济行业的平均所得税税负。Tax1越大，说明该行业所得税税负越高；借鉴王彦超等（2019）的研究成果，Tax2先以企业当年现金流量中显示的支付的税费总额与税费返还的差额除以当年营业收入得到，反映企业当年所承担的全部税负；再将该行业内所有企业的总税率求平均值，得到该实体经济行业的平均全税负。Tax2越大，说明该实体经济行业当年实际承担的全税负越高。

Tax1、Tax2两个指标均与该实体经济行业享受的税收优惠负相关。指标越大，说明行业实际税负越高，行业没有享受税收优惠或者优惠程度较低；指标越小，说明行业实际税负越低，行业受到的税收优惠程度越高。

（5）产业政策的度量指标。产业政策主要衡量实体经济行业是否享受到产业政策扶持，以IP（Industrial Policy）表示。借鉴陈冬华等（2010）、赵卿（2016）等学者的研究成果，以国家"十一五"至"十三五"有关产业政策的相关文件为对象，采用文本分析法，衡量政府对于某实体经济产业的态度。若相关政策对行业的描述出现"大力发展""积极发展""鼓励"等词语，说明企业所在行业属于未来重点扶持行业，IP取1；反之，IP取0。

（二）模型设定

为了检验各宏观经济政策对资产收益率宽幅度的影响，首先采用Hausman检验，验证应该采用固定效应回归；其次，考虑文本面板数据是大样本短时间形式，采用White检验验证数据存在异方差情况，因此采用稳健标准误Robust进行回归，最终建立基本模型（10-5）：

$$RS4_{i,t} = \beta_0 + \beta_1 M2 + \beta_2 CS + \beta_3 CS + \beta_4 RRR + \beta_5 Interest + \beta_6 Govern +$$
$$\beta_7 Tax1 + \beta_8 Tax2 + \beta_9 IP + \varepsilon \qquad (10-5)$$

表10-11 变量定义

变量名称	变量符号	计算方法
被解释变量	RS4	虚拟经济行业与实体经济行业之间的资产收益率宽幅度
解释变量	M2	货币供应量M2的对数
	CS	当年金融机构信贷规模的对数
	RRR	当年法定存款准备金率的平均值
	Interest	当年商业银行1年期存款利率的平均值
	Tax1	该实体经济行业各企业所得税税率的平均值
	Tax2	该实体经济行业各企业全税负的平均值
	Govern	该实体经济行业各企业享受的财政补贴占总资产比重的平均值
	IP	虚拟变量，该实体经济行业是否属于政府产业扶持行业

（三）研究样本的描述性分析

选择1998—2018年A股上市公司作为研究样本，剔除ST、*ST公司及数据不全的公司，将金融保险行业及房地产行业的企业作为样本Ⅰ，按年度将各企业的ROE求平均值，得到虚拟经济行业的收益率；将除金融保险行业和房地产行业之外的其他企业作为样本Ⅱ，以计算各年11个实体经济行业的收益率。按照证监会2001版的行业分类方法，将实体经济企业划分为农、林、牧、渔业，采掘业，制造业，电力煤气及水生产和供应业，建筑业，交通运输及仓储业，信息技术业，批发零售贸易业，社会服务业，传播与文化产业及综合类共11个行业，按年度、分行业计算各实体经济行业中各企业净资产收益率ROE的均值。以1998—2018年虚拟经济行业与11个实体经济行业收益率差额为被解释变量RS4，以1998—2018年货币政策及11个实体经济行业的财政补贴额度、税负水平、产业政策作为解释变量。考虑数据的准确性，删除行业中企业个数小于5家的样本及数据不全面的行业，最终得到190个研究样本。公司财务数据来源于国泰安数据库，宏观数据来源于国家统计局网站。

表10-12报告了各变量的描述性统计结果。虚拟经济行业与实体经济行业的资产收益率宽幅度平均值为18.73%，说明不同行业之间的收益率差异较大，我国虚拟经济收益率远高于实体经济行业，两个行业发展不平衡；货币供应量M2的对数平均值为13.36，信贷规模对数平均值为13.43，法定存款准备金率的平均值为1.74%，1年期存款利率平均值为2.45%，说明我国货币政策较宽松；实体经济行业平均所得税税率为8.67%，远低于25%的所得税税率；实体经济行业平均

全税负税率为17.04%，说明我国实体经济行业税率较低；实体经济行业平均享受的财政补贴占总资产的比重为0.79%，实体经济行业受到产业政策鼓励的虚拟变量平均值为0.57，说明一半以上的实体经济产业受到国家产业政策扶持。

表10-12 各变量描述性统计表

	样本量	平均值	中位数	标准差	最小值	最大值
RS4（%）	190	18.725	8.147	32.457	−7.190	106.509
M2	190	13.360	13.495	0.761	11.810	14.418
CS	190	13.437	13.599	0.796	11.801	14.562
RRR（%）	190	1.738	1.620	0.143	1.620	2.070
Interest（%）	190	2.446	2.250	0.685	1.500	3.938
Tax1(%)	190	8.671	8.518a	5.196	0	32.996
Tax2（%）	190	17.037	12.846	13.929	2.003	72.241
Govern(%)	190	0.789	0.155	4.638	0	33.79
IP	190	0.574	1	0.496	0	1

三、宏观经济政策与调控资产收益率宽幅度的结果检验

表10-13报告了宏观经济政策对不同行业资产收益率宽幅度影响的回归结果。第（1）列、第（2）列分别为固定效应和OLS的回归结果。实证结果显示，货币供应量 M2 的系数在1%的水平下显著为正，说明货币供应量的增加会导致不同行业之间的资产收益率宽幅度增大；信贷规模 CS 的系数在1%的水平下显著为正，说明信贷规模增加会显著拉大不同行业之间的资产收益率宽幅度；法定准备金率 RRR 及1年期存款利率 Interest 的系数均在1%的水平下显著为负，说明二者的上升将导致资产收益率宽幅度下降。综合4个变量的回归结果，可以看出宽松的货币政策将导致虚拟经济行业收益率上升，虚拟经济行业与实体经济行业资产收益率宽幅度持续拉大。所以，宽松货币政策是不同行业资产收益率宽幅度上升的重要原因，假设H10-8a成立。

实体经济行业享受的财政补贴 Govern 的系数显著为负，说明实体经济行业享受的财政补贴越高，实体经济行业的收益率越高，虚拟经济行业与实体经济行业的资产收益率宽幅度将持续下降。所以，扶持实体经济行业的财政支出政策将有利于收窄不同行业之间的资产收益率宽幅度，假设H10-9a成立。

实体经济行业的所得税税负Tax1的系数显著为正，说明实体经济行业的税负越高，实体经济行业的收益率越低，虚拟经济行业与实体经济行业之间的资

产收益率宽幅度将持续增大。所以，实体经济行业的税收优惠政策将有利于收窄不同行业之间的资产收益率宽幅度，假设H10-10成立。但是实体经济行业的全税负Tax2指标不显著。

实体经济行业是否享受产业政策扶持的虚拟变量IP的系数显著为负，说明政府对实体经济行业扶持力度越大，实体经济行业的收益率越高，虚拟经济行业与实体经济行业之间的资产收益率宽幅度将持续下降。从而，鼓励实体经济行业的产业政策将有利于收窄不同行业之间的资产收益率宽幅度，假设H10-11成立。

通过比较各宏观经济政策的系数大小，可以看出：首先，货币政策各变量对不同行业资产收益率宽幅度的影响系数较大，尤其是利率Interest、货币供应量M2与信贷规模CS这3个指标的回归系数最高。利率Interest每下降1个百分点，将导致不同行业之间的资产收益率宽幅度上升6.262个百分点；M2的对数每增加1个百分点，将导致不同行业之间的资产收益率宽幅度上升5.585个百分点；CS的对数每增加1个百分点，将导致不同行业之间的资产收益率宽幅度上升5.749个百分点。这说明货币政策对不同行业之间资产收益率宽幅度大小的调控作用最强烈。其次，实体经济行业的税收优惠政策对不同行业之间资产收益率宽幅度的影响小于货币政策的影响程度。最后，是产业政策对资产收益率宽幅度的影响低于税收优惠政策；对不同行业之间的资产收益率宽幅度影响程度最低的是财政支出政策，实体经济行业享受的财政补贴占总资产的比重每上升1个百分点，仅能使得不同行业之间的资产收益率宽幅度下降0.05个百分点。

表10-13 宏观经济政策对不同行业资产收益率宽幅度影响的回归结果

VARIABLES	(1)	(2)
	RS4	RS4
M2	5.585***	5.573***
	(0.477)	(0.460)
CS	5.749***	5.738***
	(0.467)	(0.452)
RRR	−2.277***	−2.423***
	(0.191)	(0.194)
Interest	−6.262***	−6.256***
	(0.454)	(0.420)

（续表）

VARIABLES	(1)	(2)
	RS4	RS4
Govern	−0.051*	−0.063**
	(0.026)	(0.025)
Tax1	1.111*	0.507*
	(0.573)	(0.300)
Tax2	−0.156	0.001
	(0.345)	(0.178)
IP	−0.226*	−0.203***
	(0.130)	(0.062)
Constant	−7.153***	−7.356***
	(0.854)	(0.868)
Observations	216	216
F	158.5***	181.4***
r2_a	0.760	0.765

四、调控资产收益率宽幅度的宏观经济政策相机决策模型

根据固定效应回归结果中各宏观经济政策对资产收益率宽幅度的影响程度，得到了调控虚拟经济行业高收益率与实体经济行业低收益率之间资产收益率宽幅度的宏观经济政策相机决策模型，结果如下（10-6）：

$$RS4 = 5.585 \times M2 + 5.749 \times CS - 2.277 \times RRR - 6.262 \times Interest +$$

$$1.111 \times Tax_1 - 0.156 \times Tax_2 - 0.226 \times IP - 7.153 \qquad （10—6）$$

其中，各宏观经济政策分别为当年全国广义货币供应量M2的对数、当年信贷规模的对数（CS）、当年商业银行1年期存款利率平均值（Interest）、当年法定存款准备金率的平均值（RRR）、实体经济行业的平均税负（Tax1、Tax2），以及行业是否属于产业政策扶持行业（IP）。可以看出M2和信贷规模CS越大，资产收益率宽幅度越大；存贷款利率Interest、法定存款准备金率越低，资产收益率宽幅度越大；实体经济行业实际税负越低（即税收优惠程度越高），资产收益率宽幅度越小；越能享受到产业政策扶持的行业，其资产收益率宽幅度越小。

第四节　本章小结

本书通过多元回归及结构方程的实证检验方法，验证了货币政策、财政政策、税收政策及产业政策等宏观经济政策对不同类型资产之间资产收益率宽幅度的调节路径与调控作用。刺激性货币政策是不同类型资产间资产收益率宽幅度的成因。在低利率与流动性充裕的刺激政策下，资产价格上涨，尤其是房地产价格大幅上涨，而存贷款的利率下降，形成了投资性房地产与货币性资产之间的资产收益率宽幅度持续拉大的经济现象，导致居民收入结构失衡、宏观经济波动；在微观企业中形成的投资性房地产与实体企业经营性资产之间资产收益率宽幅度，以及金融性资产与经营性资产之间的资产收益率宽幅度，改变了企业的投资、融资与经营行为，诱导企业金融化程度不断加深，抑制和挤出企业创新，造成企业僵尸化进程加快。资产价格的快速上涨也催生了虚拟经济行业与实体经济行业之间的净资产收益率宽幅度现象，加重了宏观经济运行风险与经济结构失衡。

本书进一步验证了综合利用财政政策、税收政策及产业政策等宏观经济政策对不同类型资产收益率宽幅度的调控效果。研究发现不同的宏观经济政策或政策工具组合对不同类型资产之间的资产收益率宽幅度具有显著的调控作用，可以有效收窄不同类型资产间的资产收益率宽幅度，为稳增长、调结构、防风险找到了基本路径，提供了选择政策工具的有效方法。通过实证检验，得到了调控资产收益率宽幅度的宏观经济政策相机决策模型，可以反映各宏观经济政策对4种资产收益率宽幅度的影响程度。各资产收益率宽幅度的决策模型如下（10-7）、（10-8）、（10-9）、（10-10）：

$$RS1 = 9.849 \times M2 + 9.055 \times CS - 2.892 \times RRR - 0.552 \times Tax_2 + 132.544 \qquad (10-7)$$

$$RS2 = 7.22 \times MP1 + 7.725 \times MP2 + 28.014 \times MP3 + 38.916 \times MP4 - 0.17 \times FP + 0.07 \times TP - 1.25 \times IP \qquad (10-8)$$

$$RS3 = 7.79 \times MP1 + 8.335 \times MP2 + 30.225 \times MP3 + 41.988 \times MP4 - 0.53 \times FP + 1.13 \times TP - 1.94 \times IP \qquad (10-9)$$

$$RS4 = 5.585 \times M2 + 5.749 \times CS - 2.277 \times RRR - 6.262 \times Interest + 1.111 \times Tax_1 - 0.226 \times IP - 7.153 \qquad (10-10)$$

其中，*RS1*—*RS4*分别代表投资性房地产与货币性资产之间的资产收益率宽幅度、投资性房地产收益率与实体企业经营性资产收益率之间的资产收益率宽幅度、金融性资产收益率与经营性资产收益率之间的资产收益率宽幅度及虚拟经济行业高收益率与实体经济行业低收益率之间的资产收益率宽幅度。公式（10–7）和公式（10–10）中，各解释变量分别为当年全国广义货币供应量*M2*的对数、当年信贷规模的对数（*CS*）、当年商业银行1年期存款利率平均值（*Interest*）、当年法定存款准备金率的平均值（*RRR*）、实体经济行业的平均税负（*Tax1*）、房地产行业的水平税负（*Tax2*）及行业是否属于产业政策扶持行业（*IP*）。可以看出，*M2*和信贷规模*CS*越大，资产收益率宽幅度越大；存贷款利率*Interest*、法定存款准备金率越低，资产收益率宽幅度越大；实体经济行业实际税负越低（即税收优惠程度越高），房地产行业实际税负越高，资产收益率宽幅度越小；越是受到产业政策扶持的行业，其资产收益率宽幅度越小。

公式（10–8）和公式（10–9）中，各解释变量分别为当年全国广义货币供应量*M2*的对数（*MP1*）、当年信贷规模的对数（*MP2*）、按当年商业银行1年期贷款利率平均值从大到小排序后的指数（*MP3*）及按当年法定存款准备金率的平均值从大到小排序后的指数（*MP4*）、各实体企业收到的财政补贴程度，即财政支出政策（*FP*）、各实体企业实际税负（*TP*）及受到产业政策扶持程度（*IP*）。可以看出，*M2*和信贷规模越大，货币市场上流动的资金越宽裕，资产收益率宽幅度越大；存贷款利率、法定存款准备金率越低，资产收益率宽幅度越大；实体企业收到的财政补贴越多、实际税负越低（即税收优惠程度越高），资产收益率宽幅度越小；越是受到产业政策扶持的企业，其资产收益率宽幅度越小。

由于资产收益率宽幅度是宏观经济政策调控的结果，同时也是微观企业金融化加剧、创新不足、僵尸化凸显，宏观经济波动和结构失衡的重要原因。因此，本书提出并验证了资产收益率宽幅度是宏观政策调控宏观经济形势及微观企业经营状况的中介变量，也是宏观调控政策影响宏、微观经济运行的重要传递路径。同时，资产收益率宽幅度也可以作为根据宏、微观经济运行状况观测宏观政策执行效果的窗口和平台，反映宏观经济政策执行效果，为确定下一期政策调控方向和调控程度提供依据。因此，资产收益率宽幅度可以作为稳增长、调结构、防风险政策工具选择的新方法和新依据。

第十一章　资产收益率宽幅度与
经济运行风险的预警检验

　　针对研究中所涉及的4种资产收益率宽幅度即投资性房地产收益率与货币性资产之间的资产收益率宽幅度、虚拟经济行业收益率与实体经济行业收益率之间的资产收益率宽幅度、投资性房地产收益率与实体企业经营性资产收益率之间的资产收益率宽幅度、实体企业投资金融性资产收益率与投资经营性资产收益率之间的资产收益率宽幅度，本章在对不同的资产收益率宽幅度构建资产收益率宽幅度指数的基础上，结合资产收益率宽幅度指数的变化计算资产收益率宽幅度预警区间的临界值，运用我国的历史数据确定我国各年度的资产收益率宽幅度预警状态。

第一节　资产收益率宽幅度预警临界值及预警区间的确定

　　本书利用3σ法确定资产收益率宽幅度预警临界值和预警区间。首先利用3σ法确定资产收益率宽幅度的预警阈值。利用本书第三章中所测度的资产收益率宽幅度，将指标的均值 μ 作为指标波动的中间值，$[\mu-0.5\sigma,\ \mu+0.5\sigma)$ 作为安全区的运行区间，即正常区；$[\mu-\sigma,\ \mu-0.5\sigma)$ 和 $[\mu+0.5\sigma,\ \mu+\sigma)$ 为低危区预警运行区间，即低危区；$[\mu-1.5\sigma,\ \mu-\sigma)$ 和 $[\mu+0.5\sigma,\ \mu+\sigma)$ 为中危区预警运行区间，即中危区；$[\mu-2\sigma,\ \mu-1.5\sigma)$ 和 $[\mu+\sigma,\ \mu+1.5\sigma)$ 为高危区预警运行区间，即高危区；$(-\infty,\ \mu-2\sigma)$ 和 $[\mu+2\sigma,\ +\infty)$ 为极危区预警运行区间，即极危区（顾六宝等，2017）。具体预警临界值和预警区间见表11-1。利用所确定的预警临界值和预警区间可以利用我国的历史数据对本书中所涉及的4种资产收益率宽幅度的资产收益率宽幅度预警区间进行检验，以确定不同时期的不同资产收益率宽幅度预警状态。

表11-1 资产收益率宽幅度预警临界值及预警区间的划分

预警状态	极危区		高危区		中危区		低危区		正常区	
预警区间	$-\infty$	$\mu-2\sigma$	$\mu-2\sigma$	$\mu-1.5\sigma$	$\mu-1.5\sigma$	$\mu-\sigma$	$\mu-\sigma$	$\mu-0.5\sigma$	$\mu-0.5\sigma$	$\mu+0.5\sigma$
	$\mu+2\sigma$	$+\infty$	$\mu+1.5\sigma$	$\mu+\sigma$	$\mu+0.5\sigma$	$\mu+\sigma$	$\mu+0.5\sigma$	$\mu+\sigma$		

一、投资性房地产与货币性资产的资产收益率宽幅度预警临界值及预警区间

利用3σ法，在确定投资性房地产与货币性资产的资产收益率宽幅度预警临界值之后，可以进一步确定预警区间。

（一）我国投资性房地产与货币性资产的资产收益率宽幅度年度预警临界值及预警区间

根据2000—2018年度我国投资性房地产与货币性资产的资产收益率宽幅度，表11-2分别报告了以2000—2018年、2000—2009年和2007—2018年为参考区间所计算预警临界值。2000—2018年，均值$\mu=6.126$，标准差$\sigma=6.495$；2000—2009年，均值$\mu=6.991$，标准差$\sigma=8.377$；2007—2018年，均值$\mu=6.399$，标准差$\sigma=7.266$。

表11-2 全国年度投资性房地产与货币性资产的资产收益率宽幅度预警临界值

预警临界值	μ	σ
2000—2018	6.126	6.495
2000—2009	6.991	8.377
2007—2018	6.399	7.266

表11-3报告了根据全国年度投资性房地产与货币性资产的资产收益率宽幅度预警临界值，利用3σ法所确定的全国年度投资性房地产与货币性资产的资产收益率宽幅度预警区间。以2000—2018年为参考区间，测算结果显示，我国年度投资性房地产与货币性资产的资产收益率宽幅度预警区间的正常区为［2.878,9.373），低危区间为［−0.369,2.878）和［9.373,12.260），中危区间为［−3.616,−0.369）和［12.620,15.868），高危区间为［−6.864,−3.616）和［15.868,19.115），极危区间为（−∞,−6.864）和［19.115,＋∞）；以2000—2009年为参考区间，测算结果显示，我国年度投资性房地产与货币性资产的资产收益率宽幅度预警区间的正常区为［2.803,11.180），低危区

间 为〔-1.385,2.803）和〔11.180,15.368），中危区间〔-5.573,-1.385）和〔15.368,19.556），高危区间为〔-9.762,-5.573）和〔19.556,23.745），极危区间为（-∞,-9.762）和〔23.745,+∞）；以2007—2018年为参考区间，测算结果显示，我国年度投资性房地产与货币性资产的资产收益率宽幅度预警区间的正常区为〔2.766,10.032），低危区间为〔-0.867,2.766）和〔10.032,13.665），中危区间为〔-4.501,-0.867）和〔13.665,17.299），高危区间为〔-8.134,-4.501）和〔17.299,20.932），极危区间为（-∞,-8.134）和〔20.932,+∞）。

表11-3　全国年度投资性房地产与货币性资产的资产收益率宽幅度预警区间

预警区间	极危区		高危区		中危区		低危区		正常区	
	$-\infty$	$\mu-2\sigma$	$\mu-2\sigma$	$\mu-1.5\sigma$	$\mu-1.5\sigma$	$\mu-\sigma$	$\mu-\sigma$	$\mu-0.5\sigma$	$\mu-0.5\sigma$	$\mu+0.5\sigma$
	$\mu+2\sigma$	$+\infty$	$\mu+\sigma$	$\mu+1.5\sigma$	$\mu+0.5\sigma$	$\mu+\sigma$	$\mu+0.5\sigma$	$\mu+\sigma$		
2000—2018	$-\infty$	-6.864	-6.864	-3.616	-3.616	-0.369	-0.369	2.878	2.878	9.373
	19.115	$+\infty$	15.868	19.115	12.620	15.868	9.373	12.620		
2000—2009	$-\infty$	-9.762	-9.762	-5.573	-5.573	-1.385	-1.385	2.803	2.803	11.180
	23.745	$+\infty$	19.556	23.745	15.368	19.556	11.180	15.368		
2007—2018	$-\infty$	-8.134	-8.134	-4.501	-4.501	-0.867	-0.867	2.766	2.766	10.032
	20.932	$+\infty$	17.299	20.932	13.665	17.299	10.032	13.665		

（二）我国投资性房地产与货币性资产月度预警临界值及预警区间

根据2005年7月至2017年12月我国投资性房地产与货币性资产的资产收益率宽幅度，表11-4报告了2005年7月至2017年12月月度投资性房地产与货币性资产的资产收益率宽幅度预警临界值，其中均值$\mu=0.364$，标准差$\sigma=0.554$。

表11-4　2005年7月至2017年12月我国月度投资性房地产与
货币性资产的资产收益率宽幅度预警临界值

预警临界值	μ	σ
2005年7月至2017年12月	0.364	0.554

表11-5报告了根据2005年7月至2017年12月我国投资性房地产与货币性资产的资产收益率宽幅度预警临界值，利用3σ法所确定的全国年度投资性房地

产与货币性资产的资产收益率宽幅度预警区间。以2005年7月至2017年12月为参考区间，测算结果显示，我国月度投资性房地产与货币性资产的资产收益率宽幅度预警区间的正常区为［2.878,9.373），低危区间为［-0.369,2.878）和［9.373,12.260），中危区间为［-3.616,-0.369）和［12.620,15.868），高危区间为［-6.864,-3.616）和［15.868,19.115），极危区间为（-∞,-6.864）和［19.115,+∞）；

表11-5　2005年7月至2017年12月我国月度投资性房地产与

货币性资产的资产收益率宽幅度预警区间

预警区间	极危区		高危区		中危区		低危区		正常区	
	$-\infty$	$\mu-2\sigma$	$\mu-2\sigma$	$\mu-1.5\sigma$	$\mu-1.5\sigma$	$\mu-\sigma$	$\mu-\sigma$	$\mu-0.5\sigma$	$\mu-0.5\sigma$	$\mu+0.5\sigma$
	$\mu+2\sigma$	$+\infty$	$\mu+\sigma$	$\mu+1.5\sigma$	$\mu+0.5\sigma$	$\mu+\sigma$	$\mu+0.5\sigma$	$\mu+\sigma$		
2005年7月至 2017年12月	$-\infty$	-6.864	-6.864	-3.616	-3.616	-0.369	-0.369	2.878	2.878	9.373
	19.115	$+\infty$	15.868	19.115	12.620	15.868	9.373	12.620		

二、投资性房地产与实体企业经营性资产的资产收益率宽幅度预警临界值及预警区间

利用3σ法，在确定投资性房地产与实体企业经营性资产的资产收益率宽幅度临界值之后，可以进一步确定预警区间。

（一）我国投资性房地产与实体企业经营性资产的资产收益率宽幅度预警临界值及预警区间

根据2007—2017年我国投资性房地产与实体企业经营性资产的资产收益率宽幅度，表11-6报告了以2007—2017年为参考区间计算的预警临界值。我国投资性房地产与实体企业经营性资产的资产收益率宽幅度RS1和RS2的预警临界值分别为：均值$\mu=6.309$，标准差$\sigma=5.134$；均值$\mu=4.637$，标准差$\sigma=5.473$。

表11-6　2007—2017年我国投资性房地产与

实体企业经营性资产的资产收益率宽幅度预警临界值

预警临界值	μ	σ
RS1	6.309	5.134
RS2	4.637	5.473

表11-7报告了根据我国2007—2017年投资性房地产与实体企业经营性资产的资产收益率宽幅度预警临界值，利用3σ法所确定的我国投资性房地产与实体企业经营性资产的资产收益率宽幅度预警区间。以2007—2017年为参考区间，测算结果显示，我国投资性房地产与实体企业经营性资产的资产收益率宽幅度RS1预警的正常区间分别为［3.742,8.876），低危区间为［1.175,3.742）和［8.876,11.444），中危区间为［−1.392,1.175）和［11.444,14.011），高危区间为［−3.959,−1.392）和［14.011,16.578），极危区间为（−∞,−3.959）和［16.578,+∞）；我国投资性房地产与实体企业经营性资产的资产收益率宽幅度RS2预警的正常区间分别为［1.900,7.373），低危区间为［−0.836,1.900）和［7.373,10.109），中危区间为［−3.572,−0.836）和［10.109,12.846），高危区间为［−6.309,−3.572）和［12.846,15.582），极危区间为（−∞,−6.309）和［15.582,+∞）；

表11-7　2007-2017年我国投资性房地产与
实体企业经营性资产的资产收益率宽幅度预警区间

预警区间	极危区		高危区		中危区		低危区		正常区	
	−∞	μ−2σ	μ−2σ	μ−−1.5σ	μ−1.5σ	μ−σ	μ−σ	μ−0.5σ	μ−0.5σ	μ+0.5σ
	μ+2σ	+∞	μ+σ	μ+1.5σ	μ+0.5σ	μ+σ	μ+0.5σ	μ+σ		
RS1	−∞	−3.959	−3.959	−1.392	−1.392	1.175	1.175	3.742	3.742	8.876
	16.578	+∞	14.011	16.578	11.444	14.011	8.876	11.444		
RS2	−∞	−6.309	−6.309	−3.572	−3.572	−0.836	−0.836	1.900	1.900	7.373
	15.582	+∞	12.846	15.582	10.109	12.846	7.373	10.109		

（二）我国31省、自治区及直辖市投资性房地产与实体企业经营性资产的资产收益率宽幅度预警临界值及预警区间

根据2007—2017年我国31省、自治区及直辖市投资性房地产与实体企业经营性资产的资产收益率宽幅度，表11-8和11-9报告了2007—2017年我国31省、自治区及直辖市投资性房地产与实体企业经营性资产的资产收益率宽幅度预警临界值。

表11-8　2007—2017年我国31省、自治区及直辖市投资性房地产与

实体企业经营性资产的资产收益率宽幅度预警临界值（RS1）

预警临界值 省、 自治区 及直辖市	μ	σ	2σ
安徽	6.261	5.192	10.385
北京	10.867	13.311	26.622
福建	5.021	8.999	17.999
甘肃	9.845	11.329	22.659
广东	4.888	6.936	13.872
广西	8.124	5.243	10.486
贵州	3.606	8.001	16.002
海南	11.785	13.704	27.409
河北	9.260	5.198	10.396
河南	6.001	4.422	8.844
黑龙江	8.836	7.520	15.040
湖北	11.063	7.512	15.025
湖南	8.155	8.685	17.370
吉林	10.312	10.922	21.845
江苏	5.702	8.474	16.947
江西	7.964	9.677	19.355
辽宁	5.014	3.150	6.301
内蒙古	5.297	8.403	16.806
宁夏	9.928	7.303	14.607
青海	10.688	6.632	13.264
山东	5.029	5.094	10.187
山西	10.690	10.443	20.885
陕西	9.585	10.258	20.516
上海	8.149	14.850	29.700
四川	8.218	9.287	18.575
天津	9.781	11.177	22.355
西藏	12.084	17.638	35.275
新疆	7.869	5.216	10.432
云南	6.420	5.763	11.526
浙江	5.764	10.085	20.170
重庆	8.145	10.977	21.954

表11-9 2007—2017年我国31省、自治区及直辖市投资性房地产与

实体企业经营性资产的资产收益率宽幅度预警临界值（RS2）

省、自治区及直辖市 \ 预警临界值	μ	σ	2σ
安徽	5.440	5.252	10.505
北京	10.145	15.096	30.192
福建	3.314	7.529	15.059
甘肃	8.344	11.324	22.648
广东	3.419	6.851	13.702
广西	7.584	5.316	10.632
贵州	3.009	8.049	16.099
海南	9.709	14.758	29.516
河北	8.361	5.019	10.039
河南	5.191	4.305	8.610
黑龙江	7.738	7.591	15.182
湖北	6.377	7.120	14.241
湖南	7.317	8.673	17.347
吉林	5.115	23.500	47.000
江苏	0.590	18.600	37.200
江西	7.441	9.697	19.394
辽宁	3.283	2.812	5.623
内蒙古	4.402	7.454	14.908
宁夏	8.383	7.682	15.365
青海	7.421	6.750	13.500
山东	4.146	4.945	9.890
山西	8.993	11.201	22.402
陕西	8.338	10.237	20.474
上海	7.752	15.783	31.566
四川	5.205	6.157	12.314
天津	8.535	11.387	22.775
西藏	7.007	25.629	51.258
新疆	6.866	4.978	9.956
云南	6.049	5.936	11.873
浙江	4.834	9.820	19.639
重庆	7.294	10.786	21.572

表11-10和表11-11报告了根据2007—2017年我国31省、自治区及直辖市投资性房地产与实体企业经营性资产的资产收益率宽幅度预警临界值，利用3σ法所确定的2007—2017年我国31省、自治区及直辖市投资性房地产与实体企业经营性资产的资产收益率宽幅度预警区间。

表11-10 2007年—2017年我国31省、自治区及直辖市投资性房地产与实体企业经营性资产的资产收益率宽幅度预警区间（RS1）

预警临界值 省、自治区及直辖市	极危区		高危区		中危区		低危区		正常区	
	$-\infty$ $\mu+2\sigma$	$\mu-2\sigma$ $+\infty$	$\mu-2\sigma$ $\mu+\sigma$	$\mu-1.5\sigma$ $\mu+1.5\sigma$	$\mu-1.5\sigma$ $\mu+0.5\sigma$	$\mu-\sigma$ $\mu+\sigma$	$\mu-\sigma$ $\mu+0.5\sigma$	$\mu-0.5\sigma$ $\mu+\sigma$	$\mu-0.5\sigma$	$\mu+0.5\sigma$
安徽	$-\infty$	-4.124	-4.124	-1.528	-1.528	1.069	1.069	3.665	3.665	8.857
	16.646	$+\infty$	14.050	16.646	11.454	14.050	8.857	11.454		
北京	$-\infty$	-15.755	-15.755	-9.100	-9.100	-2.444	-2.444	4.211	4.211	17.522
	37.489	$+\infty$	30.833	37.489	24.178	30.833	17.522	24.178		
福建	$-\infty$	-12.977	-12.977	-8.478	-8.478	-3.978	-3.978	0.522	0.522	9.521
	23.020	$+\infty$	18.521	23.020	14.021	18.521	9.521	14.021		
甘肃	$-\infty$	-12.814	-12.814	-7.149	-7.149	-1.484	-1.484	4.181	4.181	15.510
	32.504	$+\infty$	26.839	32.504	21.175	26.839	15.510	21.175		
广东	$-\infty$	-8.983	-8.983	-5.515	-5.515	-2.048	-2.048	1.420	1.420	8.356
	18.760	$+\infty$	15.292	18.760	11.824	15.292	8.356	11.824		
广西	$-\infty$	-2.361	-2.361	0.260	0.260	2.882	2.882	5.503	5.503	10.746
	18.610	$+\infty$	15.989	18.610	13.367	15.989	10.746	13.367		
贵州	$-\infty$	-12.396	-12.396	-8.395	-8.395	-4.395	-4.395	-0.394	-0.394	7.606
	19.608	$+\infty$	15.607	19.608	11.607	15.607	7.606	11.607		
海南	$-\infty$	-15.624	-15.624	-8.772	-8.772	-1.919	-1.919	4.933	4.933	18.637
	39.194	$+\infty$	32.342	39.194	25.490	32.342	18.637	25.490		
河北	$-\infty$	-1.137	-1.137	1.462	1.462	4.061	4.061	6.661	6.661	11.859
	19.656	$++\infty$	17.057	19.656	14.458	17.057	11.859	14.458		
河南	$-\infty$	-2.842	-2.842	-0.631	-0.631	1.580	1.580	3.791	3.791	8.212
	14.845	$+\infty$	12.634	14.845	10.423	12.634	8.212	10.423		
黑龙江	$-\infty$	-6.203	-6.203	-2.444	-2.444	1.316	1.316	5.076	5.076	12.596
	23.876	$+\infty$	20.116	23.876	16.356	20.116	12.596	16.356		
湖北	$-\infty$	-3.962	-3.962	-0.205	-0.205	3.551	3.551	7.307	7.307	14.820
	26.088	$+\infty$	22.332	26.088	18.576	22.332	14.820	18.576		
湖南	$-\infty$	-9.215	-9.215	-4.873	-4.873	-0.530	-0.530	3.812	3.812	12.497
	25.524	$+\infty$	21.182	25.524	16.840	21.182	12.497	16.840		
吉林	$-\infty$	-11.533	-11.533	-6.072	-6.072	-0.611	-0.611	4.851	4.851	15.773
	32.157	$+\infty$	26.696	32.157	21.234	26.696	15.773	21.234		

（续表）

预警临界值 省、自治区及直辖市	极危区		高危区		中危区		低危区		正常区	
	$-\infty$ $\mu+2\sigma$	$\mu-2\sigma$ $+\infty$	$\mu-2\sigma$ $\mu+\sigma$	$\mu-1.5\sigma$ $\mu+1.5\sigma$	$\mu-1.5\sigma$ $\mu+0.5\sigma$	$\mu-\sigma$ $\mu+\sigma$	$\mu-\sigma$ $\mu+0.5\sigma$	$\mu-0.5\sigma$ $\mu+\sigma$	$\mu-0.5\sigma$	$\mu+0.5\sigma$
江苏	$-\infty$	-11.246	-11.246	-7.009	-7.009	-2.772	-2.772	1.465	1.465	9.938
	22.649	$+\infty$	18.412	22.649	14.175	18.412	9.938	14.175		
江西	$-\infty$	-11.391	-11.391	-6.552	-6.552	-1.714	-1.714	3.125	3.125	12.803
	27.319	$+\infty$	22.480	27.319	17.641	22.480	12.803	17.641		
辽宁	$-\infty$	-1.287	-1.287	0.288	0.288	1.863	1.863	3.439	3.439	6.589
	11.315	$+\infty$	9.740	11.315	8.164	9.740	6.589	8.164		
内蒙古	$-\infty$	-11.508	-11.508	-7.307	-7.307	-3.105	-3.105	1.096	1.096	9.499
	22.103	$+\infty$	17.902	22.103	13.700	17.902	9.499	13.700		
宁夏	$-\infty$	-4.679	-4.679	-1.027	-1.027	2.624	2.624	6.276	6.276	13.579
	24.534	$+\infty$	20.883	24.534	17.231	20.883	13.579	17.231		
青海	$-\infty$	-2.576	-2.576	0.740	0.740	4.056	4.056	7.372	7.372	14.004
	23.952	$+\infty$	20.636	23.952	17.320	20.636	14.004	17.320		
山东	$-\infty$	-5.158	-5.158	-2.611	-2.611	-0.065	-0.065	2.482	2.482	7.576
	15.217	$+\infty$	12.670	15.217	10.123	12.670	7.576	10.123		
山西	$-\infty$	-10.196	-10.196	-4.974	-4.974	0.247	0.247	5.469	5.469	15.911
	31.575	$+\infty$	26.354	31.575	21.133	26.354	15.911	21.133		
陕西	$-\infty$	-10.931	-10.931	-5.802	-5.802	-0.673	-0.673	4.456	4.456	14.714
	30.100	$+\infty$	24.971	30.100	19.843	24.971	14.714	19.843		
上海	$-\infty$	-21.551	-21.551	-14.126	-14.126	-6.701	-6.701	0.724	0.724	15.574
	37.849	$+\infty$	30.424	37.849	22.999	30.424	15.574	22.999		
四川	$-\infty$	-10.357	-10.357	-5.713	-5.713	-1.070	-1.070	3.574	3.574	12.861
	26.792	$+\infty$	22.149	26.792	17.505	22.149	12.861	17.505		
天津	$-\infty$	-12.574	-12.574	-6.986	-6.986	-1.397	-1.397	4.192	4.192	15.369
	32.136	$+\infty$	26.547	32.136	20.958	26.547	15.369	20.958		
西藏	$-\infty$	-23.191	-23.191	-14.373	-14.373	-5.554	-5.554	3.265	3.265	20.903
	47.359	$+\infty$	38.540	47.359	29.721	38.540	20.903	29.721		
新疆	$-\infty$	-2.563	-2.563	0.045	0.045	2.653	2.653	5.261	5.261	10.477
	18.301	$+\infty$	15.693	18.301	13.085	15.693	10.477	13.085		
云南	$-\infty$	-5.106	-5.106	-2.225	-2.225	0.657	0.657	3.538	3.538	9.301
	17.946	$+\infty$	15.064	17.946	12.183	15.064	9.301	12.183		
浙江	$-\infty$	-14.406	-14.406	-9.364	-9.364	-4.321	-4.321	0.722	0.722	10.807
	25.935	$+\infty$	20.892	25.935	15.849	20.892	10.807	15.849		
重庆	$-\infty$	-13.808	-13.808	-8.320	-8.320	-2.831	-2.831	2.657	2.657	13.634
	30.099	$+\infty$	24.611	30.099	19.122	24.611	13.634	19.122		

表11-11 2007年—2017年我国31省、自治区及直辖市投资性房地产与实体企业经营性资产的资产收益率宽幅度预警区间（RS2）

预警临界值 省、自治区及直辖市	极危区		高危区		中危区		低危区		正常区	
	$-\infty$	$\mu-2\sigma$	$\mu-2\sigma$	$\mu-1.5\sigma$	$\mu-1.5\sigma$	$\mu-\sigma$	$\mu-\sigma$	$\mu-0.5\sigma$	$\mu-0.5\sigma$	$\mu+0.5\sigma$
	$\mu+2\sigma$	$+\infty$	$\mu+\sigma$	$\mu+1.5\sigma$	$\mu+0.5\sigma$	$\mu+\sigma$	$\mu+0.5\sigma$	$\mu+\sigma$		
安徽	$-\infty$	−5.065	−5.065	−2.439	−2.439	0.188	0.188	2.814	2.814	8.066
	15.944	$+\infty$	13.318	15.944	10.692	13.318	8.066	10.692		
北京	$-\infty$	−20.047	−20.047	−12.499	−12.499	−4.951	−4.951	2.597	2.597	17.693
	40.337	$+\infty$	32.789	40.337	25.241	32.789	17.693	25.241		
福建	$-\infty$	−11.744	−11.744	−7.980	−7.980	−4.215	−4.215	−0.450	−0.450	7.079
	18.373	$+\infty$	14.608	18.373	10.844	14.608	7.079	10.844		
甘肃	$-\infty$	−14.304	−14.304	−8.642	−8.642	−2.980	−2.980	2.682	2.682	14.006
	25.330	$+\infty$	30.992	19.668	25.330	14.006	19.668	∞		
广东	$-\infty$	−10.283	−10.283	−6.857	−6.857	−3.432	−3.432	−0.007	−0.007	6.844
	17.121	$+\infty$	13.695	17.121	10.270	13.695	6.844	10.270		
广西	$-\infty$	−3.048	−3.048	−0.390	−0.390	2.268	2.268	4.926	4.926	10.242
	18.216	$+\infty$	15.558	18.216	12.900	15.558	10.242	12.900		
贵州	$-\infty$	−13.090	−13.090	−9.066	−9.066	−5.041	−5.041	−1.016	−1.016	7.033
	19.107	$+\infty$	15.083	19.107	11.058	15.083	7.033	11.058		
海南	$-\infty$	−19.807	−19.807	−12.428	−12.428	−5.049	−5.049	2.330	2.330	17.088
	39.225	$+\infty$	31.846	39.225	24.467	31.846	17.088	24.467		
河北	$-\infty$	−1.678	−1.678	0.832	0.832	3.342	3.342	5.851	5.851	10.871
	18.400	$+\infty$	15.890	18.400	13.381	15.890	10.871	13.381		
河南	$-\infty$	−3.419	−3.419	−1.266	−1.266	0.886	0.886	3.039	3.039	7.343
	13.801	$+\infty$	11.648	13.801	9.496	11.648	7.343	9.496		
黑龙江	$-\infty$	−7.445	−7.445	−3.649	−3.649	0.147	0.147	3.942	3.942	11.533
	22.920	$+\infty$	19.125	22.920	15.329	19.125	11.533	15.329		
湖北	$-\infty$	−7.864	−7.864	−4.304	−4.304	−0.743	−0.743	2.817	2.817	9.937
	20.618	$+\infty$	17.057	20.618	13.497	17.057	9.937	13.497		
湖南	$-\infty$	−10.030	−10.030	−5.693	−5.693	−1.356	−1.356	2.980	2.980	11.654
	24.664	$+\infty$	20.327	24.664	15.990	20.327	11.654	15.990		
吉林	$-\infty$	−41.885	−41.885	−30.135	−30.135	−18.385	−18.385	−6.635	−6.635	16.865
	52.115	$+\infty$	40.365	52.115	28.615	40.365	16.865	28.615		
江苏	$-\infty$	−36.610	−36.610	−27.310	−27.310	−18.010	−18.010	−8.710	−8.710	9.890
	37.790	$+\infty$	28.490	37.790	19.190	28.490	9.890	19.190		

（续表）

预警临界值 省、自治区及直辖市	极危区		高危区		中危区		低危区		正常区	
	$-\infty$	$\mu-2\sigma$	$\mu-2\sigma$	$\mu-1.5\sigma$	$\mu-1.5\sigma$	$\mu-\sigma$	$\mu-\sigma$	$\mu-0.5\sigma$	$\mu-0.5\sigma$	$\mu+0.5\sigma$
	$\mu+2\sigma$	$+\infty$	$\mu+\sigma$	$\mu+1.5\sigma$	$\mu+0.5\sigma$	$\mu+\sigma$	$\mu+0.5\sigma$	$\mu+\sigma$		
江西	$-\infty$	−11.953	−11.953	−7.105	−7.105	−2.256	−2.256	2.592	2.592	12.289
	26.834	$+\infty$	21.986	26.834	17.138	21.986	12.289	17.138		
辽宁	$-\infty$	−2.340	−2.340	−0.935	−0.935	0.471	0.471	1.877	1.877	4.689
	8.906	$+\infty$	7.500	8.906	6.095	7.500	4.689	6.095		
内蒙古	$-\infty$	−10.505	−10.505	−6.778	−6.778	−3.051	−3.051	0.675	0.675	8.129
	19.310	$+\infty$	15.583	19.310	11.856	15.583	8.129	11.856		
宁夏	$-\infty$	−6.982	−6.982	−3.141	−3.141	0.700	0.700	4.542	4.542	12.224
	23.748	$+\infty$	19.906	23.748	16.065	19.906	12.224	16.065		
青海	$-\infty$	−6.079	−6.079	−2.704	−2.704	0.671	0.671	4.046	4.046	10.796
	20.922	$+\infty$	17.547	20.922	14.171	17.547	10.796	14.171		
山东	$-\infty$	−5.745	−5.745	−3.272	−3.272	−0.800	−0.800	1.673	1.673	6.618
	14.036	$+\infty$	11.563	14.036	9.091	11.563	6.618	9.091		
山西	$-\infty$	−13.409	−13.409	−7.809	−7.809	−2.208	−2.208	3.392	3.392	14.594
	31.396	$+\infty$	25.795	31.396	20.194	25.795	14.594	20.194		
陕西	$-\infty$	−12.136	−12.136	−7.017	−7.017	−1.899	−1.899	3.220	3.220	13.457
	28.812	$+\infty$	23.693	28.812	18.575	23.693	13.457	18.575		
上海	$-\infty$	−23.813	−23.813	−15.922	−15.922	−8.030	−8.030	−0.139	−0.139	15.644
	39.318	$+\infty$	31.427	39.318	23.535	31.427	15.644	23.535		
四川	$-\infty$	−7.109	−7.109	−4.031	−4.031	−0.952	−0.952	2.126	2.126	8.283
	17.519	$+\infty$	14.440	17.519	11.362	14.440	8.283	11.362		
天津	$-\infty$	−14.240	−14.240	−8.546	−8.546	−2.853	−2.853	2.841	2.841	14.228
	31.309	$+\infty$	25.616	31.309	19.922	25.616	14.228	19.922		
西藏	$-\infty$	−44.251	−44.251	−31.436	−31.436	−18.622	−18.622	−5.807	−5.807	19.822
	58.266	$+\infty$	45.451	58.266	32.636	45.451	19.822	32.636		
新疆	$-\infty$	−3.090	−3.090	−0.601	−0.601	1.888	1.888	4.377	4.377	9.355
	16.822	$+\infty$	14.333	16.822	11.844	14.333	9.355	11.844		
云南	$-\infty$	−5.824	−5.824	−2.855	−2.855	0.113	0.113	3.081	3.081	9.017
	17.922	$+\infty$	14.954	17.922	11.985	14.954	9.017	11.985		
浙江	$-\infty$	−14.805	−14.805	−9.895	−9.895	−4.986	−4.986	−0.076	−0.076	9.744
	24.473	$+\infty$	19.563	24.473	14.654	19.563	9.744	14.654		
重庆	$-\infty$	−14.278	−14.278	−8.885	−8.885	−3.492	−3.492	1.901	1.901	12.687
	28.866	$+\infty$	23.473	28.866	18.080	23.473	12.687	18.080		

三、实体企业金融性资产与经营性资产的资产收益率宽幅度预警临界值及预警区间

利用3σ法，在确定实体企业金融性资产与经营性资产的资产收益率宽幅度预警临界值之后，可以进一步确定预警区间。

（一）我国实体企业金融性资产与经营性资产的资产收益率宽幅度预警临界值及预警区间

根据2007—2018年我国实体企业金融性资产与经营性资产的资产收益率宽幅度，表11-12报告了2007—2018年我国实体企业金融性资产与经营性资产的资产收益率宽幅度预警临界值，其中均值$\mu=3.520$，标准差$\sigma=0.586$。

表11-12　2007—2018年我国实体企业金融性资产与
经营性资产的资产收益率宽幅度预警临界值

预警临界值	μ	σ
RS	3.520	0.586

表11-13报告了根据2007—2018年我国实体企业金融性资产与经营性资产的资产收益率宽幅度预警临界值，利用3σ法所确定的2007—2018年我国实体企业金融性资产与经营性资产的资产收益率宽幅度预警区间。正常区间分别为［3.227,3.813），低危区间为［2.934,3.227）和［3.813,4.106），中危区间为［2.641,2.934）和［4.106,4.399），高危区间为［2.348,2.641）和［4.399,4.692），极危区间为（−∞,2.348）和［4.692,+∞）。

表11-13　2007—2018年我国实体企业金融性资产与
经营性资产的资产收益率宽幅度预警区间

预警区间	极危区		高危区		中危区		低危区		正常区	
	$-\infty$	$\mu-2\sigma$	$\mu-2\sigma$	$\mu-1.5\sigma$	$\mu-1.5\sigma$	$\mu-\sigma$	$\mu-\sigma$	$\mu-0.5\sigma$	$\mu-0.5\sigma$	$\mu+0.5\sigma$
	$\mu+2\sigma$	$+\infty$	$\mu+\sigma$	$\mu+1.5\sigma$	$\mu+0.5\sigma$	$\mu+\sigma$	$\mu+0.5\sigma$	$\mu+\sigma$		
RS	$-\infty$	2.348	2.348	2.641	2.641	2.934	2.934	3.227	3.227	3.813
	4.692	$+\infty$	4.399	4.692	4.106	4.399	3.813	4.106		

（二）我国分行业的实体企业金融性资产与经营性资产的资产收益率宽幅度预警临界值及预警区间

根据2007—2018年我国11个非金融行业实体企业金融性资产与经营性资产的资产收益率宽幅度，表11-14报告了2007—2018年我国11个非金融行业实体企业金融性资产与经营性资产的资产收益率宽幅度预警临界值。

表11-14　2007—2018年我国11个非金融行业实体企业金融性资产与

经营性资产的资产收益率宽幅度预警临界值

证监会行业分类（2001）	Industry	μ	σ
农、林、牧、渔业	1	3.730	3.377
采掘业	2	5.239	1.057
制造业	3	3.516	0.704
电力、煤气及水的生产和供应业	4	4.515	1.718
建筑业	5	3.009	3.237
交通运输、仓储业	6	4.000	2.220
信息技术业	7	2.348	0.704
批发和零售贸易	8	4.645	1.541
社会服务业	11	2.134	1.075
传播与文化产业	12	2.732	4.416
综合类	13	3.389	1.970

表11-15报告了根据2007—2018年我国11个非金融行业实体企业金融性资产与经营性资产的资产收益率宽幅度预警临界值，利用3σ法所确定的2007—2018年我国11个非金融行业实体企业金融性资产与经营性资产的资产收益率宽幅度预警区间。

表11-15　2007—2018年我国11个非金融行业实体企业金融性资产与

经营性资产的资产收益率宽幅度预警区间

预警区间	极危区		高危区		中危区		低危区		正常区	
Industry	$-\infty$	$\mu-2\sigma$	$\mu-2\sigma$	$\mu-1.5\sigma$	$\mu-1.5\sigma$	$\mu-\sigma$	$\mu-\sigma$	$\mu-0.5\sigma$	$\mu-0.5\sigma$	$\mu+0.5\sigma$
	$-\infty$	$\mu-2\sigma$	$\mu-2\sigma$	$\mu-\sigma$	$\mu--\sigma$	$\mu+\sigma$	$\mu+\sigma$	$\mu+2\sigma$		
1	$-\infty$	−3.024	−3.024	−1.336	−1.336	0.353	0.353	2.042	2.042	5.419
	10.485	$+\infty$	8.796	10.485	7.107	8.796	5.419	7.107		
2	$-\infty$	3.124	3.124	3.653	3.653	4.181	4.181	4.710	4.710	5.767
	7.353	$+\infty$	6.825	7.353	6.296	6.825	5.767	6.296		
3	$-\infty$	2.108	2.108	2.460	2.460	2.812	2.812	3.164	3.164	3.868
	4.924	$+\infty$	4.572	4.924	4.220	4.572	3.868	4.220		
4	$-\infty$	1.078	1.078	1.937	1.937	2.796	2.796	3.656	3.656	5.374
	7.951	$+\infty$	7.092	7.951	6.233	7.092	5.374	6.233		
5	$-\infty$	−3.465	−3.465	−1.846	−1.846	−0.228	−0.228	1.391	1.391	4.627
	9.483	$+\infty$	7.864	9.483	6.246	7.864	4.627	6.246		
6	$-\infty$	−0.440	−0.440	0.670	0.670	1.780	1.780	2.890	2.890	5.110
	8.440	$+\infty$	7.330	8.440	6.220	7.330	5.110	6.220		

（续表）

预警区间	极危区		高危区		中危区		低危区		正常区	
Industry	$-\infty$	$\mu-2\sigma$	$\mu-2\sigma$	$\mu-1.5\sigma$	$\mu-1.5\sigma$	$\mu-\sigma$	$\mu-\sigma$	$\mu-0.5\sigma$	$\mu-0.5\sigma$	$\mu+0.5\sigma$
	$-\infty$	$\mu-2\sigma$	$\mu-2\sigma$	$\mu-\sigma$	$\mu--\sigma$	$\mu+\sigma$	$\mu+\sigma$	$\mu+2\sigma$		
7	$-\infty$	0.939	0.939	1.292	1.292	1.644	1.644	1.996	1.996	2.700
	3.756	$+\infty$	3.404	3.756	3.052	3.404	2.700	3.052		
8	$-\infty$	1.562	1.562	2.333	2.333	3.104	3.104	3.874	3.874	5.416
	7.728	$+\infty$	6.957	7.728	6.186	6.957	7.728	$+\infty$		
11	$-\infty$	-0.016	-0.016	0.521	0.521	1.059	1.059	1.596	1.596	2.671
	4.283	$+\infty$	3.746	4.283	3.208	3.746	4.283	$+\infty$		
12	$-\infty$	-6.100	-6.100	-3.892	-3.892	-1.684	-1.684	0.524	0.524	4.940
	11.563	$+\infty$	9.355	11.563	7.148	9.355	11.563	$+\infty$		
13	$-\infty$	-0.550	-0.550	0.435	0.435	1.420	1.420	2.404	2.404	4.374
	7.329	$+\infty$	6.344	7.329	5.359	6.344	4.374	7.329		

四、虚拟经济行业与实体经济行业净资产的资产收益率宽幅度预警临界值及预警区间

根据1993—2018年我国虚拟经济行业与实体经济行业净资产的资产收益率宽幅度，表11-16报告了分别以1993—2018年、1993—2009年和2007—2018年为参考区间计算的预警临界值。其中以1993—2018年为参考区间，RS0、RS1、RS2的预警临界值分别为：均值$\mu=0.735$，标准差$\sigma=2.023$；均值$\mu=0.794$，标准差$\sigma=2.006$；均值$\sigma=0.794$，标准差$\sigma=1.897$。以1993—2009年为参考区间，RS0、RS1、RS2的预警临界值分别为：均值$\mu=0.089$，标准差$\sigma=2.202$；均值$\mu=0.160$，标准差$\sigma=2.185$；均值$\sigma=0.185$，标准差$\sigma=2.035$。以2007—2018年为参考区间，RS0、RS1、RS2的预警临界值分别为：均值$\mu=1.859$，标准差$\sigma=0.875$；均值$\mu=1.916$，标准差$\sigma=0.854$；均值$\sigma=1.952$，标准差$\sigma=0.796$。

表11-16 1993—2018年虚拟经济行业与实体经济行业净资产的
资产收益率宽幅度预警临界值

年度	预警临界值	μ	σ
1993—2018	RS0	0.735	2.023
	RS1	0.794	2.006
	RS2	0.794	1.897
1993—2009	RS0	0.089	2.202
	RS1	0.160	2.185
	RS2	0.185	2.035

（续表）

年度	预警临界值	μ	σ
2007—2018	RS0	1.859	0.875
	RS1	1.916	0.854
	RS2	1.952	0.796

表 11-17 报告了根据 1993—2018 年、1993—2009 年、2007—2018 年我国虚拟经济行业与实体经济行业净资产的资产收益率宽幅度预警临界值，利用 3σ 法所确定的虚拟经济行业与实体经济行业净资产的资产收益率宽幅度预警区间。以 1993—2018 年为参考区间，测算结果显示，我国虚拟经济行业与实体经济行业净资产的资产收益率宽幅度 RS0 预警的正常区间为 ［-0.277,1.746），低危区间为 ［1.289,-0.277）和 ［1.746,2.758），中危区间为 ［-2.300,-1.289）和 ［2.758,3.769），高危区间为 ［-3.312,-2.300）和 ［3.769,4.781），极危区间为 （-∞,-3.312）和 ［4.781,+∞）；资产收益率宽幅度 RS1 预警的正常区间为 ［-0.209,1.798），低危区间为 ［-1.212,-0.209）和 ［1.798,2.801），中危区间为 ［-2.215,-1.212）和［2.801,3.804），高危区间为［-3.218,-2.215）和［3.804,4.807），极危区间为（-∞,-3.218）和 ［4.807,+∞）；资产收益率宽幅度 RS2 预警的正常区间为 ［-0.154,1.743），低危区间为 ［-1.103,-0.154）和 ［1.743,2.691），中危区间为 ［-2.051,-1.103）和 ［2.691,3.640），高危区间为 ［-2.999,-2.051）和 ［3.640,4.588），极危区间为 （-∞,-2.999）和 ［4.588,+∞）。以 1993—2009 年为参考区间，测算结果显示，我国虚拟经济行业与实体经济行业净资产的资产收益率宽幅度 RS0 预警的正常区间为 ［1.011,1.190），低危区间为 ［-2.112,-1.011）和［2.296,2.734），中危区间为［-3.213,-2.112）和［2.734,3.172），高危区间为［-4.314,-3.213）和［3.172,3.609），极危区间为（-∞,-4.314）和［3.609,+∞）；资产收益率宽幅度 RS1 预警的正常区间为 ［-0.933,1.252），低危区间为［-2.025,-0.933）和［1.252,2.345），中危区间为［-3.117,-2.025）和［2.345,3.437），高危区间为 ［-4.210,-3.117）和 ［3.437,4.529），极危区间为 （-∞,-4.210）和 ［4.529,+∞）；资产收益率宽幅度 RS2 预警的正常区间为 ［-0.832,1.203），低危区间为 ［-1.849,-0.832）和 ［1.203,2.220），中危区间为 ［-2.867,-1.849）和 ［2.220,3.238），高危区间为 ［-3.884,-2.867）和 ［3.238,4.255），极危区间为 （-∞,-3.884）和 ［4.255,+∞）。以 2007—2018 年为参考区间，测算结果显示，我国虚拟经济行业与实体经济行业净资产的资产收益率宽幅度 RS0 预警

的正常区间为 [1.421,2.296)，低危区间为 [0.983,1.421) 和 [2.296,2.734)，中危区间为 [0.546,0.983) 和 [2.734,3.172)，高危区间为 [0.108,0.546) 和 [3.172,3.609)，极危区间为 (−∞,0.108) 和 [3.609,+∞)；资产收益率宽幅度 RS1 预警的正常区间为 [1.489,2.343)，低危区间为 [1.063,1.489) 和 [2.343,2.770)，中危区间为 [0.636,1.063) 和 [2.770,3.197)，高危区间为 [0.209,0.636) 和 [3.197,3.623)，极危区间为 (−∞,0.209) 和 [3.623,+∞)；资产收益率宽幅度 RS2 预警的正常区间为 [1.554,2.350)，低危区间为 [1.156,1.554) 和 [2.350,2.748)，中危区间为 [0.758,1.156) 和 [2.748,3.146)，高危区间为 [0.359,0.758) 和 [3.146,3.544)，极危区间为 (−∞,0.359) 和 [3.544,+∞)。

表11-17　1993—2018年虚拟经济行业与实体经济行业净资产的
资产收益率宽幅度预警区间

时间跨度	预警区间	极危区		高危区		中危区		低危区		正常区	
		$-\infty$	$\mu-2\sigma$	$\mu-2\sigma$	$\mu-1.5\sigma$	$\mu-1.5\sigma$	$\mu-\sigma$	$\mu-\sigma$	$\mu-0.5\sigma$	$\mu-0.5\sigma$	$\mu+0.5\sigma$
		$\mu+2\sigma$	$+\infty$	$\mu+\sigma$	$\mu+1.5\sigma$	$\mu+0.5\sigma$	$\mu+\sigma$	$\mu+0.5\sigma$	$\mu+\sigma$		
1993—2018	RS0	$-\infty$	−3.312	−3.312	−2.300	−2.300	−1.289	−1.289	−0.277	−0.277	1.746
		4.781	$+\infty$	3.769	4.781	2.758	3.769	1.746	2.758		
	RS1	$-\infty$	−3.218	−3.218	−2.215	−2.215	−1.212	−1.212	−0.209	−0.209	1.798
		4.807	$+\infty$	3.804	4.807	2.801	3.804	1.798	2.801		
	RS2	$-\infty$	−2.999	−2.999	−2.051	−2.051	−1.103	−1.103	−0.154	−0.154	1.743
		4.588	$+\infty$	3.640	4.588	2.691	3.640	1.743	2.691		
1993—2009	RS0	$-\infty$	−4.314	−4.314	−3.213	−3.213	−2.112	−2.112	−1.011	−1.011	1.190
		3.609	$+\infty$	3.172	3.609	2.734	3.172	2.296	2.734		
	RS1	$-\infty$	−4.210	−4.210	−3.117	−3.117	−2.025	−2.025	−0.933	−0.933	1.252
		4.529	$+\infty$	3.437	4.529	2.345	3.437	1.252	2.345		
	RS2	$-\infty$	−3.884	−3.884	−2.867	−2.867	−1.849	−1.849	−0.832	−0.832	1.203
		4.255	$+\infty$	3.238	4.255	2.220	3.238	1.203	2.220		
2007—2018	RS0	$-\infty$	0.108	0.108	0.546	0.546	0.983	0.983	1.421	1.421	2.296
		3.609	$+\infty$	3.172	3.609	2.734	3.172	2.296	2.734		
	RS1	$-\infty$	0.209	0.209	0.636	0.636	1.063	1.063	1.489	1.489	2.343
		3.623	$+\infty$	3.197	3.623	2.770	3.197	2.343	2.770		
	RS2	$-\infty$	0.359	0.359	0.758	0.758	1.156	1.156	1.554	1.554	2.350
		3.544	$+\infty$	3.146	3.544	2.748	3.146	2.350	2.748		

第二节 我国经济运行风险的预警检验

利用所确定的不同资产收益率宽幅度预警临界值和预警区间可以对我国的经济数据进行检验，确定我国经济形势的不同的资产收益率宽幅度预警状态。

一、投资性房地产与货币性资产的资产收益率宽幅度预警状态分析

利用所确定的投资性房地产与货币性资产的资产收益率宽幅度预警临界值和预警区间可确定我国投资性房地产与货币性资产的资产收益率宽幅度预警状态。

根据2000—2018年、2000—2009年、2007—2018年我国投资性房地产与货币性资产的年度资产收益率宽幅度、预警临界值和预警区间，可以确定2000—2018年、2000—2009年、2007—2018年的投资性房地产与货币性资产的年度资产收益率宽幅度预警状态，见表11-18。投资性房地产与货币性资产的资产收益率宽幅度主要影响的是居民收入结构失衡和宏观经济运行风险。以2000—2018年为参考区间，2000—2003年处于相对稳定的低危预警状态和安全预警状态，但是2004年和2005年都为中危状态，虽然2006年为安全预警状态，但是紧接着2007年又进入了中危预警状态，2004年、2005年和2007年的中危预警状态皆是由于资产收益率宽幅度过大而导致的，2008年由于美国次贷危机的扩散效应，资产收益率宽幅度急剧收窄，进入高危预警状态，2009年由于资产收益率宽幅度的过快攀升进入极危预警状态。这说明2007—2009年，我国的宏观经济运行风险较大，2000年和2005年已经处于风险的不断积累阶段，如果在2004年和2005年能够通过测算资产收益率宽幅度预警状态从而采取相应的措施，有序收窄资产收益率宽幅度，便可以有效防控2007—2009年的宏观经济运行风险。2010—2017年，除2014年由于资产收益率宽幅度过低而导致的中危状态外，其他年份都处于相对稳定的安全状态和低危状态，说明这些年我国的居民收入结构失衡和宏观经济运行风险都相对稳定。同时，以2000—2009年和2007—2018年为参考区间也得到了相对一致的结论。

表11-18 2000—2018年我国投资性房地产与货币性资产的

资产收益率宽幅度年度预警状态

年度区间：2000—2018			年度区间：2000—2009			年度区间：2007—2018		
年份	RS	预警状态	年份	RS	预警状态	年份	RS	预警状态
2000	2.650	低危	2000	2.650	低危	2007	13.571	低危
2001	1.292	低危	2001	1.292	低危	2008	−5.698	高危
2002	1.716	低危	2002	1.716	低危	2009	22.442	极危
2003	3.039	安全	2003	3.039	安全	2010	3.635	安全
2004	13.957	中危	2004	13.957	中危	2011	2.386	低危
2005	12.988	中危	2005	12.988	中危	2012	5.517	安全
2006	3.957	安全	2006	3.957	安全	2013	4.736	安全
2007	13.571	中危	2007	13.571	中危	2014	−1.541	中危
2008	−5.698	高危	2008	−5.698	高危	2015	7.031	安全
2009	22.442	极危	2009	22.442	极危	2016	9.789	安全
2010	3.635	安全				2017	4.206	安全
2011	2.386	低危				2018	10.714	低危
2012	5.517	安全						
2013	4.736	安全						
2014	−1.541	中危						
2015	7.031	安全						
2016	9.789	低危						
2017	4.206	安全						
2018	10.714	低危						

根据2000—2018年我国31省、自治区及直辖市的投资性房地产与货币性资产的资产收益率宽幅度，可以确定2000—2018年我国31省、自治区及直辖市的投资性房地产与货币性资产的年度资产收益率宽幅度预警状态，见表11-19。我国31省、自治区及直辖市的投资性房地产与货币性资产的资产收益率宽幅度预警状态与全国各年度的预警状态并不完全一致，例如2000年我国投资性房地产与货币性资产的资产收益率宽幅度预警状态为低危状态，我国31省、自治区及直辖市中只有甘肃、广东、贵州、河北、湖北、湖南、江苏、云南、浙江9个省份处于低危预警状态，北京、宁夏、青海、陕西、西藏均为极危预警状态，与全国的预警状态差别较大。

表11-19 2000—2018年我国31省、自治区及直辖市投资性房地产与

货币性资产的资产收益率宽幅度月度预警状态

年份 省、自治区及直辖市	2000	2001	2002	2003	2004	2005	2006	2007	2008	2009
安徽	−6.740	−4.894	15.905	12.866	14.674	29.166	2.019	13.061	8.306	12.957
（预警状态）	高危	高危	高危	中危	中危	极危	低危	中危	安全	中危
北京	−7.055	1.239	−7.282	−2.226	4.486	27.557	17.439	41.261	5.456	11.280
（预警状态）	极危	低危	极危	中危	安全	极危	高危	极危	安全	低危
福建	−4.680	−0.892	−4.515	15.603	9.823	19.701	28.272	19.146	−3.307	17.047
（预警状态）	高危	中危	高危	中危	低危	极危	极危	极危	中危	高危
甘肃	10.121	−2.750	−1.667	−3.818	34.206	6.375	−4.319	22.718	−17.548	27.194
（预警状态）	低危	中危	中危	高危	极危	安全	高危	极危	极危	极危
广东	−0.120	2.089	−4.581	−2.907	8.116	23.550	8.339	20.541	−3.081	8.881
（预警状态）	低危	低危	中危	中危	低危	极危	低危	中危	中危	低危
广西	6.827	15.550	−1.020	1.365	8.970	−5.520	5.881	17.627	6.616	16.695
（预警状态）	安全	中危	中危	低危	安全	高危	安全	高危	安全	高危
贵州	−3.600	−8.637	2.091	5.042	1.315	8.426	18.855	16.655	7.922	22.255
（预警状态）	低危	极危	低危	安全	低危	安全	高危	高危	安全	极危
海南	13.627	−4.908	−7.622	10.263	15.958	17.710	28.549	6.347	29.083	13.372
（预警状态）	中危	高危	极危	低危	高危	高危	极危	安全	极危	中危
河北	0.882	−3.731	−2.228	−0.774	8.635	17.327	11.867	20.206	5.701	14.775
（预警状态）	低危	高危	中危	中危	安全	高危	低危	极危	安全	中危
河南	17.875	−0.427	8.057	−2.135	9.924	12.672	8.840	9.659	−1.072	14.728
（预警状态）	高危	中危	安全	中危	低危	中危	安全	低危	中危	中危
黑龙江	8.877	1.109	−3.964	−0.542	2.300	8.402	6.420	12.388	8.423	13.836
（预警状态）	安全	低危	高危	中危	低危	安全	安全	低危	安全	中危
湖北	1.469	0.166	5.532	0.780	8.085	33.052	9.697	17.985	−5.143	15.521
（预警状态）	低危	低危	安全	低危	安全	极危	低危	高危	中危	中危
湖南	0.885	11.529	0.402	1.324	3.028	10.271	15.588	21.651	−1.622	17.580
（预警状态）	低危	低危	低危	低危	安全	低危	中危	极危	中危	高危
吉林	3.090	9.501	1.228	−5.642	19.477	−2.415	3.610	14.647	5.655	13.965
（预警状态）	安全	低危	低危	高危	极危	高危	安全	中危	安全	中危
江苏	2.336	6.847	6.456	9.580	17.826	27.849	5.049	10.310	−4.640	24.131
（预警状态）	低危	安全	安全	低危	高危	极危	安全	低危	高危	极危

（续表）

年份 省、 自治区 及直辖市	2000	2001	2002	2003	2004	2005	2006	2007	2008	2009
江西	14.897	−1.079	2.974	4.304	18.077	13.102	16.827	22.340	−2.612	22.231
（预警状态）	中危	中危	安全	安全	高危	中危	高危	极危	中危	极危
辽宁	4.913	4.010	−2.602	5.052	6.617	12.263	6.496	13.043	2.769	6.058
（预警状态）	安全	安全	中危	安全	安全	安全	安全	中危	低危	安全
内蒙古	−1.739	1.713	−0.243	1.478	11.680	12.178	13.820	20.544	8.633	14.704
（预警状态）	中危	低危	中危	低危	低危	低危	中危	极危	安全	中危
宁夏	−6.992	12.160	19.906	−7.115	7.879	3.707	3.682	1.441	9.342	25.244
（预警状态）	极危	低危	极危	极危	安全	安全	安全	低危	安全	极危
青海	−12.131	−3.390	1.547	13.016	3.420	16.520	7.236	16.556	4.281	0.183
（预警状态）	极危	高危	低危	中危	安全	高危	安全	高危	安全	低危
山东	4.677	−0.910	10.782	3.818	14.078	19.425	2.339	13.349	−1.951	16.656
（预警状态）	安全	中危	低危	安全	中危	极危	低危	中危	中危	高危
山西	−2.047	24.552	−1.682	−1.182	22.571	16.964	−6.024	10.384	5.973	11.021
（预警状态）	中危	极危	中危	中危	极危	高危	高危	低危	安全	低危
陕西	19.581	13.440	3.850	−8.251	12.892	18.573	16.749	4.995	9.613	8.101
（预警状态）	极危	中危	安全	极危	中危	高危	高危	安全	低危	安全
上海	4.971	7.732	7.538	22.527	13.431	14.010	2.841	13.957	−5.472	50.110
（预警状态）	安全	安全	安全	极危	中危	中危	低危	中危	高危	极危
四川	−4.658	0.922	−0.380	1.297	7.915	22.645	23.504	26.403	7.613	9.716
（预警状态）	高危	低危	中危	低危	安全	极危	极危	极危	安全	低危
天津	3.174	−0.755	2.590	−2.850	21.243	32.894	14.354	16.637	−3.400	15.739
（预警状态）	安全	中危	低危	中危	极危	极危	中危	高危	中危	中危
西藏	41.275	34.122	3.182	11.185	55.407	−47.435	9.753	54.537	12.753	−25.163
（预警状态）	极危	极危	安全	低危	极危	极危	低危	极危	中危	极危
新疆	−1.185	3.849	0.482	0.998	−2.949	11.647	9.350	13.095	3.343	15.179
（预警状态）	中危	安全	低危	低危	极危	低危	安全	中危	安全	中危
云南	2.775	9.985	−5.726	−2.484	2.761	5.301	7.237	1.507	2.527	9.303
（预警状态）	低危	低危	高危	中危	低危	安全	安全	低危	低危	安全
浙江	0.798	1.334	14.856	13.199	11.607	40.374	11.268	21.391	5.460	26.168
（预警状态）	低危	低危	中危	中危	低危	极危	中危	极危	安全	极危
重庆	−2.528	2.950	10.707	1.701	16.726	18.614	7.255	21.065	−1.799	21.462
（预警状态）	中危	安全	低危	低危	高危	高危	安全	极危	中危	极危

（续表）

年份 省、 自治区 及直辖市	2010	2011	2012	2013	2014	2015	2016	2017	2018	
安徽	18.196	8.822	−0.396	3.249	2.086	−1.063	9.749	7.370	11.536	
（预警状态）	高危	安全	高危	安全	低危	高危	安全	安全	低危	
北京	27.366	−12.812	3.443	4.856	0.653	18.487	26.253	18.255	8.181	
（预警状态）	极危	极危	安全	安全	低危	高危	极危	高危	安全	
福建	10.920	19.335	9.035	0.013	−0.349	−5.204	5.622	−0.312	12.815	
（预警状态）	低危	极危	安全	低危	低危	高危	安全	低危	中危	
甘肃	20.291	3.246	4.631	6.121	11.969	6.891	2.922	9.067	−0.355	
（预警状态）	极危	安全	安全	安全	低危	安全	安全	安全	低危	
广东	7.796	4.660	−1.814	7.408	−2.251	9.305	13.676	2.889	11.631	
（预警状态）	低危	低危	低危	低危	中危	低危	低危	低危	低危	
广西	5.618	1.795	6.783	4.908	2.326	1.204	8.419	10.023	4.475	
（预警状态）	安全	低危	安全	安全	低危	低危	安全	低危	安全	
贵州	16.595	7.777	2.663	−1.927	−4.058	−3.820	0.567	10.946	21.645	
（预警状态）	高危	安全	低危	低危	中危	中危	低危	低危	极危	
海南	37.552	−0.073	−17.233	7.520	4.326	−2.449	4.451	14.930	22.435	
（预警状态）	极危	低危	极危	安全	安全	中危	安全	中危	极危	
河北	4.897	6.145	6.731	9.024	4.540	8.806	12.243	10.408	6.001	
（预警状态）	安全	安全	安全	安全	安全	安全	低危	低危	安全	
河南	11.864	6.064	9.197	6.220	−1.030	8.377	9.086	4.030	8.286	
（预警状态）	低危	安全	安全	安全	中危	安全	安全	安全	安全	
黑龙江	11.527	2.173	−2.070	16.044	−1.111	4.604	2.879	19.260	8.462	
（预警状态）	低危	低危	中危	高危	中危	安全	安全	极危	安全	
湖北	0.395	14.854	9.466	0.835	1.950	9.307	12.521	11.664	9.845	
（预警状态）	低危	中危	低危	低危	低危	安全	低危	低危	低危	
湖南	16.706	13.619	0.913	3.496	−4.956	1.700	7.458	10.417	11.439	
（预警状态）	高危	中危	低危	安全	高危	低危	安全	低危	低危	
吉林	23.029	15.771	−10.105	6.107	10.805	6.318	−6.622	14.715	16.819	
（预警状态）	极危	中危	极危	安全	低危	安全	高危	中危	高危	
江苏	14.049	6.603	1.288	0.537	−0.960	3.749	20.194	2.347	14.729	
（预警状态）	中危	安全	低危	低危	中危	安全	极危	低危	中危	

（续表）

年份 省、 自治区 及直辖市	2010	2011	2012	2013	2014	2015	2016	2017	2018	
江西	15.231	25.875	11.401	8.956	−1.614	0.676	2.886	7.298	11.259	
（预警状态）	中危	极危	低危	安全	中危	低危	安全	安全	低危	
辽宁	8.801	2.285	0.607	1.257	0.883	5.361	5.609	8.405	12.436	
（预警状态）	安全	低危	低危	低危	低危	安全	安全	安全	安全	
内蒙古	10.279	8.700	6.221	2.650	−3.737	0.705	1.115	3.374	24.473	
（预警状态）	低危	安全	安全	低危	高危	低危	低危	安全	极危	
宁夏	7.691	5.801	3.594	5.181	−7.300	4.959	−3.620	6.602	10.143	
（预警状态）	安全	安全	安全	安全	极危	安全	高危	安全	低危	
青海	16.179	3.483	16.259	4.172	5.557	−3.294	7.248	13.374	10.561	
（预警状态）	高危	安全	高危	安全	安全	中危	安全	中危	低危	
山东	10.030	9.568	2.768	2.275	1.876	3.130	6.780	5.920	18.539	
（预警状态）	低危	低危	低危	低危	低危	安全	安全	安全	高危	
山西	28.469	−6.482	10.988	11.092	3.001	4.215	−0.530	12.472	20.344	
（预警状态）	极危	高危	低危	低危	安全	安全	中危	低危	极危	
陕西	15.498	24.989	−1.152	0.913	−6.326	3.310	2.081	21.543	20.810	
（预警状态）	中危	极危	中危	低危	高危	安全	低危	极危	极危	
上海	13.247	−8.358	−0.989	13.742	−1.583	28.924	19.006	−5.529	15.049	
（预警状态）	中危	极危	中危	中危	中危	极危	高危	高危	中危	
四川	13.715	12.021	4.693	−0.443	−2.842	−3.199	6.744	6.557	12.138	
（预警状态）	中危	低危	安全	中危	中危	中危	安全	安全	低危	
天津	17.882	4.363	−9.525	1.750	2.261	10.434	28.094	16.130	3.685	
（预警状态）	高危	安全	极危	低危	低危	低危	极危	高危	安全	
西藏	13.096	16.650	−13.176	27.206	34.125	−34.335	33.757	13.430	21.894	
（预警状态）	中危	高危	极危	极危	极危	极危	极危	中危	极危	
新疆	14.134	11.158	6.106	6.883	−0.225	0.873	−0.830	6.445	18.090	
（预警状态）	中危	低危	安全	安全	低危	低危	中危	安全	高危	
云南	3.913	13.834	10.718	5.158	3.625	5.781	−1.250	16.206	28.867	
（预警状态）	安全	中危	低危	安全	安全	安全	中危	高危	极危	
浙江	15.946	1.737	5.734	0.149	−6.863	−0.464	4.934	15.823	11.992	
（预警状态）	高危	低危	安全	低危	高危	高危	安全	中危	低危	
重庆	21.369	7.906	3.726	6.037	−5.728	−3.670	1.493	26.454	22.497	
（预警状态）	极危	安全	安全	安全	高危	高危	低危	极危	极危	

    根据2005年7月至2017年12月我国投资性房地产与货币性资产的资产收益率
宽幅度、预警临界值和预警区间，可以确定2005年7月至2017年12月我国投资性
房地产与货币性资产的月度资产收益率宽幅度预警状态，见表11-20。投资性房
地产与货币性资产的资产收益率宽幅度的月度预警状态显示，2005年7月至2007
年5月，除了2006年6月由于资产收益率宽幅度过高而处于中危预警状态外，其
他月份处于较为稳定的安全预警状态和低危预警状态，但是从2007年6月开始进
入中危状态，紧接着是7月和8月的高危状态，9月和10月则进入了极危状态，说
明2007年6—10月我国宏观经济运行风险较大，而这一风险是由资产收益率宽幅
度的快速攀升带来的。第二次的极危预警状态出现在2009年12月—2010年1月，
这一次同样是由于资产收益率宽幅度的快速攀升带来的风险。第三次极危预警
状态出现在2014年7月—10月，这次极危预警状态出现的原因与前两次不同，是
由于资产收益率宽幅度急剧收窄引发的，而这一次所引发的宏观经济运行波动
直到2015年6月才进入安全预警状态。最近的一次极危预警状态发生在2016年9
月，是由于资产收益率宽幅度过高引发的，但是只持续了一个月，随后由极危
预警状态很快过度至中危状态，2016年11的预警状态已经是安全预警状态。

表11-20　2005年7月至2017年12月我国投资性房地产与

货币性资产的资产收益率宽幅度预警状态

月份	RS	预警状态	月份	RS	预警状态	月份	RS	预警状态
2005-07	0.540	安全	2009-09	0.770	低危	2013-11	0.471	安全
2005-08	0.740	低危	2009-10	0.870	低危	2013-12	0.371	安全
2005-09	0.440	安全	2009-11	1.470	高危	2014-01	0.371	安全
2005-10	0.540	安全	2009-12	1.870	极危	2014-02	0.271	安全
2005-11	0.540	安全	2010-01	1.670	极危	2014-03	0.171	安全
2005-12	0.640	安全	2010-02	1.270	高危	2014-04	0.071	低危
2006-01	0.840	低危	2010-03	1.170	中危	2014-05	-0.129	低危
2006-02	0.640	安全	2010-04	1.370	高危	2014-06	-0.529	高危
2006-03	0.440	安全	2010-05	0.370	安全	2014-07	-0.929	极危
2006-04	0.640	安全	2010-06	-0.030	低危	2014-08	-1.129	极危
2006-05	0.740	低危	2010-07	-0.030	低危	2014-09	-1.029	极危
2006-06	0.940	中危	2010-08	-0.030	低危	2014-10	-0.829	极危

（续表）

月份	RS	预警状态	月份	RS	预警状态	月份	RS	预警状态
2006-07	0.540	安全	2010-09	0.470	安全	2014-11	-0.629	高危
2006-08	0.340	安全	2010-10	0.270	安全	2014-12	-0.429	中危
2006-09	0.440	安全	2010-11	0.370	安全	2015-01	-0.429	中危
2006-10	0.440	安全	2010-12	0.270	安全	2015-02	-0.429	中危
2006-11	0.540	安全	2011-01	0.770	低危	2015-03	-0.229	中危
2006-12	0.540	安全	2011-02	0.367	安全	2015-04	-0.129	低危
2007-01	0.640	安全	2011-03	0.267	安全	2015-05	0.071	低危
2007-02	0.540	安全	2011-04	0.258	安全	2015-06	0.171	安全
2007-03	0.440	安全	2011-05	0.158	安全	2015-07	0.171	安全
2007-04	0.640	安全	2011-06	0.058	低危	2015-08	0.171	安全
2007-05	0.740	低危	2011-07	0.058	低危	2015-09	0.171	安全
2007-06	0.940	中危	2011-08	-0.042	低危	2015-10	0.071	低危
2007-07	1.233	高危	2011-09	-0.042	低危	2015-11	0.171	安全
2007-08	1.433	高危	2011-10	-0.142	低危	2015-12	0.171	安全
2007-09	1.833	极危	2011-11	-0.242	中危	2016-01	0.271	安全
2007-10	1.833	极危	2011-12	-0.242	中危	2016-02	0.371	安全
2007-11	0.933	中危	2012-01	-0.142	低危	2016-03	0.771	低危
2007-12	0.240	安全	2012-02	-0.142	低危	2016-04	0.971	中危
2008-01	0.240	安全	2012-03	-0.342	中危	2016-05	0.771	低危
2008-02	0.140	安全	2012-04	-0.242	中危	2016-06	0.671	低危
2008-03	0.240	安全	2012-05	-0.142	低危	2016-07	0.671	低危
2008-04	0.040	低危	2012-06	-0.033	低危	2016-08	1.171	中危
2008-05	0.140	安全	2012-07	0.071	低危	2016-09	1.771	极危
2008-06	0.040	低危	2012-08	0.071	低危	2016-10	0.971	中危
2008-07	0.040	低危	2012-09	-0.029	低危	2016-11	0.571	安全
2008-08	-0.160	低危	2012-10	0.071	低危	2016-12	0.271	安全
2008-09	-0.360	中危	2012-11	0.171	安全	2017-01	0.171	安全
2008-10	-0.360	中危	2012-12	0.271	安全	2017-02	0.271	安全

（续表）

月份	RS	预警状态	月份	RS	预警状态	月份	RS	预警状态
2008-11	-0.630	高危	2013-01	0.471	安全	2017-03	0.671	低危
2008-12	-0.730	高危	2013-02	0.971	中危	2017-04	0.671	低危
2009-01	-0.330	中危	2013-03	0.971	中危	2017-05	0.671	低危
2009-02	-0.230	中危	2013-04	0.871	低危	2017-06	0.671	低危
2009-03	0.070	低危	2013-05	0.871	低危	2017-07	0.471	安全
2009-04	0.270	安全	2013-06	0.771	低危	2017-08	0.171	安全
2009-05	0.670	低危	2013-07	0.671	低危	2017-09	0.171	安全
2009-06	0.770	低危	2013-08	0.771	低危	2017-10	0.271	安全
2009-07	1.070	中危	2013-09	0.671	低危	2017-11	0.371	安全
2009-08	1.070	中危	2013-10	0.671	低危	2017-12	0.471	安全

二、投资性房地产与实体企业经营性资产的资产收益率宽幅度预警状态分析

利用所确定的投资性房地产与实体企业经营性资产的资产收益率宽幅度预警临界值和预警区间可确定我国投资性房地产与实体企业经营性资产的资产收益率宽幅度预警状态。

（一）我国投资性房地产与实体企业经营性资产的资产收益率宽幅度预警状态分析

根据2007—2017年我国投资性房地产与实体企业经营性资产之间的资产收益率宽幅度、预警临界值和预警区间，可以确定我国2007—2017年投资性房地产与实体企业经营性资产之间的资产收益率宽幅度预警状态，见表11-21。首先分析投资性房地产与实体企业经营性资产的资产收益率宽幅度RS1的预警状态，2007年和2009年均为极危状态，而此时RS2也为高危状态，且都是由于投资性房地产的资产收益率宽幅度过大造成的，实体企业经营性资产收益率过低所造成的极危或高危预警状态。2014年投资性房地产与实体企业经营性资产之间的资产收益率宽幅度RS1和RS2同时出现了中危预警状态，2013年时RS2也是中危预警状态，这是由投资性房地产与实体企业经营性资产之间资产收益率宽幅度过窄所导致的中危预警状态。

表11-21 2007—2017年我国投资性房地产与实体企业经营性资产的
资产收益率宽幅度预警状态

年份	RS1：预警状态		RS2：预警状态	
2007	17.693	极危	15.128	高危
2008	3.046	低危	1.678	低危
2009	16.636	极危	15.681	高危
2010	12.354	中危	10.843	低危
2011	4.218	安全	1.773	低危
2012	2.325	低危	1.138	低危
2013	4.159	安全	−2.450	高危
2014	−1.068	中危	−1.820	高危
2015	5.937	安全	5.073	安全
2016	9.169	低危	8.406	安全
2017	4.602	安全	4.477	安全

（二）我国31省、自治区及直辖市投资性房地产与实体企业经营性资产
的资产收益率宽幅度预警状态分析

根据 2007—2017 年我国 31 省、自治区及直辖市投资性房地产与实体企业
经营性资产的资产收益率宽幅度、预警临界值和预警区间，可以确定 2007—
2017 年我国 31 省、自治区及直辖市虚拟经济行业与实体经济行业净资产收益
率宽幅度预警状态，见表 11-22 和表 11-23。与全国的投资性房地产与实体企
业经营性资产的资产收益率宽幅度预警状态相比较可以发现，虽然在 2007 年，
我国投资性房地产与实体企业经营性资产的资产收益率宽幅度 RS1 和 RS2 预警
状态均为极危预警状态，但是我国 31 省、自治区及直辖市中只有广东和河北的
RS1，广东和河北的 RS2 在 2007 年为极危预警状态，所以深入分析各省、自治
区及直辖市的资产收益率宽幅度预警状态发现，由于我国 31 省、自治区及直辖
市的经济发展水平不同，造成资产收益率宽幅度预警状态也有较大差异，与全
国的预警状态并不是完全一致的，实施统一的宏观经济政策，对不同的省、自
治区及直辖市的影响是不同的。

表11-22 2007—2017年我国31省、自治区及直辖市投资性房地产与实体企业经营性资产的资产收益率宽幅度预警状态（RS1）

年份 省、自治区及直辖市	2007	2008	2009	2010	2011	2012	2013	2014	2015	2016	2017
安徽	12.211	9.938	10.651	14.246	6.562	−1.206	2.730	4.219	−1.204	7.341	3.383
（预警状态）	中危	低危	低危	中危	安全	中危	低危	安全	中危	安全	低危
北京	34.843	4.944	8.381	23.675	−10.865	1.355	3.060	−1.501	16.496	23.558	15.589
（预警状态）	高危	安全	安全	低危	高危	低危	低危	安全	低危	低危	安全
福建	18.397	−2.832	16.597	7.334	16.459	8.574	−0.417	−0.928	−5.920	2.796	−4.822
（预警状态）	中危	低危	中危	安全	中危	安全	低危	低危	安全	安全	中危
甘肃	25.811	−10.865	28.810	19.992	3.950	5.376	5.867	11.788	8.483	3.003	6.084
（预警状态）	中危	高危	高危	低危	低危	安全	安全	安全	安全	低危	安全
广东	20.641	−0.532	7.566	4.439	3.223	−2.527	6.418	−3.092	7.837	10.542	−0.743
（预警状态）	极危	低危	安全	安全	安全	中危	安全	中危	安全	低危	低危
广西	17.709	9.829	17.014	5.535	3.175	9.171	6.356	3.880	1.264	7.361	8.074
（预警状态）	高危	安全	高危	安全	低危	安全	低危	安全	中危	安全	安全
贵州	13.202	4.295	17.759	12.557	2.483	−0.893	−4.239	−5.290	−4.569	−1.945	6.306
（预警状态）	中危	安全	高危	中危	安全	低危	低危	中危	中危	低危	安全
海南	12.341	34.843	14.700	34.843	−0.175	−10.865	9.932	7.420	1.919	8.499	16.180
（预警状态）	安全	高危	安全	高危	低危	高危	安全	安全	低危	安全	安全
河北	20.253	9.581	17.324	3.462	6.187	7.140	9.845	4.201	8.411	9.354	6.097
（预警状态）	极危	安全	高危	中危	低危	安全	安全	低危	安全	安全	低危
河南	5.860	−0.727	13.888	8.547	4.547	9.052	6.520	0.173	9.368	7.507	1.281
（预警状态）	安全	高危	高危	低危	安全	低危	安全	中危	低危	安全	中危
黑龙江	13.395	15.849	14.985	13.394	3.549	−2.253	17.126	−0.157	4.217	0.967	16.128
（预警状态）	低危	低危	低危	低危	低危	中危	中危	中危	低危	中危	低危
湖北	23.351	−2.113	17.731	18.951	15.312	11.885	6.739	1.778	8.702	9.837	9.523
（预警状态）	高危	高危	低危	中危	低危	安全	低危	中危	安全	安全	安全
湖南	23.559	1.490	17.965	17.150	12.958	0.419	4.549	−4.429	2.194	5.792	8.054
（预警状态）	高危	低危	中危	中危	低危	低危	安全	中危	低危	安全	安全
吉林	20.370	14.983	17.068	24.891	18.880	−7.972	7.151	10.246	5.981	−9.054	10.886
（预警状态）	低危	安全	低危	中危	低危	高危	安全	安全	安全	高危	安全
江苏	10.534	−2.725	22.631	10.625	5.073	0.635	−0.061	−1.891	2.218	17.183	−1.505
（预警状态）	低危	低危	高危	低危	安全	低危	低危	安全	安全	中危	低危

（续表）

年份 省、 自治区 及直辖市	2007	2008	2009	2010	2011	2012	2013	2014	2015	2016	2017
江西	19.267	−3.209	19.362	11.968	23.580	10.356	7.775	−2.398	−0.938	−0.197	2.037
（预警状态）	中危	中危	中危	安全	高危	安全	安全	中危	低危	低危	低危
辽宁	11.580	3.924	5.967	8.472	1.853	2.495	1.769	1.964	6.607	3.983	6.538
（预警状态）	极危	安全	安全	中危	中危	低危	中危	低危	低危	安全	安全
内蒙古	21.052	10.841	10.477	4.288	−1.815	−8.341	−2.361	12.205	3.767	9.129	−0.972
（预警状态）	高危	低危	低危	安全	低危	高危	低危	低危	安全	安全	低危
宁夏	2.852	11.072	27.678	9.444	9.333	7.624	13.980	1.783	14.362	2.369	8.707
（预警状态）	低危	安全	极危	安全	安全	安全	低危	中危	低危	中危	安全
青海	18.460	12.539	5.462	16.471	4.874	22.511	8.405	10.131	−0.074	6.482	12.305
（预警状态）	中危	安全	低危	低危	中危	高危	安全	安全	高危	低危	安全
山东	13.314	−1.049	14.723	6.928	7.588	2.723	1.685	0.884	2.540	3.877	2.107
（预警状态）	高危	中危	高危	安全	低危	安全	低危	低危	安全	安全	低危
山西	7.494	7.323	20.023	29.229	−3.492	26.693	10.892	3.684	6.286	0.182	9.275
（预警状态）	安全	安全	低危	高危	中危	高危	安全	低危	安全	中危	安全
陕西	4.767	11.914	13.962	18.933	29.593	0.487	2.152	−3.773	5.026	1.850	20.522
（预警状态）	安全	安全	安全	低危	高危	低危	低危	中危	安全	低危	中危
上海	13.938	−3.321	34.843	10.367	−9.704	−2.075	12.599	−2.750	27.801	17.003	−9.062
（预警状态）	安全	低危	高危	安全	中危	低危	安全	低危	中危	低危	中危
四川	32.030	10.002	10.559	12.523	11.581	5.851	0.637	0.518	−1.797	5.429	3.061
（预警状态）	极危	低危	低危	中危	中危	安全	低危	低危	中危	安全	安全
天津	17.840	−0.596	18.627	16.965	4.904	−10.865	2.717	2.535	11.399	28.801	15.261
（预警状态）	低危	低危	低危	低危	安全	高危	低危	低危	安全	高危	低危
西藏	34.843	13.920	−10.865	11.422	15.882	−10.865	27.032	34.843	−10.865	24.912	2.665
（预警状态）	中危	安全	低危	安全	安全	低危	中危	中危	低危	低危	安全
新疆	13.325	5.851	15.121	13.457	12.322	8.723	7.737	1.822	4.097	−0.718	4.824
（预警状态）	中危	安全	高危	中危	中危	安全	安全	低危	低危	高危	安全
云南	−2.735	4.902	10.043	3.662	13.387	11.614	6.662	3.982	6.918	−2.372	14.556
（预警状态）	中危	安全	低危	安全	中危	低危	安全	安全	安全	中危	中危
浙江	19.829	5.886	23.902	12.170	−1.145	4.651	−1.604	−9.019	−2.976	0.803	10.909
（预警状态）	高危	安全	高危	低危	低危	安全	低危	中危	低危	安全	低危
重庆	20.831	−1.228	19.839	20.438	8.427	2.768	4.696	−6.456	−3.352	0.526	23.110
（预警状态）	中危	低危	中危	中危	安全	安全	安全	中危	低危	低危	中危

表11-23　我国2007—2017年31省、自治区及直辖市虚拟经济行业与
实体经济行业净资产收益率宽幅度预警状态（RS2）

年份 省、自治区及直辖市	2007	2008	2009	2010	2011	2012	2013	2014	2015	2016	2017
安徽	11.598	9.019	10.081	13.365	5.702	-2.182	1.73	3.592	-2.303	6.055	3.18
（预警状态）	中危	低危	低危	高危	安全	中危	低危	安全	中危	安全	安全
北京	38.963	4.383	7.747	22.876	-16.474	0.412	2.122	-2.474	15.689	22.826	15.525
（预警状态）	高危	安全	安全	低危	高危	低危	低危	安全	低危	低危	安全
福建	11.633	-3.606	11.219	6.194	15.662	7.413	-1.134	-1.719	-6.535	2.161	-4.829
（预警状态）	中危	低危	中危	安全	高危	低危	低危	低危	低危	安全	中危
甘肃	22.25	-14.683	27.365	17.83	3.109	3.714	5.469	10.893	7.674	2.267	5.899
（预警状态）	中危	极危	高危	低危	安全	安全	安全	安全	安全	低危	安全
广东	18.908	-3.036	6.655	2.045	2.21	-3.413	2.323	-3.937	7.016	9.758	-0.921
（预警状态）	极危	低危	安全	安全	安全	低危	安全	中危	低危	低危	低危
广西	16.68	10.093	16.81	4.555	2.396	8.699	5.356	3.367	0.691	6.766	8.009
（预警状态）	高危	安全	高危	低危	低危	安全	安全	低危	中危	安全	安全
贵州	12.59	4.032	17.158	11.833	1.517	-1.647	-4.845	-6.322	-4.928	-2.546	6.252
（预警状态）	中危	安全	高危	中危	安全	低危	低危	中危	低危	低危	安全
海南	1.905	33.503	13.403	34.681	-0.746	-16.292	9.254	6.2	1.148	7.797	15.945
（预警状态）	低危	高危	安全	高危	低危	高危	安全	安全	低危	安全	安全
河北	17.763	10.051	16.449	1.066	5.638	6.409	8.571	3.371	8.002	8.671	5.983
（预警状态）	高危	安全	高危	中危	低危	安全	安全	低危	安全	安全	安全
河南	5.151	-1.248	13.123	7.776	3.735	7.983	5.48	-0.801	8.306	6.515	1.08
（预警状态）	安全	中危	高危	低危	安全	低危	安全	中危	低危	安全	低危
黑龙江	10.336	13.793	13.671	13.47	2.001	-4.097	16.588	-0.664	3.675	0.235	16.11
（预警状态）	安全	低危	低危	低危	低危	高危	中危	中危	低危	低危	中危
湖北	10.121	-3.891	15.471	2.057	14.212	10.811	-6.14	0.978	8.023	9.069	9.434
（预警状态）	低危	中危	中危	低危	中危	低危	高危	低危	安全	安全	低危
湖南	22.631	0.216	17.263	15.862	12.342	-0.327	3.739	-5.28	1.492	4.842	7.707
（预警状态）	高危	低危	中危	低危	低危	低危	安全	中危	低危	安全	安全
吉林	19.484	26.625	12.795	38.963	-49.967	-13.454	5.525	9.594	5.359	-9.578	10.918
（预警状态）	低危	低危	安全	中危	极危	低危	安全	安全	安全	低危	安全
江苏	9.402	-3.3	21.597	9.857	4.16	0.934	-49.967	-2.612	1.573	16.537	-1.69
（预警状态）	安全	安全	中危	安全	安全	安全	极危	安全	安全	低危	安全

（续表）

年份 省、 自治区 及直辖市	2007	2008	2009	2010	2011	2012	2013	2014	2015	2016	2017
江西	18.821	−3.66	19.051	11.509	22.876	9.682	7.271	−3.074	−1.675	−0.807	1.854
（预警状态）	中危	中危	中危	安全	高危	安全	安全	中危	低危	低危	低危
辽宁	4.205	2.874	5.65	6.919	0.463	−0.198	−0.976	1.431	5.826	3.304	6.615
（预警状态）	安全	安全	低危	中危	中危	中危	高危	低危	低危	安全	中危
内蒙古	14.95	10.677	10.016	4.138	−2.501	−8.8	−2.713	11.955	3.474	8.179	−0.949
（预警状态）	中危	低危	低危	安全	低危	高危	中危	安全	低危	低危	低危
宁夏	1.558	9.503	26.494	9.054	8.315	4.898	13.263	0.972	12.133	−2.051	8.071
（预警状态）	低危	安全	极危	安全	安全	安全	低危	低危	安全	中危	安全
青海	17.038	1.894	0.633	11.968	−0.009	18.659	6.234	7.637	−0.347	5.982	11.946
（预警状态）	中危	低危	中危	低危	中危	高危	安全	安全	中危	安全	低危
山东	12.329	−2.101	13.049	6.228	6.947	1.237	0.611	0.322	1.609	3.335	2.035
（预警状态）	高危	中危	高危	安全	低危	低危	低危	低危	低危	安全	安全
山西	4.918	6.826	20.444	24.941	−11.515	25.822	10.158	2.905	5.906	−0.807	9.326
（预警状态）	安全	安全	中危	中危	高危	极危	安全	低危	安全	低危	安全
陕西	7.478	1.957	13.339	17.149	28.792	0.032	1.623	−4.212	4.202	1.042	20.318
（预警状态）	安全	低危	安全	低危	高危	低危	低危	中危	安全	低危	中危
上海	12.886	−4.455	38.963	9.636	−10.754	−2.94	11.634	−3.676	27.138	16.116	−9.269
（预警状态）	安全	低危	高危	安全	中危	低危	安全	低危	中危	低危	中危
四川	17.744	4.415	6.162	12.222	10.621	0.756	−0.292	0.238	−2.693	5.03	3.047
（预警状态）	极危	安全	安全	中危	低危	低危	低危	低危	中危	安全	安全
天津	15.816	−4.425	18.423	16.084	4.495	−11.716	1.708	1.538	9.496	27.383	15.078
（预警状态）	低危	中危	低危	低危	安全	高危	低危	低危	安全	高危	低危
西藏	38.963	12.71	−28.628	10.068	15.093	−15.697	23.798	34.958	−40.726	24.101	2.441
（预警状态）	中危	安全	中危	安全	安全	低危	中危	中危	高危	低危	安全
新疆	10.355	4.985	14.507	12.465	11.615	7.586	6.319	1.139	3.031	−1.352	4.877
（预警状态）	低危	安全	高危	中危	低危	安全	安全	中危	低危	高危	安全
云南	−2.804	4.283	10.701	2.922	12.958	11.063	5.943	3.531	6.274	−3.113	14.782
（预警状态）	中危	安全	低危	低危	中危	低危	安全	安全	安全	高危	中危
浙江	17.405	4.56	22.883	11.211	−2.008	3.781	−2.335	−9.639	−3.646	0.088	10.874
（预警状态）	中危	安全	高危	低危	低危	安全	低危	中危	低危	安全	低危
重庆	19.143	−1.502	18.73	19.557	7.53	1.892	4.034	−7.306	−4.205	0.022	22.338
（预警状态）	中危	低危	中危	中危	安全	低危	安全	中危	中危	低危	中危

三、实体企业金融性资产与经营性资产的资产收益率宽幅度预警状态分析

利用所确定的实体企业金融性资产与经营性资产之间的资产收益率宽幅度预警临界值和预警区间可确定我国投资性房地产与货币性资产的资产收益率宽幅度预警状态。

（一）全国实体企业金融性资产与经营性资产的资产收益率宽幅度预警状态分析

根据2007—2018年我国实体企业金融性资产与经营性资产收益率宽幅度、预警临界值和预警区间，可以确定2007—2018年我国实体企业金融性资产与经营性资产收益率宽幅度预警状态，见表11-24。2007—2018年我国实体企业金融性资产与经营性资产收益率宽幅度预警状态中，2007—2010年、2016—2018年均为中危预警状态，其余年份均为低危或安全状态。分析造成多年中危预警状态的原因发现，均是由于实体企业金融性资产与经营性资产之间的资产收益率宽幅度过大所导致的。

表11-24　2007—2018年我国实体企业金融性资产与经营性资产收益率宽幅度预警状态

年份	RS	预警状态
2007	2.793	中危
2008	3.232	中危
2009	3.137	中危
2010	2.879	中危
2011	2.872	低危
2012	2.836	低危
2013	3.215	安全
2014	4.304	安全
2015	3.893	低危
2016	3.379	中危
2017	4.165	中危
2018	4.360	中危

（二）我国分行业的实体企业金融性资产与经营性资产的资产收益率宽幅度预警状态分析

根据2007—2018年我国11个非金融行业实体企业金融性资产与经营性资产收益率宽幅度、预警临界值和预警区间，可以确定2007—2018年我国11个非金融行业实体企业金融性资产与经营性资产收益率宽幅度预警状态，见表11-25。

表11-25　2007—2018年我国11个非金融行业实体企业金融性资产与

经营性资产收益率宽幅度预警状态

行业 年份	1	2	3	4	5	6	7	8	11	12	13
2007 （预警状态）	0.871	1.685	6.176	0.396	2.223	2.644	1.578	8.449	4.326	2.931	1.918
	低危	低危	低危	低危	安全	安全	低危	中危	安全	安全	低危
2008 （预警状态）	5.271	5.262	3.846	7.19	6.128	6.396	3.934	5.87	4.117	4.558	4.607
	安全	安全	中危	高危	低危	中危	中危	低危	中危	低危	低危
2009 （预警状态）	3.259	3.333	2.841	3.212	2.85	2.606	3.157	4.231	4.095	3.331	4.647
	安全	安全	低危	安全	低危	中危	低危	中危	低危	安全	高危
2010 （预警状态）	4.859	5.366	2.019	2.454	2.349	3.682	7.038	5.998	3.726	7.039	4.704
	安全	安全	中危	中危	中危	安全	中危	低危	安全	中危	安全
2011 （预警状态）	0.372	0.862	0.23	1.145	3.766	3.592	2.299	0.445	3.831	11.997	4.741
	低危	低危	低危	安全	安全	安全	低危	安全	安全	极危	低危
2012 （预警状态）	1.354	1.023	2.493	3.178	4.182	3.14	2.511	7.141	6.221	4.108	8.166
	中危	中危	低危	安全	安全	安全	低危	低危	低危	安全	高危
2013 （预警状态）	0.821	2.29	2.378	1.715	1.635	2.14	2.497	3.42	3.072	2.734	2.837
	极危	安全	安全	低危	中危	安全	安全	高危	中危	低危	低危
2014 （预警状态）	2.911	2.937	7.954	3.684	4.851	5.393	4.533	7.023	3.867	3.614	4.065
	中危	中危	极危	低危	安全	安全	安全	高危	低危	低危	安全
2015 （预警状态）	1.614	0.605	1.342	1.161	2.58	1.943	2.925	1.592	2.91	2.06	2.136
	安全	中危	低危	低危	安全	安全	低危	低危	安全	安全	安全
2016 （预警状态）	1.291	16.072	0.323	0.469	0.482	0.696	0.195	0.695	4.365	2.286	3.568
	安全	极危	低危	低危	低危	安全	低危	安全	安全	安全	安全
2017 （预警状态）	1.587	6.512	6.134	3.417	5.216	2.362	5.381	2.774	3.096	1.402	0.554
	低危	高危	中危	安全	低危	低危	中危	安全	安全	中危	中危
2018 （预警状态）	0.871	1.685	6.176	0.396	2.223	2.644	1.578	8.449	4.326	2.931	1.918
	低危	低危	低危	低危	安全	安全	低危	中危	安全	安全	低危

分析2007—2018年我国11个非金融行业实体企业金融性资产与经营性资产收益率宽幅度预警状态可以发现，不同的实体经济行业在不同年份所出现的资产收益率宽幅度预警状态与全国的资产收益率宽幅度预警状态并不相同，有的甚至有较大差异，这是与不同行业的发展水平和发展特点有很大关联的，因此在制定宏观经济政策时，应充分考虑不同行业的实际情况。

四、虚拟经济行业与实体经济行业净资产的资产收益率宽幅度预警状态分析

根据1993—2018年、1993—2009年、2007—2018年我国虚拟经济行业与实体经济行业净资产收益率宽幅度、预警临界值和预警区间，可以确定1993—2018年、1993—2009年、2007—2018年我国虚拟经济行业与实体经济行业净资产收益率宽幅度预警状态，见表11-26、表11-27和表11-28。虚拟经济行业与实体经济行业净资产之间的资产收益率宽幅度会导致虚拟经济与实体经济结构失衡。分别以1993—2018年、1993—2009年、2007—2018为参考区间，虚拟经济行业与实体经济行业净资产之间的资产收益率宽幅度的预警状态显示1993年虚拟经济分别与实体经济核心层、主体层、整体层的净资产收益率宽幅度RS0、RS1、RS2预警状态均为极危状态。进一步分析发现，1993年的极危状态是由于资产收益率宽幅度过低造成的。1988年海南省被称为当时唯一的省级经济特区，催生了海南地产业快速发展。从1988年到1991年，海口、三亚等热门地区商品房价格基本维持在1300—1400元/平方米，而1992年就蹿升到5000元/平方米，房价高峰时期的1993年更是达到7500元/平方米的巅峰。随之，为了抑制过热的房地产市场，政府接连出台政策调控房市：限期收回违章拆借资金、削减基建投资、清理所有在建项目、终止房地产公司上市、全面控制银行资金进入房地产业等，相关措施的出台使得房地产市场过快降温，房价断崖式下降，资产收益率宽幅度急剧缩窄，虚拟经济行业的负收益率使得虚拟经济与实体经济的结构失衡状态也进入了极度危险状态。以1993—2018年为参考区间，虚拟经济行业与实体经济行业净资产之间的资产收益率宽幅度的预警状态显示1995年的RS0、RS1为高危状态，RS2为中危状态，以1993—2009年为参考区间，虚拟经济行业与实体经济行业净资产之间的资产收益率宽幅度的预警状态显示1995年的RS0、RS1、RS2均为高危状态。1992年初，我国开始进行金融业全面改革，1993年国务院公布了《关于金融体制改革的决定》，1994年人民币汇率并轨并成立3家政策性银行，1995年的"五法一决定"[1]的相继出台推动了我国金融业的快速发展，金融业的收益率明显上升，在实体经济收益率基本保持稳定的情况下促使虚拟经济行业与实体经济行业之间的资产收益率宽幅度进入高危预警状态。

以1993—2018年为参考区间，我国虚拟经济与实体经济核心层资产收益率宽幅度RS0在1996—2018年均处于安全预警状态和低危预警状态，其中1998年、2003—2006年、2008—2012年、2014—2016年均为低危预警状态；RS1从1996至2018年，除2008年和2016年处于中危预警状态，其他年份均处于安全预警状态和低危预警状态，其中1998年、2003—2006年、2009—2012年、2014—2015年均为低危预警状态；RS2从1996—2018年，除2016年处于中危预警状态，其他年份均处于安全预警状态和低危预警状态，其中1998—1999年、2003—2004年、2006年、2008—2012年、2015年均为低危预警状态。但是分析进入低危预警状态的原因可以发现，以美国次贷危机为界限，美国次贷危机之前造成低危预警状态的原因是由于虚拟经济与实体经济资产收益率宽幅度过度收窄造成的，这些年份虚拟经济行业低于实体经济行业的收益率，违背了虚拟经济高风险高收益的客观规律，从而出现了低危预警状态；美国次贷危机之后各年份的低危预警状态主要是由于虚拟经济与实体经济各层的资产收益率宽幅度过大造成的，随着我国金融体系的完善，金融行业的收益率不断提高，另一方面房地产价格的不断攀升带来了房地产行业的过度繁荣，房地产行业的收益率不断提高，实体经济行业收益率不仅没有提高，反而下降的趋势下，虚拟经济与实体经济资产收益率宽幅度进入低危或中危预警状态。

表11-26　1993—2018年我国虚拟经济行业与实体经济行业净资产的

资产收益率宽幅度预警状态

年份	RS0（预警状态）		RS1（预警状态）		RS2（预警状态）	
1993	−6.692	极危	−6.692	极危	−6.331	极危
1994	0.739	安全	0.629	安全	0.744	安全
1995	3.816	高危	3.782	高危	3.286	中危

---

[1] 1995年，全国人大及其常委会先后颁布了"五法一决定"：《中国人民银行法》、《商业银行法》、《担保法》、《票据法》、《保险法》以及《全国人大常委会关于惩治破坏金融秩序犯罪的决定》

（续表）

年份	RS0（预警状态）		RS1（预警状态）		RS2（预警状态）	
1996	1.738	安全	1.712	安全	1.344	安全
1997	0.557	安全	0.526	安全	0.145	安全
1998	−0.328	低危	−0.365	低危	−0.264	低危
1999	−0.203	安全	−0.161	安全	−0.263	低危
2000	0.546	安全	0.611	安全	0.656	安全
2001	−0.140	安全	0.035	安全	−0.134	安全
2002	−0.153	安全	−0.033	安全	0.130	安全
2003	−0.731	低危	−0.568	低危	−0.210	低危
2004	−1.253	低危	−1.027	低危	−0.733	低危
2005	−0.376	低危	−0.239	低危	−0.046	安全
2006	−0.721	低危	−0.549	低危	−0.474	低危
2007	0.052	安全	0.284	安全	0.470	安全
2008	2.719	低危	2.816	中危	2.783	低危
2009	1.952	低危	1.958	低危	2.048	低危
2010	2.579	低危	2.685	低危	2.790	低危
2011	2.595	低危	2.626	低危	2.656	低危
2012	2.572	低危	2.605	低危	2.321	低危
2013	1.741	安全	1.721	安全	1.640	安全
2014	1.813	低危	1.852	低危	1.753	安全
2015	1.850	低危	1.860	低危	1.941	低危
2016	2.730	低危	2.803	中危	2.918	中危
2017	0.707	安全	0.750	安全	0.900	安全
2018	0.994	安全	1.035	安全	1.201	安全

以1993—2009年为参考区间，我国虚拟经济与实体经济核心层、主体层、整体层之间资产收益率宽幅度RS0、RS1和RS2均在1993年出现了极危预警状态、1995年出现高危预警状态、2008年出现中危预警状态，其余各年份均为安全或低危预警状态。1993年的极危预警状态是由于前文所分析房地产崩盘所导致的虚拟经济行业收益率过低所导致的资产收益率宽幅度过窄而引起的，1995年的高危预警状态和2008年的中危预警状态均是虚拟经济行业的收益率过高所导致的资产收益率宽幅度过大而引起的。

表11-27　1993—2009年我国虚拟经济行业与实体经济行业净资产的

资产收益率宽幅度预警状态

年份	RS0（预警状态）		RS1（预警状态）		RS2（预警状态）	
1993	−6.692	极危	−6.692	极危	−6.331	极危
1994	0.739	安全	0.629	安全	0.744	安全
1995	3.816	高危	3.782	高危	3.286	高危
1996	1.738	安全	1.712	低危	1.344	低危
1997	0.557	安全	0.526	安全	0.145	安全
1998	−0.328	安全	−0.365	安全	−0.264	安全
1999	−0.203	安全	−0.161	安全	−0.263	安全
2000	0.546	安全	0.611	安全	0.656	安全
2001	−0.140	安全	0.035	安全	−0.134	安全
2002	−0.153	安全	−0.033	安全	0.130	安全
2003	−0.731	安全	−0.568	安全	−0.210	安全
2004	−1.253	低危	−1.027	低危	−0.733	安全
2005	−0.376	安全	−−0.239	安全	−0.046	安全
2006	−0.721	安全	−0.549	安全	−0.474	安全
2007	0.052	安全	0.284	安全	0.470	安全
2008	2.719	中危	2.816	中危	2.783	中危
2009	1.952	低危	1.958	低危	2.048	低危

以2007—2018年为参考区间，我国虚拟经济与实体经济核心层、主体层、整体层之间资产收益率宽幅度RS0、RS1和RS2均在2007年出现了极危预警状态，这是由于资产收益率宽幅度过窄造成的，2007年由美国次贷危机席卷全球的金融危机，使我国的虚拟经济行业收益率骤然降低，造成资产收益率宽幅度过度收窄，从而引发极危预警状态。虚拟经济与实体经济核心层之间资产收益率宽幅度RS0在2008—2018年中，除2017年出现中危预警状态外，其他年份均为安全和低危预警状态，2017年虚拟经济与实体经济主体层、整体层之间资产收益率宽幅度RS1和RS2则为高危和中危预警状态。这是由于2015年底的中央经济工作会议提出了去杠杆的目标，这一目标在2017年取得了很大成效，但是虚拟经济行业去杠杆的进程过快，导致资产收益率宽幅度快速收窄，从而引发了2017年的高危和中危预警状态。

表11-28　2007—2018年我国虚拟经济行业与实体经济行业净资产的

资产收益率宽幅度预警状态

年份	RS0：预警状态		RS1：预警状态		RS2：预警状态	
2007	0.052	极危	0.284	极危	0.470	极危
2008	2.719	低危	2.816	中危	2.783	中危
2009	1.952	安全	1.958	安全	2.048	安全
2010	2.579	低危	2.685	低危	2.790	中危
2011	2.595	低危	2.626	低危	2.656	低危
2012	2.572	低危	2.605	低危	2.321	安全
2013	1.741	安全	1.721	安全	1.640	安全
2014	1.813	安全	1.852	安全	1.753	安全
2015	1.850	安全	1.860	安全	1.941	安全
2016	2.730	低危	2.803	中危	2.918	中危
2017	0.707	中危	0.750	高危	0.900	中危
2018	0.994	低危	1.035	中危	1.201	中危

第十二章 资产收益率宽幅度与
稳增长、调结构的政策选择

　　本书在回顾与经济增长有关的经典理论的基础上，依据我国的制度背景，阐述了宏观经济政策与我国经济增长的关系，通过借鉴相关学者就如何实现稳增长、调结构与高质量经济增长的研究成果，并依据"等量资本获得等量收益"的平均收益率理论，探讨了宏观经济政策对微观经济主体的影响，以及宏观经济运行效应的内在逻辑。

　　会计收益是微观经济运行效果的综合财务指标，是资本市场重要的经济信息，也是多种动态调整的平衡点。因此，本书从会计收益的微观视角，探讨宏观经济政策与微观经济运行效果的关系，首次提出"不同资产间的资产收益率宽幅度"的基本概念，形成资产收益率宽幅度的逻辑分析框架，并运用资产收益率宽幅度检验和验证了宏观经济政策对微观经济主体的影响及宏观经济的运行风险，构建了一套相对完备的宏观经济政策的微观评价体系，为何时选择何种政策工具或政策工具组合提供了一种新视角、新方法和新工具。

　　货币政策是资产收益率宽幅度的成因，资产收益率宽幅度又是货币政策量化稳健的微观依据；而税收则体现国家意志，依据资产收益率宽幅度与预警区间，发挥税收政策对资本流向、收益均衡的有效调节作用，是稳增长、调结构与高质量经济增长的有效调节工具；政府管制是市场经济中有形的手，依据资产收益率宽幅度与预警区间为政府管控与市场干预提供了管控基础和干预的标准或尺度。因此，资产收益率宽幅度为运用或选择货币政策、财税政策、政府管制等相关政策工具，有序推进稳增长、调结构与高质量经济增长提供了微观基础支撑。

　　刺激性货币政策是不同类型资产之间产生资产收益率宽幅度的原因。税收杠杆在经济高速增长的过程中，应该能够把握资产收益率宽幅度的调控窗口，发挥税收杠杆的调节作用。然而，全国"一刀切"的税收政策致使税收杠杆失灵；被迫驱动政府管制中的叫停机制，从"三去一降一补"到"房住不炒"，以及现在的"六稳"等措施，充分发挥了中央政府对稳增长、调结构、防风险的政策管控机制的作用，保持了我国经济持续稳中向好的基本态势。

第一节　资产收益率宽幅度与货币政策量化稳健的逻辑关系

稳健的货币政策是调控资产收益率宽幅度的基本也是主要的政策工具。依据资产收益率宽幅度预警区间及相机决策模型，运用货币政策的杠杆化工具和数量化工具，有效调控资产收益率宽幅度回归合理区间，是稳增长、调结构与高质量增长的核心问题。

一、资产收益率宽幅度是货币政策逆向调控的重要表征

保持币值稳定，引导资产收益率宽幅度回归合理区间，实现"等量资本获得等量收益"就能锚定国民经济各行业工作者的"工匠精神"，在自己的岗位上做出成绩，推动创新、创业，有利于高质量的经济增长。因此，稳健而非刺激性的货币政策，是稳增长、调结构、防风险的长效机制。

货币的币值稳定应是一种长效机制。币值首先具有价值尺度功能。币值波动意味着购买力的变化，表现为产品价格波动。价格的频繁变动将影响消费者对未来的信心，进而影响社会稳定。因此，货币的安全性与信用性是社会稳定的前提。币值波动还具有财富效应。当采用宽松货币政策、货币贬值、资产价格上涨时，持有房地产和金融性资产等以公允价值计价的资产可以使企业财富增加。但是，此时企业向外报告的业绩上涨的乐观信息与生产经营改善无关，是货币政策调整的结果。一旦币值上升，资产价格下降，将导致企业收益急剧下降，财富紧缩。因此，保证会计计量的基础币值稳定，会计信息才具有可靠性和相关性。总而言之，保持币值稳定，并由此为经济增长营造适宜的货币环境，是货币政策的根本目标（易纲，2019），也是我国防控系统性金融风险、稳增长、调结构的重要宏观因素。

稳健的货币政策是保持合理流动性、货币币值稳定的关键。宽松货币政策是资产收益率宽幅度出现的根本原因，资产收益率宽幅度是微观企业金融化、创新不足、僵尸化，宏观经济结构失衡、杠杆率攀升、系统性金融风险上升的

传导机制；紧缩的货币政策诱发资产收益率宽幅度突然收窄，可能刺破已存在的资产泡沫。高杠杆形成的财富效应骤然缩水、债务违约风险剧增，银行等金融机构的不良资产率上升，坏账风险增加，银行等金融机构的泡沫化财富效应破灭，系统性金融风险凸显。因此，依据资产收益率宽幅度与预警区间，运用杠杆化工具与数量工具平滑或平稳去杠杆、防风险，是维持宏观经济良好运行的关键。

二、资产收益率宽幅度是利率政策相机调控的微观依据

利率是杠杆化工具，也是最有效的货币政策工具，对资本市场和经济活动有广泛的影响。降息可以刺激经济增长，产生积极的财富效应，扩大信贷规模，减少月度还款额与债务人的债务负担，从而促使资产收益率宽幅度持续拉大；加息的作用是使资产收益率宽幅度逐渐收窄。由于货币数量的可测性、可控性及与实体经济的相关性明显下降，传统以数量为主的货币调控工具已难以适应货币政策的需要（易纲，2018）。我国处于数量工具向价格机制市场化转换的关键时期，要发挥利率杠杆化工具的最大效应，需要解决两个问题：一是如何对利率定价；二是畅通货币政策的利率传导机制。

（一）以资产收益率宽幅度为调控依据，完善市场化利率形成机制

我国的金融创新产品更多的是针对规避管制、监管套利，真正具有价格发现和风险分散功能的金融产品较少（徐忠，2018）。因此，需要完善市场利率定价机制，为利率市场化提供基础，从而促进金融市场深化，而资产收益率宽幅度是利率准确定价的依据。

与我国目前采用的以SHIBOR和国债收益率等指标为代表的基准利率体系相比，资产收益率宽幅度与微观企业行为决策具有紧密联系，可以为利率定价提供可靠的微观支撑，增强利率定价的准确性。资产收益率宽幅度的变动趋势与货币政策的宽松程度息息相关，是货币政策运行的结果，而资产收益率宽幅度又是实体企业金融化、僵尸化、创新动力不足，以及经济结构失衡、杠杆率攀升、系统性金融风险增加的原因。因此，将"资产收益率宽幅度与预警区间"作为定向调控和相机调控的窗口和中介，提高了利率调控的准确性，避免了"大水漫灌"式的经济增长，是稳增长、调结构、转方式与高质量经济增长的基本工具。

本书利用我国的经验数据，测算了"资产收益率宽幅度"，测度了"资产收益率宽幅度预警区间"。结果显示：不同资产之间的资产收益率宽幅度最低

在2.5%，最高在7.5%之间是合理、稳健的。资产收益率宽幅度最低与最高之间相差的幅度保持在3倍以内，超过3倍或低于2.5%的资产收益率宽幅度均处于风险预警区间。同时，资产收益率宽幅度从安全区间过渡到危险区间是风险积累的过程；如果从高危险区间迅速跨越到安全区间也可能是风险产生的过程。突然收窄资产收益率宽幅度，可能刺破已经吹大的资产泡沫，诱发金融危机。为了平缓去杠杆、化解金融风险，应该逐渐收窄资产收益率宽幅度。因此，合理的资产收益率宽幅度区间是量化稳健的货币政策的依据。依据构建的资产收益率宽幅度预警区间，可以判断我国经济形势的预警状态和风险程度，利用利率工具准确调控资产收益率宽幅度，使得资产收益率宽幅度与预警区间之间平缓切换，化解金融风险，实现稳增长、调结构与高质量的经济增长。

本书构建了资产收益率宽幅度相机抉择模型，明确了利率工具与资产收益率宽幅度的数量关系和传导机制，见本书第十章中公式（10-7）公式至（10-10），揭示了货币政策、财税政策与政府管制等政策工具对资产收益率宽幅度的影响程度和逻辑关系，以及二者之间的量化关系，也就找到了运用利率杠杆调控资产收益率宽幅度的依据，依据资产收益率宽幅度与预警区间，可以为何时实施降息或加息及加息、降息的幅度和空间提供客观依据。

（二）疏通货币政策利率传导机制

目前，我国已开放商业银行等金融机构的利率上限，利率市场化进程基本完成。从2015年10月以后，央行很少主动调节存贷款基准利率，而是通过调控货币供应量，以引导市场自发地改变货币价格（即利率）。但是，我国金融市场还存在大量为规避信贷规模管制而出现的金融衍生品和影子银行；银行与非银行金融机构由于同业业务和理财产品而多层嵌套。双重因素导致金融行业呈现复杂化趋势，金融产品价格无法体现真实风险溢价，我国货币政策对利率的传导机制不畅通，利率调控效果下降。因此，疏通货币政策传导，完善利率走廊机制，提高央行对市场利率的调控和传导效率是保证利率政策调控有效性的关键。

保持利率传导机制畅通，可以采取以下措施：一是降低地方政府的预算软约束现象；二是加强对金融市场的监管，杜绝银行表外业务；三是适当放宽金融业务管制，实现利率为主的货币价格调控方式。

资产收益率宽幅度完善利率传导机制的窗口，以资产收益率宽幅度为基础，适时制定目标利率，及时、精准地对市场风险进行调控，抑制杠杆率攀升与资产泡沫，有效防范金融风险，确保我国稳增长、调结构、防风险、转方式与高质量经济增长目标的实现。

三、资产收益率宽幅度是量化稳健货币政策的微观依据

存款准备金率、信贷规模、公开市场操作、购买不良资产、发行债券等均属于数量化的货币政策工具；而资产收益率宽幅度与预警区间为货币政策量化稳健提供了微观依据。在健全货币政策和宏观审慎的双支柱框架下，锚定CPI与经济周期的货币政策，忽视了资产价格与不同资产间的资产收益率宽幅度。在资产价格上涨、资产收益率宽幅度持续拉大的背景下，债务比率迅速上升，量化宽松或量化稳健实际上是中央银行依据经济周期中的经济增长水平和通胀率，主动向市场注入或者收回的货币数量可以量化。其主要的方式是购买国债、增加基础货币，补偿流动性、引导利率下降：降低社会融资成本或居民的利息负担，刺激经济繁荣。我国的宏观审慎与健全货币政策的双支柱框架也是量化稳健的基础。然而，在依托双支柱框架下的货币政策，稳增长、调结构、防风险的政策工具，主要是为了实现稳增长的短期目标，防止实体经济增长持续放缓、实体经济与虚拟经济的收益结构失衡、杠杆率攀升与资产泡沫加剧，直至守住系统性金融风险。不同资产之间的资产收益率宽幅度与预警区间为量化稳健或量化宽松提供了指南，为量化精准投放、避免大水漫灌找到了方向，有利于稳增长、调结构、防风险。

（一）以资产收益率宽幅度为观察窗口，实施量化稳健

怎样量化每种货币政策工具，制定具体货币政策工具的调控比率是调控货币政策的关键和难点。本书打破了货币政策调控影响微观企业管理和宏观经济运行的"黑箱"，明确了货币政策与各宏、微观经济状况的量化关系。通过构建的资产收益率宽幅度预警区间及宏观经济政策对资产收益率宽幅度调控的相机抉择模型，央行可以量化数量型货币政策工具，从而提高调控的精准性和结果的有效性，推动高质量的经济增长。

（二）充分发挥存款准备金率工具的调控作用

存款准备金率是货币政策的"利器"，具有明显的资产负债表效应和信号意义（徐忠，2018）。通过本书构建的资产收益率宽幅度相机抉择模型可以发现，存款准备金率是货币政策工具中除利率政策之外对资产收益率宽幅度最有效的调控手段。

考虑到我国不同省、自治区及直辖市、不同行业之间的资产收益率宽幅

度存在很大差异，央行在使用存款准备金率政策时，应该加强定向降准执行力度。要保证定向降准政策的有效性，首先应该改善优惠对象的确定标准。央行可以根据不同行业的资产收益率宽幅度预警状态，选择需要扶持的行业及需要抑制的行业；引导金融机构增加对需要扶持行业的贷款规模，减少对需要抑制行业的贷款，并根据不同金融机构提供给需要扶持行业的贷款数额占该机构全部贷款额的比重确定机构的存款准备金率。对于向重点扶持行业贷款较多的金融机构，可以实行较低的存款准备金率，旨在增加定向金融供给，有效引导资金流向，推动资产收益率宽幅度回归合理区间。

（三）精准滴灌，巩固结构性货币政策工具的调控效果

由于利率政策对经济体内所有产业和微观主体具有普适性，对结构性问题的调节作用有限，因此必须发挥数量型货币政策工具的差异化、结构化功能（徐忠，2018）。引导优化流动性和信贷结构，支持经济重点领域和薄弱环节，是央行重要的调控目标。非对称地实施结构性货币政策，盯住产业的外部性将有助于发挥好宏观审慎评估的逆周期调节和结构引导作用，以及优化流动性的结构和布局（彭俞超、方意，2016）。因此，不同资产之间的资产收益率宽幅度与预警区间，为实施量化稳健找到了依据，为金融供给侧结构性改革补齐了短板。合理运用结构性货币政策工具，并根据需要创设和完善政策工具，疏通货币政策传导，补短板、强弱项，支持经济结构调整优化。

综上所述，以"资产收益率宽幅度"和"资产收益率宽幅度预警区间"为依据，综合运用杠杆化工具和数量化工具，实施"量化、精准"调控不同资产之间的资产收益率宽幅度，平稳去杠杆、调结构，可以有效实现"保持流动性合理充裕，货币信贷、社会融资规模增长同经济发展相适应"的目标。

四、资产收益率宽幅度为精准施贷、支持实体经济稳增长提供了新思路、新方法

当前的信贷政策是：企业向银行申请贷款，提供了充分的资产抵押或担保，银行在授信额度内发放给信贷资金，信贷资金使用到期时，如果继续使用，需要"企业先偿还，银行再贷给"的程序，简称"收回再贷"的信贷政策。然而，"收回再贷"政策存在的问题有三。

其一，增加了企业的融资成本，降低了银行资金使用效率。银行发放的信贷资金用于企业的日常生产周转。由于企业的生产周期与信贷资金的到期日不一致，信贷资金到期日，企业极有可能没有足够的流动资金偿还银行。企业为

了不逾期、不欠息，保持良好信誉，到期的信贷资金只能借入高利贷作为"过桥资金"，先偿还给银行。等待银行审核后，一般都是再贷给企业继续使用，企业收到后，再偿还给高利贷。因此，"收回再贷"的时间差实际上是企业"先抽血再输血"的痛苦过程，如此循环，企业至少负担日息2%以上的利息，折算成年利率均在73%以上，大幅度增加了企业的融资成本，严重影响了企业的正常经营活动，也降低了银行资金的使用效率。

其二，加剧了企业因为"倒贷"面临资金链断裂的财务风险。企业利润率持续走低，又由于历史成本计价的资产严重低于重置成本，在纳税时又遭受对资本课税的所得税纳税损失，实体经济投入不足，依靠银行信贷勉强维持的企业比比皆是。"收回再贷"的信贷政策更是雪上加霜。无谓地增加了企业的财务费用，提高了企业的融资成本。如果银行借压力测试之机，"抽贷、断贷、缓贷或不再足额贷给"，企业面临着资金链断裂的风险，以至于面临停工、破产的境地。这种"先抽血再输血，或者少输血、不输血"的信贷政策是压死骆驼的最后一根稻草。因此，在实体企业利润率持续走低的背景下，"收回再贷"无疑加重了实体企业的财务负担和资金成本，致使企业正常的经营活动难以持续，严重影响了民营企业和潜在投资者的信心。

其三，为高利贷泛滥提供了市场，以至于民间金融市场乱象丛生。银行本来应该服务实体经济并承担相应的风险，分享实体经济创造的社会财富。然而，银行始终愿意"锦上添花，不愿意雪中送炭"。在持续降息、降准、扩大信贷规模支持实体经济发展的大环境下，"收回再贷"信贷政策与应对经济下行压力、防范金融风险的相关政策不符，"收回再贷"看起来可以防范银行自身风险，实际上却把企业推向了风险的边沿。当然，越是如此，银行就会陷入"惜贷、抽贷、断贷"的恶性循环，严重阻碍实体经济的发展。同时，为寄生在"收回再贷"链条上的"过桥资金"提供了侵吞实体经济财富的机会，以至于大量社会闲散资金汇入高利贷行业，赚取巨额利差，民间金融市场乱象丛生，影响社会稳定。

为了守住系统性金融风险与应对当前经济下行压力，2019年中央经济工作会议后，有学者指出："当前经济增速下行，是结构性、体制性、周期性三方面力量共同作用的结果，要因症施策，不是简单救急，逆周期政策对冲的是周期性下行力量，政策力度要与周期性下行力量相匹配，不能简单强刺激和大水漫灌，需要把供给侧结构性改革作为主线贯穿于宏观调控全过程"。为落实中央经济工作精神，推动金融供给侧结构性改革，恢复以前人民银行"借新还旧"信贷政策是当务之急，也是落实政策力度与周期性下行力量相匹配的具体措施，可以有效降低企业的融资成本，提高银行资金的使用效率，积极应对风险与经济下行压力。2010年以前人民银行实施的银行流动资金信贷管理政策有：凡是属于企业生产经营正常的，能按时支付银行贷款利息的，重新办理了贷款手续的，贷款担保仍然有效的，属于流动资金的周转性贷款的，可以实施借新还旧的信贷政策。在企业有充分的资产抵押、抵押资产没有贬值、担保没有撤销或担保仍然符合担保条件的，对于到期的银行贷款，实施"借新还旧"的信贷政策，以此消除企业由于使用"过桥资金"而增加的资金成本，缓解企业融资难问题，提高企业的资金运营效率，增加投资者剩余，这是应对经济下行的基本对策。完善银行的风险评估程序与信贷资金监管办法：银行应当将日常评估与定期评估相结合，通过战略分析、会计分析、财务分析与前景预测分析评估企业的成长性与盈利能力，对于成长性较好、盈利能力较强、能够按时付息、利息保障倍数满足银行风险评估的企业，在抵押、担保有效或者抵押、担保能够完全覆盖信贷金额的条件下，实施"借新还旧"信贷政策，以此推动企业转型升级，逐步实现实体经济的稳定增长、优化经济结构，实现高速度向高质量经济增长的转变。

第二节 资产收益率宽幅度与税负调节经济结构的逻辑关系

税收体现国家意志，也是促进经济增长、优化经济结构的重要的政策工具。中央政府提出了一系列的稳增长、调结构、防风险、推进高质量经济增长的政策、措施。持续降税减费政策在保持经济持续向好、稳中有升中发挥了积极作用，为调结构、转方式与高质量经济增长奠定了基础。

稳增长、调结构、防风险的核心问题是通过稳增长赢得调结构、转方式，推动高质量经济增长的时间和空间。稳增长是当前政策的短期目标，优化经济结构、转变经济增长方式才是一系列政策的长期目标。然而，我国目前税收政策在稳增长、调结构中并未充分发挥税收杠杆的有效调控功能，导致不同资产之间、不同行业之间、不同领域之间的资产收益率宽幅度持续拉大。

依据税基、税率与经济增长的关系，在应税基础不变的情况下，降低税率，增加投资者剩余，减少非税收费，降低企业经营成本，能够激发投资者热情。为应对经济下行压力，党中央、国务院主动实施降税减费政策，2019年减税降费超过2.3万亿，拉动当年GDP增长0.8个百分点，拉动固定资产投资增长0.5个百分点，拉动社会消费品零售总额增长1.1个百分点。减税降费对稳增长的短期目标作用明显。但是对于调结构、转方式、推动高质量经济增长的效果并不明显。如何发挥税收杠杆在优化经济结构、转变经济增长方式和高质量经济增长中的作用呢？短期的稳增长依靠宽松的货币政策、持续的减税降费就能实现，但是，这种"大水漫灌"的经济增长方式容易产生路径依赖，重走经济高速增长的老路。发挥税收杠杆对资金流向、收益均衡的调节作用，实现税赋公平，能够有效推动调结构、转方式与高质量经济增长，这也是完善财税政策和制度体系的基本要求。

为了充分发挥税收政策调节的功能，需要解决以下问题：为谁降税减费？持续降税减费的空间还有多大？如何运用税收杠杆实现调结构、转方式与高质量经济增长的长远目标？不同资产间的资产收益率宽幅度与测度的预警区间为税收杠杆的调节作用提供了方便与指南。依据不同行业的资产收益率宽幅度，区分税收优惠对象、应税税基、应税税率及税收优惠程度，能够发挥税收杠杆在稳增长、调结构、转方式与高质量经济增长中的调节功能。

一、资产收益率宽幅度是实施差别税率调结构、转方式的参照系

本书第十一章中研究了分行业的资产收益率，比较了2007—2018年农、林、牧、渔业，采掘业，制造业，电力、煤气及水的生产和供应业，建筑业，交通运输、仓储业，信息技术业，批发和零售贸易，社会服务业，传播与文化产业，综合类等11个行业实体企业金融性资产收益率与经营性资产收益率之间的资产收益率宽幅度变动趋势（结果见本书第十一章表11-25）。结果发现，不仅每个行业资产收益率宽幅度变动极大，而且同一年份不同行业之间的资产收益率宽幅度也出现极大差异。尤其在2016年，金融性资产与经营性资产之间的资产收益率宽幅度最高的行业是采掘业，其资产收益率宽幅度高达16.072；而最低值信息技术业当年的资产收益率宽幅度仅为0.195。两个行业的资产收益率宽幅度竟相差15.877。不同行业之间的不平衡发展也将影响我国经济结构及发展质量。因此，依据不同资产间的资产收益率宽幅度，可以分别确认征税对象、应税税基、税率，实施税基和税率差异化税收政策，调节各行业之间的收益率差异。对于炒作或对赌活动获得的高收益征收惩罚性税率，对于符合国家产业政策的行业给予流转税、所得税减免优惠，能够有效遏制"不同资产间、不同行业间、不同领域间资产收益率宽幅度"的持续拉大，对稳增长、调结构具有现实意义。

（一）资产收益率宽幅度是实施差别化税率的基础

"等量资本获得等量收益"的平均收益率理论，是我国经济平稳健康发展的理论基础。不同资产之间的资产收益率宽幅度是刺激经济高速增长过程中的负外部性，资本追逐收益与资产收益率宽幅度的叠加效应，导致了社会资本脱实向虚，金融化程度不断加深，宏观经济运行风险加大。税收杠杆具有调节收益均衡的功能。探讨差别税率政策，可以引导要素优化配置。

（1）依据"效率与公平"的原则，针对不同资产、不同行业、不同领域之间的收益率差距，分类确定征税对象、征税税基、征税税率，实现税赋公平，有效引导社会资本合理流动。针对货币性资产与投资性房地产之间的收益率差距持续拉大的宽幅现象，探讨征收资本利得税或财产收益税，遏制房价上涨，就可以实现"房住不炒"的基本目标，逐渐化解人民日益增长的美好生活需要和不平衡不充分的发展之间的矛盾。

研究货币计量与纳税之间的关系，解决企业以历史成本计价的经营性资产在纳税上的损失问题，允许实体企业按照"重置成本"调整企业损益，合理确定实体企业的应税收益，确保税收征收在收益上，而非对资本课税，才能有助于实体企业的资本保持，有效推动实体经济转型升级。

（2）创新驱动是高质量发展的核心动力。在科技创新与管理创新的初期，实体企业有投入、有成本、有风险而没有收益。此时给予流转税降低税率、所得税减二免三的税收优惠政策对企业创新具有推动力。因为，创新初期减免税费优惠可以降低创新的成本和风险负担，鼓励有创新精神的人投入创新创业之中。现行的税收政策中，对研发费用加计扣除政策，对企业创新具有明显的激励效果；继续实施加计扣除或流转税、所得税直接减免优惠效果更为显著。因此，发挥差别税率对创新驱动的激励作用是调结构与高质量发展最为有效的政策工具。

以GDP为目标的经济增长模式，导致重复建设、企业金融化、杠杆风险与地方政府的债务风险并存。因此，依据不同资产、不同行业、不同领域之间的资产收益率宽幅度，分别实施差别化的投资方向调节税，是运用税收杠杆调控投资方向，实现调结构、转方式的又一重要工具，可以有效推动新型战略产业合理布局，破解区域经济发展不平衡问题。

（二）赋予各地方政府更多的宏观调控相机抉择的权力

根据2000—2018年我国31省、自治区及直辖市的投资性房地产与货币性资产的资产收益率宽幅度预警状态（见本书第十一章表11-19），可以发现我国31省、自治区及直辖市的资产收益率宽幅度预警状态与全国各年度的预警状态并不完全一致。例如2000年我国投资性房地产与货币性资产的资产收益率宽幅度预警状态为低危状态，我国31省、自治区及直辖市中只有甘肃、广东、贵州、河北、湖北、湖南、江苏、云南、浙江9个省份处于低危预警状态，北京、宁夏、青海、陕西、西藏均为极危预警状态，各省、自治区及直辖市资产收益率宽幅度存在较大差异。此时，对各省、自治区及直辖市采用"一刀切"的税收优惠政策可能加剧已存在的地区差异，不利于我国经济均衡发展。

因此，党中央、国务院应适度扩大财权下放的规模，使地方政府可以因地制宜，采取符合本地资产收益率宽幅度预警区间的差异化的税收激励政策，以提高宏观调控政策的针对性和有效性。处于高危预警状态的省、自治区及直辖市，说明其经济发展极为不均衡，需要给予实体经济力度更大的减税、免税的差别税率政策；管控资金向金融和房地产行业的流动，引导资金回归实体企业。处于安全区间及低危预警状态的省、自治区及直辖市，可以减少对实体企业的税收补贴和优惠，保持各行业的收益均衡。

二、资产收益率宽幅度是运用适时税率相机调控的重要观察窗口

资产收益率宽幅度的持续拉大是风险的积累过程，资产收益率宽幅度突然收窄是风险爆发的过程，对不同资产、不同行业之间的资产收益率宽幅度及变化趋势应当适时调整，适时税率就是很好的选择。

适时税率紧盯不同资产之间、不同行业之间的资产收益率宽幅度，相机实施适时税率政策。适时税率政策有临时性、易退出的特点，随时根据资产收益率宽幅度的变化趋势及时调控，是防范资产收益率宽幅度持续拉大、杠杆率攀升的重要工具。不同类型企业的税收优惠政策应该定期依据该行业的资产收益率宽幅度及预警区间的变化进行调整。随着上述差别化税收政策的实施，税收杠杆发挥作用，将改变各行业所处的资产收益率宽幅度预警区间。如果某行业的资产收益率宽幅度上升过快，危机等级迅速升级，可以适度增加对该行业的扶持和优惠力度；如果某行业因为差别化税收政策，资产收益率宽幅度下降过快，预警区间短期内在高危与安全区间快速转换，也容易捅破已经被吹大的资产泡沫，加重系统性金融风险的发生。此时，应该及时降低对该行业的优惠，引导资产收益率宽幅度缓慢进入安全区间。因此，依据资产收益率宽幅度预警区间制定的各行业的差别税率不是一成不变的，不能长期锁定固定税率。各地方相关部门应该及时观察各行业的资产收益率宽幅度及所处的预警区间，适时调整各行业的差别化税率，增加税收政策的灵活性。

中央及各级地方政府相关部门同样应该以资产收益率宽幅度为中介和窗口，明确何时对哪个行业采用何种程度的税收优惠。怎样量化每种税收杠杆的调控结果是调控税收政策的关键和难点。本书明确了税收政策与各宏、微观经济状况的量化关系。首先，研究发现并验证了资产收益率宽幅度对居民收入失衡、行业结构性失衡及实体企业金融化、僵尸化、创新动力等一系列宏、微观经济现象的影响，并明确了资产收益率宽幅度与各宏、微观经济现状之间的量化关系；其次，构建了调控税收政策的宏观经济政策决策模型，量化了税收杠杆与资产收益率宽幅度之间的量化关系。因此，资产收益率宽幅度可以验证、评价宏观经济政策的运行结果，为何时选择何种税收杠杆工具提供微观支撑。从而，可以将资产收益率宽幅度作为税收政策与经济增长之间定向调控和相机调控的窗口，进而量化税收政策工具。央行根据本书构建的决策模型，可以预测某个行业的税率每降低1个百分点对该行业发展及经济结构调整的影响。因此，将资产收益率宽幅度作为制定税收政策的新方法和中介窗口，及量化选择政策工具的新途径，可以提前预测政策实施效果，从而有效促进产业发展，调整经济结构，保证经济高质量发展。

总而言之，税收是国家预算平衡的重要工具，也是推动稳增长、调结构、转方式、实现高质量经济增长的重要政策工具。积极扩大税基、降低税率、减少非税收费，有效推动经济繁荣，运用税收杠杆调控资金流向与收益均衡，为推动高质量的经济增长发挥作用。

第三节　资产收益率宽幅度与政府稳增长、调结构的逻辑关系

政府管制是一种市场干预或叫停机制，可以有效调节市场失灵的情况。政府凭借特有的许可与禁止的权利对市场进行限制和约束，目的是为弥补市场失灵。刺激经济增长的货币政策在推动经济高速增长时，产生了负外部性，就

是货币贬值、资产价格上涨带来的"不同资产之间的资产收益率宽幅度"持续拉大的经济现象，导致微观经济主体金融化、僵尸化，以及创新动力不足，实体经济脱实向虚、金融化程度不断加深；致使虚拟经济与实体经济收益结构失衡，虚拟经济运用杠杆炒作、对赌获取泡沫收益，以至于宏观经济运行波动与结构失衡，系统性金融风险加大。因此，资产收益率宽幅度的存在和持续拉大为政府管制提供了条件，也明确了管制的尺度与标准。

提高或降低利率、量化宽松的货币政策及调整税制结构、降低税率或征收惩罚性税率等措施，都是政府管制的基本手段。如提高金融机构对被扶持企业的贷款规模，降低被扶持企业的融资约束，提高投资者对被扶持行业未来发展的信心等等。如持续的降税减费等措施实现稳增长，为调结构赢得时间与空间等政府管制手段，有利于提高微观经济主体，特别是实体经济的收益率，逐步降低非金融企业部门的收益率，逐渐、平缓收窄资产收益率宽幅度，实现"三去一降一补"的工作目标和坚持"六稳"的工作部署。因此，政府管制也是调控资产收益率宽幅度，稳增长、调结构的重要手段之一。

一、资产收益率宽幅度是"一城一策"微观决策的微观基础

由于金融发展与经济发展的不平衡性，各省、自治区及直辖市的不同资产间的资产收益率宽幅度、风险等级等存在较大的差别。因此，为了实施差别化政府管制和建立"一城一策"的长效机制，可以依据不同资产之间的资产收益率宽幅度，以省、自治区及直辖市的商品房平均价格计算每个省、自治区及直辖市的投资性房地产收益率，构建以省、自治区及直辖市为基本单元的投资性房地产与货币性资产之间的资产收益率宽幅度。根据各省、自治区及直辖市为基本单元的所有企业的资产收益率宽幅度平均值，可以构建各省、自治区及直辖市的虚拟经济行业净资产收益率与实体经济行业净资产收益率之间的资产收益率宽幅度、投资性房地产等金融性资产与实体企业经营性资产之间资产收益率宽幅度。因此，细化以省、自治区及直辖市为单位的资产收益率宽幅度和预警区间，确定资产收益率宽幅度较大的省、自治区及直辖市，并且具体分析不同省、自治区及直辖市资产收益率宽幅度持续增大的原因，为政府管制实施"一城一策"的宏观调控手段提供基础数据。

以金融性资产与实体企业经营性资产之间的资产收益率宽幅度为例，根据本书第十章中计算的资产收益率宽幅度及预警区间，可以发现各省、自治区及直辖市的资产收益率宽幅度存在极大差异。资产收益率宽幅度最大的重庆市与资产收益率宽幅度最小的福建省之间的差距高达25%。此时，如果所有的省、自治区及直辖市采用完全一致的管控政策，必然无法满足每个省、自治区及直辖市的调控要求和经济现状，无法达到经济的均衡发展。因此，为了防范风险点、缓解各地区之间发展的不平衡，党中央、国务院和各地方政府之间应当将事权与管理权分开，而资产收益率宽幅度为建立"精准施策""一城一策"的长效机制提供了基础与数据保证。

（一）资产收益率宽幅度是政府实施区域差异化管制的依据

根据各省、自治区及直辖市的实际发展情况和资产收益率宽幅度预警区间，实时调整各城市、区域的政府管控政策，减弱城市间房地产供需错配和房价过度分化。以投资性房地产收益率与实体企业经营性资产收益率之间的资产收益率宽幅度为例，北京市、甘肃省、广西壮族自治区、吉林省、陕西省、天津市、重庆市、上海市等省、自治区及直辖市资产收益率宽幅度大幅高于全国平均值。原因可能在于两点：一是以北京市、上海市、天津市和重庆市4个直辖市为代表，大力发展金融业，尤其是北京和上海作为我国金融中心，金融业得到高速发展，导致金融行业和金融性资产收益率大幅上升。另外，作为我国的直辖市，外来人口众多，房地产价格快速攀升，也导致投资性房地产收益率上涨，拉高了不同资产之间的资产收益率宽幅度。二是甘肃省、广西壮族自治区、吉林省等为代表的省、自治区工业发展较落后，也导致实体经济收益率赶不上房地产价格的上涨幅度，形成了较高的收益率差异。因此，针对第一类省、自治区及直辖市，应该制定减少对金融业和房地产业的扶持和资金流入，以及提高两个行业税率的管控政策，以降低金融业和房地产业的收益率；针对第二类省、自治区及直辖市，应该制定促进实体企业发展、降低实体企业税率的管制政策，以达到不同行业之间的均衡。

（二）资产收益率宽幅度是衡量地方政府管控效果的尺度

在过度关注经济增长导向下，我国政府往往存在预算软约束现象。当地方融资平台、国有企业和房地产企业等部门发生亏损时，当地政府经常会追加投资或者贷款，并提供财政补贴等方式帮助濒临破产的企业渡过难关（纪敏等，2017）。另外，地方政府往往能够为预算软约束部门提供隐性担保，导致预算软约束部门更容易获得金融机构的信贷支持（纪洋等，2016）。地方政府过度追求经济高速增长，是房地产和金融市场过度繁荣的重要原因。因此，如果要抑制虚拟经济行业的过热发展，必须明确地方政府的主体责任，引导地方政府转变对经济增长极度偏重的态度。支持地方政府依据本地实际情况，制定差异化的针对房地产和金融市场的行政管控等法规和政策，降低货币政策对不同资产的供需错配。

二、资产收益率宽幅度是实施政府干预与管控的新方法

"等量资本获得等量收益"的马克思平均收益率理论，是我国经济平稳健康发展的理论基础。刺激经济增长的货币政策产生的负外部性，不同资产之间的资产收益率宽幅度是政府实施干预与管控的依据。

在货币政策、财税政策的干预之下，必要时应启动叫停机制或者"急刹车"应急方案。近些年来，对房地产出台的调控措施陷入了越调越涨的怪圈。在应用了提高首付比率、取消利率打折的背景下，各地方政府出台了更为严格的"限房令"。设定买房人资格、地产的持有年限、交易税等叫停机制，房地产价格趋于平稳。

资产收益率宽幅度与预警区间为各地方政府出台更为严格的"限房令"提供了依据，限制房地产价格持续、过快上涨，相对降低了投资性房地产的资产收益率宽幅度，加强流入金融业和房地产行业资金的管控，提高房地产行业和金融业的利率，以降低虚拟经济行业的收益率，引导社会资本回流实体经济；逐步收窄虚拟经济与实体经济之间的资产收益率宽幅度是政府管制的目标，资产收益率宽幅度为实现这个目标提供了管控基础。

应该提高政府管控政策对实体经济行业的促进作用。第一，政府应该加强对实体经济行业的扶持力度，引导社会资金回归实体经济行业，减少金融和房地产行业对社会各界资金的吸引力度；第二，政府应该完善市场环境以激励实体企业进行研发创新和人力资本投资，实行间接激励性干预，以提高实体企业的财务业绩。政府可以减少直接行政干预，通过改善实体企业的生存环境，以及对高质量发展或者创新能力较高的实体企业给予税收或者财政补贴激励等措施，加强对实体经济行业的间接干预和引导，以促进实体经济行业发展，降低虚拟经济行业与实体经济行业之间的资产收益率宽幅度。

三、资产收益率宽幅度是政府管控经济活动的尺度与标准

各地方政府相关部门同样以资产收益率宽幅度为中介和窗口，选择合适的政策管控措施及调控方向和程度。通过构建的资产收益率宽幅度相机决策模型，使得各政府管控措施对资产收益率宽幅度变动的影响可以量化，并且资产收益率宽幅度对一系列宏、微观经济现象的影响程度也可以明确和量化。因

此，资产收益率宽幅度可以验证、评价政府管制措施的运行结果，为各级地方政府选择管控措施提供微观支撑。从而，可以将资产收益率宽幅度作为管控措施与经济增长之间定向调控和相机调控的窗口。通过资产收益率宽幅度的预警区间及宏观经济政策对资产收益率宽幅度影响的相机抉择模型，可以制定政府管制措施，量化政府管控力度。政府也可以根据管控措施与资产收益率宽幅度的量化关系，以及资产收益率宽幅度对各种宏、微观经济现象的影响程度，预测每个管控措施对实体或者虚拟经济行业发展及经济结构调整的影响。因此，将资产收益率宽幅度作为制定政府管控措施的新方法和中介窗口，以及量化选择政策工具的新途径，可以有效促进各地区实体产业的发展，调整经济结构，保证经济高质量发展。

第四节　结论和展望

从会计收益的微观视角研究宏观经济波动与结构失衡，发现低利率与流动性充裕的宽松货币政策，在刺激以GDP为目标的经济高速增长的同时，导致货币贬值、资产价格上涨，特别是房地产价格持续过快上涨；从不同类型资产之间的差异看会计收益，发现不同资产之间的资产收益率宽幅度现象：低利率致使货币性资产收益率走低，如储蓄性货币性资产的低利率收益；资产价格上涨时，采用公允价值计价的房地产价格过快上涨计为持有收益，因此，等量资本由于资产的形态不同而产生了不等量的收益，形成了投资性房地产的高收益率与货币性资产低收益率之间的资产收益率宽幅度持续拉大经济现象。就此，本书首次提出了资产收益率宽幅度的基本概念。基于资产收益率宽幅度的基本概念和形成的逻辑分析框架，并运用上市公司的财务数据，分析了资产收益率宽幅度与微观经济主体、宏观经济运行波动之间的相互关系，从不同资产间的资产收益率宽幅度的微观视角，验证和评价了宏观经济政策运行的实际效果，同时为宏观经济政策提供了政策空间。主要得出以下结论：

一是资产收益率宽幅度是高杠杆与资产泡沫的基础。资产收益率宽幅度越大，杠杆率攀升与资产泡沫加剧。刺激经济增长的低利率与流动性充裕的货币政策，导致货币贬值，资产价格上涨，以GDP为目标的经济高速增长，市场繁荣。风险偏好者运用杠杆获取资产价格上涨的收益越来越容易，伴随资产收益率宽幅度的持续拉大，凸显了财务杠杆的"造富效应"；风险厌恶者也开始加入投资、炒作或对赌经济活动。因此，资产收益率宽幅度越大，居民杠杆率与非金融企业部门的杠杆率就越高，资产泡沫就越大，金融风险凸显。资产收益率宽幅度是杠杆率与资产泡沫的基础，没有资产收益率宽幅度就不会有杠杆率攀升与资产泡沫。

二是资产收益率宽幅度是银行等金融机构自身风险与泡沫化的原因。银行等金融机构为了获取房地产价格上涨带来的收益，不断扩大信贷规模，充裕的货币供给，推动了资产价格的上涨。银行等金融机构在获取房地产价格上涨带来的高收益的同时，吸纳含有大量资产泡沫的资产做抵押，使得银行等金融机构自身也存在泡沫化风险，赚取的收益也具有泡沫化性质。处于监管之外的影子银行，以及低收益率的实体经济，证明银行等金融机构的资金"空转""自转"特征明显，实际上是银行等金融机构"自己赚了自己的钱"，故此形成了泡沫收益与风险积累。

三是资产收益率宽幅度与杠杆率攀升和资产泡沫之间的相互强化作用，致使系统性金融风险凸显。以经济周期为依据的货币政策，通常关注通胀率与经济增长率。宏观审慎的货币政策没有关注不同资产间的资产收益率宽幅度持续拉大的经济现象。央行采用扩张的货币政策，保持了较低的融资成本和较大的信贷规模，致使社会流动性充裕。在通胀率不高，而经济增长率较快的时候，债务比率或杠杆率攀升过快，社会资本流入高收益率的资产、行业、领域，背离了"等量资本获得等量收益"的基本原理，致使宏观经济运行波动与经济结构失衡，加大了宏观经济运行风险。

四是资产收益率宽幅度改变了微观经济主体的投资行为，导致实体经济金融化、僵尸化及创新动力不足。实体经济中的投资性房地产等金融性资产与经营性资产之间的资产收益率宽幅度，改变实体经济的投资行为，资本逐利与资产收益率宽幅度的叠加效应，为资本逐利提供了更大的动力。实体企业投资或配置投资性房地产等金融性资产，减少了对经营性资产的投资，实体经济金融化程度不断加深，创新的预期收益低于资产价格上涨带来的收益，实体企业的企业创新投入不足、创新驱动推动经济增长放缓，实体企业逐渐偏离主营业务。由于实体企业的净收益现金含量走低，企业需要"输血救援"，迫使企业走上僵尸化的道路。

五是实体经济与虚拟经济之间的净资产收益率宽幅度是经济结构失衡的根

源。以实体经济为基础的虚拟经济应当是实体经济的润滑剂、参与者和收益的分享者，宽松的货币政策致使货币贬值、资产价格上涨，为虚拟经济运用杠杆获取非正常超额收益提供了机会。通过比较实体经济与虚拟经济净资产的收益率，发现虚拟经济净资产收益率与实体经济的净资产收益率的宽幅持续拉大。以房地产业、金融业等为主要代表的虚拟经济行业，运用高杠杆投资、炒作获得的收益率持续走高，导致实体经济与虚拟经济结构失衡，宏观经济运行波动。

六是税收杠杆未能发挥应有的调节作用，税收杠杆失灵。税收体现国家意志，是国家预算的主要来源，也是稳增长、调结构、转方式、推动高质量经济增长的重要政策工具。"减税降费"为实现稳增长的短期目标发挥了积极作用，保持了我国经济的持续向好、稳中有升的良好态势。然而，持续减税降费的空间逐渐缩小或收窄，直至不能持续。调结构、转方式与高质量经济增长才是我国经济发展的长期目标。依据资产收益率宽幅度与预警区间，把握税收杠杆的调节窗口，运用多层次、多品种的税率、税基调结构，发挥税收杠杆的调节功能。

七是公允价值计价的顺周期效应助推了资产收益率宽幅度的持续拉大。当货币贬值、资产价格上涨，公允价值计价向市场报告了资产价格总是上涨的乐观经济信息，未来收益的预期进一步推动了资产收益率宽幅度的持续拉大，杠杆率攀升与资产泡沫加剧；当货币升值、资产价格下跌，公允价值计价向市场报告了资产价格总是下跌的悲观经济信息，导致资产甩卖，形成危机。这就是公允价值计价的顺周期效应。

八是政策调控是驱动经济增长的核心变量。为应对经济下行压力与守住不发生系统性金融风险的底线，中央制定的"房住不炒""三去一降一补"及现在的"六稳"等相关政策确保了我国经济稳中向好的基本态势。本书提出的资产收益率宽幅度，以及测度的"资产收益率宽幅度与预警区间"，为政府选择相关的政策工具干预市场、实施政府管制与差别化管理提供了依据。同时，测度的各省、自治区及直辖市的"资产收益率宽幅度与预警区间"为政府差别变化管理、"精准施策"或"一城一策"提供了依据。

九是构建了一套相对完备的宏观经济政策的微观评价体系。刺激经济增长的货币政策是资产收益率宽幅度现象形成的原因。运用微观视角的资产收益率宽幅度逻辑分析框架，验证了微观经济主体的经济后果，同时也评价了宏观经济政策的运行效果。探索资产收益率宽幅度，分行业测度了资产收益率宽幅度与预警区间，构建了宏观经济政策与资产收益率宽幅度之间的逻辑关系模型。为宏观经济决策提供了新方法、新工具。

虽然本书首次从会计收益的微观视角，研究了宏观经济运行风险与经济机构失衡，提出了资产收益率宽幅度的基本概念，形成了资产收益率宽幅度的逻辑分析框架，搭建了一套相对完备的宏观经济政策运行状况的微观评价体系。然而，受到研究成员知识结构、研究方法、研究工具与数据等方面的限制，本书存在的不足之处，需要在后续的研究中补齐短板：（1）构建DSGE模型，模拟宏观经济政策变化对微观企业行为及宏观经济运行生产的脉冲响应影响，并分析冲击的动态宏观经济传导机制。预测各种宏观政策工具的外生冲击，以及受政策变化影响的微观企业内生冲击对宏观经济的影响，根据冲击的动态传导机制，判断经济政策的实施效果，为稳增长、调结构、转方式与高质量经济增长提供动态的理论依据与方法；（2）本书重点探讨了利率、货币供给量、信贷规模、存款准备金率、税收优惠、产业政策等政策工具的制定和量化。在后续的研究中，还可以继续扩充探讨其他政策工具对资产收益率宽幅度的调控作用，量化其他政策工具，实现准确判断、精准调控，确保我国经济持续、稳定、健康发展。

参考文献

一、中文著作

1.顾六宝等：《金融危机扩散指数的编制与应用研究》，人民出版社2019年版。

2.何帆、朱鹤：《僵尸企业的经济学诊断》，中国人民大学出版社2016年版。

3.滕泰等：《供给侧改革》，东方出版社2016年版。

4.王小鲁、樊纲、胡李鹏：《中国分省市场化指数报告（2018）》，社会科学文献出版社2019年版。

二、外文著作

1.[美] 约瑟夫·熊彼特：《资本主义、社会主义与民主》，吴良健译，商务印书馆1999年版。

2.Efron，B．，Tibshirani，R．，An Introduction to the Bootstrap，New York：Chapmann & Hall，1993.

3.Fisher，R．A．，Statistical Methods for Research Workers (4th ed)，Edinburgh：Oliver & Boyd，1932.

4.Friedman，M．A．，Schwartz，J．，A Monetary History of the United States，New Jersey：Princeton University Press，1963.

5.Lin，J．Y．，Economic Development and Transition: Aspirations and Social Thought of Modernization Economic Development and Transition，Cambridge：Cambridge University Press，2009.

6.Wooldridge，J．，Introductory Econometrics: A Modern Approach (3rd ed)，Mason，OH：South-Western，2006.

三、中文学术论文

1.安同良、施浩：《中国制造业企业R&D行为模式的观测与实证——基于江苏省制造业企业问卷调查的实证分析》，《经济研究》2006年第2期。

2.安苑、宋凌云：《财政结构性调整如何影响产业结构?》，《财经研究》2016年第42期。.

3.蔡超：《是瓦尔拉斯一般均衡，还是一般利润率均衡?——马克思经济学与西方经济学的批判式比较》，《华中师范大学研究生学报》2017年第24期。

4.蔡庆丰、田霖：《产业政策与企业跨行业并购:市场导向还是政策套利》，《中国工业经济》2019年第1期。

5.曹凤岐：《利率市场化进程中基准利率在货币政策体系中的地位与构建》，《中央财经大学学报》2014年第4期。

6.陈斌开、陆铭：《迈向平衡的增长:利率管制、多重失衡与改革战略》，《世界经济》2016年第39期。

7.陈创练、戴明晓：《货币政策、杠杆周期与房地产市场价格波动》，《经济研究》2018年第53期。

8.陈创练、郑挺国、姚树洁：《时变乘数效应与改革开放以来中国财政政策效果测定》，《经济研究》2019年第54期。

9.陈冬华、梁上坤、蒋德权：《不同市场化进程下高管激励契约的成本与选择：货币薪酬与在职消费》，《会计研究》2010年第11期。

10.陈汉文、黄轩昊：《中国上市公司内部控制指数：逻辑、构建与验证》，《审计研究》2019年第1期。

11.陈继勇、袁威、肖卫国：《流动性、资产价格波动的隐含信息和货币政策选择——基于中国股票市场与房地产市场的实证分析》，《经济研究》2013年第11期。

12.陈守东、王淼：《我国银行体系的稳健性研究——基于面板VAR的实证分析》，《数量经济技术经济研究》2011年第10期。

13.陈湘鹏、周皓、金涛、王正位：《微观层面系统性金融风险指标的比较与适用性分析——基于中国金融系统的研究》，《金融研究》2019年第5期。

14.陈彦斌、刘哲希、陈伟泽：《经济增速放缓下的资产泡沫研究——基于含有高债务特征的动态一般均衡模型》，《经济研究》2018年第10期。

15.陈彦斌、刘哲希：《推动资产价格上涨能够"稳增长"吗?——基于含有市场预期内生变化的DSGE模型》，《经济研究》2017年第7期。

16.陈洋林、张学勇、李波：《家庭加杠杆的资产配置效应研究》，《中央财经大学学报》2019年第3期。

17.陈运森、黄健峤：《地域偏爱与僵尸企业的形成——来自中国的经验证据》，《经济管理》2017年第9期。

18.成思危：《虚拟经济的基本理论及研究方法》，《管理评论》2009年第1期。

19.程虹、胡德状：《"僵尸企业"存在之谜:基于企业微观因素的实证解释——来自2015年"中国企业–员工匹配调查"(CEES)的经验证据》，《宏观质量研究》2016年第1期。

20.戴金平、万志宏：《APEC的货币金融合作：经济基础与构想》，《世界经济》2005年第5期。

21.邓可斌、关子桓、陈彬：《宏观经济政策与股市系统性风险——宏微观混合β估测方法的提出与检验》，《经济研究》2018年第8期。

22.丁俊君、戴生泉：《多项式分布滞后模型阶数的确定及其应用》，《统计与决策》2004年第10期。

23.杜勇、张欢、陈建英：《金融化对实体企业未来主业发展的影响:促进还是抑制》，《中国工业经济》2017年第12期。

24.方明月、孙鲲鹏：《国企混合所有制能治疗僵尸企业吗?——一个混合所有制类啄序逻辑》，《金融研究》2019年第1期。

25.方明月、张雨潇、聂辉华：《中小民营企业成为僵尸企业之谜》，《学术月刊》2018年第3期。

26.方意、黄丽灵：《系统性风险、抛售博弈与宏观审慎政策》，《经济研究》2019年第9期。

27.方意：《系统性风险的传染渠道与度量研究——兼论宏观审慎政策实施》，《管理世界》2016年第8期。

28.冯金华：《一般均衡理论的价值基础》，《经济研究》2012年第1期。

29.付文林、赵永辉：《税收激励、现金流与企业投资结构偏向》，《经济研究》2014年第5期。

30.宫晓琳等：《基于不确定性分布的金融风险审慎管理研究》，《经济研究》2019年第7期。

31.宫晓琳；《宏观金融风险联动综合传染机制》，《金融研究》2012年第5期。

32.宫晓琳：《未定权益分析方法与中国宏观金融风险的测度分析》，《经济研究》2012年第3期。

33.顾夏铭、陈勇民、潘士远：《经济政策不确定性与创新——基于我国上市公司的实证分析》，《经济研究》2018年第2期。

34.郭冬梅、胡毅、林建浩：《我国正规就业者的教育收益率》，《统计研究》2014年第8期。

35.郭晔、赖章福：《政策调控下的区域产业结构调整》，《中国工业经济》2011年第4期。

36.郭玉清、孙希芳、何杨：《地方财政杠杆的激励机制、增长绩效与调整取向研究》，《经济研究》2017年第6期。

37.国建业、唐龙生：《促进产业结构调整的财政政策取向》，《财经论丛(浙江财经学院学报)》2001年第3期。

38.韩永辉、黄亮雄、王贤彬：《产业政策推动地方产业结构升级了吗?——基于发展型地方政府的理论解释与实证检验》，《经济研究》2017年第8期。

39.何帆、朱鹤：《僵尸企业的识别与应对》，《中国金融》2016年第5期。

40.何兴强、史卫、周开国：《背景风险与居民风险金融性资产投资》，《经济研究》2009年第12期。

41.何瑛、于文蕾、杨棉之：《CEO复合型职业经历、企业风险承担与企业价值》，《中国工业经济》2019年第9期。

42.胡聪慧、燕翔、郑建明：《有限注意、上市公司金融投资与股票回报率》，《会计研究》2015年第10期。

43.胡奕明、王雪婷、张瑾：《金融性资产配置动机："蓄水池"或"替代"？——来自中国上市公司的证据》，《经济研究》2017年第1期。

44.胡志鹏：《"稳增长"与"控杠杆"双重目标下的货币当局最优政策设定》，《经济研究》2014年第12期。

45.黄俊威、龚光明：《融资融券制度与公司资本结构动态调整——基于"准自然实验"的经验证据》，《管理世界》2019年第10期。

46.黄群慧：《论新时期中国实体经济的发展》，《中国工业经济》2017年第9期。

47.黄少卿、陈彦：《中国僵尸企业的分布特征与分类处置》，《中国工业经济》2017年第3期。

48.黄世忠：《公允价值会计的顺周期效应及其应对策略》，《会计研究》

2009年第11期。

49.黄婷、郭克莎：《国有僵尸企业退出机制的演化博弈分析》，《经济管理》2019年第5期。

50.纪敏、严宝玉、李宏瑾：《杠杆率结构、水平和金融稳定——理论分析框架和中国经验》，《金融研究》2017年第2期。

51.纪明、许春慧：《论中国当前供需结构性改革思路——基于供需转换与经济持续均衡增长视角》，《社会科学》2017年第1期。

52.纪洋、谭语嫣、黄益平：《金融双轨制与利率市场化》，《经济研究》2016年第6期。

53.纪志宏等：《地方官员晋升激励与银行信贷——来自中国城市商业银行的经验证据》，《金融研究》2014年第1期。

54.贾康、梁季：《市场化、城镇化联袂演绎的"土地财政"与土地制度变革》，《改革》2015年第5期。

55.姜国华、饶品贵：《宏观经济政策与微观企业行为——拓展会计与财务研究新领域》，《会计研究》2011年第3期。

56.蒋灵多、陆毅、陈勇兵：《市场机制是否有利于僵尸企业处置：以外资管制放松为例》，《世界经济》2018年第9期。

57.蒋灵多、陆毅：《最低工资标准能否抑制新僵尸企业的形成》，《中国工业经济》2017年第11期。

58.解维敏、方红星：《金融发展、融资约束与企业研发投入》，《金融研究》2011年第5期。

59.金祥荣、李旭超、鲁建坤：《僵尸企业的负外部性:税负竞争与正常企业逃税》，《经济研究》2019年第3期。

60.金中夏、洪浩、李宏瑾：《利率市场化对货币政策有效性和经济结构调整的影响》，《经济研究》2013年第4期。

61.黎文靖、郑曼妮：《实质性创新还是策略性创新?——宏观产业政策对微观企业创新的影响》，《经济研究》2016年第4期。

62.李宝瑜：《中国宏观经济失衡指数研究》，《统计研究》2009年第10期。

63.李楠博：《压力与期冀:生态文明视域下企业绿色技术创新的驱动机制研究》，《求是学刊》2020年第1期。

64.李万福、杜静、张怀：《创新补助究竟有没有激励企业创新自主投资——来自中国上市公司的新证据》,《金融研究》2017年第10期。

65.李旭超:《僵尸企业与税负扭曲》,《管理世界》2018年第4期。

66.李扬等:《中国杠杆率趋稳,结构有所改善》,《中国经济报告》2018年第1期。

67.李永友:《我国需求结构失衡及其程度评估》,《经济学家》2012年第1期。

68.连立帅、陈超、白俊:《产业政策与信贷资源配置》,《经济管理》2015年第12期。

69.连玉君、彭方平、苏治:《融资约束与流动性管理行为》,《金融研究》2010年第10期。

70.连玉君、苏治、丁志国:《现金流敏感性能检验融资约束假说吗?》,《统计研究》2008年第10期。

71.刘贯春、刘媛媛、张军:《金融性资产配置与中国上市公司的投资波动》,《经济学(季刊)》2019年第2期。

72.刘珺、盛宏清、马岩:《企业部门参与影子银行业务机制及社会福利损失模型分析》,《金融研究》2014年第5期。

73.刘莉亚等:《僵尸企业与货币政策降杠杆》,《经济研究》2019年第9期。

74.刘穷志:《税收竞争、资本外流与投资环境改善——经济增长与收入公平分配并行路径研究》,《经济研究》2017年第3期。

75.刘胜强等:《融资约束、代理成本对企业投资的影响——基于我国上市公司的经验证据》,《会计研究》2015年第11期。

76.刘晓光、刘元春、申广军:《杠杆率的收入分配效应》,《中国工业经济》2019年第2期。

77.刘晓萍:《我国经济结构失衡的突出矛盾与治理对策》,《经济纵横》2014年第8期。

78.刘尧成、刘伟:《金融周期对中国经济结构失衡的传导机制分析》,《统计与信息论坛》2019年第1期。

79.栾甫贵、刘梅:《僵尸企业僵尸指数的构建及应用研究》,《经济与管理研究》2018年第6期。

80.栾甫贵、汤佳颖:《企业研发能否抑制新的僵尸企业形成》,《财会月刊(会计版)》2018年第20期。

81.马光荣：《制度、企业生产率与资源配置效率——基于中国市场化转型的研究》，《财贸经济》2014年第8期。

82.马建堂等：《中国的杠杆率与系统性金融风险防范》，《财贸经济》2016年第1期。

83.马勇、陈雨露：《金融杠杆、杠杆波动与经济增长》，《经济研究》2017年第6期。

84.毛昊、尹志锋、张锦：《中国创新能够摆脱"实用新型专利制度使用陷阱"吗》，《中国工业经济》2018年第3期。

85.孟庆斌、师倩：《宏观经济政策不确定性对企业研发的影响：理论与经验研究》，《世界经济》2017年第9期。

86.彭俞超、方意：《结构性货币政策、产业结构升级与经济稳定》，《经济研究》2016年第7期。

87.彭俞超、韩珣、李建军：《经济政策不确定性与企业金融化》，《中国工业经济》2018年第1期。

88.彭俞超、倪骁然、沈吉：《企业"脱实向虚"与金融市场稳定——基于股价崩盘风险的视角》，《经济研究》2018年第10期。

89.钱先航、曹廷求、李维安：《晋升压力、官员任期与城市商业银行的贷款行为》，《经济研究》2011年第12期。

90.钱雪松、杜立、马文涛：《中国货币政策利率传导有效性研究:中介效应和体制内外差异》，《管理世界》2015年第11期。

91.饶静、万良勇：《政府补助、异质性与僵尸企业形成——基于A股上市公司的经验证据》，《会计研究》2018年第3期。

92.尚玉皇、郑挺国：《基准收益率曲线与宏观经济:基于混频DSGE模型的研究》，《经济研究》2018年第6期。

93.申广军、陈斌开、杨汝岱：《减税能否提振中国经济？——基于中国增值税改革的实证研究》，《经济研究》2016年第11期。

94.申广军：《比较优势与僵尸企业:基于新结构经济学视角的研究》，《管理世界》2016年第12期。

95.盛明泉、汪顺、商玉萍：《金融性资产配置与实体企业全要素生产率："产融相长"还是"脱实向虚"》，《财贸研究》2018年第10期。

96.史晋川、黄良浩：《总需求结构调整与经济发展方式转变》，《经济理论与经济管理》2011年第1期。

97.宋建波、苏子豪、王德宏：《政府补助、投融资约束与企业僵尸化》，《财贸经济》2019年第4期。

98.宋军、陆旸：《非货币金融性资产和经营收益率的U形关系——来自我国上市非金融公司的金融化证据》，《金融研究》2015年第6期。

99.孙刚：《税收征管与上市企业资本性投资效率研究——来自地方政府违规税收优惠或返还的初步证据》，《中央财经大学学报》2017年第11期。

100.孙晓华、李明珊：《国有企业的过度投资及其效率损失》，《中国工业经济》2016年第10期。

101.谭劲松、冯飞鹏、徐伟航：《产业政策与企业研发投资》，《会计研究》2017年第10期。

102.谭语嫣、谭之博、黄益平等：《僵尸企业的投资挤出效应:基于中国工业企业的证据》，《经济研究》2017年第5期。

103.唐文进、苏帆：《极端金融事件对系统性风险的影响分析——以中国银行部门为例》，《经济研究》2017年第4期。

104.陶玲、朱迎：《系统性金融风险的监测和度量——基于中国金融体系的研究》，《金融研究》2016年第6期。

105.王国刚：《中国货币政策目标的实现机理分析：2001—2010》，《经济研究》2012年第12期。

106.王红建等：《实体企业金融化促进还是抑制了企业创新——基于中国制造业上市公司的经验研究》，《南开管理评论》2017年第1期。

107.王红建、李茫茫、汤泰劼：《实体企业跨行业套利的驱动因素及其对创新的影响》，《中国工业经济》2016年第11期。

108.王君斌、郭新强：《产业投资结构、流动性效应和中国货币政策》，《经济研究》2011年第12期。

109.王璐、杨庆丰：《两种均衡理论的争论:古典马克思一般均衡与新古典一般均衡》，《经济评论》2006年第01期。

110.王美今、林建浩：《计量经济学应用研究的可信性革命》，《经济研究》2012年第02期。

111.王倩：《论地方财政收支与区域产业结构趋同》，《知识经济》2015年第13期。

112.王擎、刘鹏、田娇：《我国商业银行逆周期资本监管的锚定指标选取》，《金融研究》2019年第11期。

113.王少华、上官泽明：《货币政策宽松度、过度金融化与企业创新》，《财经科学》2019年第10期。

114.王万珺、刘小玄：《为什么僵尸企业能够长期生存》，《中国工业经济》2018年第10期。

115.王文甫、张南、岳超云：《中国财政政策冲击的识别与效应——符号约束方法下的SVAR分析》，《财经研究》2015年第6期。

116.王彦超、李玲、王彪华：《税收优惠与财政补贴能有效促进企业创新吗？——基于所有制与行业特征差异的实证研究》，《税务研究》2019年第6期。

117.王彦超：《金融抑制与商业信用二次配置功能》，《经济研究》2014年第6期。

118.王艺明、刘一鸣：《马克思主义两大部类经济增长模型的理论与实证研究》，《经济研究》2018年第9期。

119.王永钦、李蔚、戴芸：《僵尸企业如何影响了企业创新？——来自中国工业企业的证据》，《经济研究》2018年第11期。

120.王永钦、吴娴：《中国创新型货币政策如何发挥作用：抵押品渠道》，《经济研究》2019年第12期。

121.王宇伟、盛天翔、周耿：《宏观政策、金融资源配置与企业部门高杠杆率》，《金融研究》2018年第10期。

122.王竹泉、谭云霞、宋晓缤：《"降杠杆"、"稳杠杆"和"加杠杆"的区域定位——传统杠杆率指标修正和基于"双重"杠杆率测度体系确立结构性杠杆率阈值》，《管理世界》2019年第12期。

123.温忠麟、侯杰泰、马什赫伯特：《结构方程模型检验:拟合指数与卡方准则》，《心理学报》2004年第2期。

124.温忠麟、叶宝娟：《中介效应分析：方法和模型发展》，《心理科学进展》2014年第22期。

125.吴敬琏：《中国经济转型的困难与出路》，《中国改革》2008年第02期。

126.吴敬链：《中国经济的未来方向》，《中小企业管理与科技(中旬刊)》2013年第8年。

127.吴卫星、齐天翔：《流动性、生命周期与投资组合相异性——中国投资者行为调查实证分析》，《经济研究》2007年第2期。

128.武咸云、陈艳、杨卫华：《战略性新兴产业的政府补贴与企业R&D投入》，《科研管理》2016年第5期。

129.谢家智、王文涛、江源：《制造业金融化、政府控制与技术创新》，《经济学动态》2014年第11期。

130.谢乔昕：《货币政策调控、劳动力成本黏性与企业创新投资》，《科技管理研究》2018年第19期。

131.徐光伟、孙铮：《货币政策信号、实际干预与企业投资行为》，《财经研究》2015年第7期。

132.徐晓东、陈小悦：《第一大股东对公司治理、企业业绩的影响分析》，《经济研究》2003年第2期。

133.徐悦、刘运国、蔡贵龙：《高管薪酬粘性与企业创新》，《会计研究》2018年第7期。

134.徐忠、贾彦东：《中国潜在产出的综合测算及其政策含义》，《金融研究》2019年第3期。

135.徐忠：《经济高质量发展阶段的中国货币调控方式转型》，《金融研究》2018年第4期。

136.许罡、伍文中：《公司金融化投资之谜:盈余管理抑或金融套利?》，《证券市场导报》2018年第8期。

137.许江波、卿小权：《僵尸企业对供应商的溢出效应及其影响因素》，《经济管理》2019年第41期。

138.严金强：《基于资本流动的动态一般均衡理论模型探讨》，《财经研究》2015年第41期。

139.杨汝岱：《中国制造业企业全要素生产率研究》，《经济研究》2015年第2期。

140.杨晔等：《财政补贴对企业研发投入和绩效的影响研究——来自中国创业板上市公司的经验证据》，《财经论丛》2015年第1期。

141.杨子晖、陈里璇、陈雨恬：《经济政策不确定性与系统性金融风险的跨市场传染——基于非线性网络关联的研究》，《经济研究》2020年第1期。

142.杨子晖、陈雨恬、陈里璇：《极端金融风险的有效测度与非线性传染》，《经济研究》2019年第5期。

143.杨子晖、李东承：《我国银行系统性金融风险研究——基于"去一法"的应用分析》，《经济研究》2018年第8期。

144.姚金武：《改革财政体制促进产业结构调整》，《宏观经济管理》2010年第6期。

145.易纲、王召：《货币政策与金融性资产价格》，《经济研究》2002年第3期。

146.易纲：《坚守币值稳定目标实施稳健货币政策》，《中国金融家》2019年第12期。

147.尹志超、吴雨、甘犁：《金融可得性、金融市场参与和家庭资产选择》，《经济研究》2015年第3期。

148.余明桂、范蕊、钟慧洁：《中国产业政策与企业技术创新》，《中国工业经济》2016年第12期。

149.余明桂、钟慧洁、范蕊：《民营化、融资约束与企业创新——来自中国工业企业的证据》，《金融研究》2019年第4期。

150.袁志刚：《新的历史起点：中国经济的非均衡表现与走势》，《学术月刊》2008年第11期。

151.翟进步、罗玫：《中国股市被上市公司的"投资收益"误导了吗》，《金融研究》2014年第10期。.

152.张成思、张步昙：《中国实业投资率下降之谜：经济金融化视角》，《经济研究》2016年第12期。

153.张成思、刘贯春：《最优金融结构的存在性、动态特征及经济增长效应》，《管理世界》2016年第1期。

154.张成思、郑宁：《中国非金融企业的金融投资行为影响机制研究》，《世界经济》2018年第12期。

155.张成思：《金融化的逻辑与反思》，《经济研究》2019年第11期。

156.张国庆、李卉：《税收增长对产业升级的影响——基于空间计量和面板门槛模型的实证分析》，《云南财经大学学报》2019年第35期。

157.张杰、刘志彪、郑江淮：《中国制造业企业创新活动的关键影响因素研究——基于江苏省制造业企业问卷的分析》，《管理世界》2007年第6期。

158.张杰、郑文平、新夫：《中国的银行管制放松、结构性竞争和企业创新》，《中国工业经济》2017年第10期。

159.张杰、郑文平：《创新追赶战略抑制了中国专利质量么？》，《经济研究》2018年第5期。

160.张杰、周晓艳、李勇：《要素市场扭曲抑制了中国企业R&D？》，《经济研究》2011年第8期。

161.张茉楠：《中国杠杆率评估新框架》，《中国金融》2017年第22期。

162.张睿、张勋、戴若尘：《基础设施与企业生产率:市场扩张与外资竞争的视角》，《管理世界》2018年第1期。

163.张同斌、高铁梅：《财税政策激励、高新技术产业发展与产业结构调整》，《经济研究》2012年第5期。

164.张晓晶、常欣、刘磊：《结构性去杠杆：进程、逻辑与前景——中国去杠杆2017年度报告》，《经济学动态》2018年第5期。

165.张晓晶、李成、李育：《扭曲、赶超与可持续增长——对政府与市场关系的重新审视》，《经济研究》2018年第1期。

166.张晓晶、刘学良、王佳：《债务高企、风险集聚与体制变革——对发展型政府的反思与超越》，《经济研究》2019年第6期。

167.张璇、刘贝贝、汪婷、李春涛：《信贷寻租、融资约束与企业创新》，《经济研究》2017年第5期。

168.张一林、蒲明：《债务展期与结构性去杠杆》，《经济研究》2018年第7期。

169.张亦春、彭江：《影子银行对商业银行稳健性和经济增长的影响——基于面板VAR模型的动态分析》，《投资研究》2014年第5期。

170.张兆国、刘亚伟、杨清香：《管理者任期、晋升激励与研发投资研究》，《会计研究》2014年第9期。

171.赵立三、李博文、刘立军：《"收益率宽幅"与转换经济增长动力的政策工具选择》，《河北学刊》2019年第5期。

172.赵立三、赵子璐：《收益宽幅现象与中国"对赌经济"的治理》，《河北学刊》2012年第32期。

173.赵立三、刘立军：《"收益率宽幅"与美国次贷危机再回顾》，《河北大学学报(哲学社会科学版)》2019年第6期。

174.赵卿、曾海：《国家产业政策、信贷资源配置与企业业绩》，《投资研究》2016年第3期。

175.赵彦雯：《"僵尸企业"占用信贷资源及处置对策研究》，《现代金融》2016年第10期。

176.郑思齐、孙伟增、吴璟等：《"以地生财，以财养地"——中国特色城市建设投融资模式研究》，《经济研究》2014年第8期。

177.中国人民银行杠杆率研究课题组：《中国经济杠杆率水平评估及潜在风险研究》，《金融监管研究》2014年第5期。

178.中国人民银行营业管理部课题组、周学东、李宏瑾、李康、苏乃芳：《预算软约束、融资溢价与杠杆率——供给侧结构性改革的微观机理与经济效应研究》，《经济研究》2017年第10期。

179.钟凯、程小可、肖翔、郑立东：《宏观经济政策影响企业创新投资吗——基于融资约束与融资来源视角的分析》，《南开管理评论》2017年6期。

180.钟宁桦、刘志阔、何嘉鑫、苏楚林：《我国企业债务的结构性问题》，《经济研究》2016年第7期。

181.周开国、卢允之、杨海生：《融资约束、创新能力与企业协同创新》，《经济研究》2017年第7期。

182.周铭山、张倩倩：《"面子工程"还是"真才实干"？——基于政治晋升激励下的国有企业创新研究》，《管理世界》2016年第12期。

183.朱太辉、魏加宁、刘南希、赵伟欣：《如何协调推进稳增长和去杠杆?——基于资金配置结构的视角》，《管理世界》2018年第9期。

184.朱映惠、王玖令：《实体企业金融投资的经济效应研究——基于企业资金配置脱实向虚的视角》，《金融监管研究》2017年第6期。

185.祝继高、陆正飞：《货币政策、企业成长与现金持有水平变化》，《管理世界》2009年第3期。

186.邹洋等：《财税政策对企业研发投入的影响分析》，《税务研究》2016年第8期。

四、外文学术论文

1.Abdallah，B.，*The Impact of Financial Structure, Financial Leverage and Profitability on Industrial Companies Shares Value*，Research Journal of Finance and Accounting，2014，Vol.5(No.1).

2.Aivazian，V. A.，Ge，Y.，Qiu，J.，*The Impact of Leverage on Firm Investment: Canadian Evidence*，Journal of Corporate Finance，2005，11(1).

3.Andrew, K., Shannon, D.W., *Why 'Financialisation' Fasn't Depressed Us Productive Investment*, Cambridge Journal of Economics, 2015, Vol.39(No.1).

4.Arrighi, G., *The Long Twentieth Century: Money, Power, and The Origins of Our Times*, American Political Science Association, 1994, 89(4).

5.Arrow, K. J., Cropper, M. L., et al., *Is There A Role for Benefit-Cost Analysis in Environmental, Health, And Safety Regulation?*, Science (New York, N.Y.).1996.

6.Bagozzi, R. P., Youjae Y., Phillips L. W., *Assessing Construct Validity in Organizational Research*, Administrative Science Quarterly, 1991,Vol.36(No.3).

7.Baron, R.M., Kenny, D. A., *The Moderator-Mediator Variable Distinction in Social Psychological Research: Conceptual, Strategic, and Statistical Considerations*, J Pers Soc Psychol, 1986,51(6).

8.Bascle, G., *Controlling for Endogeneity with Instrumental Variables in Strategic Management Research*, Strategic Organization, 2008, Vol.6(No.3).

9.Ben, S. B., Mark, G., *Inside the Black Box: the Credit Channel of Monetary Policy Transmission*, Journal of Economic Perspectives, 1995, Vol.9(NO.4).

10.Bernd, H., Matthias, N., *Canadian Interest Rate Setting: the Information Content of Canadian and U.S. Central Bank Communication*, Southern Economic Journal, 2011, Vol.78(No.1).

11.Bhaduri, A., *A Contribution to The Theory of Financial Fragility and Crisis*, Wiiw Working Papers, 2010, 35.

12.Binh, K. B., *Model Selection for Estimating Portfolio var in Korean Stock Market*, Korean Journal of Financial Studies, 2008, Vol.37(No.5).

13.Blundell, R., Duncan, A., Meghir, C., *Taxation in Empirical Labour Supply Models: Lone Mothers in the UK: the Journal of the Royal Economic Society*, The Economic Journal, 1992, Vol.102(No.411).

14.Bonfiglioli, A., *Financial Integration, Productivity and Capital Accumulation*, Journal of International Economics, 2008, 76.

15.Brenner, S., Andrea, Bassett, *The Art of Sustaining Social Innovation: Markets, Imagination, and Rapid Prototyping*, Innovations: Technology, Governance, Globalization, 2010, Vol.5(No.3).

16.Brown, J. R., Martinsson, G., Petersen, B. C., *Do Financing Constraints Matter for R&D?*, European Economic Review, 2012, 56(8).

17.Caballero, R. J., Hoshi, T., Kashyap, A. K., *Zombie Lending and Depressed Restructuring in Japan*, Social Science Electronic Publishing, 2008, 98(5).

18.Claes, F., David, F. L., *Evaluating Structural Equation Models with Unobservable Variables and Measurement Error*, Journal of Marketing Research, 1981, 18(No.1).

19.Cleary, S., *The Relationship Between Firm Investment and Financial Status*, Journal of Finance, 1999, 54.

20.Cocco, J. F., Portfolio *Choice in the Presence of Housing*, Review of Financial Studies, 2005, 18(2).

21.Cohen, W. M., Klepper, S., *The Anatomy of Industry R&D Intensity Distributions the Anatomy of Industry R&D Intensity Distributions*, The American Economic Review, 1992, Vol.82(No.4).

22.Cornaggia, J., Mao, Y., Tian, X., Wolfe, B., *Does Banking Competition Affect Innovation?*, Jounal of Financial Economics, 2015, Vol,115(1).

23.Daniel, F. S., *Market Microstructure and Incentives to Invest*, Journal of Political Economy, 2002, Vol.110(No.2).

24.Demir, F., *Macroeconomic Uncertainty and Private Investment in Argentina, Mexico and Turkey*, Applied Financial Economics Letters, 2009, 16(4–6).

25.Demir, F., *Financial Liberalization, Private Investment and Portfolio Choice: Financialization of Real Sectors in Emerging Markets*, Journal of Development Economics, 2009, 88(2).

26.Demir, F., *Financialization and Manufacturing Firm Profitability Under Uncertainty and Macroeconomic Volatility: Evidence From An Emerging Market*, Review of Development Economics, 2009, 13(4).

27.Dimitris, T., Dimitris, S., *The Effects of Regional Capital Subsidies on Firm Performance: An Empirical Study*, Journal of Small Business and Enterprise Development, 2004, Vol.11(No.1).

28.Dumenil, G., Levy, D. *Neoliberal Income Trends -Wealth, Class and Ownership In The USA*, New Left Review, 2004, (No.30).

29.Edward，J. K.，*Dangers of Capital Forbearance: The Case of The Fslic and "Zombie"*，Contemporary Economic Policy，1987，5(1).

30.Enders，Z.，Hakenes，H.，*On The Existence And Prevention of Speculative Bubbles*，Working Papers，2014(3462).

31.Engelbert，S.，*Financialisation And The Slowdown of Accumulation*，Cambridge Journal of Economics，2004，Vol.28(NO.5).

32.Eugene，F.，*Term-Structure Forecasts of Interest Rates, Inflation and Real Returns*，Journal of Monetary Economics，1990，Vol.25(NO.1).

33.Feldstein，M.，*Economic and Financial Crises in Emerging Market Economies: Overview of Prevention And Management*，2002，42(3).

34.Fostel，A.，Geanakoplos，J.，*Endogenous Collateral Constraints And The Leverage Cycle*，Annual Review of Economics，2014，6(1).

35.Foster，J. B.，Fred，M.，*The Great Financial Crisis: Causes And Consequences*，Journal of Economic Issues, 2009.

36.Fukuda，S. I.，Nakamura，J.，*Why Did 'Zombie' Firms Recover in Japan?*，World Economy，2011，34(7).

37.Gehringer，A.，Growth，*Productivity And Capital Accumulation: The Effects of Fnancial Liberalization in The Case of European Integration*，International Review of Economics & Finance，2013，25(1).

38.Gehringer，A.，*Financial Liberalization, Financial Development And Productivity Growth An Overview*，Financial Times Deutschland，Budapest Open Access Initiative Discussion Papers，2013，27.

39.Gert，P.，Frank S.，*The Industry Effects of Monetary Policy in The Euro Area*，Economic Journal，2005，Vol.115(No.503).

40.Gu，Y. Q. Mao，C. X.，Tian，X.，*Bank Interventions and Firm Innovation: Evidence from Debt Covenant Violations*，Journal of Law and Economics，2017，Vol.60(4).

41.Gonzá lez，I.，Sala H. *Investment Crowding-out And Labor Market Effects of Financialization in the US*，Scottish Journal of Political Economy，2014，61(5).

42.Hair，J. F.，Risher，J. J.，Sarstedt，M.，Ringle，C.M.，*When to Use And How to Report the Results of PLS-SEM*，European Business Review，2019，Vol.31(No.1).

43.Hall, A., *Joint Hypothesis Tests for A Random Walk Based on Instrumental Variable Estimator*, Journal of Time Series Analysis, 1992, Vol.13(No.1).

44.Hall, R., Mishkin, F., *The Sensitivity of Consumption to Transitory Income: Estimate from panel data on households*, Econometrica, 1993, 50.

45.Haynes, K. T., Hillman, A., *The Effect of Board Capital And CEO Power on Strategic Change*, Strategic Management Journal, 2010, Vol.31(No.11).

46.Heckman, J., *The Common Structure of Statistical Models of Truncation, Sample Selection And Limited Dependent Variables and A Simple Estimator for Such Models*, Annals of Economic and Social Measurement, 1976, 5.

47.Holtz-Eakin, D., Newey, W., Rosen, H.S., *Estimating Vector Autoregressions With Panel Data*, Econometrica, 1988.

48.Hoshi, T., *Economics of The Living Dead*, Japanese Economic Review, 2006, 57.

49.Hsu, P-H, Tian, X., Xu, Y., *Financial Development And Innovation: Cross Country Evidence*, Journal of Financial Economics, 2014, Vol.112(1).

50.Haubrich, J., Dombrosky, A. M., *Predicting Real Growth Using The Yield Curve*, Economic Review, 1996, (Q I).

51.Jansen, J. P., Frans, A.J. Van den Bosch, Henk, W. V., *Exploitative Innovation, And Ambidexterity: The Impact of Environmental And Organizational Antecedents*, Schmalenbach Business Review, 2005, Vol.57(No.4).

52.Jian, M., Wong, T. J., *Propping Through Related Party Transactions*, Review of Accounting Studies, 2010, 15(1).

53.Kannan, P., Rabanal, P., Scott, A. M., *Macroeconomic Patterns And Monetary Policy in The Run-up to Asset Price Busts*, IMF Working Papers, 2009.

54.Kao, C., *Spurious Regression And Residual-Based Tests for Cointegration in Panel Data*, Journal of Econometrics, 1999, 90(1).

55.Kaplan, S. N., Zingales, L., *Do Investment-Cash Flow Sensitivities Provide Useful Measures of Financing Constraints?*, The Quarterly Journal of Economics, 1997, Vol.112(NO.1).

56.Kenny, B., Reedy, E., *The Impact of Organisational Culture Factors on Innovation Levels in SMEs: An Empirical Investigation*, Irish Journal of

Management, 2006, Vol.27(No.2).

57.Keynes, J. M., *The General Theory of Employment*, Interest And Money, Limnology & Oceanography, 1936, 12(1–2).

58.Kliman, A., Williams, S. D., *Why 'Financialisation' Hasn't Depressed US Productive Investment*, Cambridge Journal of Economics, 2015, Vol.39(No.1).

59.Kline, R. B., Card, N.A., *An Accessible Introduction to Structural Equation Modeling*, Psyc Critiques, 2005, Vol.50(No.26).

60.Krippner, Greta. R., *The Financialization of The American Economy*, Socio-Economic Review, 2005, Vol.3(No.2).

61.Larcker, D. F., Rusticus, T. O., *On The Use of Instrumental Variables in Accounting Research*, Journal of Accounting and Economics, 2010, Vol.49(No.3).

62.Lastrapes, W. D., *The Real Price of Housing And Money Supply Shocks: Time Series Evidence And Theoretical Simulations*, Journal of Housing Economics, 2002, Vol.11(NO.1).

63.Lazonick, W., *Financialization of The U.S. Corporation: What has been lost, and How It Can Be Regained*, Seattle University Law Review, 2012, 36.

64.Le, Q., Zak, P., *Political Risk And Capital Flight*, Journal of International Money and Finance, 2006, 25(2).

65.Levin, A., Lin, C. F., Chu, C. S. J., *Unit Root Tests in Panel Data: Asymptotic And Finite-Sample Properties*, Journal of Econometrics, 2002, 108(1).

66.Lewis, V., Winkler, R., *Fiscal Policy And Business Formation in Open Economies*, Research in Economics, 2015, Vol.69(No.4).

67.Loehlin, J.C., Kroonenberg, M., *Classical And Modern Views on Structural Equation Modeling*, Psyc Critiques, 1999, Vol.44(No.4).

68.Maddala, G.S., Wu, S.W., *A Comparative Study of Unit Root Tests with Panel Data And A New Simple Test*, Oxford Bulletin of Economics & Statistics, 1999, 61(S1).

69.Markowitz, H.M., *Portfolio Selection*, The Journal of Finance, 1952, 7(1).

70.Miller, M., Stiglitz, J., *Leverage And Asset Bubbles: Averting Armageddon with Chapter 11?*, Economic Journal, 2010, 120(544).

71.Miller, A. S., *Administrative Discretion in The Award of Federal*

Contracts，Michigan Law Review，1955，Vol.55.

72.Mishkin，F. S.，*The Information in the Longer Maturity Term Structure About Future Inflation*，The Quarterly Journal of Economics，1990，Vol.105(No.3).

73.Mouna，A.，Jarboui，A.，*Financial Literacy And Portfolio Diversification: An Observation from the Tunisian Stock Market*，International Journal of Bank Marketing，2015，33(6).

74.Nakamura，J. I.，Fukuda，S. I.，*What Happened to 'Zombie' Firms in Japan?: Reexamination for the Lost Two Decades*，Global Journal of Economics，2013，2(2).

75.Nissim，D.，Penman，S. H.，*Ratio Analysis And Equity Valuation: From Research to Practice*，Review of Accounting Studies，2001，6(1).

76.Orhangazi，O.，*Financialization And Capital Accumulation in the Non-financial Corporate Sector: At Heoretical and Empirical Investigation on the US Economy:1973-2003*，Cambridge Journal of Economics，2008，32(6).

77.Peter，J. M.，*The Role of Macroeconomic Policy in Rebalancing Growth*，Journal of Asian Economics，2012，Vol.23(No.1).

78.Pedroni，P.，*Critical Values for Cointegration Tests in Heterogeneous Panels with Multiple Regressors*，Oxford Bulletin of Economics & Statistics，1999，61(S1).

79.Ricardo，J. C.，Takeo，H.，and Anil，K. K.，*Zombie Lending and Depressed Restructuring in Japan*，The American Economic Review，2008，Vol. 98 (No.5).

80.Bagozzi，R. P.，Youjae Yi.，*On the Evaluation of Structural Equation Models*，Journal of the Academy of Marketing Science，1988，Vol.16(NO.1).

81.Sen，S.，Dasgupta，Z.，*Financialization and Corporate Investments: the Indian Case*，Economics Working Paper Archive，2015，64(4).

82.Stock，J. H.，Yogo，M.，et al. *Testing for Weak Instruments in Linear IV Regression*，Dentification and Inference for Econometric Models，2005.

83.Theurillat，T.，Corpataux，J.，Olivier. C.，*Property Sector Financialization: the Case of Swiss Pension Funds (1992-2005)*，European Planning Studies，2010，18(2).

84.Tian，X.，Wang，T.Y.，*Tolerance for Failure and Corporate Innovation*，

Review of Financial Studies，2014，VOL.27.

85.Tong，T. et al.，*Patent Regime Shift and Firm Innovation: Evidence from the Second Amendment to China's Patent Law*，Academy of Management Proceedings，2014(1).

86.Tori，D.，Onaran，O.，*The Effects of Financialisation and Financial Development on Investment: Evidence from Firm-Level Data in Europe*，Greenwich Papers in Political Economy，2017.

87.Woodford，M.，*Optimal Monetary Policy Inertia*，The Manchester School，1999，Vol.67.

88.Yeh，K.C. *An Asian Currency Unit: Simulations for Its Effects on East Asia*，World Economy，2013，Vol.36(No.12).

89.Young，B. C.，Gurbaxani，Vijay.，*Information Technology Outsourcing, Knowledge Transfer, and Firm Productivity: An Empirical Analysis*，MISQ，2012，Vol.36(No.4).

四、学位论文

1.顾书华：《中国货币政策有效性与泰勒规则的适用性分析》，辽宁大学博士学位论文，2016年。

2.胡谍：《房地产市场对宏观经济的影响机制研究》，清华大学博士学位论文，2011年。

3.雷鸣：《财政金融支持科技成果转化研究》，西南交通大学博士学位论文，2017年。

4.马文鹏：《中国经济新常态下货币政策运用研究》，天津财经大学博士学位论文，2016年。

5.商潇：《金融支持、财税补贴政策对企业创新的影响——基于战略性新兴产业视角》，山东大学硕士学位论文，2019年。

6.王少华：《企业金融化适度性、宏观经济政策与创新》，山西财经大学博士学位论文，2019年。

7.许罡：《中国上市公司政府补助的政策效应研究》，合肥工业大学博士学位论文，2014年。

8.朱映惠：《中国企业金融投资变动：宏观经济效应与成因研究》，中央财经大学博士学位论文，2017年。

五、新闻及网络文章

1.谢德仁：《培育现金增加值创造力，实现企业高质量发展》，《中国证券报》2018年8月29日。

2.赵婧：《财政政策可望延续扩张态势》，《经济参考报》2015年10月23日。

责任编辑：孙兴民　罗　玄
责任校对：夏玉婵　闫翠茹
封面设计：徐　晖

图书在版编目（CIP）数据

资产收益率宽幅度：宏观经济政策选择的微观方法 / 赵立三等著 .—

北京：人民出版社，2021.12

ISBN 978 - 7 - 01 - 024228 - 6

Ⅰ . ①资… Ⅱ . ①赵… Ⅲ . ①宏观经济 – 经济政策 – 研究 – 中国 Ⅳ . ① F120

中国版本图书馆 CIP 数据核字（2021）第 233331 号

资产收益率宽幅度：
宏观经济政策选择的微观方法
ZICHAN SHOUYILÜ KUANFUDU
HONGGUAN JINGJI ZHENGCE XUANZE DE WEIGUAN FANGFA

赵立三　等　著

人 民 出 版 社 出版发行

（100706　北京市东城区隆福寺街 99 号）

保定市北方胶印有限公司印刷　　新华书店经销

2021 年 12 月第 1 版　2021 年 12 月北京第 1 次印刷
开本：710 毫米 × 1000 毫米 1/16　印张：23.75
字数：398 千字

ISBN 978 - 7 - 01 - 024228 - 6　定价：88.00 元

邮购地址 100706　北京市东城区隆福寺街 99 号
人民东方图书销售中心　电话（010）65250042　65289539